습속
용례, 매너, 관습, 모레스, 그리고 도덕의
사회학적 중요성

3

서양편 · 785

습속

용례, 매너, 관습, 모레스, 그리고 도덕의
사회학적 중요성

제3권

윌리엄 그레이엄 섬너(William Graham Sumner) 지음
김성한, 정창호 옮김

한국문화사

• 일러두기 •

1. 본서는 프로젝트 구텐베르크 웹사이트(http://www.gutenberg.org/ebooks/24253)에 있는 판본을 번역 원본으로 삼고 미국 뉴욕 Cosimo사의 Cosimo Classics Literature 총서 중 하나로 출간된 Folkways: A Study of Mores, Manners, Customs and Morals를 참고했다.
2. 원본에 있던 미주는 모두 각주로 옮기고, 옮긴이가 넣은 주는 '옮긴이 주'로 표기했다.
3. 인용한 문헌의 원문에 저자가 직접 추가하거나 수정한 부분은 [ ]괄호로 표시되어 있다.
4. 저자가 각주에 인용한 문헌을 한국어판에서는 옮긴이가 원서의 참고문헌에 추가했다.
5. 본문에 인용되어 있는 절은 책 말미 '절번호 찾아보기'를 통해 그 인용 절을 확인할 수 있다. (예: 본서 42절 참조 → '절번호 찾아보기'의 '42.→62'에 따르면 1권 62쪽에 42절이 있음)

┃옮긴이의 글┃

『습속(Folkways)』(1906)은 섬너의 대표적인 저술로, 원문의 분량이 700쪽이 넘는 방대한 문헌이다. 그는 책에서 '습속'과 '모레스'에 대한 정의로부터 출발하여 노동, 부, 노예제도, 식인풍습, 원시적 정의(正義), 성(性), 결혼제도, 스포츠, 드라마, 교육과 역사에 이르기까지 폭넓은 사회현상을 진화론적인 관점을 바탕으로 정리, 소개하고 있다. 책에 대한 적절한 이해를 위해 독자들은 그가 진화론을 받아들이고 있다는 점, 이를 인간 사회에 적용해 보고자 한 점, 아울러 그가 자유라는 이념에 커다란 가치를 부여하고 있다는 점을 염두에 두어야 할 것이다. 책에서 주목해야 할 또 다른 점은 습속과 모레스 등 그가 사용하고 있는 핵심적인 용어에 대한 설명이다. 이러한 용어들은 섬너가 각론에 들어가 성이나 결혼 등 구체적인 주제를 설명할 때 적절한 방식으로 스며들어 있다.

책에서 섬너는 인류가 진화 과정을 거치면서 획득하게 된 본성을 전제하면서, 인간이 이와 같은 본성을 충족시켜 생존을 도모하기 위해 각자에게 주어진 환경 속에서 자신이 가지고 있는 능력을 발휘했고, 이것이 계기가 되어 문화가 만들어졌으며, 결국 오늘날과 같은 거대 사회가 탄생하게 되었다고 생각한다. 이처럼 그는 인간이 주어진 환경 내에서 살아남기 위해 자신의 역량을 발휘하는 지속적인 과정을 통해

문화가 단순한 형태에서 복잡한 형태로 발전해 왔다고 생각하는데, 이러한 생각에서 핵심을 차지하는 개념이 바로 습속(folkways)이다. 습속이란 "필요를 충족시키기 위한 노력에서 유래된 개인의 습관과 사회의 관습"을 말한다. 이는 사회 구성원이 습관적으로 취하는 행동 양식을 말하는데, 섬너에 따르면 인간은 먼 조상으로부터 물려받은 본능을 충족시키기 위해 다양한 활동을 했고, 이러한 활동을 통해 자신을 환경에 적응시키게 된다. 그런데 그 특성상 인간은 불가피하게 집단생활을 하며, 이러한 생활을 하면서 집단 성원 전체가 잘 살아남기 위해 집단행동 양식을, 그리고 공동체 모두에게 도움이 될 수 있는 습관적인 방법을 개발한다. 바로 이것이 습속인데, 이는 인간이 시행착오를 거치면서 갖추게 된 것이다.

이러한 습속이 실질적으로 집단의 안녕에 필요하고 도움이 되는 것으로 간주되면 '모레스'(mores)로 자리 잡게 된다. 이러한 모레스는 집단 구성원의 생각과 행동 등을 통제하는 기능을 하며, 성원들은 이를 받아들이길 강요받고, 이를 어길 경우에는 제재가 이루어질 것을 감수해야 한다. 이러한 모레스는 단지 옳고 그름의 잣대로서의 도덕규범으로서만이 아니라 언어 습관을 포함해 의식주와 관련한 사람들의 수많은 행동 기준으로 작동하게 되는데, 섬너의 『습속』은 바로 이와 같은 습속과 모레스에 대한 생각을 바탕으로 인간사의 다양한 현상들을 설명하고 있다.

*　　　　*　　　　*

책을 관통하는 섬너의 근본적인 입장의 적절함은 차치하고라도 미국 사회학의 효시가 된 이 책의 내용은 섬너가 수집한 방대한 민속지와 역사적인 자료를 읽어보는 것만으로도 충분히 흥미롭고 유익한 읽을거리가 될 수 있을 것이다. 또한 오늘날 '습속'이라는 말이 비교적 흔히 쓰이고 있는데, 이와 같은 단어가 최초로 사용되면서 그 정의가 제시되고 있는 저작이라는 점도 이 책의 흥미를 더하는 부분이다. 이와는 다소 다른 차원이지만 역자는 섬너가 '사회진화론자'로 분류되면서 사회진화론에 대한 온갖 비판에 노출되는 것이 적절한지 가늠해 본다는 차원에서도 책을 읽어볼 가치가 있다고 생각한다. 많은 경우 섬너는 사회진화론자로 분류되면서 이러한 이론에 제기되는 비판을 고스란히 받고 있다. 하지만 이 책을 읽어보면 이와 같은 비판이 섬너의 저술이 상세히 분석된 상황에서 이루어진 것이 아님이 확연하게 드러난다. 다시 말해 2차 문헌을 통해 흔히 알려져 있는 바를 근거로 비판을 할 뿐, 정작 사회진화론의 본령으로 분류되는 저작에 대한 천착이 이루어지고 난 후 가해지는 비판이 아님이 확인된다는 것이다. 사회진화론을 어떻게 정의 내릴지, 그 내용이 무엇인지에 대한 논란의 여지가 적지 않은 상황에서 사회진화론에 대한 일반적인 비판을 그대로 답습하여 섬너를 평가하는 것은 정당하지 않다. 번역자는 사회진화론에 대한 좀 더 정확한 이해와 정리의 차원에서도 이 책을 읽어볼 필요가 있다고 생각한다.

*   *   *

19세기 영어 특유의 난해함, 그리고 동서양과 고금을 오가면서 논의를 전개하는 저자의 박식함을 충분히 따라가지 못하는 역자들의 한계 때문에 이 책이 나오기까지 적지 않은 시간이 걸렸다. 일부 내용은 미국인 몇 명에게 자문을 구해도 그 의미를 정확하게 파악하기가 어려울 정도였다. 그럼에도 주변 분들의 많은 도움 덕에 이렇게 책의 출간으로 번역을 마무리하게 되어 기쁘다. 하지만 다른 한편으로는 책 내용의 난해함이 일부 번역 문장에도 그대로 반영되는 경우가 있는 듯해 독자들께 죄송함이 느껴지기도 한다. 너그러운 마음으로 널리 이해해 주시기 바란다. 책의 처음부터 7장까지는 김성한이, 8장부터 끝까지는 정창호가 번역했다.

*   *   *

이 책이 나오기까지 도움을 주신 분들이 적지 않지만 무엇보다도 가족들에게 진심으로 감사를 표한다. 가족의 사랑과 희생이 아니었으면 실로 적지 않은 시간을 투자해야 하는 번역 일에 전념할 수가 없었을 것이다. 가족으로서의 이런저런 아쉬운 점을 숨긴 채 늘 격려만 해 주는 가족들에게 한없는 사랑을 보낸다. 한국문화사 이지은 과장님의 헌신은 결코 잊을 수 없을 것이다. 지금까지 출판을 하면서 과장님처럼 꼼꼼하게 교열을 봐준 경우를 본 적이 없다. 과장님은 건강이 좋지 않아 휴직을 하는 상황임에도 마지막까지 헌신적으로 책의 출간을 책임지셨다. 얼른 건강해져서 다시 함께 일을 할 수 있는 날을 기약해 본다. 마지막으로 인내심을 가지고 기다려주신 한국문화사 관계자분들, 그리고 직간접적으로 도움을 주신 많은 분들께 감사드린다. 이 책의 번역이 관련 분야의 연구와 독자들의 지적 관심을 충족시키는 데에 작게나마 도움이 되길 바란다.

2019년 9월
역자 일동

서문

1899년, 나는 지난 10년 혹은 15년 동안 강의에서 사용해온 자료를 바탕으로 사회학 교과서를 쓰기 시작했다. 이 작업을 하다가 문득 '모레스(mores)'에 대한 나 자신의 견해를 소개하려는 생각을 하게 되었다. 하지만 교과서 어디에서도 이를 언급할 수 없었고, 또 다른 책에서 언급한다 해도 한 장(章) 정도로는 이를 충분히 다룰 수도 없었다. 결국 나는 교과서 작업을 잠시 던져두고 지금부터 이야기할 '습속(folkways)'에 관한 글을 쓰기로 했다. '습속'과 '모레스'에 대한 정의를 살펴보려면 본서 1절, 2절, 34절, 39절, 43절 그리고 66절을 참조하면 된다. 나는 사회학에서 이미 사용하고 있는 단어들에서 유추하여 '습속'이라는 단어를 만들었다. 또한 내가 이야기하고자 하는 내용을 가장 잘 담을 수 있는 단어로 라틴어 'mores'를 선택했다. 책에서 나는 이 라틴어 모레스(mores)를 사회 복리에 도움이 된다는 생각이 포함된 '대중의 용례(usage)'와 '전통'이라는 뜻으로 사용하고 있다(본서 42절 참조). 이는 어떤 권위에 의해서도 조정되지 않으면서 각 개인에게는 이를 따르도록 강제력을 행사한다. 한편 나는 'Ethos(에토스)'라는 단어도 친숙하게 만들고자 했다(본서 76, 79절을 볼 것). 이 책 제목을 'Ethica', 'Ethology' 혹은 'The Mores'라고 하는 것도 좋을 것 같았지만(본서 42, 43절을 볼 것), Ethics는 이미 다른 의미로 사용되고 있고, 다른 용어는 매우 생소했다. '습속'도 생소하긴 마찬가지일지 모르겠지만, 그럼에도 그 의미는 훨씬 분명하다. 여기서 나는 어떤 습속에 쉽게 충격을 받는 사람이라면 습속에 관한 글을 아예 읽지 않는 편이 좋다는 말을 덧붙이지 않을 수 없다. "관습(custom)은 자연의 가르침이다. 이에 뜻이 있다고 말한다면, 우리는 이를 부끄러워해야 할 것이다."(햄릿 4막 7장 마지막) 나는 모든 습속을 진실되게 다루려고 노력했다. 여기에는 우리의 습속과 극단적으로 다른 것도 포함된다. 그러면서 우리의 관례(convention)에 대해서는 그 권위를 인정했고, 응당 받아야 할 존경의 끈을 놓지 않았다.

1장에서 나는 습속과 모레스를 열심히 정의하고, 이들을 상세하게 설명하려고 노력했으며, 이들이 인간 사회에서 어떻게 작동하는지를 분석했다. 2장은 습속이 인간의 이해 관심(interests)과 어떻게 관련되는지, 그리고 이러한 습속이 어떻게 작용하고 또한 영향을 받는지를 보여 주고 있다. 이 두 장에서 상세하게 설명하는 주제는 다음과 같다. 첫째, 습속은 인간의 필요를 충족하고자 노력하는 과정에서 탄생한 개인의 습관(habit), 그리고 사회 관습의 총계다. 이들은 초자연적인 존재에 대한 믿음(goblinism)과 사신(邪神)에 대한 믿음(demonism), 그리고 운에 대한 원시 관념들과 뒤얽혀 있으며, 이로 인해 전통적인 권위(traditional authority)[1]를 확보한다. 이어서 이들은 후속 세대에게는 규제 원리로 자리 잡게 되고, 사회적 힘(social force)[2]이라는 성격을 갖추게 된다. 습속이 어디에서 유래했고, 어떻게 발생하는지에 대해서는 아무도 모른다. 습속은 마치 내적인 생명 에너지가 작동하여 성장하듯 성장한다. 이들이 인간의 의

---

[1] (옮긴이 주) 권위의 한 유형으로, 과거로부터 전해 내려오는 전통이나 관습 등을 통해 권위의 타당성을 확보한다.
[2] (옮긴이 주) 사람들의 생활에 영향을 미치며 사회사상 등을 탄생시키는 원인으로 작용하는 사회의 힘.

도적인 노력을 통해 바뀔 수도 있다. 하지만 여기에는 일정한 한계가 있다. 시간이 흐름에 따라 습속은 힘을 잃고, 쇠퇴, 사멸하며, 결국 변형된다. 이들이 전성기를 구가할 때는 개인과 사회가 맡은 일에 대한 이들의 통제력이 크게 강화된다. 이 와중에 습속은 세계관과 살아가는 방침에 관한 관념을 만들어내고 성장시킨다. 그럼에도 습속은 유기적인 것도, 물질적인 것도 아니다. 습속은 관계와 관례, 그리고 제도적 장치로 이루어진 초유기적 시스템이다. 습속은 **사회적** 특징을 갖추고 있는데, 이와 같은 이유로 이들은 우리의 탐구 대상이어야 한다. 이와 같은 사회적 특징으로 인해 이들은 사회과학에서 탐구해야 할 주요 대상으로 자리매김한다.

일단 습속에 대한 분석이 이루어지고 나면, 그 결론은 반드시 일련의 사례를 통해 정당화되거나, 혹은 분석을 통해 확증된 바에 부합되는 모레스의 작동 사례들을 제시함으로써 정당화될 필요가 있다. 이러한 정당화가 성공하려면 해당 모레스에 대한 설명이 상세하게 이루어질 필요가 있다. 이렇게 하면서 우리는 해당 사례들의 뚜렷한 영향력과 논쟁적인 가치를 빈틈없이 찾아내야 한다. 제약이 있을 수밖에 없는 지면을 넘어서지 않으면서 세부적인 문제들을 적절히 다루기란 쉬운 일이 아니었다. 내가 제시하는 민속지학[3]적인 사실들은 다른 방법으로 이끌어낸 일반화된 명제를 사후적으로 뒷받침하는 사례가 아니다. 이들은 그러한 일반화된 명제를 이끌어낸 방대한 사실들 중에서 정선(精選)한 것이다. 이외에도 내가 증명하고 보여주려는 계획에 포함한 다른 수많은 매우 중요한 사례가 있는데, 이들은 지면 부족으로 제외할 수밖

---

[3] (옮긴이 주) 민속지학은 질적 연구 방법으로, 이러한 연구 방법에서 연구자는 오랜 기간에 걸쳐 다른 문화 속에서 살아가면서 해당 문화의 자연스런 모습을 관찰하게 된다.

에 없었다. 사신(邪神)에 대한 믿음, 원시 종교, 그리고 요술(witchcraft)[4]은 이에 해당하는 것들이다. 그 밖에 여성의 지위, 전쟁, 진화와 모레스, 고리대금, 도박, 사회 조직과 계급, 매장 관행, 서약, 금기, 윤리, 미학 그리고 민주주의도 내가 제외할 수밖에 없었던 주제다. 이 중에서 앞의 네 주제에 대해서는 글을 썼고, 조만간 별도로 출간하게 될지도 모르겠다. 내게 주어진 다음 과제는 사회학 교재를 마무리하는 일이다.

예일대학교에서
W. G. 섬너

---

[4] (옮긴이 주) 인간을 통해 강제적인 힘으로 작동되는 사악한 모든 힘.

차례

옮긴이의 글 ··· v
서문 ··· ix

제9장 성 모레스 ·· 1
제10장 결혼제도 ··· 85
제11장 사회적 규약 ·· 119
제12장 근친상간 ··· 223
제13장 친족 관계, 혈족을 위한 복수, 원시적 정의, 평화 조약들 ······ 249
제14장 부정과 흉안 ·· 275

참고문헌 ·· 297
찾아보기 ·· 321
절번호 찾아보기 ·· 334
옮긴이 해제 ··· 341

1권

제1장 습속과 모레스의 기본적인 의미
제2장 모레스의 특징
제3장 생존을 위한 투쟁: 도구, 기술, 언어, 화폐
제4장 노동과 부

2권

제5장 사회선택
제6장 노예제
제7장 낙태, 유아살해, 노인살해
제8장 식인(食人)

4권

제15장 모레스는 무엇이든 올바른 것으로 만들고
또 무엇에 대한 비난이든 방지할 수 있다
제16장 신성한 매음, 아동 희생
제17장 대중적 오락, 공연, 그리고 연극
제18장 금욕주의
제19장 교육, 역사
제20장 생활방식, 덕성 대 성공

제9장 성 모레스

성 모레스의 의미 – 성차 – 성차와 진화 – 성차별, 가족 제도, 모레스 내에서의 결혼 – 규제는 관습적이지 자연적이 아니다 – 이기적 요소와 이타적 요소 – 결혼의 원초적 정의, 금기와 관습화 – 결혼이 아니라 가족이 제도이다 – 족내혼과 족외혼 – 일부다처제 또는 일처다부제 아래서 모레스의 일관성 – 모계와 부계 – 모계에서 부계로의 변화 – 생포와 매매가 예식으로 된다 – 여성의 명예와 덕, 질투 – 처녀성 – 남자의 정절 – 연애결혼, 부부애, 부인 – 영웅적인 부부간의 헌신 – 힌두의 모델과 이상 – 슬라브족의 성 모레스 – 러시아인의 성 모레스 – 코카서스 지역의 부족들 – 중세의 성 모레스 – "좋은 아내"의 기준, 일부일처 결혼 – "한몸" – 일부일처 결혼 – 근대 모레스에서의 결혼 – 일부일처 결혼의 전문적 정의 – 일부일처 결혼의 윤리 – 일부일처 결혼은 독점적이다 – 결혼의 미래 – 성적 결합의 정상적 유형 – 이혼 – 민족지에서의 이혼 – 이혼에 대한 랍비의 견해 – 로마에서의 이혼 – 일부일처 결혼과 이혼 – 중세의 이혼 – 재혼의 거부 – 아동 결혼 – 힌두스탄에서의 아동 결혼 – 유럽에서의 아동 결혼 – 여성의 수도원 유폐 – 재혼, 과부 – 과부의 화형 – 인도의 아내 순장을 개혁하는 데서의 어려움 – 기독교 교회에서 과부와 재혼 – 재혼과 저승 – 자유 결혼 – 일본 여자

357. 성 모레스의 의미

성 모레스는 가장 크고 중요한 모레스의 한 분야이다. 성 모레스는 결혼 이전과 결혼 생활에서의 남녀 간의 관계 그리고 결혼한 자와 결혼하지 않은 자가 각기 사회에 대해 갖는 모든 권리와 의무를 포괄한다. 모레스는 결혼이 무엇인가 그리고 누가 결혼할 수 있는가, 어떤 방식으로 결혼하는가, 이혼 그리고 가족 관계에서 적절한 행동은 무엇인가 등의 모든 세부 사상을 규정한다. 이 모든 문제에 관하여 관습이 지배하고 명령한다는 것은 분명하다. 확고한 제도와 법률이 만들어지면, 그 제도와 법률은 언제나 모레스가 이전에 오랫동안 사회적 질서에서 사실로 만들어온 것을 채택하고, 제정하고 규제한다. 법의 집행 아래서, 특히 법관에 의해 법이 집행될 때도 가정 내의 관계는 모레스에 의해서 통제된다. 법관이 내린 결정은 이러한 가정 내 관계에 대한 진리와 권리의 개념들을 교의 또는 판결로서 확정할 뿐이다. '족내혼', '외가', '일처다부제' 등은 여러 다른 집단에서 확립되어온 그리고 분류가 가능한 습속들의 개요를 그대로 묘사하는 단어들일 뿐이다.

358. 성차

성차(sex difference)의 경제와 이득은 주로 육체적인 것이다. "구조적 복잡성이 증가함에 따라 여성의 생식 체계는 점점 더 복잡해진다. 이 모두는 에너지의 대규모 소비를 포함한다. 우리는 난자 생산 유기체가 다른 유기체를 찾고 수정하는 부가적인 노력을 하지 않아도 되게 됨으로써 얼마나 이익을 얻는지, 그리고 다른 한편 주요한 재생산적 특징이 정자를 생산하는 것뿐인 유기체가 부담스러운 여성적인 재생산 체계에서 벗어날 때 다른 유기체를 찾아 수정시키는 일에 얼마나 더 적합하게 되는지를 명료하게 알 수 있다. 이것이 바로 성이 분리되는 데서 생겨나는 이득이다."[1] 여기서 우리는 왜 양성이 서로 독립적이고 보완적인지 그리고 왜 "평등"을 그들에게 부여할 수 없는지 이유를 알게 된다. 가족, 산업, 민사(民事), 전쟁 그리고 종교에서 권력은 똑같지 않고 또 똑같을 수도 없다. 각 성은 한 영역에서 더 많은 권력을 가지며 다른 영역에서는 더 적은 권력을 가져야 한다. 평등은 앞뒤가 맞지 않는 술어이다. "전투의 법칙의 영향 아래서 남자는 여자보다 더 용감하고, 강력하고 호전적으로 되었다. … 그래서 또한 남자는 투쟁에서 종종 위대한 아름다움을 획득하고 그래서 그의 성공은 많은 경우 가장 아름다운 상대를 선택하리라고 생각되는 여자의 선택에 달려 있다. 이것은 주로 새들의 경우에 적용된다고 생각된다."[2] 어떤 경우에는 여자가 남자를 찾는다. 그것은 어떤 종의 새들에게서 볼 수 있다. 어떤 수컷 물고기는 알을 찾아다니며, 둥지를 만들고 알을 부화하고 새끼를 기르는 일을 돕는 수탉도 많다.[3] 암컷들이 수컷을 차지하려 경쟁할 때, 암컷은 "일부다처주의적인 수컷의 모든 부차적인 특성을 갖추고 있다. 즉 그 암컷은 더 아름답고, 더 용기 있고 더 호전적이다." 이로 미루어볼 때 그 부차적 특성들은 성 선택에 기인하는 것이라고 말할 수 있다.[4] 남자는 유전적으로 그리고 "현재 발전되어 있는 본능"에서 일부다처주의적이라고 할 수 있다. "난교에 대한 본능은 여자보다는 남자가 훨씬 더 강하다. 그리고 분명 남편은 부인에게 전부를 의미한다. 부인이 남편에게 전부

---

[1] Campbell, *Differences in the Nervous Organization of Men and Women*, 29.
[2] 위의 책, 43.
[3] 위의 책, 34.
[4] Campbell, *Differences in the Nervous Organization of Men and Women*, 46.

를 의미하는 경우는 훨씬 드물다.[5]

359. 성차와 진화

현재의 진화론 철학을 적용할 때, "한 성에 특징적인 유전적 특성은 주로 그리고 오로지 그 성에 의해서 자손들에게 유전되는 경향을 보인다."[6] 여자들은 정신적으로 더 융통성이 있다고 말한다.[7] 이는 그들의 재치에서 확인할 수 있다. 그들의 재치(tact)는 육체적 근력이 더 강한 성에 자신을 적응시키려는 욕구의 산물로 간주된다. 한 여성이 남편에게 저항한다면 그녀는 그를 화나게 할 것이고, 그녀의 생명은 위험에 처하게 될 것이다. 수동적이며 체념적인 여자가 살아남았을 것이다. "어쨌든 여기서 우리는 왜 여성이 남성보다 더 수동적이고 체념적인가를 설명하는 근거 중 '하나'를 알 수 있다."[8] 그들의 재치는 그들이 지각 능력이 뛰어나고 이기적 태도가 약하다는 데서 기인한다. "남자는 여자보다 더 자기중심적이어서 종종 주변에서 일어나는 일에 여자보다 덜 민감하다."[9] 남자는 여자보다 더 안정된 신경체계를 가지고 있다. 호전성과 용기가 그런 안정성을 산출한다. 감정의 발달은 안정성에 대해 적대적이다. "신경체계는 감정이 지적 통제 아래 놓이는 정도에 따라서 그만큼 더 안정적이 될 것이다."[10] 오랜 기간에 걸친 종속은 또한 여자

---

[5] 위의 책, 45.
[6] 위의 책, 68.
[7] 위의 책, 66.
[8] 위의 책, 53 f.
[9] 위의 책, 223.

에게 의존의 감각을 만들어냈다고 말할 수 있다. 체념과 인고는 여자의 주요한 두 가지 특징이다. "이것은 아주 오래전부터 여성에게 교육되어 왔다."¹¹ 동물의 왕국 전체에서 수컷은 암컷보다 더 변이가 많다. 남자는 여자보다 훨씬 더 큰 규모의 변이를 보여준다. 난쟁이와 거인, 천재와 둔재는 여자보다 남자가 더 많다.¹² 여자는 철학을 덜 사용한다. 그들은 남자가 하듯이 사물들을 관계지어 생각하거나 분석하지 않는다. 킹즐리 양(Miss Kingsley)¹³은 "물신적인 관점을 취하면서 철학자의 면모를 가진 아프리카 남성을 많이 보았지만 여성이 그런 것은 전혀 보지 못했다."¹⁴

여기에 열거한 관찰에는 거의 모두가 동의할 것이다. 그런 특성들은 분명 전통과 교육으로 전수된다. 이 특성들이 진화적인가는 매우 의심스럽다. 그 특성들이 진화적이라고 생각된다면 그것은 진화론 철학의 어떤 일반원리를 적용했기 때문이다. 그런데 이 일반원리를 이 영역에 적용하는 것이 올바른지는 아직 입증되지 않았다.

360. 성차별, 가족 제도, 모레스에서의 결혼

인류가 양성으로 분할된 것은 모든 인류학적 사실 중에서 가장 중요

---

[10] 위의 책, 84.
[11] 위의 책, 90.
[12] 위의 책, 133.
[13] (옮긴이 주) 전체 이름은 Mary Henrietta Kingsley (1862~1900). 킹즐리 양은 영국의 민속지학자였고 저술가였으며 탐험가였다. 서아프리카 전역을 탐사한 그녀의 여행과 거기에 대한 저술은 아프리카 문화와 영국 제국주의에 대한 유럽인들의 기본 관점을 형성하는 데 지대한 영향을 미쳤다.
[14] *West African Studies*, 375.

한 것이다. 양성은 구조와 기능에서, 그리고 이에 따라 감정과 성격의 특성에서 매우 다르기 때문에 그들의 관심은 서로 적대적이다. 동시에 그들은 재생산에 있어서 상호보완적이다. 성적 관계나 생식에서는 남자와 여자 사이에 어떤 연속적인 관계를 낳을 만한 것이 없다. 그런 연속적인 관계를 처음으로 요구하는 것은 자식을 보살피고 교육하는 일이다. 지속적인 관계는 그러므로 '본성적인' 것이 아니다. 그것은 제도적이고 관습적이다. 남자와 여자는 아마도 그들의 의지에 반해서 그리고 생존을 위한 투쟁이라는 더 높은 관심 때문에 함께 살게 되었을 것이다. 아이가 있는 여자는 그런 결합이 더 많이 필요하며, 그러면서도 아마도 그런 결합에 들어가기를 더 꺼렸을 것이다. 결혼제도가 없는 그리고 성적 관계가 진정으로 난교에 해당하는 집단의 사례를 발견하기란 거의 불가능하다. 카메룬의 왜소(矮小) 종족인 바코족(Bako)은 가족제도가 없다는 풍문이 있기는 하다. 그들은 아무 제한 없이 동물적인 본능에 따른다고 한다.[15] 이것은 가족 제도의 기원이 현재 우리가 연구할 수 있는 어떤 집단의 형성보다도 앞선 시기에 놓여 있으며 난교는 우리가 발견할 수 있는 것보다 더 앞서서 존재한 어떤 것에 대한 추론임을 의미한다. 아이를 가진 여자는 남자와 협정을 맺었다. 그가 아버지이냐 아니냐는 중요하지 않았다. 이 협정으로 그들은 함께 생존을 위한 투쟁을 수행했다. 협정은 두 사람 모두에게 이득을 주었음이 틀림없다. 그것은 합의에 의해 산출되었다. 가족 제도는 처음에는 그저 생겨났고 모방에 의해서 관습이 되었다. 결혼은 남자와 여자 사이의 합의 형식이며 이에 의해서 그들은 가족 제도 속으로 들어갔다. 우리에게 알려진 가장 원시적 형태의 삶(오스트레일리아인과 부시먼)에서 남자

---

[15] *Globus*, LXXXIII, 285

들은 식량으로 삼을 고기를 얻으려 밖으로 나돈다. 그의 부인이나 부인들은 정해진 장소에서 불을 지키고 아이들을 돌보며 식량으로 삼을 식물들을 채집한다. 그래서 이 결합은 적대적인 협동의 형태 아래 놓인다. 그것은 산업적 조직의 최초 형태를 보여준다. 그것은 습속의 산물이며, 결과적으로 관습이 된다. 이 관습은 분리된 개인 또는 부부가 발명하고 추구하는 관심들을 충족하는 여러 방식에서 서서히 생겨나온 것이다. 그래서 결과적으로 모든 형태의 결혼은 그 시간과 장소의 모레스 안에 있다.

361. 규제는 관례적(conventional)이지 자연적이 아니다

성적인 욕망은 배고픔, 과시욕 또는 귀신에 대한 두려움보다 더 인간의 행-불행에 영향을 미친다. 다른 커다란 동기들에 비해서 성적인 욕망은 다른 관심들과 뒤얽히는 일이 더 많다. 거기에 내재하는 좋음과 나쁨, 쾌락과 고통을 회피하는 것은 불가능하다. 그것은 전적인 금욕과 방종이라는 두 개의 대립적인 극단을 갖는다. 이들 중 어느 것에서도 평화와 만족을 얻을 수 없고 또 달리 말하면 반대되는 충동이 초래하는 자극에서 벗어날 수 없다. '자연'이 인간에게 성욕을 주었으며, 성욕을 충족하면 평화와 만족을 얻는데, 인간의 법률과 제도가 그것을 제한하여 고뇌를 초래한다는 의견은 전혀 근거가 없다.[16] 사실 방종은 욕망을 무제한으로 자극하며 성 불능의 고뇌로 귀착된다. 그리고 전적인 금욕은 그와 다른 종류의 고뇌를 산출한다. 양자 사이 어딘가에 절제가 놓

---

[16] Bebel, *Die Frau*, 73.

여 있다. 절제는 쉬운 해결법처럼 보인다. 그러나 일반적으로 적용할 수 있는 절제의 정의는 없다. 그리고 한계가 그어지는 어디에서든 다른 한편에서는 반대되는 충동이 다시 등장한다. 한쪽이 방종이면 다른 쪽에는 제약이 등장한다. 그래서 악과 멸망의 구렁텅이가 생겨나고 권리와 의무의 문제가 주는 긴장과 고민이 다시 시작된다. 그러므로 규제는 '자연'의 사실에 의해서 절대적으로 요구되며 이 규제는 지성과 판단에서 나와야 한다. 규제란 어떠해야 하는지에 대해 많은 사람에게 엄격한 영향을 미치지 않는 규정이 법이나 윤리에서 발견된 적은 없다. 그러나 모든 문명 단계에서 규제를 어기고 규제의 외부에 사는 사람은 존재한다.

362. 이기적 요소와 이타적 요소

그러면 여기서 다음과 같은 사실이 분명해진다. 종이 영속하려면 두 보완적인 성이 협업해야 한다. 성적 관계는 생존을 위한 투쟁에 대해 적대적이며, 그래서 이기적인 정서와 동기를 불러일으킨다. 그리고 성적 관계는 그 자체 매우 이기적이다. 종종 사람들은 생존을 위한 투쟁은 이기적이며, 생식은 이타적이라고 말한다. 그러나 이 견해는 매우 불완전한 분석에 기초하고 있다. 그것은 식량을 획득한 사람은 그 식량을 혼자 먹을 수 있는 반면 생식은 타자의 협력을 전제한다는 것을 의미한다. 여기까지는 좋다. 그러나 생존을 위한 투쟁은 매우 드문 원시적 사례들을 제외하면 거의 모두 식량 획득에서의 협력과 산출물의 공유를 전제로 하며 요구한다. 그리고 성적 욕망은 소수 매우 세련된 집단의 사례 – 이들이 실제로 존재하는지는 사실 의심스럽지만 – 를 제외하면 순수하게 이기적이다. 생식에서 이타적 요소는 모레스에 속하며,

아이들과의 삶이나 이들에 대한 애정, 아이들에 대한 희생과 헌신에 기인한다. 이런 것들은 경험을 통해서 도출된 결과이다. 식량 찾기는 이기적이고 생식은 이타적이라는 구분은 결코 윤리적 논의의 토대가 될 수 없다. 좋은 것을 얻고 나쁜 것을 피하려면 지성, 좋은 감각 그리고 모든 이타적 덕을 고도로 구사할 필요가 있다. 이러한 관심과 느낌을 구사하는 것은 누구나 반드시 해야 할 일이다. 그리고 이러한 관심과 느낌을 구사하는 가운데, 개인들과 부부들이 각기 부딪힌 문제를 해결하는 방식에 의해서 수많은 현상이 산출된다. 가족의 삶에 관련하여 습속의 넓은 범위와 모순은 이 문제를 해결하려는 투쟁이 얼마나 어려운 일이었고 또 본능적이었던가를 보여준다. 우리 자신의 사회는 이 문제에 대한 완전한 이해에서 그리고 그 만족스러운 해결에서 아직 얼마나 멀리 떨어져 있는가를 보여준다. 한 가지 첨언한다면, 여러 상이한 사회에서 지배적인 요소들은 습속을 그 사회의 이익에 맞도록 형성했으며 그리하여 그들은 습속이 생겨날 자연스러운 과정을 방해했고 혼란스럽게 했으며, 결과를 망쳐 놓았다.

363. 결혼에 대한 원초적 정의, 금기와 관습화

결혼의 정의는 다음과 같은 것을 서술할 때 드러난다. 즉 언제 어디서든 협력하면서 생존을 위한 투쟁과 종의 생식을 수행하는 남자와 여자의 관계에 대해, 모레스가 규제 또는 규칙으로서 무엇을 부과했는지 서술할 때 드러난다. 이 규제들은 언제나 부부가 함께 살아가는 관계, 방식 및 조건을 정하는 관례다. 그러므로 문명의 역사를 통틀어 결혼의 모든 형태를 포괄하는 정의를 정식화하기는 불가능하다. 모든 저급한 문명에서 결혼은 한 여성이 한 남성에게 두 사람 모두의 (또는 남성의)

이익을 위해서 속박되는 것을 의미한다. 따라서 성적 관계에서는 개인적인 경험과 숙고가 결코 중단되지 않는다. 그러므로 성적 관계는 모레스를 사용하고 완성하기 위한 거대한 경기장이며, 지성을 사용하고, 공감적 정서를 계발하는 데서 그리고 윤리적 규제의 효용에 대한 감각을 기르는 데서 인류를 교육하는 거대한 학교이다. 성적 금기는 일상적 삶에서 양성 사이 교제를 통제하고 제약하는 금지들의 집합이다. 현재 문명화된 나라에서 이 교제는 법률에 의해서가 아니라 금기에 의해서 제한된다. 금기의 본성과 등급은 모레스 안에 있다. 스페인보다는 프랑스에서, 프랑스보다는 영국에서, 그리고 영국보다는 미국에서, 여성은 남성과의 통상적인 사회적 교제에 덜 제한을 받는다. 성적 금기는 그러므로 문명의 전 역사를 통해서 그리고 모든 민족 사이에서 쉽게 추적할 수 있고 묘사할 수 있다. 성적 금기는 자의적으로 보인다. 그 이유는, 의심의 여지 없이 성적 금기는 언제나 그 원천에서 보면 조건과 이해관계에 대한 정확한 또는 부정확한 판단에 기초해서 존재해 왔기 때문이다. 성적 금기는 언제나 관례적이다. 성적 금기가 인정되어 왔고 또 인정된다는 것이 바로 성적 금기의 정당화의 핵심이다. 아우구스티누스가 야곱의 아내가 넷이었다는 비난에 직면했을 때, 그는 그것은 야곱 시대의 관습('mos')에 어긋나는 것이 아니므로 죄가 아니라고 대답했다.[17] 이것은 완벽한 대답이었다. 그러나 그것은 모레스의 최종적 권위를 인정한 위에서만 할 수 있는 대답이었다.

364. 결혼이 아니라 가족이 제도이다

---

[17] 『그라티아누스 법령집(*Decretals of Gratian*)』 II, XXXII절, qu. iv, 7장.

비록 우리가 결혼을 제도라고 말하기는 하지만 결혼은 불완전한 제도일 뿐이다. 결혼은 아무 구조도 갖지 않는다. 가족은 제도이며, 결혼에 앞서서 존재했다. 결혼은 지금도 그러하듯이 언제나 탄력적이고 가변적인 용례였다. 부부 또는 다른 결혼 형태는 언제나 자신의 고유한 생활 "방식"을 모레스가 제시한 한계 내에서 선택해 왔다. 사실 언어 용법이 이미 결혼의 모호함을 반영한다. 왜냐하면 우리는 '결혼(marriage)'이라는 단어를 wedding, nuptials 또는 matrimony(wedlock)[18] 등으로 다양하게 사용하기 때문이다. 제도로서의 결혼은 매우 많은 국면을 거쳤다. 그것은 조화롭게 전진하는 발전의 노선을 따라서 진화하지 않았다. 가장 초기 형태의 고급 문명인 칼데아와 이집트에서 남자와 여자는 결혼 관계에 있는 동안 이성적이고 자유로운 협력의 관계에 있었다. 이 두 서로 다른 결혼 관계 형태에서 후궁 제도(harem system)와 일부일처 결혼(pair marriage)이 나왔다. 축첩 제도를 만들어낸 역사적 과정은 일부일처 결혼을 낳은 역사적 과정과 마찬가지로 쉽게 추적할 수 있다. 어느 한쪽이 다른 한쪽보다 더 필연적인 것은 아니다. 결혼 관계(wedlock)는 연대적인 삶의 방식이다. 그것은 주변 조건만큼이나 가변적이다. 두 사람의 이해관계 그리고 성격이 그러한 주변 조건 내에서 결혼 관계를 만들어낸다. 어떤 규칙이나 법률도 그것을 통제할 수 없다. 그들은 단지 개인들의 반응을 이끌어내는 조건들에 영향을 줄 뿐이다. 어떤 법률도 결혼 관계에 들어가는 방법, 결혼 관계에서 쌍방이 갖는 – 사회가 강요하려고 하는 – 권리와 의무를 그 나름으로 구체화하는 것 이상을 할 수 없다. 이것들은 그러나 별 중요성이 없는 외적 요인일 뿐이다.

---

[18] (옮긴이 주) 이 세 단어를 우리말로 구별해서 번역하기는 어렵다. 대체로 wedding은 결혼식으로 nuptials는 혼례로 matrimony(wedlock)은 결혼 생활로 구분해서 번역할 수 있다. 그러나 명확한 구분선을 긋기는 어렵다.

이해 관심, 감정, 성격, 취향 등의 내밀하고 일상적인 작용은 국외자는 전혀 알 수 없는 것이다. 그리고 이 작용이 바로 결혼 관계를 각 부부에게 존재하는 그런 모습으로 만드는 것이다. 그럼에도 양측의 관계는 언제나 사회 내에서 현재 통용되는 의견, 지배적인 윤리적 기준, 남편과 부인들 사이에 있는 일에 대한 제삼자의 승인이나 비난 그리고 노인들의 지시와 전통에 의해서 깊숙이 통제된다. 따라서 모레스는 개인들의 취향과 변덕을 통제하며 개인적 경험은 그러한 통제에 반작용한다. 결혼의 모든 문제는 내밀한 관계 속에 있다. 그 문제들이 많은 사람에게 영향을 미치면 그것은 모레스에 의해서 해결되어야 한다. 그러므로 결혼의 역사는 모레스에 의해서 해석되어야 하며, 결혼의 철학은 결혼이 모레스의 생산물로서 끊임없이 변화하는 것이라는 사실에서 찾아야 한다.

365. 족내혼과 족외혼

언뜻 보기에 원시인들은 소위 근친교배의 해악을 알아챌 수 없었던 것처럼 보인다. 그러나 사실 자료를 충분히 검토하면 그들이 그 해악을 알았다는 사실이 분명히 드러난다. 유사한 방식으로 원시인들은 습속의 인도에 의해서 인구 과잉을 회피하려는 시도를 했다. 그들은 "본능적으로" 또는 자동적으로 행동했지만 합리적으로 행동하지는 않았다. 동종교배(inbreeding)는 전형(type)을 보존하지만 가문을 약화시킨다. 이종교배(outbreeding)는 가문을 강화시키지만 전형을 사라지게 만든다. 우리 자신의 모레스에서는, 사촌 및 더 가까운 친족 집단 내에서 또는 우리가 속한 종족의 외부에서 배우자를 구하는 것은 금지되어 있다. 왕족이나 귀족 계층의 결혼은 더 엄격하게 자신의 계층 내로 제한된다. 야만인들 사이에는 갈등하는 두 개의 관념이 있었다. (1) 한 집단의 모든 여자는 그 집단의 모든 남자에게 속한 것으로 간주되었다. (2) 외부에서 얻은 여자는 소유물이며 전리품이었다. 족내혼(endogamy)과 족외혼(exogamy)은 이러한 정책 중 하나를 채택하고 다른 것은 배제한 모레스의 형태이다. 문명화된 사회에서도 그런 사례를 볼 수 있다. 어떤 문명 사회에서 왕족은 합당한 배우자를 만나기 위해서 사촌이나 삼촌 또는 조카딸과 결혼하며 그리하여 가계에 근친교배의 해악을 초래한다(스페인). 또는 노예 여자를 부인으로 삼고 그들 종족의 피를 밖으로 내보내는 문명도 있다(아테네와 아랍). 근친교배와 이종교배의 적절한 조정은 언제나 동물 육종가에게는 어려운 정책문제이다. 이는 인간에게도 마찬가지이다. 사회적 관심은 근친교배를 선호한다. 근친교배에 의해서 재산이 통합되고 흩어지지 않으며 가까운 관계가 친밀함을 보장하는 듯이 보이기 때문이다. 베네치아에서 찬란한 사치의 시대에 재산 많은 미망인은 대가문의 재산을 흩어버릴 위험이 있다고 간주되었다. 받는 만큼 줄 수 있는 가문끼리만 결혼하는 것이 관습으로 되었다. "이것은 베네치아 귀족 계층의 도덕적 신체적 퇴락의 한 원인이 되었다."[19]

366. 일부다처제와 일처다부제

일부다처제(polygamy)와 일처다부제(polyandry)는 어떤 삶의 조건 아래서 효과적인 그리고 삶의 조건이 변하면서 존재하거나 불필요해지는, 가족을 형성하는 두 가지 방식이다. 물론 삶의 조건이 너무 변해서 관습

---

[19] Molmenti, *Venezia nella Vita Privata*, 393.

이 해롭게 된 이후에도 모레스가 남아 있기 때문에 생존이 문제 되는 경우도 있다. 우리가 아는 한, 인구는 보통 균등한 수의 양성을 포함한다. 한 가지 예외는 어떤 알려지지 않은 이유로 한쪽 성의 탄생이 다른 성보다 훨씬 많아지는 시기이다.[20] 또한 식량 보급이나 다른 의무 때문에 많은 남자가 생명을 잃고 그래서 양성의 성인 숫자가 불균등한 집단도 있다.[21] 그러므로 정상적인 인구에서 일부다처제는 많은 남자를, 그리고 일처다부제는 많은 여자를 미혼 상태로 남겨 두게 될 것이다. 그래서 일처다부제는 갓 태어난 여자아이를 살해하는 풍습에 의해 보완될 수 있다. 원시사회에서 어떤 사람이 독신으로 살 운명에 처해야 하는가는 매우 자의적이고 이상한 방식으로 결정된다. 그래서 어떻게 그런 일이 일어나는가는 삶의 조건에서 찾아야 한다. 두 가지 형태의 일부다처제가 구별되어야 한다. (a) 원시사회에서 여자들은 노동자이며 산업 제도는 종종 한 남자에게 여러 여자가 속하는 것이 경제적으로 이득이 되는 그런 것이었다. 그런 경우에 일부다처제는 전체 사회적, 정치적 체제와 엮이게 된다. 다른 관습들도 일부다처제의 효율성에 영향을 미친다. 토고(Togo)에 있는 바사리족(the Bassari)에게는 유복한 사람이라면 부인이 셋이어야 한다. 아이에게 3년 동안 돌아가며 젖을 먹이기 때문이다.[22] (b) 잉여의 부를 갖는 더 고도한 문명에서 일부다처제는 사치, 관능 그리고 과시의 문제이다. 일부다처제가 사회적으로 효율적이고 여자들이 일을 도와줄 다른 부인들을 환영하며 서로 다투지 않는 것은 오직 (a)의 경우에서만 가능하다. 고도한 문명사회에서 일부다처제는 이기적인 힘 때문에 생겨나는 모레스에서의 일탈이다. 이 두 가지

---

[20] 사례에 관해서는 JAI, XXIII, 364를 보라.
[21] *Globus*, LXXXVII, 179 (Caroline Isl.).
[22] *Globus*, LXXXIII, 312.

동기가 결합되어 있는 일부다처제의 사례도 매우 많다. 이것은 이행의 단계이다. 일처다부제는 생존을 위한 힘겨운 투쟁 때문에 또는 재산을 나누지 않으려는 정책 때문에 생겨난다. 토지를 분양받은 스파르타인은 결혼해야 했다. 그의 손아래 남동생들이 그와 함께 살았고 때로 이들은 그의 부인에 대해 남편 역할을 했다. 또한 남편은 우정을 위해서 또는 활기 있는 자식을 얻기 위해서 부인을 대여했다.[23] 여기서 국가 정책 또는 육체적 활력을 얻을 이득이, 주변 문명에 지배적이던 일부일처제를 따를 동기를 무효로 만들었다. 플라우투스(Plautus)[24]의 희극 『스티쿠스(Stichus)』에서는 동시에 두 노예가 여자 한 사람을 부인으로 갖는 사례가 언급된다. 로마 시대의 기념비에는 두 남자가 공동으로 한 여자를 아내로 맞이한다는 내용이 새겨져 있다.[25] 이런 사례는 가난의 압력 아래서 다시 이미 폐기된 관례로 복귀하는 경우이다. 외국으로 이주하는 집단은 일반적으로 여자보다는 남자가 더 많이 포함되어 있었다. 미국에는 이런 방식으로 생겨난 일처다부제가 시행되는 이민자 집단이 있다고 한다. 인도의 많은 원주민 종족 – 그중 토다스족(Todas)이 가장 유명하다 – 은 일처다부제를 실행한다. 프르제발스키(Przewalsky)는 티베트의 일처다부제는 결혼한 여자가 있는 집에만 세금을 매긴 때문에 생겨났다고 말한다.[26] 기본적으로 그것은 가난과 어려운 주거환경에 기인한다. 둘, 셋 또는 심지어 네 형제가 부인 한 사람을 공동으로 갖는다. 이 러시아 여행자(프르제발스키)는 또한 부유한 남자는 부인을 각기 한 명

---

[23] Xenophon, *Lacedæmon*, I, 7, 8; Plutarch, *Lycurgus*, 15.
[24] (옮긴이 주) Titus Maccius Plautus. 기원적 254년경에서 184년경까지 생존한 것으로 알려진 로마의 시인이다. 그는 고대 로마 최초의 그리고 가장 왕성한 작품 활동을 한 희극 시인으로 유명하다.
[25] Pellison, *Roman Life in Pliny's Time*, 100.
[26] *Third Journey* (russ.), 259.

또는 심지어 두 명 갖는다고 덧붙인다. 그리고 커닝엄(Cunningham)[27]은 이것을 확증한다. 그렇다면 이것은 부인의 숫자는 남자의 경제력에 직접적으로 관련되어 있음을 의미한다. 이 사례는 재산과 결혼 간의 밀접한 관계를 예증할 뿐이다. 이 현상은 모든 단계에서 볼 수 있다. 베네치아의 전성시대에는 "종종 남자 네다섯이 함께 한 여자를 공유했다. 이 여자의 집에서 그들은 아무런 질투심 없이 매일 만나 웃고, 마시고 농담했다. 그러나 영리한 한 여인이 젊은 귀족을 남편으로 맞이하면, 그런 상태는 즉시 그들의 유대를 각각의 방식으로 해체했다."[28] 말라바르(Malabar) 해안[29] 나이어족(Nairs)의 사례는 일처다부제가 빈곤에 기인하지 않음을 입증하는 데 인용되곤 한다. 그 일처다부제는 가족의 재산을 나누지 않으려는 태도에 기인한다. 이 가족은 변형된 모계의 형태를 가지며, 모든 직계 자손이 결합되어 있고 재산을 나누지 않은 채로 간직한다. 이 사람들의 구분법은 관습의 세부 사항에 따라 다르지만, 이제 무용해지고 있다. 물론 "도덕적 원리"는 관습을 광범위한 원리 아래 놓기 위해 고안되곤 한다.[30] 그러나 나이어족 체제에서 남편들은 동시적이 아니라 연쇄적인 듯이 보인다. 이 관습은 모든 처녀는 사신(邪神)을 지니며 이 사신(邪神)은 초야의 피가 흐를 때 그녀를 떠나는데 바로 이때 남편에게 위해를 가할 수 있다는 힌두교 경전 베다의(Vedic) 관념에 기인한다. 그래서 여자는 위험을 옮겨 받은 몇 시간 뒤에 사라질 남자와 결혼한다.[31] 그렇다면 이것은 자연적 사실에 대한 미신적 설명에 기

---

[27] *Ladak*, 306.
[28] Molmenti, *Venezia nella Vita Privata*, 386.
[29] (옮긴이 주) 말라바르 해안은 인도의 남서쪽 해안선을 따라 길고 좁게 뻗어 있는 지역을 가리킨다.
[30] *Madras Government Museum*, III, 227.
[31] Zimmer, *Altindisches Leben*, 313; JASB, II, 316, 319; JAI, XII, 291.

인하는 비정상적 모레스의 한 사례라고 할 수 있다. 위에서 정의한 두 번째 형태의 일부다처제는 비용 때문에 제한된다. 일부다처제가 이슬람 율법 아래서 허용된다 해도, 이슬람교도가 아내를 한 사람 이상 갖는 것은 비용과 분쟁의 문제 때문에 흔하지 않다. 레인(Lane)은 19세기 전반 이집트에서 한 사람 이상 아내를 갖는 자는 20명 중 한 명을 넘지 않을 것이라고 추정했다. 한 여인이 자식이 없으면, 그녀의 남편은 다른 아내를 취할 수 있다. 특히 그가 첫 부인을 너무 좋아해서 이혼하기를 원하지 않으면 그러하다.[32] 말하자면 일부다처와 이혼은 선택적이다. 다른 권위자들은 일부다처제는 이슬람교도 사이에서 레인이 말한 것보다 더 일반적이고 현실적이라고 말한다. 아라비아 도시에서 한 명 이상의 부인은 규칙이다. 예루살렘에서 아랍인은 재산이 충분하면 언제나 아내 서넛을 취한다. 가장 가난한 자도 적어도 아내 둘은 갖는다.[33]

367. 일부다처제나 일처다부제 아래서 모레스의 일관성

실제적이든 상상된 것이든 생활 조건이 일부다처, 일부일처 또는 일처다부제를 산출할 때, 모든 모레스는 이런 체계 또는 저런 체계에 순응하며 그것을 모든 측면에서 발전시킨다. 옳고 그름의 모든 개념 – 권리, 의무, 권위, 사회 정책 그리고 정치적 관심 – 은 모레스에 함축되어 있다. 이는 모두 필연적으로 일관적이어야 한다. 나이어족 여자는 영국 여자가 자신의 모레스를 범하지 않듯이 사회의 모레스를 범하지 않을

---

[32] Lane, *Modern Egyptians*, I, 274, Snouck-Hurgronje, *Mekka*, II, 106 이하도 참조.
[33] Hauri, *Islam*, 135.

것이다. "말라바르에서 양성 간의 관계는 특출하게 행복하다."[34] 티베트 남자는 여자에게 공손하다고 알려져 있다.[35] 티베트 여자들은 일처다부제를 좋아한다. 그들은 일부일처제적인 삶의 지루함과 단조로움을 비웃는다.[36] 그래서 윤리는 관습을 따른다.

368. 모계와 부계

모계의 성립 그리고 그것이 부계로 변화한 궁극적 이유는 삶의 조건, 산업기술, 전쟁, 인구 압력 등등에 있다. 사실 우리의 이 용어들[37]은 여러 관심사를 포괄한 일단의 모레스에 대한 이름일 뿐이다. 그리고 우리는 범주의 오류를 범하지 않도록, 다시 말해 우리가 설정한 분류법의 내용에 기초해서 논증하지 않도록 주의할 필요가 있다. "여가장(女家長)제(matriarchate)"라는 용어는 이러한 오류를 부추겼고 더 이상 사용되지 않게 되었다. 우리가 사용하는 '모계'라는 말은 혈통과 친족이 남자가 아니라 여자를 통해서 판정되는 체계를 뜻한다. 그런 형태의 가족에서 남자와 아내의 관계는 계약 관계이다. 여자는 친족들과 함께 친가에 있고 남자가 그녀에게 오는 것으로 생각되어야 한다. 그녀는 그가 받아들여지는 조건을 대부분 통제한다. 그녀와 그녀의 친족은 그래야 한다고 판단되면 남자를 쫓아낼 수 있다. 아이는 그녀 소유이고 그녀와 함께 머무를 것이다. 재산은 그녀의 것으로 남을 것이고 반면 그녀의 남

---

[34] *Madras Government Museum*, III, 229.
[35] Rockhill in *Reports of the National Museum of the United States*, 1893, 677.
[36] Bishop, *Among the Thibetans*, 92.
[37] (옮긴이 주) 모계와 부계라는 용어를 가리킨다.

편은 그녀에게 올 때 자신의 재산을 포기해야 한다. 어떤 여성의 가장 가까운 남자 동료는 그녀의 형제이지 남편이 아닐 것이다. 그리고 아이의 가장 가까운 남성 보호자는 아이 엄마의 형제이지 남편이 아닐 것이다. 친족 관계 및 호칭에 관련된 단어는 모두 가족을 지배하는 근본적 개념에 일치해야 한다. 종교, 정치적 통제, 전쟁과 동맹의 방식 그리고 교육은 모두 그러한 가족 형태에 맞도록 구성된다. 사춘기 소년은 아버지가 속한 정치적 조직(부족) 안으로 받아들여지고, 이로부터 정치적 지위를 획득한다. 출생에 의해서 각자는 혈족 집단(씨족)의 구성원이다. 혈족 복수(blood revenge) 및 다른 의무 그리고 결혼은 이 집단에 의해서 규제된다. 이 모두가 습속의 일부로서 본능적으로 즉 지성적인 통제의 계획이나 지도 없이 생겨난다. 그러나 그런 습속은 원시 부족들에서 전 세계에 걸쳐 동일한 논리적 노선의 관습과 규칙에 따라 만들어진다. 우리는 이렇게 만들어진 것을 이행적 형태 또는 나중의 제도와 결합해 변형된 모습밖에 알 수 없다. 이 형태들은 이러한 관계가 붕괴하고 부계로 이행하는 시기에 속한다. 모계 체계가 융성하고 정상(定常)으로 간주될 때 그것은 명확하고 완전하다. 토템이라는 장치에 의해서 모계는 무한정 확장될 수 있다. 이 본질적 사실들에 대한 증거가 있다. 모계에서 여성의 지위는 강하고 독립적이다. 종종 중요한 사회적 기능이 여성에게 부여되며, 여성의 영향이 매우 커서 급기야는 용감한 자에게 명예를 부여하고 전쟁할 장군을 선발하는 등의 큰 결과를 산출했다. 고대 리키아인(Lycians)[38]의 사례처럼 경우에 따라 남자들은 모질고 가혹한 대

---

[38] (옮긴이 주) 리키아는 아나톨리아 지방의 지정학적으로 중요한 요지로서, 현재의 행정구역상으로는 터키의 남부 해안 지역에 있는 안탈리아와 무글라주에 해당한다. 고대 이집트와 후기 청동기 시대의 히타이트 제국에 대한 기록에서 이미 등장하고 있다. 인구 대부분이 루비어(Luwian language)를 사용했다.

우를 받았다. 양성 사이의 사회적 권력의 분배가 그렇게 할 수 있는 기회를 주었고 그 기회는 활용되었다.[39]

369. 모계에서 부계로의 변화

모계에서 부계로의 변화는 문명사에서 가장 크고 가장 혁명적인 변화로 간주될 만하다. 삶의 조건이 변함에 따라 남자가 부인을 부인의 종족에서 데려올 수 있고 또 자식을 소유할 수 있게 되었다. 모계사회에서는 그런 관계는 남자의 경험의 변형을 통해서만 생각될 수 있었다. 이 형태는 남자가 열렬히 원하는 것 즉 이상화의 대상으로만 가능했다. 삶의 조건이 변화되어 가능성이 생겨났을 때, 부계사회가 모계사회를 대체했다. 모든 습속은 이 변화에 따랐다. 가족 관계, 친족, 산업, 정치적 조직, 재산, 법 등등 모두 이 변화에 순응해야 했다. 부인은 납치, 매매 또는 나중에는 계약에 의해서 얻게 되었다. 납치와 매매로 그녀는 남편의 지배 아래 들어간다. 그녀는 찬성하는 측일 수 없다. 그녀는 변화에 의해 과거의 지위를 상실한다. 보다 이른 시대에 남자는 납치로 부인을 얻을 수 있었다. 이 부인은 노동 아내(work-wife) 또는 사랑 아내(love-wife)일 것이다. 이제 실제의 지위 아내(status-wife)(본서 511절 참조)는 실제적인 또는 가상적인 납치로 획득할 수 있고, 그녀는 자신의 지위를 납치되었다는 바로 그 사실에서 획득할 것이다. 즉 그녀는 거의 전적으로 남편의 처분에 맡겨진다. 매매된 아내도 이와 마찬가지다. 아내의 남편에 대한 관계는 거의 소유물에 가깝다. 아이의 아버지에 대한

---

[39] Herodotus, I, 173.

관계도 마찬가지이다. 남편은 자기 마음대로 부인이나 딸을 양도하고, 팔고, 빌려준다. 만약 그들에 대한 지배가 자신의 동의 없이 방해받으면 그 방해자는 엄중한 보복을 당하게 될 것이다. 남편에 대한 충성과 정절은 부인의 가장 중요한 의무로 된다. 남편은 이 의무를 육체적 처벌로 강요한다. 여성의 명예는 부인으로서의 정숙함에 놓여 있었다. 정숙은 남자가 부인에게 바라는 제한 그리고 모레스가 승인한 제한에 스스로 복종하는 것을 의미했다. 모레스는 여자들에게 어떻게 행동해야 '옳은지'를 가르치고 또 그들이 납치와 매매로 부인이 되는 것이 '옳은 일'이라고 가르친다. 여성의 덕목과 명예는 그러므로 모레스에서 전문적인 정의를 획득한다. 이 정의는 남성에게 적용되는 덕목과 명예에 대한 정의와 전혀 대응하지 않는다. 신명기 21장 10절에서는 포로가 된 여자에게 반한 남자의 사례가 언급되고, 거기에 관한 규칙이 정해진다. 이 여자는 "욕을 보았으므로" 나중에 가서라도 돈을 받고 팔아서는 안 된다. 결혼과 가족에서 옳고 그름, 권리의 관념이 모두 우연적이고 상대적임은 분명하다. 어떤 가족 형태의 모레스에서든 권리 그리고 옳고 그름의 관념은 제도의 이론에 맞추어질 것이다. 그리고 그 관념은 극단적으로 상이하거나 서로 충돌하는 도덕 개념들을 우리에게 제공할 수 있다.

370. 생포와 매매가 예식으로 된다

인구가 증가하고 부족들이 서로 가까워지자, 납치는 폭력성을 상실하고, 화해금으로 돈을 지급하는 협정에 의해 그리고 약속에 의해 변형되어 결국 예식이 된다. 그때 매매는 — 부분적으로는 이상화에 의해 — 하나의 예식으로 변모한다. 즉 매매 예식은 필요하다. 그러나 그 계약은 어떤 다른 조건이 거기에 부가된다면 더 고상한 것으로 될 수 있다. 아버지는 관례적인 신부의 값을 받는다. 그러나 그가 부유하고 자신의 딸을 사랑한다면 그래서 여자가 일반적으로 겪는 아내의 숙명을 완화하기를 원한다면 그는 지참금을 냄으로써 딸이 남편에게서 누리게 될 권리와 처우에 대하여 계약을 맺는다. 호메로스 시대에 품위 있고 부유한 사람은 언제나 딸에게 결혼 지참금을 주었다. 하지만 동시에 그는 만약 그녀가 인기가 있다면 그녀를 보내는 대신에 가치가 큰 선물을 받았다.[40] 부유한 자와 고귀한 자가 하는 행동은 다른 사람들이 능력이 되는 한 뒤따르는 유행을 만들어낸다. 마누 법전(Law of Manu)[41]에서 우리는 부인을 사는 일이 아직 사라진 것은 아니지만 만일 그것이 실제로 매매라면 그것은 이미 부끄러운 일로 간주되었으며, 그리하여 이미 이상화에 종속되어 있음을 알 수 있다. 즉 그들은 새로운 구성요소를 거기에 부가하려 한다. 매매와 납치의 예식은 매우 오래 지속되었다. 왜냐하면 결혼의 약속이 실행될 때까지 결혼 관계의 '끈(bond)'을 드러내는 다른 어떤 방식도 없었기 때문이다. 약속은 납치와 매매의 끈에 버금가는 현실적인 끈을 결코 제공하지 못했다.

371. 여성의 명예와 덕, 질투

낡은 예식이 불필요해질 때 소유의 관념은 결혼 관계에서 멀어진다. 그리고 남편에 대한 여성의 완전한 헌신은 더 이상 남편이 납치 또는

---

[40] Schoemann, *Griechische Alterthümer*, I, 51.
[41] (옮긴이 주) 힌두교의 중요한 경전 중 하나로서, 고대 인도의 가정, 사회, 종교적인 삶이 어떠했는지를 잘 보여준다.

매매했다는 사실에서 이성적으로 추론되지 않는다. 그것은 성적인 감정이 된다. 이상화가 다시 작용하기 시작하며 여성적 명예와 의무의 기준을 정한다. 이것은 오직 여성성에 기초하며 따라서 남자에게 적용되지 않는다. 모든 여성은 어떤 남자의 곁에 있고, 그를 도우려 온 힘과 생명을 바친다. 그녀는 상황이 기회를 줄 때마다 언제나 그렇게 한다. 이런 관계에서 명예, 의무 그리고 덕에 대한 그녀의 관념이 등장한다. 남편 측에서의 질투도 의미가 변한다. 그는 자신의 아내를 빌려주거나 팔거나 양도하는 것이 혐오스러운 일이라고 생각한다. 질투는 이제 재산 소유자의 감정이 아니다. 그것은 여성의 성적인 명예와 의무에 대응하는 남성의 성적 감정이다. 그녀가 그에게만 주는 것을 그도 마찬가지로 배타적인 근거 위에서 받아들인다.

다윈[42]은 동물 사이의 질투의 강도에 기초해서, "그리고 마찬가지로 더 낮은 동물, 특히 그중에서도 인간에게 가장 근접한 동물의 유비에 기초해서" 다음과 같이 주장했다. 즉 사람들이 "동물학적 위계에서 현재의 지위를 획득하기" 직전부터 난교는 이미 세력을 잃었을 것이라고 주장한다. 이어서 다윈은 유인원 무리에 대해서 언급하는데, 이들은 일부일처이거나, 제한된 기간에만 짝짓기를 하거나, 분리된 가족 단위에서 또는 전체 무리 속에서 일부다처제를 취하고 있다. 수컷의 질투 그리고 경쟁자와 싸우는 그들의 특별한 무기는 자연 상태에서의 난교를 거의 있을 수 없도록 만든다. "여기서 '질투'라고 불리는 감정을 동물이 표현할 때 우리가 그것을 이해하기란 불가능해 보인다. 문명화되지 않는 남자들 사이에서 그 감정은 재산 소유자의 감정이다. 부인을 빌려주거나 양도하는 것은 그런 감정과 어긋나는 것이 아니라 합치된다. 따라

---

[42] *Descent of Man*, 590.

서 그것은 질투가 존재하지 않는다는 것을 증명하지 않는다."[43] 베다족(Veddahs)은 부인을 매우 소중하게 취급한다. 그들은 이방인을 마을에 들이려 하지 않으며 심지어는 형제들이 부인에게 접근하거나 음식을 제공하는 것도 허용하지 않는다.[44] 그들은 순수한 부부관계 관습을 가지고 있다. 그들의 이웃인 싱할리즈족(Singhalese)[45]은 순수한 부부관계 관습을 갖지 않으며 질투심이 없다.[46] 동인도 제도에서는 모든 부족은 아니지만 많은 부족에서 약혼한 사람들은 결혼 때까지 따로 지낸다.[47] 쿠바리(Kubary)는 팔라우섬 사람들(Palau Islanders)의 질투는 상처받은 감정의 표현이기보다는 외적인 품위에 대한 고려의 표현이라고 말한다.[48] 동남아시아에 사는 긴팔원숭이는 그의 놀이 친구인 어린 말레이 소녀가 그와 헤어질 때마다 질투심을 보였다.[49] 벨하우젠(Wellhausen)[50]은 "부인에 대한 사랑이 아니라 자신의 재산권에 기초하는 의심스러운 질투는 아랍인의 두드러진 특징이라고 말한다. 그들은 이 특징을 자랑스러워한다." 남자가 부인에 대한 소유권을 질투심으로 지키듯이 혈족도 그의 처녀들에 대한 소유권을 지킨다. 파푸아인은 간통한 사람을 죽이는데, 자신의 명예 때문이 아니라 자신의 재산권을 침해한 것을 처벌하기 위해서이다. 명예 관념을 그는 잘 모른다. 그러나 그는 여자를 매혹하는 잘생

---

[43] Westermarck, *Marriage*, 130.
[44] Sarasin, *Veddahs*, 462.
[45] (옮긴이 주) 스리랑카의 가장 규모가 큰 부족을 말한다.
[46] Schmidt, *Ceylon*, 277.
[47] *Bijdragen tot de Taal-Land-en Volkenkunde van Nederlandsch Indië*, XXXV, 215.
[48] *Die Socialen Einrichtungen der Pelauer*, 59.
[49] *Umschau*, VI, 52, after Haeckel, *Aus Insulinde*.
[50] *Ehe bei den Arabern*, 447.

긴 젊은이에게 질투를 보인다.[51] 1898년 늑대 한 쌍이 대중의 애완동물로서 로마의 카피톨리누스 신전에 전시되었다. 수컷은 자신의 새끼인 어린 늑대를 암컷이 새끼에게 주는 애착을 질투한 나머지 물어 죽였다. 그러자 암컷은 슬픔을 못 이겨 죽었다.[52] 이 사례들은 매우 다른 종류의 질투를 보여준다. 남편과 부인의 질투는 유사하다. 하지만 그 각 사례는 어느 하나도 동일하지 않다. 질투는 문명화의 상이한 단계마다 다르게 나타난다. 질투는 배우자들이 서로에 대해 책임지는 헌신의 배타성과 강렬함에 의존한다. 짐승은 다윈이 논증에서 가정한 만큼 그렇게 통일적이거나 보편적인 질투의 감정을 표현하지 않는다. 또 짐승은 덜 문명화된 인간의 감정과 유사한 어떤 감정도 드러내지 않는다. 덜 문명화된 남자는 언제나 여자를 자신의 뜻에 따르도록 강제할 수 있지만, 이 여자가 자신의 헌신이나 관심을 자유롭게 사용할 수 있을 때 질투가 생겨난다. 그리고 여자는 헌신이나 관심을 애착과 선호에 기초해서 자신의 남편에게 쏟으리라는 기대를 받는다. 불만은 이러한 애착과 선호가 중단되는 데서 생겨난다.

372. 처녀성

처녀가 결혼할 때까지 전적으로 자유롭게 생활하는 민족은 많이 볼 수 있다. 그들이 어느 누구에게도 의무를 지지 않는다는 데는 합리적 근거가 있다. 그들은 아무런 금기에도 구속되지 않는다. 금기가 처음으

---

[51] Krieger, *Neu Guinea*, 300, 321.
[52] *London Graphic*, 1902, 534.

로 적용되는 시기는 결혼인데, 이때부터 성 금기가 적용된다. 파넬(Farnell)[53]은 "처녀(parthenos)"의 최초 의미는 "처녀(virgin)"가 아니라 아직 결혼하지 않음이었다고 말한다. 불순한 사랑을 상징하는 동양의 여신은 파르테노스 즉 처녀였다. 아르테미스(Artemis)는 아마도 아직 결혼에 관한 모레스는 확정하지 않았지만 여성이 강력한 힘을 갖는 모계를 유지한 민족의 신에서 유래했을 것이다. 부계의 발달과 더불어 아버지는 자신의 딸이 여자 즉 누군가의 아내로서 더 가치 있게 만들기 위해 딸에게 제한을 가했다. 여기서 처녀성의 개념과 혼전의 정절이라는 개념이 생겨난다. 이것은 정말로 부정적이고 배타적인 개념이다. 그것은 남성적인 허영에 대한 호소이고, 독점 원리의 기묘한 확장이다. 그의 부인은 요람에서부터, 즉 그가 그녀를 전혀 몰랐을 때부터 그의 것이어야 한다. 그런데 여기에 여성의 정절과 남자의 질투에 대한 새로운 토대가 있다. 미혼 여자에게 정절(Chastity)은 아무도 없다는 것을 의미했다. 기혼 여자에게 정절은 남편밖에 없다는 것을 의미했다. 모레스는 이러한 원리를 수용하도록 확장되었고, 모든 문명화된 민족의 모레스의 핵심부로 진입했다. 이들에게 이 원리는 공리 또는 '자연스러운' 것으로 생각되었다. 그러나 성적인 명예를 – 특히 여성의 경우에 – 부정적인 것 즉 무엇을 하지 않는 것으로 정의한다는 것은 불합리하다고 자주 주장되어 왔다. 그것은 일상적 삶에 대해 금욕적이고 자의적인 기준을 강제하는 것으로 보인다. 그러나 사실상 그 부정은 성욕의 본성에 의해 그리고 인간 삶의 조건에 의해 부과된다. 욕정은 과도하게 나가는 경향이 있다. 그러므로 '자연스러운' 것은 악이다. 부정, 제한, 자제는 편의적으로 부과된다. 아마도 정절은 인간이 본성에 내재한 거대한 힘에 의해

---

[53] *Cults of the Greek States*, 448.

오류와 악으로 내몰리고 있는, 그래서 잘 살려고 한다면 반드시 지성적인 자기통제와 자의적인 규칙에 따라 스스로 절제를 찾도록 강요되고 있는 유일한 사례이다. 이것은 '도덕'이 특히 성적 관계를 함축하고 있는 현재의 언어 사용을 정당화해주는 것 같다.

373. 남자의 정절

근대에 들어와서 이상화(idealization)는 새롭게 확장된다. 즉 여성에게 적용되는 정절의 기준과 의무를 남자에게도 똑같이 적용하려는 시도가 있다. 여기에는 두 물음이 착종되어 있다. (a) 미혼의 남자와 여자가 모두 동일한 정절의 의무에 속박되어야 하는가? (b) 기혼의 남자와 여자는 동일한 배제의 규칙에 속박되어야 하는가? 힌두 입법자들은 남자와 여자에게 동일한 정절을 요구한다.[54] 법이나 의무에 대해서는 아무런 독단적 진술도 없는데도 아리스토텔레스가 쓴 것으로 간주되는『경제학』에 대한 논문에서는[55] 남편과 부인에 대한 규정이 동일하다. 남자는 외도를 함으로써 부인에게 손상을 가한다고 나와 있다. 아리스토텔레스[56]는 결혼을 제외한 모든 성적 관계에 금기의 규칙을 만들어낸다. 이것은 일부일처 결혼의 교의이다(본서 383절 참조). 크세노폰은 그의 작품『경제인』[57]에서 남편과 부인의 관계에 대해 부인에 대한 큰 존경과 경의라는 측면에서 장광설을 늘어놓는다. 이 작품은 실제에 입각한

---

[54] Strange, *Hindu Law*, I, 57.
[55] *Economica*, I, 4.
[56] *Politics*, VII, 16.
[57] VII-IX.

것이 아니라 수사적이고 연극적인 듯이 보인다. 그는 그런 관계가 어떤 남자와 아내 사이에 실제로 존재한다면 매우 예외적이고 놀라운 일이라는 투로 서술한다. 플루타르코스의 『도덕』에서 '부부간의 계명'에 대한 글은 매우 고조된 어조로 쓰여 있다. 이 글은 명료하지도 구체적이지도 않으며, 단지 '허세'에 불과하다는 의심을 사기에 충분한 듯하다. 그러나 그 주장 자체는 남편과 아내에게 동등한 의무를 부여하고 있다. 어쩌면 그 글은 신스토아학파에서 바로 그런 주장을 했음을 증명하는 것이라고 할 수 있다. 세네카는 이렇게 썼다. "자신의 아내의 정절을 요구하는 자가 스스로 타인의 아내를 더럽히는 것은 비열한 짓임을 알라."[58] 또한 "정부(情婦)를 두는 것은 자신의 아내에 대한 가장 지독한 침해라는 것을 그에게 알려라."[59] 아우구스티누스는 다음과 같은 이야기를 들려준다. 안토니누스 피우스(Antoninus Pius) 황제는 아내의 간통을 이유로 이혼하려는 남자에게, 이혼을 하려면 그의 생활방식에서 아내에 대한 정절을 유지했음을 증명할 것을 요구했다. 그리고 이런 말을 추가했다고 한다. "남자가 자신은 지키지 않는 정절을 강요할 수 있다는 것은 정의롭지 않은 일일 것이다."[60] 아우구스티누스 자신도 부부간의 권리와 의무의 완전한 평등을 주장했다. 울피아누스(Ulpian)는 "남자가 자신은 정절의 모범을 보이지 않으면서 부인에게만 정절을 요구하는 것은 매우 정의롭지 않게 보인다"고 말했다. 이 말은 이후 시대의 모든 법률가가 쉽게 볼 수 있도록 『법률요람(Digest)』에 수록되었다.[61] 그러나 이 말은 별로 법률가들의 관심을 끌지 않았다. 이런 언급들은

---

[58] *Epistle*, XCIV, 26.
[59] 위의 책, XCV, 39.
[60] *Opera* (Paris, 1635), VI, 358.
[61] *Digest*, XLVIII, 13, 5.

신념에 대한 진지한 표현으로 간주될 경우, 어떤 학파의 행동을 대변하지 않으며, 또 아마도 그것을 기록한 사람의 행동도 대변하지 않는다. 그 언급들은 상류층의 성 모레스가 완전히 타락한 그리고 그런 타락이 하층 계급으로 급속히 확대되던 시기에 나온 것이다. 플라우투스의 희극 『상인』[62]에 나오는 한 인물은 부정한 남편과 부정한 아내에게 적용되는 규칙이 다르다고 불평한다. 만약 모든 여자가 남편 한 사람으로 만족해야 한다면, 왜 모든 남자가 부인 한 사람으로 만족하도록 강제하면 안 되는가? 히에로니무스(Jerome)는 기독교의 규칙에 대한 가장 명확한 진술을 남겼다. "우리(기독교인)들 사이에서는 여자에게 허용되지 않는 것은 남자에게도 허용되지 않는다. 동일한 의무는 동일한 조건에 의지한다고 간주된다."[63] 이것은 독신주의자와 금욕주의자의 언명이다. 아마도 그것은 혼전의 의무에도 적용되는 것으로 간주될 수 있긴 하지만 그가 거기까지 염두에 두었을 것 같지는 않다. 위에서 인용된 모든 다른 진술은 부부간의 의무의 상호성에만 적용된다. 그 모두에 대해 이렇게 말하지 않을 수 없다. 그 모두는 도덕적 열정의 우발적 고양일 뿐이며 결코 당시의 모레스나 지배적인 규약을 제시하는 것이 아니었다. 그것들은 어느 사회에서든 선택되고 제한된 계급들이 준수한 적 없는 생활규칙이다. 크리소스토무스와 아우구스티누스의 저작들은 히에로니무스 시대의 기독교도들이 그가 말한 교의를 실천하지 않았다는 것을 명백하게 보여준다. 어느 사회든 모레스가 정절의 기준을 혼전의 남녀에게 동일하도록 강제한 적은 없다. "현재 도덕의 기준이 이교도 시절의 로마보다 훨씬 더 높긴 하지만 남자와 여자가 받는 비난의 불평

---

[62] Act IV, scene 8.
[63] Migne, *Patrologia Latina*, XXII, 691.

등이 이교도 시절만큼이나 크지 않은지 물어보아야 한다."[64] 배우자에 대한 애정은 예나 지금이나 남자가 결혼의 정절을 지키는 큰 원인이다. 라에르테스(Laertes)는 아내의 감정에 상처를 주지 않으려고 에우리클레이아(Eurykleia)[65]를 받아들이지 않는다.[66] 플루타르코스는 "사랑"에 관한 짧은 글에서 사랑의 통제하는 힘, 사랑의 배타성 그리고 사랑이 키워내는 헌신에 대해 자세하게 설명한다. 이런 종류의 관찰과 경험은 부부간의 강한 애착이 행복과 진리를 가장 잘 보장한다는 근대의 신념을 산출했을 수도 있다. 이런 신념은 거기에 속하는 규약과 더불어 점점 더 멀리 그리고 더 많은 계급으로 확산되었고, 오늘날 마침내 일부일처 결혼 내에서만 성적인 욕구가 충족되어야 한다는 것이 공인된 도덕적 원리로 되었다. 이것이 의미하는 것은 다음과 같다. 즉, 공적인 논의에서 어떤 다른 규칙을 정식화하고 이 규칙이 더 합리적이고 편리하다는 이유로 – 아직은 모레스의 지도적 원리가 되지 못했지만 이제부터 – 모레스의 지도적 원리가 되어야 한다고는 아무도 주장할 수 없다. 또한 "동일한 행위가 남자가 하기에는 사소한 동시에 여자가 하면 파렴치가 되는 것은 불합리하다. 이 근본적 진리는 초기 기독교인들이 고상하게 주장했지만 그럼에도 아직 기독교의 대중적 정서가 되지는 못했다."[67] 초기 기독교인들이 그런 규칙을 주장했다는 의심스러운 단언을 비껴가면서 우리는 이렇게 물을 수 있다. 왜 이 견해들이 모레스에는 포함되지 않았는가? 그것은 분명 그 견해들이 교리적 형태를 지녔고 신학적

---

[64] Lecky, *History of European Morals from Augustus to Charlemagne*, II, 346.
[65] (옮긴이 주) 라에르테스는 오디세우스의 아버지이고 에우리클레이아는 오디세우스의 집안의 하녀로서 오디세우스, 텔레마코스, 페넬로페를 시중드는 중요한 역할을 했다.
[66] *Odýsseia*, I, 433.
[67] Lecky, *History of European Morals from Augustus to Charlemagne*, II, 347.

권위 또는 철학적 사변에 의해 발명되고 부과되었기 때문이다.[68] 그것들은 삶의 경험에서 성장하지 않았으며 삶의 경험에 의해 입증될 수도 없다. 여자는 성과 생식의 불평등한 몫을 책임지고, 이와 꼭 마찬가지로 남자는 재산, 전쟁 그리고 정치의 불평등한 몫을 책임진다. 그 이유는 남자와 여자를 구분하는 궁극적인 생리학적 사실들 속에 놓여 있다.

374. 연애결혼, 부부애, "부인(wife)"

가장 낮은 형태의 사회에서도 남자는 한 여자를 다른 여자들보다 더 좋아했을 수 있다. 그러나 남자와 여자 간의 사랑은 아직 문명화되지 않은 사회에서는 볼 수 없는 현상이다. 그것은 부 그리고 사치와 함께 시작한다. 사랑 이야기는 아주 옛날의 민담, 전설 그리고 시에서도 볼 수 있다. 그러나 그 이야기들은 이상, 가공(架空)과 비현실성에 속한다. 실제적인 사랑 이야기는 겨우 100년이 채 되지 않았다. 이들이 이상화를 선도한다는 것은 분명하다. 이 이야기들은 여러 사례를 제시하고 문제를 해결한다. 모든 독자는 이 사례가 현실성이 있는지 그리고 해결책이 올바른지를 판단한다. 덜 문명화된 상태 및 고대에서의 사랑은 단지 성적인 것들이다. 그리스인은 사랑을 어떤 신이나 여신의 변덕이나 악의로 어떤 사람에게 가해진 광기라고 생각했다. 그런 정념은 필연적으로 쉬 사라진다. 고대인들 일반은 그리고 특히 셈족은 이 정념이 결혼의 정당하고 믿을 만한 근거라고 생각하지 않았다. 카피르족(Kaffirs)은 사랑을 위해 결혼한 기독교 여인은 부끄러워해야 한다고 생각한다.

---

[68] 위의 책, 135.

그들은 이 여인을 고양이에 비교한다. 고양이는 그들이 보기에 아무 가치가 없는 유일한 동물이며 선물로나 받는 것이다.[69] 힌두의 '간다르바'[70] 결혼은 연애결혼이었고 존경받지 못했다. 그것은 자유로운 사랑이고 실제로는 제도적 보장이 없는 전적으로 비형식적인 결합이었다.[71] 이것은 기껏해야 양심의 결혼일 것이다. 남자는 의무감에서 이 결혼을 유지할 텐데 이 의무감의 강도는 단지 개인적 성격에 의존할 것이다.

이 모든 사례에 포함된 관점들은 사랑이 단지 성적인 정념을 의미할 경우에만 정당화될 수 있다. 반대로 우리는 (본서 362절에서) 부부애는 가장 고귀한 동기에 의해서 의지를 통제한다는 것을 알았다. 부부애는 존중, 신뢰 그리고 습관에 기초했다. 그것은 한편의 착취와 다른 한쪽의 굴종에서 양측의 좋은 동료 관계에 이르기까지 모든 변이와 등급을 보여준다. 이 변이와 등급은 각각의 쌍이 그들 사이의 일을 조율하고 감정을 발전시키며 습관을 형성하는 방식에 달려 있다. 부부애는 양쪽의 좋은 감정, 수용의 정신 그리고 각자의 선한 본성을 강하게 요구한다. 이런 것들은 매우 중대한 전제조건이다. 이 조건이 종종 달성되지 않는 것은 놀라운 일이 아니다. 어떤 원시사회나 덜 문명화된 사회에서도 '부인'이라는 단어는 그것이 오늘날 우리에게 주는 함의를 갖지 않는다. 레위기 21장 1절에서는 어떤 남자의 혈족이 그 남자의 부인보다 더 우위를 차지하는 것을 볼 수 있다. 무함마드의 시대에 아랍인들은 결혼의 끈이 혈족의 끈만큼 심각하고 강할 수 있다고 생각하지 않았다.

---

[69] *Globus*, LXXV, 271.
[70] (옮긴이 주) gandharva. 힌두교의 8가지 고전적인 결혼 유형 중 하나이다. 이 고대 인도의 결혼 전통은 양성 또는 동성 상호 간의 끌림에 기초한 결혼이었으며 아무런 예식도, 증인도 가족 참여도 필요하지 않았다.
[71] Wilkins, *Modern Hinduism*, 159.

왜냐하면 전자는 단지 제도적이기 때문이다. 즉 그것은 관습과 계약의 산물이다.[72] 사랑을 대중 앞에 드러내는 것은 그 여자를 공격하고 모욕을 가하는 것이라고 생각했다. 지위 있는 사람들은 종종 딸에 대한 구혼을 허용하지 않았다. 딸을 외부인의 권한에 넘기는 것은 불명예라고 생각되었다. 그들은 갓 태어난 여아를 살해했는데, 가난한 자들처럼 아이를 기를 여유가 없어서가 아니라 자신에게 불명예를 끼칠 것을 두려워했기 때문이다.[73] 베일을 씀으로써 여자는 남자와의 모든 사회적 교류에서 그리고 지적인 관심에의 참여에서 배제된다.[74] 그들은 부부간의 애정을 획득할 수 없다. 특히 교육받은 남자에게서는 애정을 받을 수 없다. 성적인 정념은 무함마드의 시를 가득 채우며 가정에서 계발된다. 소수의 교양 있는 상류 계층 여자는 도덕적 제약을, 종종 드러내 놓고, 벗어 던졌다.[75] 무함마드는 마지막 설교에서 이렇게 말했다. "너는 너의 부인에 대해서 권리가 있다. 너의 부인은 너에 대해서 권리가 있다. 부부는 결혼의 정절을 어겨서는 안 되고 또 어떤 공적으로 잘못된 행위를 해서도 안 된다. 만약 그렇게 하거든 그들을 죽을 정도가 아닌 한도 내에서 때려도 좋다."[76] 이슬람은 부부애가 발전하기를 기대하기 힘든 종교이다.[77] "아내 때문에 부모를 떠나는 일본인은 버린 자식 취급을 받는다." 그러므로 성경은 "비종교적이며 비도덕적이라고 간주된다."[78] 한 남자에게 그 부인이 세상에서 가장 가까운 사람이라는 생각은 비교

---

[72] Wellhausen, *Ehe bei den Arabern*, 450.
[73] 위의 책, 432.
[74] Hauri, *Islam*, 124.
[75] 위의 책, 131.
[76] Hauri, *Islam*, 121.
[77] Snouck-Hurgronje, *Mekka*, II, 110 이하도 참조.
[78] *Reports of the Smithsonian Institute*, 1895, 673.

적 근대의 것이며, 인류의 비교적 적은 지역에서만 발견되는 생각이다.

375. 영웅적인 부부간의 헌신

일반적으로 다른 세계의 부부관계에 대한 유럽인들의 유추는 현재나 과거에 대해서나 아마도 주인과 노예의 관계일 것이다. 성적인 감정은 일반적으로 결혼과 독립적인 것으로 생각되어 왔다. 그것은 결혼에 포함될 수도 있지만, 일반적으로는 그 외부에 속했다. 성적인 감정은 종종 남편과 아내 사이에서 부적절하고 혐오스러운 것으로 생각되어 왔다. 호메로스의 서사시에는 결혼은 하늘이 맺어준다는 시적인 암시가 나온다. 제우스는 남자에게 부여된 운명을 고려하여 그의 아내를 점지해 준다고 생각된다.[79] 아킬레우스는 모든 현명하고 고귀한 남자는 아내를 소중히 한다고 말한다.[80] 율리시스는 말한다. "부부가 조화롭게 함께 사는 것보다 더 좋고 더 번영으로 인도하는 것은 없다."[81] 헥토르와 안드로마케는 티 없이 깨끗한 부부애를 보여주었다. 페넬로페는 헌신적인 아내의 전형이지만 안드로마케보다는 낮은 수준을 보인다. 왜냐하면 페넬로페는 부부간의 평등을 보여주지 않기 때문이다. 발레리우스 막시무스(Valerius Maximus, fl. 기원후 25년)[82]는 책의 한 챕터를 "부부간의 사랑"에 할애했다. 그는 남자든 여자든 부부가 상대방 때문에 죽은 소수의 사례를 발견했다. 그러나 그들(호메로스와 발레리우스 막시무스

---

[79] *Odýsseia*, XVI, 392; XX, 74; XXI, 162.
[80] *Iliad*, IX, 341.
[81] *Odýsseia*, VI, 180.
[82] *Factorum et Dictorum Memorabilium libri novem*, IV, 6.

의 책에 실린 이 사례들)은 모레스를 대표하지 않는다. 그들 모두에게는 어떤 비극적 또는 영웅적인 요소가 있다. 그것은 아마도 부부애가 고대인의 마음을 가장 진지한 의미에서 감동시키는 방식이다. 아풀레이우스(Apuleius)[83]는 남편을 강렬하게 사랑한 카리테스(Charites)의 사례를 제시한다.[84] 그녀의 비열한 구애자는 성적인 정념의 희생자였다. 스토배우스(Stobæus, 기원후 5 또는 6세기)는 다양한 주제에 관해 그리스 작가들이 쓴 글을 수집하고 분류했다. 그중 제목 63에서 73까지는 여자와 결혼에 관한 것이다. 거기에 표현된 견해들은 찬성과 반대의 양극단을 달린다. 그 작가 중 누구도 부부애의 관념을 전혀 갖지 않았음이 분명하다. 1세기의 전제적 로마 황제 시대의 몇몇 사례는 여자들이 극단적인 내조를 한 것을 말해준다.[85] 그러나 로마의 비석(믿기 힘든 증언들이지만)은 부부 사이에 애정이 있었음을 증언한다.[86] 아이슬란드 민담에서 여자들은 남편에 대해 영웅적인 헌신을 보여준다. 비록 그 고집과 변덕 때문에 남편을 고생시키기는 하지만 말이다.[87] 로마 제국을 침략한 야만인들은 눈에 띄게 부부간의 정절을 보여주었다고 전해진다. 그러나 알레만족(Alemanni)[88]은 거기서 예외라고 살비아누스(Salvianus)는 말한다.

---

[83] (옮긴이 주) 기원후 2세기경에 살았던 고대의 작가, 연설가, 철학자이다. 라틴어로 된 소설 『변신』으로 유명하다. 『변신』은 『황금당나귀』라는 명칭으로도 전해지는데, Charite는 이 소설에 나오는 한 인물이다.
[84] *Metamorphoses*, VIII.
[85] Pliny, *Letters*.
[86] Friedländer, *Sittengeschichte*, II, 410.
[87] 예를 들면 *Burnt Njal*, 238.
[88] (옮긴이 주) 고지대에 사는 독일인들의 옛 이름. 현재는 독일에서 아헨을 대표하는 프로축구팀의 이름 즉 '알레마니아'로 유명하다.

376. 힌두(Hindu)의 모델과 이상

기원 초기로 소급되는 브라만교의 영웅시, 마하바라타(Mahabharata)는 아름다움과 사랑에 많은 관심을 기울인다. 많은 결혼이 사랑을 위해서 맺어지고, 사랑이 가장 최선의 결혼 동기로 간주된다. 사랑 관계는 처녀 부모의 동의가 필요했다. 그렇지 않으면 그것은 '간다르바'로 타락했다.[89] 자신의 형제를 위해 한 소녀를 유괴한 영웅은 그녀가 아버지는 모르는 언약을 맺은 다른 남자를 사랑한다는 말을 듣고는 풀어준다. 그런데 그녀의 애인은 유괴를 이유로 그녀를 받아들이지 않았다. 하지만 그녀는 결코 다른 남자를 선택하지 않겠다고 말했다. "그가 오래 살든 단명하든, 그가 미덕이 많은 적든 지아비는 한 번 선택하면 그것으로 끝이다. 일단 마음이 정해지고 말을 했으면, 그것을 있는 그대로 두라."[90] 이런 말들은 현재 힌두스탄(Hindustan)[91]에서 결혼에 대한 그리고 여자의 결혼관에 대한 가장 완전하고 가장 고상한 표현이다. 영웅시대 아내의 모델은 모두에게 상냥하고 정중함과 친절함으로 그리고 덕성과 올바른 행동거지로 사랑받는 받는 여성이다. 그녀는 시부모에게 주의를 많이 기울였다. 그녀는 말을 삼갔고 순종적이었으며, 품위와 재치 그리고 부드러움으로 남편을 매료시켰다.[92] 마하바라타는 남자가 아내에게 강한 헌신을 보인 이야기들과 부인이 남편을 위해 영웅적으로 자기를 희생한 이야기들을 담고 있다. 현재 힌두스탄에서 남편과 아내의

---

[89] (옮긴이 주) 제9장 374절 각주 70 참조.
[90] Holzmann, *Indische Sagen*, I, 253.
[91] (옮긴이 주) 인도의 북부 및 북서부 지역을 가리키는 지리학적 용어. 힌두와 힌두스탄이라는 용어는 11세기 터키 정복 시기에 페르시아어와 아랍에서 자주 사용되었다.
[92] 위의 책, 256.

관계는 상호적이지 않다. 남자의 어머니가 언제나 그에게 가장 중요한 사람이어야 한다. "이것은 국민 정서와 완전히 일치한다. 국민 정서는 동등한 보상을 요구하는 애정을 상거래라고 비난한다."[93] "왜 통속적인 평등을 이야기하겠는가? 바치는 숭배 대신에 말할 수 없는 은혜를 받을 수 있는데"[94]라고 힌두의 여인은 반문한다.

377. 슬라브족의 성 모레스

남부 슬라브인들과 코카서스 사람들은 자신들의 성 모레스가 외부인에게는 사악하게 보일 정도의 극단적인 형태로 치닫는 것을 허용했다. 결혼하는 젊은 여자는 신부 시중을 드는 사람들과 매우 친밀한 관계를 맺는다. 그들 중 두 사람이 그녀의 결혼식에서 신부를 시중든다. 그녀는 아직 어린 소녀일 뿐이다. 그녀는 결코 이전에 본 적도 없고 좋아하지도 않는 그리고 결코 좋아할 수 없는 남자에게 양도된다. 그녀는 낯선 집으로 간다. 거기서 그녀 평생 가장 중요한 일은 최대의 겸손과 복종으로 시부모를 즐겁게 하는 것이다. 그녀는 자유롭게 남편에게 접근할 수 없다. 관습이 그러하다. 그녀는 낮 동안 남편을 거의 보지 못한다. 그러나 그녀는 자신의 신부 시중을 들었던 남편의 형제들과는 자유롭게 대화해도 된다. 만약 남편의 형이 이미 혼인한 사람이고 그녀에게 예의 바르게 행동한다면 그녀의 가장 친한 친구가 될 수 있다. 일 때문에 멀리 떠나 있던 어떤 알바니아인은 아내를 위한 선물은 준비하려

---

[93] Nivedita, *Web of Indian Life*, 33.
[94] 위의 책, 45.

하지 않고 형의 부인에게 더 큰 관심을 보였다. 세르비아 신부는 결혼 관계를 부끄러워하며 사람들이 있는 곳에서 남편에게 말 거는 것을 예의 없는 짓이라고 생각한다. 심지어 남편의 아이를 낳은 뒤에도 그러하다. 그는 그녀에게 낯선 사람으로 남는다. 그리고 그에 대한 그녀의 관계는 섹스 이상의 것이 아니다. 그녀는 자신의 형제를 누구보다도 사랑한다. 그녀는 형제가 죽으면 가장 깊은 슬픔으로 애도할 것이다. 그러나 여자가 남편을 위해 애도하는 것은 수치이다. 새신부가 새신랑을 위해서 애도하는 것은 훨씬 더 수치이다. 이전 시대에는 남자가 결혼 직후에 부부 생활을 시작하는 것은 부도덕한 일이었다. 신랑의 형제인 신부 시중 드는 사람이 첫날밤을 신부 옆에서 지낸다. 그다음 사흘간은 신랑의 어머니나 자매가 신부와 함께 잔다. 신랑은 거부된다. 세르비아 여자가 결혼 이후 1년 안에 아이를 가지면 조롱당한다. 어떤 지역에서 성도덕은 매우 높고 다른 지역에서는 매우 낮다. 케른텐(Carinthia)[95]은 최악이다. 그곳의 구르크탈(Gurkthal)에서 사생아 출산은 합법적 자녀 출산보다 두 배가 더 많다. 그래서 결혼제도는 거의 존재하지 않는다. 슬라브의 크로아티아에서는 결혼하는 사람들이 상대가 과거 타인들과 어떤 행동을 했는지 무관심하다. 다른 남부 슬라브인들 사이에서는 결혼식에서 신랑은 부끄러움 때문에 먹어서도 안 되고 말해서도 안 된다. 신부는 드레스를 입을 때 비탄의 눈물을 흘려야 한다. 발칸반도에 있는 코토르만(Bocca di Cattaro)에서는 남자가 결혼 전에 한 불법적 행동에 대한 대중의 경멸이 너무나 심하기 때문에 좀 평판이 있고 지위가 있는 사람들 사이에서는 그런 행동이 매우 드물다.[96]

---

[95] (옮긴이 주) 오스트리아의 남부지역의 주(州)이며 험준한 산악과 호수들로 유명하다. 사용하는 언어는 독일어이다.
[96] *Globus*, LXXXII, 104, 187~194, 279.

378. 러시아의 성 모레스

대러시아[97]의 여러 지역과 거기에 부속된 슬라브 지역 전체에 19세기까지 널리 퍼져있던 관습은 아버지가 어린 아들을 제법 나이가 찬 젊은 여자와 결혼시키고 그녀를 자신의 첩으로 삼는 것이었다. 아들이 성장하면 그 아내는 나이가 제법 들었고 여러 아이의 어머니가 되어 있다. 그러면 그는 그의 아버지가 한 것과 똑같은 일을 했다. 커다란 집 그리고 결합된 가족(joint family)이 이런 관습을 유도했다. 그리고 이것이 일반적인 해석이다. 그러나 람(Rhamm)은 그 의견에 반대한다.[98] 같은 관습이 불가리아 사람들에게도 있었다.[99] 또 다른 동기로서는 아버지가 커다란 집에서 일할 노동력의 수를 늘리려 했다는 해석도 있다. 1623년 폴란드에서 며느리를 심하게 능욕한 한 남자가 사형에 처해졌다.[100] 같은 관습이 인도 동남부의 타밀에도 있다는 보고가 있다.[101] 러시아 동남부 변경지역 산악에서 18세기에는 성 모레스가 거의 전혀 존재하지 않았다. 모든 슬라브 민족 사이에서 여자는 지위가 매우 열등하며 남자에게 격식에 따른 경의를 표해야 한다. 불가리아에서 부인은 남편보다 5~10년 정도 더 나이가 많다. 왜냐하면 소년들은 14세에 사랑을 하기 시작하는데, 이때 이미 성인이 된 여자와 사랑을 하기 때문이다.[102] 이 모든 사실에 비추어볼 때, 우크라이나 사람들이 매우 금욕적이며 남녀 간의 사랑에 대한 높은 이상을 지니며 언어와 대화에서 모든 상스러움

---

[97] (옮긴이 주) 유럽 러시아의 중부 및 북동부 지역을 가리킨다.
[98] 위의 책, 322.
[99] Strausz, *Die Bulgaren*, 309.
[100] *Globus*, LXXIX, 155.
[101] *Madras Government Museum*, II, 162.
[102] *Globus*, LXXXII, 323.

을 극히 싫어한다는 사실은 특별히 언급할 만한 현상이다.[103] 대중적인 러시아 결혼 노래는 슬프다. 신부는 아버지의 집에서 자유로웠던 행복한 아이였지만 이제 슬픈 미래가 기다리고 있고 그녀는 기쁨에 차서 그것을 전혀 짐작도 못 한다고 노래하고 있다.[104] 카렐리야(Karelia)[105]에서 "행복으로 빛나는 신부는 볼 수 없는 광경이다. 성혼과 더불어 눈물의 시간이 시작된다. 이 시간은 신랑 집에서 열리는 피로연까지 지속된다. 그녀가 실제로는 행복하고 만족스럽다 해도, 모레스는 눈물을 흘리고 슬픈 척할 것을 요구한다."[106] '울부짖는 사람(wailer)'은 러시아에서는 마을에 속한 직업인이었다. '울부짖는 사람'은 "처녀의 자유"[107]를 잃은 것에 신부가 구슬프게 울도록 가르치는 사람이다.

379. 코카서스와 사하라의 부족들

코카서스의 체르케스족(Cherkess)은 한 사람의 가부장 아래서 여러 가족이 커다란 집에 모여 산다. 그들은 부인을 공동으로 사오거나 납치하는데, 남자의 수에 딱 맞춘다. 다린스키(Darinsky)는 아마도 그 이유는 따로 아내를 살 수 있거나 사기를 원하는 사람은 가족질서를 위협하기 때문이라고 본다. 따라서 그 남자들은 한통속으로 일부일처제 결합을

---

[103] *Globus*, LXXXII, 321.
[104] Ralston, *Songs of the Russian People*, 7.
[105] (옮긴이 주) 카렐리야는 북부 유럽의 한 유서 깊은 지역이다. 현재는 러시아와 핀란드 사이에 걸쳐 있으며, 러시아에 속한 부분은 카렐리야 공화국으로 독립했고, 핀란드에 속한 부분은 남카렐리야와 북카렐리야로 분할되어 있다. 카렐리야인과 핀란드인 그리고 러시아인이 섞여 산다.
[106] *Globus*, LXXVI, 316.
[107] Ralston, as above, 65.

반대했다. 그런 결합은 무리에 대한 범죄였다. 이로부터 현재 다음과 같은 지배적인 관습이 생겨났다: 모든 부부관계의 은폐, 대중 앞에서 서로의 짝을 모른 체하기, 결혼식에서 청소년들과 이웃들이 벌이는 몹쓸 장난과 야단법석 등등. 그것은 반대와 비난의 오래된 표현방식이 살아남은 것이다.[108] 사하라 부족 남자들은 종종 여러 날 함께 집을 비운다. 이것은 여자들에게 자유를 준다. 남자들은 마지못해 이 자유를 주며 추정된 부정(不貞)을 이유로 부인을 벌한다. 문헌에 따르면 이 부인들 중 일부는 유명한 창녀였다.[109]

380. 중세의 성 모레스

중세의 성 모레스는 두 개의 대립되는 생각의 흐름에서 나왔다. 즉 여자는 사악하고 위험하며 그래서 피해야 한다는 생각과 여자는 사랑스럽고 귀여우며 존경과 숭배를 받아 마땅하다는 생각이다. 이 두 종류의 생각은 어리석음과 악덕으로 타락했고 이기심과 사치의 양상을 띠었다. 교묘한 거짓말과 불성실이 일상적인 일이 되었다. 용어의 전문적 정의는 그 윤리적 의미를 모호하게 만드는 데 사용되었다. '미네(Minne)'[110]는 나쁜 의미를 갖게 되었고 성적인 욕정을 가리키는 말로 사용되었다. '예의범절(Courtoisie)'[111]은 비열한 유혹을 가리키는 용어가 되

---

[108] *Zeitschrift für vergleichende Rechtswissenschaft*, XIV, 180.
[109] *l'École d'Anthropologie de Paris, Revue de*, XIV, 411.
[110] (옮긴이 주) 상호 간의 사회적 의무, 존경심 그리고 사랑에 대한 중세적인 표상을 가리키는 단어이므로 여기서는 번역하지 않고 미네로 표기한다.
[111] (옮긴이 주) 근대 초 특히 부르고뉴와 프랑스에서 생겨난 귀족적인 정중함의 예식을 가리키는데, 나중에는 시민 계층에게로 확대되었다.

었다.[112] 『울부짖는 소리(Vox Clamantis)』(1382년 발표)에서 가워(Gower)는 관능적인 사랑을 구별하고 특화하려고 시도했다. 그는 여자에 대한 금욕적인 관점을 취하지만, 선하고 고상한 여자를 묘사한다. 알라누스 아브 인술리스(Alanus ab Insulis, 1203년 사망)는 『자연의 탄식(De Planctu Naturae)』[113]에서 인간의 사악함과 남녀의 사악한 관계에 대해 몹시 슬퍼한다. 그의 목적은 선한 사랑과 악한 사랑을 구별하는 것이다. 그는 여성 숭배의 정점에서 그 책을 썼다. 『장미 이야기(Romaunt de la Rose)』에서 논의되는 것은 실재하는 악행(positive vice)인 것 같다. 거기에는 여자를 얻는 방법은 아낌없는 선물이라고 적혀 있다. 여자의 음란함과 사치에 대한 욕망은 비판받는다. 결혼이 잘못된 것으로 드러나면, 사람들은 신의 뜻이라고 말한다. 그러나 신이 선하다면 사악한 것은 인간의 탓이다.[114] 『패스턴 가의 서한집(Paston Letters)』(15세기)[115]에서 결혼은 전적으로 돈 때문에 하는 것으로 보인다.[116] 한 소녀가 애인에게 아버지가 자신과 함께 무엇을 줄지를 이야기한다. 만약 그가 거기에 만족하지 않는다면 그녀는 구혼을 중단해야 한다.[117] "나의 주인님은 남자가 자기 부인을 때리면 안 되냐고 조롱하듯이 물었다."[118] 그 책에서 맺어지는 단 하나의 사랑은 마거릿 패스턴과 그 집의 하인이었던 남자와의 사랑이다.

---

[112] Schultz, *Das Höfische Leben zur Zeit der Minnesinger*, I, 581과 Chap. VII 전체; Scherr, *Deutsche Frauenwelt*, I, 220.

[113] Migne, *Patrologia Latina*, Vol. 210.

[114] Line 18, 580.

[115] (옮긴이 주) 『패스턴 가의 서한집』은 노퍽 지역 귀족이었던 패스턴 가 가족들과 그 지인들이 1422년부터 1509년까지 교환한 편지를 수집한 책이며, 국가의 문서와 다른 중요한 서류도 포함되어 있다.

[116] I, 90, 92, 251; III, 103, 104 (in spite of love), 109, 167, 278.

[117] III, 171.

[118] I, 150.

마거릿의 어머니는 마거릿의 아들 그러니까 손자에게는 20달러를 남겨주면서도 딸에게 아무것도 남기지 않았다. 어머니는 이 책에서 가장 흥미로운 인물이다. 슐츠(Schultz)[119]는 결혼 생활은 중세나 지금이나 비슷하며, 간통은 그리 흔하지 않았다고 생각한다. 또한 성직자들도 지금보다 더 방종하지 않았다고 생각한다. 그는 기꺼이 15세기 유명한 도덕 설교자였던 가일러(Geiler)와 무르너(Murner)를 인용한다. 가일러는 스트라스부르 성당에서 설교했고, 무르너는 프란체스코회에 속했다. 가일러는 놀라울 만큼 거칠고 호방한 사람이었다. 그는 아내를 이용해 돈을 버는 남자와 또 서로에게 이익이 되기 위해서 남자와 합의를 한 부인들의 사례를 알고 있는 척 가장했다. 그는 이 사례를 예증으로 삼아 설교했고 남자와 여자에게 결혼을 하지 않도록 설득하려 했다.[120] 성에서의 삶은 단조롭고 어리석다. 특히 특별한 방에 거의 유폐된 상태에 있는 여자에게는 말이다. 젊은 남자와 여자가 만날 기회는 매우 적었다. 여자에게 행복의 희망은 결혼에 있었다.[121] 여성의 동의가 필요했지만 그럼에도 여자는 남자 친척의 통제 아래 있었다. 과부도 마찬가지였다. 여자는 개별성이 거의 없었다. 그리고 일반적으로 구혼자를 즉각적으로 환영했다.[122] 12세기의 프랑스 음유시인들은 천박한 방랑자였다. 그들이 생각하는 사랑은 관능적인 것이었다. 그들은 여자들을 가볍게 다루었다. 그들의 노래에서 여자는 남자에게 청혼한다. 13세기에 여자는 좀 더 위엄 있고 자존감이 있는 존재로 묘사된다. 지크프리트(Siegfried)는 아내를 피멍이 들도록 매질했다.[123] 브룬힐트(Brunhild)도

---

[119] *D. L.*, 271, 276, 277.
[120] Schultz, *D. L.*, 259, 271~277.
[121] Lichtenberger, *Poeme des Nibelungen*, 380.
[122] 위의 책, 390.

역시 남편에게 구타당했다. 여자는 남편에게 큰 헌신을 표시했다. 특히 역경을 겪을 때 그러했는데, 심지어는 남자처럼 남편을 위해서 싸움을 벌였다.[124] 우리는 볼썽사나운 행동들 때문에 계속해서 충격을 받는다. 뤼베크에서는 젊은 과부가 결혼하면, 군중이 그녀의 집 앞에서 큰 소란을 벌였고 신랑은 시끄러운 음악이 울리는 가운데 사각형의 돌 위에 올라가 만인이 보는 가운데 서 있어야 했다. 그것은 "자신과 부인의 평판을 좋게 만들기 위해서였다."[125] 카니발은 대중의 취향에 포함된 모든 추잡함과 외설을 허용하는 기회였다.[126] 여성 숭배는 자유연애 숭배였고, 명예로운 결혼에 적대적이었다. 12세기에도 저속한 문학에 의한 타락에 대해 불평하는 소리가 있었다. 귀족과 기사들은 십자군 원정에서 그리고 호엔슈타우펜 왕가의 대 이탈리아 전쟁에서 타락에 빠졌다.[127] "교회의 교의는 가정을 이루라는 지원처럼 보였다. 그러나 사실은 그렇지 않았다. 반대로 가족의 유대는 교회의 금욕적-위계적 종교성에 의해서 강화되기보다는 오히려 느슨해졌다."[128] 둘라우레(Dulaure)[129]는 게슨(Gerson)과 니콜라 클레망(Nicolas de Clemangis)을 인용해서 15세기의 수녀원은 방탕의 장소였다고 말한다. 가일러(Geiler)는 스트라스부르 성당에서 한 설교에서 수녀원에 대해 충격적인 묘사를 했다.[130] 어떤 수녀원은 인근 귀족들의 매음굴로 묘사된다.[131] 15세기 말 프로테

---

[123] *Nibelungen*, line 837.
[124] Lichtenberger, 368, 375, 391, 400; Uhland, *Dichtung und Sage*, 315.
[125] Barthold, *Hansa*, III, 178.
[126] Schultz, *D. L.*, 414.
[127] Weinhold, *Die Deutschen Frauen in dem Mittelalter*, II, 209.
[128] Eicken, *Geschichte und System der mittelalterlichen Weltanschauung*, 467.
[129] *Histoire de Paris*, 268.
[130] Schultz, *D. L.*, 277.

스탄트의 분리를 낳은 것은 모레스에서의 전환과 변화였다. 이 변화는 사회적 혼란을 야기했는데, 이에 대해서 얀센(Janssen)[132]은 그의 대표작 중 제7권과 8권에서 강조하고 있다. 그것은 일종의 혁명이었다. 낡은 모레스는 무너지고 새로운 모레스는 아직 형성되지 않았다. 16세기의 프로테스탄트들은 독신주의(즉 성직자들의 순결서약)의 모순과 오류를 들어 로마가톨릭을 조롱하고 비난했다. 가톨릭 측은 프로테스탄트에 대해 결혼에 대하여 느슨한 태도를 취한다고 비판했다. 양측 모두 옳았다.

381. "좋은 아내"의 기준, 일부일처 결혼

어떤 여자가 혐오하고 싫어한 결혼을 한 것이 아니라면, 그녀는 '좋은 아내'가 될 수 있는 상태에서 결혼한 것이다. 그녀가 주변 사회의 모레스 아래서 받은 교육은 이미 좋은 아내의 개념과 기준을 주었다. 사랑과 부부애의 현대적 감정은 중세에 산출되었다. 그 감정은 아마도 중세 시민 계층의 모레스와 그리스 로마 제국의 가장 낮은 자유민 계층의 모레스에 뿌리가 있을 것이다. 중간계급은 근대 사회를 통제한 계급이며 그들이 관심 두는 가치는 근대의 경제적 발전 과정에서 가장 선호되는 가치가 되었다. 그들은 남성 지배와 금욕적 순수성이라는 낡은

---

[131] 위의 책, 283; Janssen, VIII, 391도 참조.
[132] (옮긴이 주) 요하네스 얀센(1829~1891). 독일의 가톨릭 신부이자 역사학자이다. 그의 대표작은 『중세 말 이후의 독일민족사(Die Geschichte des deutschen Volkes seit dem Ausgang des Mittelalters)』로, 1878~1894년에 걸쳐 8권으로 출간되었다. 이 책에서 그는 루터 종교개혁의 단호한 반대자로서 등장했고, 프로테스탄트들이 16~17세기 독일에 횡행한 사회적, 정치적, 종교적 불안정성에 대해 책임이 있다는 것을 증명하려 했다.

관념을 버렸다. 19세기 중반에 코번트리 패트모어(Coventry Patmore)의 시와 앤서니 트롤로페(Anthony Trollope)의 소설은 아마도 당시의 영어권 민족들이 지녔던 부부애의 관념을 가장 잘 표현한 작품일 것이다. 오늘날 그 관념들은 속물적인 듯이 느껴진다. 거기에는 오래된 귀족적 기준을 향한 반작용이 있다. '좋은 남편'은 좋은 아내의 대응항으로서 현대의 일부일처 결혼(pair marriage)의 한 요소이다. 관능적인 요소는 세련화되고 억제되어 왔으며, 적어도 입으로는 거부되어 왔다. 수용되고 선호된 그 이상들은 남성적인 단호함을 훈련하고 강화했다. 그러나 오히려 그것은 성적인 정서를 더욱 강화시켰다. 이 모든 것은 가족을 더 확고하게 통합했고 가족의 모레스는 그 정서를 계발하고 보존했다. 우리는 모레스의 무의식적이며 조정되지 않은 활동에서 인간의 행복과 불행에 가장 중요한 결과가 산출되는 많은 사례를 보았다. 그러나 부부애 즉 아마도 모든 정서 중 가장 고상한 것이 남자의 여자에 대한 독점적인 지배와 성에 대한 금욕적 부정에서 발전되어 나왔다는 것은 그런 사례에서 알 수 있는 가장 놀라운 것 중 하나이다. 이 양자에 공통되는 요소는 음란하고 건강하지 못한 관능이다.

382. "한몸"

"한몸(one flesh)"이라는 개념 또는 비유는 유대교나 기독교에만 특유한 것이 아니다. 구약성서에서 그것은 분명히 육체적인 결합을 가리킨다. 그것은 결혼은 두 생명과 관심의 융합이어야 한다는 이상을 표현하기 위해 사용되어 왔다. 여기서 한 가지 알아 두면 좋을 것이 있다. 즉 모든 시대에서 발견되는 결혼에 대한 모든 논의를 보면 대개 내용이 부실하고 진부한 것이었으며 많은 경우 언어적으로 과장된 표현에서 도피처를 찾았다는 것이다. "한몸"은 육체적인 것이 아니라면 의례적인 의미 뿐일 것이다. 그러나 의례적인 개념들은 관습적인 개념일 뿐이다. 그것은 그 관용적 표현들을 반복하는 데 동의하고 또 의례적 행위를 수행하는 데 동의한 사람들 사이에 통용되는 것이다. 그것들은 실재가 아니다. 결혼의 문제는 두 인간이 함께 살려고 시도한다는 것이다. 그들은 둘이지 하나가 아니다. 그들이 둘이기 때문에 그들의 취향, 욕구, 성격 그리고 의지도 둘이다. 윤리철학자나 법률가들은 "한몸"의 관념을 권리와 의무로 번역함으로써 그것을 정의할 수 있을 것이다. 그러나 어떤 국가 권력도 그런 정의를 강요할 수 없다. 그러므로 그것은 쓸데없는 것이다. 그 관념은 국가나 가족을 넘어서 있는 영역 즉 둘이 하나의 세계를 이루는 곳에 속한다. 그것은 또한 모레스를 넘어선 곳에 있다. 물론 모레스가 남자와 여자에게 조화로운 결혼 생활에 필요한 행동의 감각을 가르쳐주는 것은 사실이다. 실제적 또는 가상적인 그리고 논의 대상으로 떠오르는 수백 개의 사례에 현재 통용되는 판단을 통해서 그런 행동의 감각을 가르쳐준다. 그렇다면 어떻게 두 의지가 하나가 된다는 말인가? 낡은 방식은 한 의지(여성의 의지)가 언제나 복종해야 한다는 것이다. 그런 것은 이제 더 이상 정당해 보이지 않기 때문에, 현대의 방식은 끝없는 토론, 어느 한 사람의 패배 그리고 일상적 경험과 성격에 미치는 효과에서 나타난 모든 불가피한 결과다.

383. 일부일처 결혼

일부일처 결혼은 한 남자와 한 여자의 결합이다. 거기서 모든 권리와 의무, 권력 그리고 특권은 양쪽에게 평등하며 유사하다. 그들의 관계는 모든 점에서 상호적이다. 그러므로 그것은 두 생명과 관심의 완전한 융합을 의미한다. 일부일처 결혼과 거기에 수반하는 모든 모레스는 독점의 산물이다. 헤로도토스[133]의 말에 따르면 아가튀르시인(Agathyrsi)은 서로에 대한 질투나 적의가 없는 그야말로 형제처럼 되기 위해서 여성 공유제를 행했다. 그것은 하나의 해결책이다. 거기서 평화와 조화는 성적인 관심보다 더 높은 지위를 차지한다. 일부일처 결혼은 독점에 의해서 성적 관심에 최대한의 만족을 얻으려 하는 것이다. 그것은 평화와 조화를 희생한다. 모든 독점은 그 안에 들어가 있는 사람들의 이익을 위해서 존재한다. 독점의 해악은 거기에 들어가는 데 실패한 사람들에게 관심을 돌릴 때 발견될 수 있다. 우리의 모레스가 현재 남자와 여자가 사랑을 통해서 결합하고 따라서 가장 특별하고 배타적인 종류의 선택을 하도록 요구하지만, 우리는 그러한 선택을 할 수단이나 지성적인 방법이 없다. 그러므로 그런 선택이 필수적이라는 관념은 새로운 난점과 장애를 만들어낸다. 또한 일부일처 결혼은 부분적으로 더 강력한 부성애와 모성애 때문에 그리고 그로 인해 더 통합된 가족 제도 때문에 비용을 증대시키고 결혼의 경제적 조건을 더 어렵게 만든다. 일부일처 결혼은 인구를 구성하는 많은 이들에게 독신을 강요한다. 그리고 이 제도로 고통받는 자는 바로 거기서 배제된 자들이다. 이것은 주로 여자들에게 부담이 된다. 모레스의 금기를 위반하는 모든 것은 악이며, 거기에 참여한 모든 사람에게 재난이 된다. 일부일처 결혼이 실재적이면 실재적일수록 모든 불륜 관계는 그만큼 더 곤란을 겪는다. 그 해악은 남자보다는 여자에게 훨씬 더 크다. 결혼하지 않은 여자는 금기를 지킬 경우 목적 없는 실존을 영위한다. 또는 이들은 특별한 장애와 어려움으로 끊임없이 방해받는 삶이라도 그 삶을 영위하려고 필사적인 노력을

---

[133] Herodotus, IV, 104.

한다. 이것은 모든 다른 형태의 성적 관계와 비교했을 때, 여자들이 일부일처 결혼에서 얻는 모든 이득 대신에 치러야 할 비용이다. 일부일처 결혼은 모든 남자와 여자가 상대를 구할 수 있다고 가정한다. 그러나 그것은 참이 아니다. 일부일처 결혼이 주는 이득의 이면에는 거의 진지한 관심을 기울이지 않는다. 모레스는 결혼하지 않은 여자에게 현실이 그러한 것은 '옳은' 것이라고 가르친다. 또 어떤 다른 제도를 택하면 생각할 수도 없는 혐오스러운 결과를 낳게 될 것이라고 가르친다. 아마 결혼하지 못한 여자 스스로는 자신이 다른 결혼한 동료 여자들이 이득을 보는 바로 그 제도의 희생자라고 생각하지 않을 것이다. 그들은 자기실현을 하지 못한 삶의 역정을 받아들인다. 물론 특별한 재능을 타고나서, 생존을 위한 투쟁에서 독립적인 성공을 할 수 있는 여자는 거기서 예외이다. 우리의 사회적 질서에 대한 거의 모든 논의는 소유의 문제와 마주친다. 모든 커다란 문제는 성적인 관계 아래서 자신의 진면목을 드러낸다.

384. 현대의 모레스에서의 결혼

우리 사이에서 결혼이 의례의 가장 뚜렷하고 가장 널리 퍼진 사례라는 것은 매우 주목할 만하다. (결혼 예식에서 말해지는 것은 그 합리적 의미에서는 별로 중요하지 않으며 또 사람들의 주목을 끌지도 못한다. '복종'이라는 단어에 과연 어떤 힘이 부여되는가?) 또 결혼이 사적인 일에서의 종교적 개입 그리고 어떤 예식에 부여된 중요성을 잘 보여주는, 가장 뚜렷하고 가장 널리 퍼진 사례라는 점은 매우 주목할 만하다. 만약 두 사람이 함께 산다면 그것이 옳은지 그른지는 그들의 어떤 예식을 함께 통과했느냐 아니냐에 의존한다. 이것이 그들이 '결혼'했느냐 아니냐를 결정한다. 왜냐하면 만약 그들이 그 예식을 함께 통과했다면 무엇을 말하고 행했든 그들은 결혼 생활로 들어가겠다는 그들의 의지를 그 시간과 장소에서 표현했기 때문이다. 모레스가 그것을 이루어지게 하고 국가가 그것에 효력을 부여한다. 여자는 '자신이 결혼했다는 것을 느끼기를' 원한다. 그냥 둘 사이에서 이루어지는 결혼에서는 그런 느낌을 갖지 못하는 여자가 매우 많을 것이다. 어떤 여자는 '매우 성대한' 예식을 원한다. 또 어떤 여자는 결혼 예식과 더불어 성체 성사를 하기를 원한다. 아마도 매우 높은 귀족의 딸은 결혼해서 살 저택이 없이는 결혼했다는 느낌을 갖지 못할 것이다. 그래서 모레스의 적극적인 효과는 현대의 관습에서도 관찰될 수 있다. 여기서 우리는 제대로 결혼식을 했다는 생각이 얼마나 완벽하게 그 사회의 모레스에 의해 또는 그 사회 내의 계급이나 분파의 모레스에 의존하고 있는가를 확인할 수 있다.

385. 일부일처 결혼의 정의

일처다부제는 잉여 재산이 충분하게 되었을 때 일부다처제로 이행했다.[134] 그 사이에는 한 남자가 한 사람의 부인을 갖는 중립적인 중간 지점이 있었다. 그러므로 일부일처제는 하나의 고유한 관계가 아니다. 한 남자가 부인을 한 사람 갖고 또 첩이나 노예를 갖는다 해도 그것은 일부일처제이다. 또는 한 남자가 그가 원한다면 더 많은 여자를 가질 수 있는데도 실제로 부인 한 사람만 가질 수도 있다. 그러므로 '일부일처 결혼'이라는 용어는 여자뿐 아니라 남자에게도 똑같이 배타적이고

---

[134] 본서 366절 참조.

영속적인 결혼 형태를 위한 학술적인 용어로서 필요하다. 한쪽은 다른 쪽과 똑같은 자유로운 합의의 지평 위에서 이 결혼 형태로 들어간다. 그리고 거기서 모든 권리와 의무는 상호적이다. 그런 결합에서는 두 삶과 관심의 완전한 융합이 있을 수 있다. 다른 형태의 결합에서는 그런 융합이 가능하지 않다. 이 일부일처 결혼은 우리 시대와 문명의 결혼 관습을 지도하는 이상이며 결혼의 정신과 의미를 결정하고 우리의 모든 논의에 기준을 제공한다. 물론 그것이 보편적으로 실현되는 것은 아니지만 말이다. 그 이상은 우리의 대중적 문학에서 "파토스"[135]의 대상이 된다. 일부일처의 이상은 어디에서 왔는가? 사실 우리는 알기 어렵다. 그것은 빈곤의 요구와 초라한 사회적 지위 때문에 생겼고, 기독교가 뿌리를 내린 계층들 사이에서 존재했다. 일부일처의 이상은 교회법에서 표현되었다. 하층 계급에서 그 이상은 교회의 시도 즉 그들을 억눌러 조직을 강화하려는 시도에 저항하는 것이었다. 또한 그 이상은 르네상스의 타락에 저항했다. 그 이상은 하층 계급을 넘어서 부자와 권력자에게로 확대되었다. 현대에서 "도덕적"이라는 말은 정확하게 일부일처 결혼 규약에 일치함을 뜻하는 용어로 사용되어 왔다.

386. 일부일처 결혼의 윤리

일부일처 결혼은 모든 다른 형식의 성적 관계를 배제했다. 현대인은 어떻게 상이한 형식의 성적 관계가 아무런 문제도 없이 서로 공존할 수 있는지 잘 이해할 수 없다. 그에 대한 설명은 모레스에 있다. 첩은

---

[135] 본서 178절 참조.

한 남자에 대해 명확하고 법적으로 보장된 관계를 갖는 사람일 수 있다. 만약 모레스가 그렇게 규정하고 있다면 말이다. 그녀의 환경은 그녀에게 첫 번째 지위 즉 아내의 지위를 부여하지 않았지만, 그럼에도 그녀는 사회에서 존경받는 어떤 지위를 갖는다. 동일한 것이 노예 여인 또는 천민 출신 아내에게도 이야기될 수 있다. 히브리인, 그리스인 그리고 제국 시대 로마인 사이에서 첩은 인정받는 계층이었다. 13세기 이후까지 첩은 자신의 명예를 벗어던져 버린 여자가 아니었다.[136] 그리고 그녀의 지위가 의심스럽게 되었다고 해도 그것은 그 후 200~300년간 또는 그 이상 불명예스러운 것이 아니었다. 군주들과 평민의 결혼은 우리 시대까지 이어져 오고 있다. 모레스에서 삶의 이익의 문제를 푸는 방식으로서 정의되고 제공된 모든 것은 결코 잘못된 것이 아니다. 그러므로 성스러운 매음 또는 일시적인 결혼(중국, 한국, 일본 그리고 고대 아라비아에서처럼) 또는 왕의 후궁(왕은 지정된 신분에서 나온 지위 아내를 받아들이도록 강요받았다) 그리고 역사에서 실존한 모든 다른 특수한 제도를 설명할 수 있다. 그러나 일부일처 결혼은 모든 다른 형태를 평정했다. 그것은 도시 중간층 자본가 계층의 체계이다. 그것은 모든 남자와 여자가 거의 평등하고 또 여자들이 생존 투쟁에서 자신의 몫이 있는 모든 새로운 나라에서 점점 힘을 얻고 있다. 이 새로운 나라들에서 환경은 이주민들이 과거에 속했던 계층의 모레스에 우호적이었다. 오래된 나라에서 중간 계층의 모레스는 농민과 귀족의 모레스와 충돌하게 되었다. 중간 계층의 모레스가 항상 승리했다. 그런 움직임은 비록 그 각 단계의 시점(時點)은 달랐다 해도 어디서나 동일했다. 현대적 운동의 후위에 있는 나라들은 여성에 대해서 낡은 모레스를 유지한

---

[136] Lea, *Sacerdotal Celibacy*, 203, note.

다. 현대적 운동의 전위에 있는 나라들은 이제 해방된 여자들이 있으며 자신의 법 제도에서 일부일처 결혼 이외 다른 것에 대한 관용을 모두 제거해버렸다. 물론 악덕은 여전히 현실에 영향을 미친다. 그리고 부의 성장과 사치스러운 습관은 귀족적 색채를 띤 낡은 관습을 다시 채용하는 경향을 발전시키고 있는 듯이 보인다. 그리고 현재 중하층 계급들이 선호하는 경제적 관계가 사라지고 새로운 조건들이 등장할 때 결혼의 모레스는 다시 변할 것으로 예상된다. 민주주의와 일부일처 결혼은 현재 여러 조건에 의해서 생산되고 있다. 양자는 우연적이며 일시적이다. 귀족 사회에서 한 남자의 가족 운영은 그 자신의 권리이다. 삶이 더 팍팍해질 때, 사회는 귀족적으로 될 것이고 그러면 축첩 제도 (concubinage)가 다시 등장할 것으로 예상된다.

일부일처 결혼이 마침내 과거 그토록 완고하게 유지된 생각 즉 여자는 본성적으로 악하고 그래서 인류의 절반이 다른 절반을 영구히 타락시킨다는 생각을 제거했음은 분명하다. 반대의 생각이 현재 점점 더 널리 유포되고 있다. 즉 모든 여자는 선하며 남자들을 이끌어 올리는 일에 영속적으로 기여할 수 있다는 생각[137]이 나타나고 있다. 이러한 급격한 변동은 조건과 이해관계의 모든 변화가 얼마나 그 나름의 오류를 생산하는지를 보여줄 뿐이다.

387. 일부일처 결혼은 독점적이다

일부일처 결혼이 독점적이라는 것은 이미 밝혀졌다. 그것은 배타적

---

[137] (옮긴이 주) 괴테의 『파우스트』 2부의 마지막 구절, "영원히 여성적인 것이 우리를 이끌어가는도다"를 연상시키는 구절이다.

인 가족을 만들어내며, 가족의 자부심과 대의에 자양분을 공급한다. 그것은 자본과 긴밀히 결합되어 있고, 우리는 그 제도가 거대한 부의 증가와 더불어 그리고 대자산가 계층(a plutocratic class)에 대한 대책 아래서 무엇으로 될지를 알 수 있는 지점에 아직 도달하지 않았다. 지금까지 말한 것에 기초할 때, 가장 중요한 것은 남편과 부인은 동일한 모레스로 교육받은 사람이어야 한다는 것이다. 또한 일부일처 결혼은 개인주의적이다. 그것은 모든 사회주의를 먼지로 부스러지게 만드는 장벽이다. 가족을 유지하는 데 소비되는 대가와 비용이 증가함에 따라서, 가족과 자본 간의 연결은 더 밀접하고 활발하게 된다. 사고할 줄 아는 모든 사회주의자는 결혼과 가족에 대한 전쟁으로 나아가지 않을 수 없다. 왜냐하면 그는 결혼과 가족에서 자신이 극복할 수 없는 '개인주의적 악덕'의 본거지를 발견하기 때문이다. 그러나 그는 자신의 포병대를 감추어야 한다. 왜냐하면 그는 감히 공개적으로 대포를 그리로 향할 수 없기 때문이다.

388. 결혼의 미래

우리의 결혼 모레스가 최종 단계에 도달했다고 상상하는 것은 게으른 것이다. 결혼은 우리의 모레스 내에서 자유롭고 개인주의적이기 때문에 여기에 적응할 수 없는 또는 그것을 자신의 환경에 적용할 수 없는 사람에 대한 배려나 동정은 별로 없다. 이혼은 허용되지만, 이혼 제도를 이용하면 어떤 곤혹스러운 느낌을 느끼지 않을 수 없다. 현재에 만족한 사람들만이 미래에 모레스에 초래될 변화를 통제할 것이라고 상상하는 것도 게으른 것이다. 결혼을 사람들이 거부하는 것으로 만들기는 어렵지 않다. 여자들은 과거에 결혼에 반기를 들었다.[138] 다시 그렇게 할 수 있으리라는 것도 충분히 상상할 수 있다.

389. 정상적인 유형의 성적 결합

다음과 같은 레키(Lecky)의 말은 그럴듯하다.[139] "우리는 한 남자와 한 여자의 평생에 걸친 결합이 양성 사이의 정상적 또는 지배적인 교류 유형이라고 주장할 풍부한 근거가 있다. 우리는 그것이 대체로 모두를 가장 행복으로 인도하기 쉽고 또 도덕적 향상으로 인도할 수 있음을 증명할 수 있다. 그러나 어떤 특별한 계시의 지원을 받지 않고는 이 지점을 넘어서 더 나아가는 것이 불가능하다고 나는 생각한다. 이것이 지배적인 유형이기 때문에 그것은 유일한 유형이라거나 사회의 이해관심이 모든 연관을 이 동일한 거푸집에 욱여넣으라고 요구한다는 결론은 결코 나오지 않는다."

390. 이혼

모계 가족에서 여자는 남편을 내버릴 수 있었다. 남편이 부인과 함께 살려고 그녀의 친정으로 갔던 모든 이행적 형태에서도 여자는 그렇게 할 수 있었다. 부계 가족에서 여자는 납치나 매매로 획득된 경우 마치 소유물처럼 남편에게 속했다. 남편은 그럴 필요가 있다고 생각한다면

---

[138] JAI, XXIV, 119.
[139] *History of European Morals from Augustus to Charlemagne*, II, 348.

그의 재산을 거부하거나 내버릴 수 있었다. 이 두 관습에 연루된 물리적 사실들 – 즉 남자가 부인과 살기 위해서 가는 것과 남자가 부인을 자기 집으로 데려온다는 것 – 은 여자의 지위에 큰 차이를 가져온다. 남자가 부인을 자기 집으로 데려오는 경우 부인은 남편의 지배에 종속되는 지위로 떨어진다. 부인은 남편을 떠날 수 없었다.

391. 민속지에서의 이혼

칼데아에서 남자는 "너는 내 아내가 아니다"라고 말하면서 결혼 지참금을 반환하고 그녀의 아버지에게 줄 편지를 쥐여주면 이혼할 수 있다. 만약 아내가 그에게 "너는 내 남편이 아니다"라고 말하면 아내를 물에 빠뜨려 죽여야 했다. 간통한 여자는 속옷 바람으로 거리로 쫓겨나 행인들의 처분에 맡겨졌다.[140] 이러한 관점은 유대교의 체계를 관통하여 존재했고 무함마드의 체계로 계승되었다. 아내는 의무들이 있었지만, 남편은 여기에 상응하는 의무가 없었다. 그녀는 자신의 의무를 준수해야만 한다. 그렇지 않으면 쫓겨나야 했다. 남자에게는 간통이 없었고, 여자에게는 이혼이 없었다. 이혼에 대한 가장 완전한 부정은 힌두스탄에서 볼 수 있다. 거기서 여자(어쩌면 5~6세의 아이일 수도 있는데)는 만약 한 남자와 결혼하면 오직 그 남자의 소유이다. 어떤 일이 일어나도 영원히 말이다. 그는 그녀가 죽을 때까지 그녀의 남편이다. 하지만 그녀가 죽으면 그는 또 다른 아내를 맞이할 수 있다. 로물루스(Romulus)는 여자가 아이를 독살하거나 독한 포도주를 마시고 열쇠를 위조하거나

---

[140] Maspero, *Peuples de l'Orient*, I, 736.

간통을 저질렀다면 남편에게 이혼을 허락했다.[141] 누마(Numa)[142]의 법에 따르면 원한 만큼 아이를 많이 얻은 남자는 아내를 타인에게 일시적 또는 영구적으로 양도할 수 있다.[143] 이 법률은 망각되어 버린 듯하다. 만약 이 법률들이 실제로 있었다 해도, 그 법률들은 초기 로마 사회를 통제하지 않았다. 후기의 법률에서 시민권이 박탈될 범죄를 저질렀다는 선고는 선고받은 이의 배우자를 자유롭게 만들어주었다. 기원전의 마지막 세기에 이혼은 매우 쉽고 관습적인 것이 되었다. 모레스는 점차 이혼에 대한 규정을 완화했다. 아우구스투스는 리비아(Livia)의 남편에게 그녀와 이혼하도록 강제했다. 왜냐하면 그 자신이 리비아를 갖고자 했기 때문이다. 그녀는 출산을 앞두고 있었다.[144] 카토(Cato)의 아들은 자신의 아내를 친구인 호르텐시우스(Hortensius)에게 주었다가 그가 죽은 후에 아내를 되찾아 왔다.[145] 셈프로니우스 소푸스(Sempronius Sophus)는 아내가 자신의 동의 없이 놀이를 하러 갔기 때문에 이혼했다.[146] 여자들은 또한 기원후 1세기에 남편과 이혼할 수 있었다.[147] 테르툴리아누스는 기독교 금욕주의자의 관점에서 "이혼은 결혼의 산물이다"라고 말했다.[148] 히에로니무스는 23번째 남편과 결혼한 여인을 알고 있었는데, 이 여인은 그 남편에게 21번째 아내였다.[149] 세네카는 여자들은 집정관 이름이 아

---

[141] Plutarch, *Romulus*, 22.
[142] (옮긴이 주) Numa Pompilius(기원전 753~673년). 사비니족 출신으로 로물루스를 이어서 로마 2대 왕이었다는 전설적인 인물이다. 로마 종교의식의 창설자로 알려져 있으며 로마의 중요한 종교적, 정치적 제도를 확립했다고 한다.
[143] Plutarch, *Comparison of Numa and Lykurgus*.
[144] Tacitus, *Annals*, I, 10.
[145] Plutarch, *Cato*.
[146] Valerius Maximus, VI, 3, 12.
[147] Juvenal, *Satires*, VI, 230.
[148] *Apologia*, 6.

니라 자신들의 과거 남편들을 기준으로 햇수를 계산한다고 말했다.[150] 여자들은 낮은 쪽을 겨냥함으로써 평등을 얻었다. "유베날리스(Juvenal)의 새 부인은 자신의 남편과 동등한 정도의 사악한 자유를 요구한다."[151] 이 사례들은 그 시기 모레스의 타락에 속한다. 그 사례들이 놀라운 만큼, 우리는 그 시대의 모레스에 대해 생각할 때, 그 사례들에 너무 많은 비중을 부여할 위험이 있다. 모든 작가가 그 사례들을 반복한다. 그러나 "『아그리콜라』에서 그리고 마르시아(Marcia)와 헬비아(Helvia)에게 보내는 세네카의 편지에서 우리는 다음과 같은 사실을 확인할 수 있다. 즉, 가장 암울했던 시기에도 고대 로마의 자기 제한과 절제의 분위기를 지닌 가정이 있었고 거기서 괜찮은 여자들은 남편과 아들들에게 강력한 영향력을 행사했고 또 고대 공화국의 사례들이 마치 성서의 인물들이 현대의 우리에게 그렇게 하듯이 덕을 강화하는 데 사용되었다."[152]

392. 이혼에 대한 랍비들의 생각

랍비 샴마이(Rabbi Shammai)의 학파는 말했다. "남자는 아내의 부정함을 실제로 보지 않은 이상 아내와 이혼해서는 안 된다." 랍비 요하난(Jochanan)은 말했다. "이혼은 타기해야 할 일이다." 랍비 엘리제르(Elizer)는 말했다. "첫 부인이 쫓겨나면 제단(祭壇)조차도 눈물을 흘린다."[153]

---

[149] *Epistle*, 2.
[150] *Epistle*, 95; *Consolation to his Mother*, 16.
[151] Dill, *Roman Society from Nero to Marcus Aurelius*, 87.
[152] 위의 책, 188.
[153] Cook, *Fathers of Jesus*, II, 142.

393. 로마에서의 이혼

초기 로마의 결혼에 관한 모레스는 매우 엄격하고 냉정했다. 그것은 가족의 일이었고 따라서 가족의 수장의 통제 아래 있었다. 어떤 법률도 이혼을 금지하지 않았다. 왜냐하면 그러한 법률은 가족의 남자 수장의 권위를 침해하는 것이기 때문이다. 그러나 감찰관(censor)[154]은 여론의 이름으로 오랫동안 결혼이 너무 쉽게 해소되는 일이 생기지 않도록 방지했다. 이혼은 가족회의가 그것을 옳다고 판정한 이후에 일어났는데, 그런 판정은 매우 드물었고 거기에는 항상 무게 있는 이유가 있었다. 첫 번째 배우자가 사망한 뒤의 두 번째 결혼은 약간 오점을 지닌 것으로 생각되었다. 남자들조차 이러한 오점에 종속되었다.[155]

394. 일부일처 결혼과 이혼

일부일처 결혼의 등장과 더불어 남성뿐 아니라 여성에게도 이혼은 정당한 이유에 근거하게 되었다. 그러므로 더 자유로운 이혼은 일부일처 결혼과 함께 나타난다. 그럴 수밖에 없다. 왜냐하면 이혼할 정당한 이유는 언제나 있을 수 있기 때문이다. 결혼을 둘러싼 관념들이 시적이고 고상할수록 그만큼 더 경험이 실망을 불러오리라는 가능성은 커진다. 한쪽이 자신의 배우자가 살아있는 이들 중 가장 좋은 남자 또는

---

[154] (옮긴이 주) 감찰관은 인구조사, 공중도덕의 감독, 정부재정의 감시 등에 종사했던 고대 로마의 관직이다.
[155] Grupp, *Kulturgeschichte der Römischen Kaiserzeit*, 113.

여자라는 믿음을 가지고 결혼 관계에 들어간다면, 거기서 실망과 환멸이 나오지 않는 경우는 극히 드물 것이다. 게다가 일부일처 결혼의 배타성 때문에 거기서 양쪽의 행복은 매우 편협하고 특수한 삶의 조건에 위태롭게 의존한다. 이러한 삶의 형태를 강요하는 것은 분명 많은 사람에게 참기 힘든 것이 될 것이다.

고대 게르만에서는 합의 이혼의 절대적 자유가 존재했다. 부부는 관계를 형성한 것과 마찬가지로 관계를 끝낼 수 있었다. 게르만 국가들의 법률에는 여자의 불만에 의존한 이혼에 대해 별다른 규정이 없다. 랑고바르드족(Langobards)[156]의 법률은 여자에게 이혼을 허락하는 대신 심각한 육체적 상해를 입혔다.[157]

395. 중세의 이혼

중세 교회는 적어도 겉으로는 이혼을 허락하지 않았다. 이것은 전적인 기만이다. 금욕주의의 영향 아래서 교회는 결혼을 점점 더 자의적인 제한 아래 놓았고, 성경이나 초대 교회의 관례에서 발견되는 규칙을 훨씬 더 넘어서 나아갔다. 이혼은 점점 더 어려워졌다. 이 두 경향은 서로 모순된다. 왜냐하면 결혼에 대한 제한이 엄격하면 할수록 어떤 결혼이 그중 하나를 위반하고 그리하여 '처음부터' 무효가 될 가능성이 더 커지기 때문이다. 이것은 어떤 '사후적인' 이혼이 결혼을 무효로 만

---

[156] (옮긴이 주) 롱고바르드족(Longobards)이라고도 불린다. 랑고바르드는 라틴어에 따른 것이고 롱고바르드는 이탈리아어에 따른 것이다. 랑고바르드족은 568년에서 774년 사이에 이탈리아반도의 대부분을 지배한 게르만 민족이다.

[157] Heusler, *Deutsches Privatrecht*, II, 291.

들 수 있는 것보다 더 절대적으로 결혼을 파기한다. 또한 부자와 권력자가 자신의 결혼을 돈이나 정치적 권력을 이용해 해소할 처리 수단이 풍부할 때, '교회의 법'은 법이 아니었다. 더 나아가 중세 교회는 결혼에 대한 완벽성과 이상성의 교리가 있었지만 동시에 인간의 나약함을 인정하는 실천적 체계도 있었다. 이 체계에 의해서 교회는 불행한 결혼의 사례를 처리할 수 있었다. 교회법에서는, 죄책이 없는 쪽의 이혼과 재혼이 남편에게 허용되어 왔다. 즉 여자 쪽의 간통, 신체적 무능력, 문둥병, 방치, 감금, 행방불명, 남편을 살해하려는 음모 등의 사례에서 남편에게 이혼과 재혼이 허용되었다. 그리고 남편의 나쁜 행실이 함께 살지 못할 정도로 심할 때는 여자에게도 허용되었다. 그러나 어느 경우든 교회 권력의 허락이 있어야 했다.[158]

396.

이것의 핵심은 어떤 이혼도 허락되지 않는 사회는 존재하지도 존재할 수도 없었다는 것이다. 부계 가족의 모든 단계에서 남편은 아내를 내쫓을 수 있었고 아내는 남편에게서 도망갈 수 있었다. 그들은 이혼하기를 원한다는 것이 분명해졌을 때, 이혼한다. 사회는 서로 불화하는 모든 배우자 또는 사건이 경과하면서 결혼 관계가 불가능해진 모든 배우자를 그럼에도 불구하고 결혼의 속박 안에서 계속 살도록 강요하는 힘을 사용할 것이라고 주장하는 것은 결혼 문제에 대한 쉬운 해결책일 것이다. 그런 규칙은 끝없는 불행, 수치 그리고 죄를 만들어낼 것이다.

---

[158] Reichel, *Canon Law*, I, 343.

이혼할 수 있는 사유가 있다. 간통은 신약성서에서 그런 사유 중 하나로 인정된다. 그것은 특히 일부일처 결혼에서 합리적인 사유이다. 또 다른 합리적 사유도 있다. 그중 어떤 것은 위에서 인용했듯이 교회법에서 허용되는 현대적 형태의 이혼 사유이다. 신약성서의 주해는 단순하지 않다. 그것은 하나의 단순하고 일관된 교리를 산출하지 않는다. 그러므로 추론과 연역이 거기에 적용되었다. 코린토 신자들에게 보낸 둘째 서간 6장 14절은 코린토 신자들에게 보낸 첫째 서간 7장 12절과 충돌한다. 결국은 모레스가 어떤 주장이 충분한 것인지를 결정한다. 미국에서 법률은 한때 불만에 찬 기혼자들을 만족시키는 쪽으로 즉 이혼을 쉽게 허용하는 쪽으로 크게 선회했었다. 그러나 그들은 나중에 가서 처음만큼 만족해하지는 않았다. 충격적인 사례들 때문에 새 법률은 "너무 지나쳤다"는 확신이 나타났다. 그래서 현재의 경향은 이전에 용인되던 것을 얼마간 철회하고 있다. 이혼이 합법적으로 달성되었다는 사실은 이혼한 사람의 과거 친지들을 만족시키지 않았고 그래서 이들은 사회적인 친밀함의 관계를 계속 유지하려 했다. 하나의 규약이 그런 현실에 맞추기 위해서 생겨난다. 종교 분파들은 그런 규약을 만드는 데 도움을 준다. 어쩌면 그들은 너무 엄격한 규약을 만든다. 그 분파의 구성원들은 거기에 따라 살지 않는다. 구성원들은 다른 덜 경직된 분파로 개종해서 또는 시민적 권위에 의거해 재혼을 시도한다. 또는 그들은 이혼하기 위해서 거주지를 변경한다. 그렇게 해서 모레스가 통제한다. 국가나 교회의 법률이 모레스와 함께 갈 때, 그 법률은 지배적으로 된다. 반면 모레스에서 이탈하면 그 법률은 실패한다. 또한 모레스는 확실하게 많은 사례에서 드러나는 그리고 사회적이며 윤리적인 판단을 요구하는 어떤 문제와 관련하여 행위하기 마련이다. 마침내 포괄적인 대중적 판단이 형성될 것이고 또 그것은 입법과정으로 흘러들어간다.

대중적 판단은 이해관계를 조정하여 – 사람들이 결혼 및 가족 제도를 보존하는 데 필요한 규칙에 대한 사회적 판단 아래서 – 성공적으로 그리고 만족스럽게 자기실현을 추구할 수 있도록 만든다. 행복 추구는 재산 취득에서든 가족 삶의 향유에서든 사회적 질서, 권리와 의무를 정의하는 법률에 복종함으로써만 가능하다. 그러나 개인들은 모든 지점에서 그 법률에 반응해야 한다. 지속적으로 사회 질서의 법률을 수정하고 조정하며 그리하여 스스로 자기실현이 진행되어야 하는 사회적 조건을 결정하는 것은 모레스이다.

397. 재혼의 거부

미합중국 모든 주의 법률에 따르면 – 사우스캐롤라이나를 제외하고는 – 성직자 또는 치안판사가 결혼을 허락하게 되어 있다. 그렇다고 입법자들이 성직자에게 누구는 결혼해도 되고 누구는 안 된다고 말할 권위를 주었다는 뜻은 아니다. 이혼한 사람이 재혼하는 것에 동의하지 않는 성직자는 자신에게 속하지 않는 권위를 참칭하는 것이다. 국교회를 표방하는 영국에서 성직자는 민법의 조항에 따라서 결혼할 수 있는 사람들의 결혼을 거부할 수 없다. 우리의 경우 종교 분파와 교단의 수가 많아서, 어떤 한 종파가 시범을 보이거나 교육적 효과를 발휘하기 위해서 더 엄격한 법률을 채택하기로 해도 그리하여 자신의 구성원들을 다른 종파로 몰아낼 위험을 무릅쓰기로 결정해도 큰 문제가 생겨나지 않는다. 그런 조치의 다음 결과가 어떤 것일지는 차후에 배우게 될 것이다.

398. 아동 결혼

아동 결혼은 모레스에 관해서 특히 도착과 일탈의 가능성과 관련해서 많은 것을 보여준다. 빌루츠키(Wilutzky)[159]는 원시인 사이에서 아동 결혼은 원시 공산제에서 나와서 – 그렇지만 조상의 관습을 위반하지 않고 – 자신만의 아내(일부제, monandry)를 갖고자 하는 남자의 욕구에서 시작되었다고 생각한다. 뉴브리튼섬에서는 열 살 또는 열두 살 소녀가 스물다섯이나 서른 살 남자와 결혼한다. 한 선교사는 말한다. "그러한 이른 결합의 결과는 그 소녀에게는 무시무시한 것이었다."[160] 말레쿨라(Malekula)[161]에서는 여섯 살이나 여덟 살 소녀가 결혼한다.[162] 유사한 사례가 중앙아메리카와 남아메리카에서도 보고된다. 거기서는 열 살짜리 소녀들이 자식을 갖는다.[163] 롤프스(Rohlfs)는 페잔(Fesan)에는 열 살이나 열두 살에 이미 어머니인 소녀들이 있다고 보고한다.[164] 에스키모는 아이들을 약혼시키는 관습이 있어서 결혼 관계가 사춘기에 한꺼번에 시작된다.[165] 슈바너(Schwaner)의 보고[166]에 따르면 바리토 계곡(Barito Valley)에서는 종종 술에 취한 아버지가 아이들을 정혼시키고 결혼에 이르게

---

[159] *Mann und Weib*, 32.
[160] JAI, XVIII, 288.
[161] (옮긴이 주) 뉴헤브리디스 제도에 속하는 섬이다. 이 제도는 남태평양의 약 700킬로미터에 달하는 제도로서 북쪽으로 300킬로미터 떨어진 곳에 솔로몬 제도가 위치해 있다.
[162] *Australian Association for the Advancement of Science: Fourth Meeting, at Hobart, Tasmania*, 1892, 704.
[163] Schomburgk, *Britisch Guiana in 1840~1844*, I, 122, 164; JAI, XXIV, 205.
[164] *Petermann's Geographischen Mitteilungen*, Ergaenzungsheft, XXV, 9.
[165] Holm, *Angmagslikerne*, 52; Nelson in *Bureau of Ethnology*, XVIII, Part i, 292.
[166] *Borneo*, I, 194.

한다. 배우자 선정의 동기는 출생, 친족, 재산 그리고 사회적 지위이다. 이런 동기를 충족하려던 부모의 계획이 시간적 지연 때문에 아이들에 의해서 좌절되는 것을 피하기 위해 결혼을 서두른다. 아이들의 친밀함은 전적으로 우연에 맡겨진다. 빌켄(Wilken)은 네덜란드령 동인도에서 아동 결혼은 절대적인 부권의 발휘인 듯하다고 말한다. 특히 그들이 납치에 의한 결혼을 한다는 것을 볼 때 그러하다. 아버지는 자신이 만든 계획의 실현을 때맞춰 확보하고 싶어 한다. 특히 그 목적은 한 남자가 결혼 규칙에 따라 그에게 배정된 지위 아내를 취하도록 만들기 위함이다. 이 배정된 아내는 어머니의 형제의 딸이다. 빌켄은 또한 아동 약혼과 결혼은 다음과 같은 이유 때문이라고 설명한다. 즉 소녀들은 약혼까지 전적인 자유를 갖는데, 미래의 남편은 이러한 자유에 종지부를 찍고 싶어 한다는 것이다. 소녀들은 종종 출생과 더불어 혼처가 정해지고 여섯 살에 결혼한다. 물론 그들은 여전히 부모와 함께 산다. 동인도의 어떤 지역에서는 그런 관습이 쇠퇴하고 있다. 그런 관습은 다른 곳에서는 소멸했고, 또 다른 곳에서는 납치에 의한 결혼이 소멸했음에도 여전히 존속하고 있다. 납치에 의한 결혼이 존속하는 곳에서 아동 결혼이 있는 이유는 그 소녀가 자기가 원하는 남편이 아닌 다른 사람에게 납치될지도 모른다는 두려움에 있다.[167]

399. 힌두스탄에서의 아동 결혼

마누[168]의 법에 따르면 남자는 자신의 딸이 여덟 살이 되기 전에 스물

---

[167] *Bijdragen tot de Taal-Land-en Volkenkunde van Nederlandsch Indië*, XXXV, 161, 165; Wilken, *Volkenkunde*, 277.

네 살 남자에게 또는 열두 살 되었을 때 서른 살 남자에게 넘겨주어 결혼시킬 수 있다. 그런데 만약 딸이 가임기 여성이 될 때까지 그녀의 남편을 찾지 못하면 더는 딸에 대한 지배권을 행사할 수 없다. 그러나 사춘기 이전의 성교는 엄격히 금지된다.[169] 이슬람교도를 포함하여 힌두교도는 아동 결혼을 없애려는 영국인들의 노력에도 불구하고 또 그것이 유해한 관습이라고 비판하는 그들 속 계몽된 사람들 의견에도 불구하고 아동 결혼을 실행하며 또 고집한다. 그것은 그들의 모레스에 깊이 뿌리내리고 있다. 현대 힌두의 아버지와 형제들은 딸이나 여동생이 남편감을 얻지 못한 채 사춘기(일반적으로 여덟 살)에 도달하는 것을 자신이 저지를 수 있는 가장 심각한 잘못 중 하나라고 생각한다. 결혼 적령기에 있으나 아직 결혼하지 못한 소녀가 있다는 것은 그 가족에게 불명예이다. 올바른 것은 사춘기 이후 5일에서 16일 뒤에 이미 이전에 그녀와 결혼 상태에 있던 남편이 힌두 생활의 12(또는 16) 성사 중 하나인 장엄한 예식에 따라 비로소 그녀와 교합하는 것이다.[170] 아동 결혼의 개념은 여자는 선택된 남편과 이미 결혼 상태에 있다가 적절한 시기에 그에게 주어질 수 있어야 한다는 데 있다.[171] 더구나 "결혼은 그 남자와 관련해서는 재생의 여러 의식을 완성시킨다. 이 재생의 의식은 모든 아이가 어머니의 자궁에서 접촉했다고 가정되는 죄스러운 오염에서 벗어나게 한다고 믿는다. 또한 수드라와 여자들에 관련해서, 결혼은 이런 목적(재생)을 위해서 허용된 유일한 예식이기 때문에 결혼의 의무는 이들에게 베다 경전의 명령 중 하나이다."[172]

---

[168] IX, 88, 93, 94.
[169] XI, 59, 171.
[170] Jolly, *Recht und Sitte der Indo-Arier*, 54, 58.
[171] Jolly, *Stellung der Frauen bei den allen Indern*, 425.

400.

선교사 게링(Gehring)의 부인은 타밀 지역 이슬람교도 사이에서 한 열 살 소녀가 성인 남자와 결혼하는 자리에 참석했다. 그 여자아이가 느낀 지독한 공포에 대한 이야기는 매우 애처롭다. 그 아이의 면사포를 걷었을 때, 그 아이는 불안과 흥분으로 혼절했다. 축하객들은 그에게 아무런 동정심도 보이지 않았고, 그 광경을 구경하려고 주변으로 몰려들었다. 그들은 그 소녀를 동정해야 할 아무런 이유도 없다고 생각했다.[173]

401.

어떤 소녀가 아버지나 형제가 마련해주어야 할 남편을 얻지 못하면, 그녀는 독립적으로 행동할 수 있다. 그러나 그럴 경우 그녀는 가족 재산에서 자신의 몫을 상실한다. 그녀를 유괴해 가는 것은 죄가 아니었다. 마누[174]에서는 그녀가 자기 마음대로 행동할 권리를 얻으려면, 마음대로 행동할 사유가 생긴 지 3년이 지나야만 한다고 한다. 이 권리는 사문화된 지 오래다. "마누의 법"은 여자에게 우호적인 곳에서 또는 모레스와 충돌하는 곳에서는 권위를 상실할 수 있다. 왜냐하면 힌두 여자들은 그런 경우가 발생해도 자기 재량권을 갖기 위한 훈련을 한 적이 없을 것이기 때문이다.[175] 여성의 덕은 낮게 평가되며, 그 덕은 결혼으로 확

---

[172] Strange, *Hindu Law*, I, 35.
[173] Gehring, *Süd-Indien*, 78, 80.
[174] IX, 90.
[175] *Journal of the Society of Comparative Legislation, New Series*, VIII, 253.

보해야 한다. 어떤 소년과 소녀의 독립적인 행위는 모레스에 반하는 것이며 사랑에 의해서든 납치에 의해서든 낮은 형태의 결혼으로 인도할 뿐이다.[176] 마지막으로 종교는 아동 결혼의 동기를 제공하는 데서 한몫을 한다. 조상들의 영혼은 남자 후손들이 희생제의를 계속 바치지 않으면 천국에 머무를 수 없다. 그러므로 남자 후손을 확보하는 일은 빠르면 빠를수록 더 좋다. 콜리말레이 구릉지대(Kollimallais hills)의 타밀어를 말하는 말레이인 사이에서 남자는 어린 아들의 배우자로 성인 부인을 구해주고, 이 아들의 부인과 자신 사이에 자신과 아들을 위해 그 종교적인 의무를 수행할 아들을 낳는다. 이러한 관계는 세대에서 세대로 연속된다.[177]

402.

그럼에도 고대 인도에서 아동 결혼은 없었으며, 여자들은 종종 사춘기가 지나서야 결혼한다는 사실이 증명되었다고 말하는 사람들이 있다. 또한 인간 남편은 4번째 남편으로 간주되었다. 세 명의 신이 언제나 그에 앞서서 있었다.[178] 아동 결혼의 관습은 현재 최하층 계급에 널리 퍼져있다. 그리고 갠지스강 유역 저지대에서는 아동 결혼의 풍습을 따른다. 그것은 그 지역 사람들의 신체에 매우 나쁜 영향을 주고 있다.[179]

기원전 2000년 칼데아에는 아동 결혼이 있었다.[180]

---

[176] Jolly, *Recht und Sitte*, 54.
[177] *Madras Government Museum*, II, 162.
[178] Monier-Williams, *Brahmanism and Hinduism*, 354.
[179] *Politisch-Anthropologische Revue*, III, 711.

403. 유럽에서의 아동 결혼

아동 결혼은 고대 게르만의 모레스에 없었다. 중세 교회는 아동 결혼을 왕자들에게 허용했다. 그 동기는 정치적 동맹이나 가문의 이익, 재산의 이익이었다.[181] 요셉이 노인이고 동정녀 마리아가 소녀라는 것은 지어낸 이야기였다. 이 이야기는 처녀인 아내와 어머니의 관념을 더 용이하게 만들려고 지어낸 것이었다. 그 이야기는 당시의 아동 결혼을 반영했을 뿐이었다. 영국에서는 13세기 말부터 17세기 후반까지 아동 결혼 사례가 처음에는 최상층 계급에서, 나중에는 모든 계급에서 그리고 마지막에는 최상층과 최하층 계급에서 가장 빈번하게 이루어졌다. 스코틀랜드에서는 아동 결혼이 너무 일반적이어서 1600년에 금지되었고, 남자는 열네 살, 여자는 열두 살 이후에만 결혼할 수 있게 한계가 설정되었다. 아동 결혼의 주요 동기는 왕에게서 직접 봉토를 받은 자들이 봉건적 의무를 회피하는 데 있었다. 만약 아버지가 죽고 아직 어린 자식이 남게 된다면, 이 어린 자식은 왕의 피후견인이 되어서 강요된 결혼을 해야 하거나 그것을 피하려면 벌금을 내야 했다.[182]

404.

그렇다면 아동 결혼은 결혼에서 세속적인 고려가 주를 이룬 데 기인

---

[180] Winckler, *Die Gesetze Hammurabis*, 22.
[181] Grimm, *Deutsche Rechtsalterthümer*, 436.
[182] Furnival, *Child-marriages*, XXVII, XXXIX, XL.

한다. 특히 고려되는 이해관계가 아동의 것이 아니라 부모의 것일 때 그러하다. 또한 그것은 허영과 고집을 통해서 부모의 권위를 남용한 데에, 또는 저승과 거기 있는 죽은 자들의 이익에 대한 미신적 생각에, 또는 아동의 이익을 위해서 다른 나쁜 사회적 질서의 사악한 결과를 피하려는 시도에 기인하기도 한다.

405. 여성의 수도원 유폐

여성을 폐쇄 수도원에 유폐하는 관습은 역사시대에 중앙아시아의 어떤 지점에서 퍼져 나갔다. 함무라비 법전은 기원적 2200년 유프라테스 계곡에서 남자와 여자가 삶에서 자유롭고 평등하게 교제했음을 보여준다. 나중에 유프라테스 계곡에서 우리는 최상류 계층 사이에서 수도원 유폐의 관습을 발견할 수 있다. 그것은 페르시아인 사이에서 점점 더 강해졌고 평민에게까지 퍼져 나갔다. 그것은 아랍인의 본래적 관습이 아니었고 또 이슬람에 의해서 도입된 것도 아니었다. 페르시아인은 그것을 배워서 자기 것으로 삼았다.[183] 여성 격리는 그 정도에서는 차이가 있지만 많은 민족의 모레스에 존재했다. 사실 그것은 이슬람 국가의 과도한 후궁 제도(harem system)에서 현재의 우리의 예절 규칙 즉 남자는 제외하고 여자에게만 제약을 부과하는 예절 규칙에 이르기까지 단지 정도의 문제일 뿐이다. 베일 착용과 수도원 유폐 관습에 관한 가장 그럴듯한 설명은 흉안(凶眼)의 미신 때문이라는 설명이다. 예쁜 여자는 찬탄을 불러일으키는데, 이것은 흉안의 개념 아래서는 모든 번영, 영광

---

[183] Hauri, *Islam*, 131.

그리고 탁월함이 위험한 것과 마찬가지로 위험하다. '예쁜' 여자가 베일을 쓰거나 격리되어야 한다면 이 관습은 다른 사람들에게도 확대되기 마련이다. 부자나 지위가 높은 사람의 아내와 딸들은 남이 쉽게 접근하지 못하도록, 그리고 그들을 보호하고 보살피기 위해 격리되었다. 좀 더 하층의 사람들은 그들의 할 수 있는 만큼 이런 풍습을 모방했다. 남편과 아버지의 억압도 거기서 역할을 했다. 또 이런 방향에서 작용한 또 다른 요인은 여성들 자신이 격리가 주는 보호받고 사랑받는다는 느낌을 즐기기도 했다는 것이다. 레인[184]은 이렇게 말한다. "남편에게 의존적인 이집트 부인은 남편이 많은 자유를 주면 그가 자신을 방치하고 있고 충분히 사랑하지 않는다고 생각하기 쉽다. 그리고 아주 엄격하게 지켜지고 감시되는 부인들을 부러워한다." "그들은 (남편이 부과한) 제약을 어느 정도 자랑스럽게 생각한다. 즉 그것은 남편의 배려와 사랑을 증명하는 것이라고 생각한다. 그리고 자신이 마치 보물처럼 깊이 간직된다는 데 우쭐해 한다." 생계를 위해 일해야 하는 여자들은 거리와 시장으로 나가야 하고 다른 계급 여자는 겪지 않도록 보호되는 많은 것과 접촉해야 한다. 보호받는 지위는 귀족적이며 특히 여성적인 취향과 일치한다. 기꺼이 그런 상태에 놓이고 싶어 하는 마음은 언제나 여자의 지위에 큰 영향을 미쳤다.

406. 재혼, 과부

재혼은 직접적으로 관련된 사람들 이외의 다른 사람들에게 거의 영

---

[184] *Modern Egyptians*, I, 268, 466.

향을 주지 않는다. 또 그것은 어떤 사회적 원리나 제도와 관련이 없다. 그래서 그 사회 내에 망령이나 저승에 대한 어떤 특수한 관념이 통용되지 않는다면, 재혼은 소위 '사회적인 관심'을 만들어내지 못한다. 그럼에도 주변 사람들은 최근까지 판정을 내리고 과부의 재혼에 영향력을 행사할 권리가 있다는 태도를 취했다. 남자 쪽에 대해서는 그 빈도가 훨씬 덜했다. 과부의 지위에 대한 이야기는 문명의 역사에서 가장 슬픈 이야기 중 하나이다. 문명화되지 못한 사회에서 과부는 위험하다고 간주되었는데, 왜냐하면 그녀 남편의 망령이 그녀를 따라다닌다고 생각했기 때문이다. 납치나 매매에 의한 결혼 아래서 부인은 남편의 소유물이며, 다른 재산과 마찬가지로 저승까지도 남편을 따라야 했다. 그런 운명을 모면한다 해도 그녀는 사회에서 어떤 온당한 장소도 갖지 못했다. 따라서 과부는 모레스가 해결해야 하는 문제였다. 사회가 인간의 불행과 죄 없는 비참함에 그토록 무관심한 사례는 별로 없다. 만약 과부가 어떤 목적을 위해 가치가 있다면, 그녀는 상속자의 소유가 되고 상속자는 그녀를 착취해도 좋다. 피지 제도(Fiji Islands)에서 부인은 남편의 장지에서 교살되어 남편과 함께 묻혔다. 어떤 신이 저승으로 가는 길목을 지키고 기다리고 있다. 그는 결혼하지 않은 자에게는 무자비하다. 그러므로 남자의 영혼은 그곳을 안전하게 지나려면 여자의 영혼을 대동(帶同)해야 한다.[185] 몽골 과부들은 재혼을 할 수 없다. 왜냐하면 그들은 내세에서 첫 남편을 섬겨야 하기 때문이다. 막내아들이 가계를 승계했고 아버지의 남은 부인들을 부양해야 했다. 그는 자신의 생모를 제외하면 그들 중 누구든 아내로 취할 수 있었다. 그가 아버지의 부인들을 가족 밖의 다른 사람과 재혼시키지 않고 자신이 취한 이유는, 그

---

[185] JAI, X, 138.

들이 내세에서 아버지에게 가기를 원했기 때문이다.[186] 함무라비법에서 과부는 남편의 재산 중 일부를 보장받았고 아들들의 이기심에서 보호되었다. 만약 그녀가 남편에게 받은 것을 아들들에게 양도한다면, 그녀는 자신의 아버지에게서 받은 것을 가질 수 있고 또 재혼할 수 있었다. 후기의 칼데아에서는 과부가 사원에 일정액을 내면 결혼했던 경력을 지울 수 있었다.[187] 브라만교의 영웅시 마하바라타에서 여자에 대한 아침인사는 "과부의 운명을 겪지 않기를 빕니다"이다.[188]

407. 과부의 화형

원시 아리안족이 과부를 – 아마도 과부 자신의 선택으로 – 태워서 죽이는 관습이 있었던 것과 이 관습이 인도의 베다 시기(Vedic period)에 쇠퇴한 것은 확실해 보인다. 과부의 화형과 형사취수(lebirate)는 양립할 수 없었다.[189] 마누(Manu)[190]가 과부의 행실에 대한 규칙(죽은 남편 이외의 다른 남자의 이름을 부르지 말 것, 재혼하지 말 것 등등)을 만들 때, 그는 과부들이 생존하리라는 것을 전제로 하고 있다. 아내를 순장하는 관습은 하층 카스트에서 가장 강했다.[191] 무굴 제국의 황제인 아크바(Akbar)는 1600년경 아내 순장 풍습을 금지했다.[192] 그는 이슬람의 관점

---

[186] Rubruck, *Eastern Parts*, 78.
[187] Kohler and Peiser, II, 9.
[188] Holzmann, *Indische Sagen*, I, 258.
[189] Zimmer, *Altindisches Leben*, 328~331.
[190] V, 157, 161~164.
[191] Jolly, *Stellung der Frauen*, 448.
[192] *Nineteenth Century*, XLV, 769.

에서 행동했다. 그의 명령은 용례에 아무런 변화도 주지 못했다. 1830년 영국인들이 그 관습에 종지부를 찍었다. 이것은 외진 지역에는 영향을 미치지 못했다. 외진 지역에서 최근에 보고된 사례는 1880년에 일어났다.[193] 인도를 잘 아는 사람은 순장을 중단한 것이 과부들에게 결코 좋은 결과가 아니라고 말한다. 왜냐하면 살아남은 그들의 삶은 너무도 비참한 것이어서 차라리 죽는 것이 더 나을 것이기 때문이다. 윌킨스(Wilkins)[194]는 한 힌두교의 과부가 자신이 겪은 경험에 대해 쓴 것을 인용하는데, 거기에는 육체적인 학대와 도덕적인 고문이 포함되어 있다. 그녀는 마치 남편의 죽음에 책임이 있는 것처럼 취급당했다. 과부의 머리는 삭발을 당했다. 힌두 여자는 머리카락을 매우 소중히 여기는데도 말이다. 그녀는 하루 한 끼만 먹어야 했고 때때로 단식을 해야 했다. 사람들은 그녀를 악의 전조를 만드는 사람인 양 피했다. 소녀들이 대여섯 살에 결혼하기 때문에, 이런 일은 남편이 죽으면 열 살 열두 살 소녀에게도 일어날 수 있다. 그녀가 남편과 아직 살지도 않았는데 말이다. 1856년 영국인들은 과부가 재혼할 수 있다는 법을 만들었다. 그러나 상층 계급은 거의 그것을 허용하지 않는다. 그들이 재혼을 허용할 때는, 먼저 신랑은 나무나 면으로 만든 인형과 결혼해야 한다. 그도 역시 혼자 몸이 되어야 하기 때문이다. 모레스는 다른 모레스를 가진 민족에 의해서 요구되는 어떤 변화에도 저항한다. 그것이 억지로 강요된 것이 아니어도 그러하다. 과부의 처우에 대해서 제안된 개혁들은 힌두교도들의 경험과 판단에 전혀 뿌리를 내리지 못한다. 물론 캘커타의 몇몇 이신론자는 예외인데, 이들은 한 번도 통일적이고 일관된 입장을 취한

---

[193] Wilkins, *Modern Hinduism*, 391.
[194] 위의 책, 365.

적이 없다. 모니어-윌리엄스(Monier-Williams)[195]는 과부와 결혼한 남자의 사례를 서술하고 있다. 그는 완전히 따돌림을 당해서 모든 친지와 친구가 그를 거부했다. 그는 먼 곳으로 가야 했고 정부가 관할하는 일자리를 얻어야 했다. 비하리 힌두교도들(Bihari Hindoos)의 하층 카스트 사이에서 과부는 죽은 남편의 남동생과 재혼할 수 있다. 시동생에 대한 그녀의 관계는 언제나 특별히 가깝고 스스럼이 없다.[196]

408. 개혁의 어려움

과부의 재혼이 금지되는 것은 그것이 근본적인 종교적 관념과 충돌하기 때문인 듯하다. 힌두인 개혁자들은 사실과 합치하지 않는 형태의 결혼 의례를 실행한다고 비난받는다. 어떤 과부들은 처녀이다. 하지만 부모들이 그들을 항상 '처녀 선물'의 방식에 따라 시집보내는 것은 아니다. 여자는 모두 마하바라타의 '여주인공(heroine)'이라는 단어에서 유래하는 관념 즉 여성은 단 한 번 시집간다는 관념을 가지고 있다.[197] 그들은 문서에 집착한다. 또한 첫 번째 결혼의 기록에 따라 한 여자는 7대에 걸쳐서 남편의 친족에 속한다. 그 이상으로는 촌수 계산을 하지 않는다. 친족 관계를 다시 바꾸는 것은 비종교적이며 불가능하다. 왜냐하면 앞으로 7대에 걸쳐 지속되는 결과가 거기에 뒤따르기 때문이다.[198] 이 모든 것이 초야를 치르고 난 뒤가 아니라 결혼식이나 약혼만으로

---

[195] *Brahmanism and Hinduism*, 472.
[196] JASB, VI, 119.
[197] 본서의 376절 참조.
[198] JASB, VI, 376.

이루어진다. 통계학적으로 보면 과부의 재혼에 대한 금기와 아동 결혼의 관습은 정비례 관계에 있다.[199] 남자가 귀한 곳에서 소녀들은 남편을 확보하려고 아동기에 결혼한다. 그리고 과부는 재혼을 금지당한다.[200] 집안의 과부가 재혼하면 라지푸트인(rajpoots)[201]과 라지푸트 가문들(rajpoot families)은 위신과 우월성을 상실한다.[202] 호메로스의 서사시에서 남자의 재혼은 드물고, 계모는 단 한 명 언급되고 있다.[203] 재혼에 대한 편견은 그리스인 사이에서 심지어 남자 재혼에 대해서까지 지속되었다. 그리스 어떤 지역에서는 남자에게 자녀가 있다면 재혼을 할 경우 정치적 권리를 박탈당했다. 그 이유는 자신의 가족에게 그렇게 헌신하지 않는 남자는 자신의 조국에 대해서도 그렇게 헌신적이지 않을 것이라는 데 있었다.[204] 고전 시대에 과부는 일반적으로 재혼했다. 때때로 임종을 앞둔 남편은 뒤에 남은 부인을 유증(遺贈)했다. 후대에 어떤 과부들은 자기 자신의 재혼에 대해 계약을 맺었다.[205] 마르쿠스 아우렐리우스는 재혼한 부인을 아이들의 계모로서 받아들이려 하지 않았다. 그는 첩을 들였다. 율리아누스(Julian)는 부인이 죽은 후에 수절했다.[206] 로마의 여자 무덤 비석에 쓰인 "한 남편의 아내"라는 비문은 종종 찬사로서 새겨 넣었던 것이다.[207]

---

[199] Jolly, *Recht und Sitte*, 61.
[200] JAI, XII, 290.
[201] (옮긴이 주) 8세기~13세기에 이르는 시기에 인도를 지배한 종족이다. 라지푸트(rajpoot)라는 칭호는 전통적으로 수리아반시, 찬드라반시 그리고 아그니반시 종족에게 적용되었다. 이들은 힌두교가 아니라 이슬람을 신봉했다.
[202] *Census of India (Ethnographic Appendices)* 1901, 74~75.
[203] Keller, *Homeric Society*, 227; *Iliad*, XXII, 477; V, 389.
[204] Diodorus Siculus, XII, 12.
[205] Becker-Hermann, *Charikles*, III, 289.
[206] Lecky, *History of European Morals from Augustus to Charlemagne*, II, 316.

409. 기독교 교회에서 과부와 재혼

로마의 이교도 황제들은 모든 결혼을 권장했듯이 재혼도 권장했다. 그러나 4세기의 기독교 황제들은 금욕적 경향을 띠었다. 300년경 "모든 재혼은 본질적으로 간통이다"[208]라는 말이 교리에 들어있었다. 아우구스티누스는 '수절'에 관한 논문에서 자기통제와 성품의 훈육에 대해 매우 강력한 교리를 말하고 있다. "결혼의 은혜"에 관한 논문에서 그는 히에로니무스와 요비니아누스(Jovinian) 간의 논쟁에 개입하여 결혼을 옹호했다. 그 논쟁에서 히에로니무스는 처녀성에 대해 매우 터무니없고 모순적인 주장들을 제시했다. 아우구스티누스의 주장은 다음과 같이 정식화된다. "결혼과 간통은 후자가 더 나쁜 악에 속하는 두 개의 악이 아니다. 그러나 결혼과 수절은 후자가 더 좋은 선에 속하는 두 개의 선이다." 이 진술은 수사학적으로 만족스러운 것이지만, 성적 정열을 규제하는 합리적 제안을 하지도 않고, 어떤 규제가 이익이 될 수 있는지 그 한계에 아무런 결론을 제시하지도 않는다. 아우구스티누스는 코린토 신자들에게 보낸 첫째 서간 7장 36절을 매우 강조했다. '처녀성'에 대한 논문에서 그는 그 시대의 취향에 따라 처녀인 상태를 찬양했다. '과부의 삶'에 대한 논문(13장과 14장)에서 그는 재혼, 또한 여러 번의 재혼에 대해서도 극단적 교리를 반박했지만, 과부에게는 수절을 권고했다. 중세의 신학자들처럼 교부들은 논증에서는 종종 어떤 것들을 수용했지만, 거기서 행한 동의나 인정에 맞게 자신의 전체적 입장을 바꾸지는 않았다. 성적 모레스에 대해 위 논문들에서 아우구스티누스

---

[207] Friedländer, *Sittengeschichte*, I, 411.
[208] Athenagoras, *Apologia*, 28; *Apostolic Constitutions*, III, 2

가 취한 입장은 하나의 일관되고 명쾌한 진술로 통합되기 어렵다. "불분명하지만 초기의 어떤 시기에 하나의 규칙 즉 두 번 결혼한 남자(digamus) 또는 '두 번째 부인을 가진 남자'는 서품을 받을 수 없다는 규칙이 확고하고 취소 불가능한 것으로 확립되었다. 서품을 받은 후의 결혼이 총각에게 금지되었다고 추측할 만한 근거는 없다. 하지만 홀아비가 서품을 받은 후에 결혼하는 것은 엄격히 금지되었다."[209] 그러므로 어떤 경우든 결혼은 단지 타협이고 어쩔 수 없이 용인되는 것이고 또 그런 한에서 엄격한 올바름에서의 이탈이지만, 두 번째 결혼은 냉대를 받았고 그 이상의 결혼은 횟수가 많아짐에 따라 비난이 증가했던 것이다. 이것은 동방교회의 관점으로서 지금까지 여전히 유지되고 있다. 동방교회에서는 4번째 결혼은 불법이다. 서방교회는 초기의 견해를 포기했고 재혼에 제한을 두지 않는다. 그럼에도 정통적이고 대중적인 모레스는 두 번째 또는 적어도 세 번째 이후의 재혼에 대해서는 얼굴을 찌푸린다. 아라비아에서 무함마드 시대 이전에 과부들은 한 해 동안 격리되어 힘들게 살아야 했다. 그리고 그들은 버려진, 유랑하는 거지 계층을 형성했다. 어머니가 재혼을 한 사람은 그에 대해 수치스러워해야 했다.[210] 중세에 대중적인 비난은 언제나 괴기스럽고 시끄러운 그리고 때로는 방탕한 축하연으로 표현되었다. 이 축하연은 샤리바리(charivaris)[211]라고 불렸는데, 과부의 재혼 그리고 때로는 홀아비의 재혼이

---

[209] Lea, *Sacerdotal Celibacy*, 35.
[210] Wellhausen, *Ehe bei den Arabern*, 433, 455.
[211] (옮긴이 주) charivari 또는 chivaree는 일반적으로 공동체가 시끄럽고 부조화된 소음을 만들어내는 일을 가리킨다. 때로는 냄비와 프라이팬 등을 두드리기도 한다. 이러한 풍습은 공동체가 어떤 남녀를 결혼하도록 강요하려 생겨난 것으로 추측된다. 또한 공동체는 '부자연스러운' 결혼과 재혼에 대한 거부감을 드러내는 데 이 풍습을 활용했다. 예를 들면 나이든 과부가 너무 젊은 남자와 재혼한다든지, 배우자가 죽은 뒤에 너무 빨리 과부와 홀아비가 재혼을 할 때 공동체는

이루어질 때 실행되었다. 이것은 프로방스 지역에서 아주 옛날부터 전해오는 오래된 관습이라고 한다.[212] 프로방스 지역이라는 점이 어쩌면 재혼에 대한 반대가 마니교 교리 때문임을 의미할지도 모른다. 마니교 교리는 이 지역에서 널리 퍼져있었다. 그러나 대중적 비난의 관습들은 매우 널리 퍼져있고, 오늘날 우리 사이에서도 때때로 이웃들은 그런 방식으로 모레스에 잘 맞지 않는 성적인 관계에 대한 비판을 표현한다. 프랑크족의 한 부족인 살리족의 법에는 두 번째 결혼하는 여자는 누구나 밤에 결혼식을 올려야 한다는 조항이 있다.[213] 야만적 국가들의 다른 법에는 재혼에 대한 비난의 증거가 포함되어 있다.[214] 인노켄티우스 3세 교황은 1213년 "아무리 많은 처첩을 동시에 또는 차례로 가졌느냐에 관계없이"[215] 남자가 재혼 때문에 교회와 관련된 권리를 박탈당하는 일은 없으리라 선포했다. 북부 프랑스의 중세적인 관습(coutumes)은 재혼에 무관심하다.[216] 고대 게르만의 관습은 남편이 죽은 뒤 과부의 자진(自盡, self-immolation)을 인정했지만 그것을 요구하지는 않았다. 과부의 재혼은 승인되지 않았고 과부들도 그것을 바라지 않았다. 이것은 고대 게르만의 결혼관 즉 아내는 영원히 자신의 삶을 남편의 삶과 융합시킨다는 결혼관의 결과였다.[217] 그러나 그 용례는 점차 완화되었다. 과부는 더 독립적으로 행동할 수 있게 되었고 자녀와 재산 그리고 딸의 결혼에 더 많은 권위를 누릴 수 있게 되었으며 그리고 마침내 1년의 거상(居喪)

    소음을 일으키며 행진을 벌였다.
[212] Jolly, *Seconds Mariages*, 194.
[213] 위의 책, 177.
[214] 위의 책, 193.
[215] Lea, *Sacerdotal Celibacy*, 283.
[216] Jolly, *Seconds Mariages*, 193.
[217] Tacitus, *Germania*, 19.

기간 이후 재혼을 할 권리를 얻었다.[218] 11세기 영국에서 세리의 기세가 아무리 등등했다 해도, 과부의 상속분은 남편의 세금을 핑계로 압류할 수 없었다. 그 이유는 "그것은 그녀의 처녀성의 대가"[219]이기 때문이었다. 나중의 법 역시 어떤 범죄자나 반역자의 사례를 보면 아내의 상속분은 몰수에서 면제해주었다.[220] 프랑스의 17~18세기 즉 "아마도 사람들이 어떤 다른 시대보다도 과부의 운명을 덜 지지하려고 한 시기"에 과부와 관련된 실제적인 용례는 권리와 재산에 관해 일반적으로 인정되는 기준들과 거리가 있었다.[221] 이것은 유럽의 다른 곳에서도 정도의 차이는 있지만 마찬가지였다. 그리고 과부들은 편견에 맞서서 끈질기게 그리고 용기 있게 재혼을 계속함으로써 재혼에 대한 편견을 무너뜨렸다. 미국 개척지에서 과부나 홀아비가 여섯 달 만에 또는 심지어 석 달 만에 다시 결혼하는 일은 드물지 않았다.

410. 재혼과 사후세계

과부, 재혼 등에 대한 대우에서 관습이 대체로 사후세계에 대한 생각에 의해 통제된다는 것은 분명하다. 만약 사후 세계가 아주 가까이 있다고 생각되고 죽은 자가 의식적인 삶을 영위하며 이승에서 일어나는 모든 일을 알 수 있다고 여겨지면, 죽은 자에게 상처를 줄 수 있는 새로운 관계를 맺는 일은 당연히 꺼려진다. 사후세계와 그곳의 거주자가

---

[218] Stammler, *Stellung der Frauen im alten Deutschen Recht*, 37.
[219] *Dialogue of the Exchequer*, B 2, XVIII.
[220] Pike, *Crime in England*, I, 428.
[221] Jolly, *Seconds Mariages*, 202.

그렇게 생생하게 파악되지 않는다면, 살아있는 자들은 자신의 이익을 추구하고 또 자신의 욕구를 충족하는 경향이 있다.

411. 수목 결혼

위에 제시된 여러 사례에서 우리는 현존하는 (전승된) 제도가 사람들의 이익 관심에 배치될 경우 습속이 어떻게 이 이익 관심을 충족하는 수단을 만들어내는지 보았다. 이런 사례 중 특기할 것은 남부 인도 브라만들 사이의 수목 결혼(Tree marriage)이다. 제도적으로 확립된 견해는 동생이 형보다 먼저 결혼해서는 안 된다는 것이다. 그런데 어떤 경우 형이 동생의 결혼을 바랄 수 있다. 순서는 그렇게 중요한 일이 아니다. 그러면 형을 나무와 또는 (아마도 이런 생각일 텐데) 나무에 거하는 어떤 정신과 결혼시키는 방법이 사용된다. 그러면 이제 형은 더 이상 장애물이 아니며 동생은 결혼할 수 있다.[222]

412. 일본 여자

일본 여자는 고립된 상태에서, 호전적인 성격을 갖도록, 강하고 확고한 습속에 따라서 형성되어 왔다. "이 윤리적 피조물 앞에서 비판은 숨을 죽여야 한다. 여기에는 단 하나의 결점도 없기 때문이다. 결점이

---

[222] Jolly, *Recht und Sitte der Indo-Arier*, 59; Hopkins, *The Religions of India*, 541; Kohler, *Zur Urgeschichte der Ehe*, 28.

있다면 그것은 오직 이기심과 투쟁의 세계와는 결코 화합할 수 없는 도덕적 매력일 뿐이다. … 일본 여자는 도덕적 존재로서 도저히 일본 남자와 동일한 종족에 속할 것 같지 않다는 언급이 얼마나 자주 있어 왔던가! … 아마도 이런 유형의 여자는 앞으로 수십만 년 동안은 이 세계에 다시 출현하지 않을 것이다. 산업 문명의 조건이 그런 여자의 존재를 허용하지 않을 것이다. … 일본 여자는 그녀 자신의 나라에서만 인식될 수 있다. 그 이상한 사회를 위한 구식의 교육을 통해서 준비되고 완성된 일본 여자 말이다. 그녀의 도덕적 존재로서의 매력 즉 섬세함, 고도의 비이기적 태도, 어린이 같은 동정심과 신뢰, 주변에 행복을 만들어내는 모든 방법과 수단에 대한 탁월하고 영리한 지각능력 등은 오직 그 사회에서만 파악되고 평가될 수 있다. … 비록 서구적 기준에 따라서는 아름답다고 말할 수 없지만, 일본 여자는 예쁘다고 고백하지 않을 수 없다. 마치 잘생긴 어린이처럼 예쁘다고 말이다. 그녀가 비록 서구적인 의미에서 우아한 경우는 드물지만, 적어도 그녀의 방식으로는 언제나 지극히 우아하다. 그녀의 모든 동작, 제스처 또는 표현은 동양적 방식에서는 완전한 것이다. 그녀의 행위와 표정은 가장 편안하고 우아하게 그리고 가장 정숙한 방식으로 이루어진다. … 그녀의 여자다움을 위한 구식교육은 본질적으로 여성적인 모든 성질의 발전을 향해 있고, 그 반대되는 성질의 억압을 향해 있다. 친절함, 온순함, 동정, 부드러움, 고상함 – 이런 속성이 최고 수준으로 계발되었다. '예쁜 소녀여, 선하게 살아라. 영리하게 살려는 사람은 그렇게 살게 두어라. 하루 종일 고상한 일을 행하고, 그 고상한 일들을 몽상만 하지 말고 실제로 행하라.' 킹즐리(Kingsley)의 이 시구는 일본 여자의 훈련에서 중심되는 사상을 제대로 구현하고 있다.[223] 물론 그런 훈련으로만 형성된 존재는 사회가 보호해야 한다. 그리고 구일본 사회는 그녀를 보호했다. 오직 타자를 위해서 일하고 생각하며, 타인에게 즐거움을 주는 데서 행복을 느끼는 존재, 불친절, 이기심을 전혀 모르고 또 물려받은 옳음의 감각에 반해서 행동할 수 없는 존재 그리고 이러한 부드러움과 고상함에도 불구하고 항상 목숨을 던지고 의무의 요청에 따라 모든 것을 희생할 준비가 되어 있는 존재. 그것이 일본 여자의 성품이었다."[224]

---

[223] (옮긴이 주) 찰스 킹즐리(Charles Kingsley, 1819~1875)의 '작별'(A Fairwell)이라는 시에 나오는 구절이다. 문법적 축약과 의미의 애매성으로 유명하다.
[224] Hearn, *Japan*, 393 이하.

제10장 결혼제도(The Marriage Institution)

모레스는 제도를 낳는다 – 결혼에서의 요행(僥倖)과 종교의 기능 – 칼데아의 사신에 대한 믿음과 결혼 – 바빌론 유수 이전의 히브리인의 결혼 – 바빌론 유수 이후의 유대인의 결혼 – 신약성서에서의 결혼 – 독신의 장점 – 초기 기독교에서의 결혼 – 로마법에서의 결혼 – 로마의 "자유결혼" – 자유결혼 – 로마식 결혼에서 기독교식 결혼으로의 이행 – 고대 게르만의 결혼 – 초기 중세의 용례 – 종교적 예식의 지위 – 합의를 표현하는 방식 – 교회 문 앞에서의 결혼 – 12세기 독일에서의 결혼 – 교회법 – 중세의 결혼 – 모레스와 교회 프로그램 간의 갈등 – 교회 결혼, 첩 – 교회가 결혼의 개념을 고양시켰다 – 트리엔트 공의회의 결혼에 대한 칙령 – 청교도의 결혼

413. 모레스는 제도를 낳는다

우리는 제9장에서 성 모레스가 양성 사이의 모든 관계를 통제하고 변화시키는 것을 보았다. 결혼은 그 모든 (일부다처나 일처다부 등의) 형태에서 일련의 성 모레스가 불완전한 제도로 결정화된 것에 불과하다. 왜냐하면 결혼을 통해서 한 여자 또는 여자들의 남편에 대한 관계는 어느 정도 지속적인 것이 되고, 또 관계를 구성하는 모레스들은 안정적이고 통합적인 조응관계를 획득하여 규정될 수 있는 전체가 되며, 그리하여 인간적 관심과 생활 방침의 거대한 영역을 포괄하게 되기 때문이다. 결혼은 제도의 완벽한 표본은 아니다(본서 63절 참조). 그것은 물질적 요소나 구조를 전혀 갖지 않는다. 그러나 거기서 관련된 당사자들은 모든 적절한 국면에서 모레스가 지시하는 이해와 협동적 행위를 이행하도록 촉구된다. 그래서 모든 제도가 요구하는 행위와 행동의 체계가 거기서 등장한다. 문명화된 사회에서 모레스의 이러한 다발은 욕구를 충족하고 정서를 불러일으키는 어떤 관계를 구성한다. 그리고 그 모레스의 다발은 입법에 의해서 실증적인(positive) 형태를 부여받고, 그 관계에서 나오는 권리와 의무들은 실증적인 정의와 적절한 보증을 얻는다. 그러므로 이 사례는 제도를 형성하는 데서 또는 입법자들이 최종적으로 작업해 제도를 마련하는 데서 모레스가 어떻게 작동하는지 연구하기 위한 매우 좋은 사례이다.

414. 결혼에서의 요행과 종교의 기능

결혼의 실증적 역사는 그것이 언제나 모레스에 의해서 즉 풀어서 말한다면 – 자기실현이 더 잘 이루어지고 더 많은 만족을 삶에서 얻기 위해 – 주어진 조건에 적응하려는 노력에 의해서 만들어지고 발전했다는 것을 보여준다. 결혼의 성패는 요행(본서 6절 참조)에 아주 많이 의존한다. 결혼은 성년이 된 모든 인간의 관심사이며, 모두의 행복과 불행에 아주 세부적 영역에 이르도록 영향을 준다. 아내를 엄격한 규율 아래 놓고 동시에 남자가 제도를 변형하려는 의지를 발휘할 수 있는 형태의 제도들을 제외할 경우, 모든 좀 더 자유로운 형태의 제도에서 결혼 당사자의 행복을 보장하는 것은 오직 상대방의 성격과 성품일 뿐이라고 말할 수 있다. 이것은 매우 불확실한 보장이다. 삶의 전개 속에서 그리고 언제나 새로운 영고성쇠 아래서 타인과 결혼해 어떤 일을 겪을지는 전적으로 운에 달린 일로 보인다. 여자들은 특히 이 운이라는 요소의 장난에 종속된다. 그러나 남자들은 그 요소 속에서 더 적은 위험에 노출되면서도 예나 지금이나 여자들보다 훨씬 더 많이 걱정한다. 그러므로 문명의 모든 단계에서 운을 정하기 위한 장치가 결혼식과 연관되어 왔고, 많은 경우에 점술이 동원되어, 결혼하는 커플이 겪게 될 미래가 어떤 것인지 미리 알아내려 했다. 결혼은 가정 내의 일이며 가족사이다. 결혼식은 공적이며 친구와 이웃의 협력을 요구한다. 결혼 생활은 사적이고 배타적인 삶의 양식이다. 사회적 권위는 – 세분화되고 또 통합된 이후에는 – 아동의 권리, 합법성, 상속 그리고 소유권을 승인하고 통제한다. 결혼과의 연관 속에서 종교는 자신의 기능을 요행이라는 요소에서 끌어낸다. 종교는 결혼의 본질이 아니다. 종교는 결혼을 "축복"하거나, 행운과 악운을 분배하는 더 높은 권력의 은총을 보장해 준다. 야만 부족들 사이에서는 종교적 예식이 결혼을 '성립시키는 (make)' 경우, 즉 종교적 예식이 결혼에 대해 미신적인 승인을 (남편의 권위를 위해서) 부여하며, 이 승인에 의해 남편이 원하는 한 언제까지나 결혼의 지속과 강제가 보장되는 경우는 드물다. 종교적 예식이 결혼을 성사시키고 결혼을 결정한다는 관념은 16세기까지는 그리 널리 퍼져있지 않았다.

415. 칼데아의 사신에 대한 믿음과 결혼

칼데아의 사신(邪神)에 대한 믿음(demonism)은 결혼 예식에 영향을 미쳤다. 관심과 흥분이 고조되는 삶의 큰 위기는 사신이 움직일 기회라는 믿음이 거기에 있었다. 그래서 그때 사신들은 인간에게 악의를 보여 좌절과 실망을 가져다주기를 즐겼다. 야만 사회와 제대로 문명화되지 않은 사회에서 결혼 초야를 이런 사신의 훼방을 막으려고 연기한 사례가 많다. 칼데아의 신랑 친구들은 신랑을 신부에게 데려갔다. 신랑은 신부에게 결혼의 신조를 반복해서 말했다. "나는 왕의 아들이다. 은과 금으로 당신의 가슴을 채우리라. 당신은 나의 아내가 될 것이고 나는 당신의 남편이 될 것이다. 나무가 풍성한 과일을 맺듯이 내가 이 여인에게서 받아낼 결실도 그렇게 풍성할 것이다." 성직자가 그들을 축복하고 말했다. "이 남자에게 나쁜 모든 것을 신들께서 없애 주시고 그에게 힘을 주시리라. 남자여 그대는 너의 사내다움을 바쳐서 이 여인을 너의 배우자로 하라. 여자여 그대는 너의 여자다움을 바쳐서 이 남자를 너의 남편으로 하라." 다음 날 아침에는 악령들(evil spirits)을 몰아내는 특정한 예식이 거행되었다.[1]

---

[1]   Maspero, *Peuples de l'Orient*, I, 736.

416. 바빌론 유수 이전 히브리인의 결혼

 구약성서에서 우리는 결혼 예식 또는 결혼제도에 대해 아무런 정보도 얻을 수 없다. 그 이유는 아마도 결혼이 전적으로 가족의 일이자 가정 내부의 일이었기 때문이다. 그것은 결혼과 가정사를 규정하는 오래된 모레스에 의해서 통제되었다. 그 모레스는 의심할 여지 없이 올바르다고 생각되었다. 모든 형태의 가부장제에서 처녀는 결혼할 때까지 아버지나 가장 가까운 남자 친척의 보호와 후견 아래 있었다는 것은 공통된 사태이다. 구혼자는 이들에게 그 처녀를 달라고 요구해야 하고, 또는 선물로 그렇게 하도록 유도해야 했다. 그 주고받음은 그녀가 어떤 누구의 아내인지를 알리기 위해 공표되었다. 고대 히브리인(Hebrew)의 결혼에서 핵심은 딸을 준다는 이 간단명료한 형식에 놓여 있었던 듯하다. 우리는 친인척 관계에 의해서 연결된 개인들의 결혼에 대한 금기를 발견한다. 후대에는 족외혼에 대한 금기가 있었다. 예언서들에는 결혼과 관계된 은유와 상징적 행위가 있다. 그것은 결혼에 관한 모레스의 발전을 보여준다. 레위기 18장의 금지사항에 부가된 신조들은 금지사항 및 그 이유를 설명하는 형식을 갖는다. 그러나 현실적인 설명은 제공하지 않는다. 그 설명들의 의미는 단순하다. 왜냐하면 이스라엘에서 또는 야훼 종교에서 바로 그것이 용례였기 때문이다. 바로 이것이 어떤 지시사항에 대한 유일하고도 충분한 이유였다. "신부 부모의 동의를 얻고, 대개 뒤이어 가족 축제가 거행된 후에 신랑은 신부를 자신의 거처로 데려갔고 결혼식은 끝났다. 이와 연관해서 성직자의 기능을 언급하는 곳은 어디에도 없다. 결혼식이 히브리인 사이에 엄숙한 예식으로 치러진 것은 바빌론 유수 이후, 또는 유대인들이 다른 시대 다른 문명 민족들의 모레스와 관계를 더 잘 알게 된 이후의 일이다. 유수 이후에는 페르시아 관습을 모방한 의상과 준비물을 준비하기 위해(에스더 2장 12절) 약혼 이후 만 1년(만약 신부가 과부라면 한 달)의 시간이 허락되었다." "유예기간이 끝나면 신부는 행렬에 끼여 신랑의 집으로 걸어서 또는 탈것에 태워 인도되었는데, 이때 지금도 아라비아와 페르시아에서 그렇듯이 춤과 야단법석이 동반되었다. 신랑의 집에는 증인으로 적어도 10명의 손님이 있어야 했다. 거기서 기도서를 낭독했고 축제가 벌어졌다." 약혼식에 참석한 모든 사람도 "이 일에 종교적 색채를 부여하기 위해" 기도를 올렸다. 그리고 나서 신혼부부는 한 방으로 인도되었는데, 거기서 그들은 처음으로 서로 알게 되었다. 두 명의 신부 측 남자들이 그들을 신혼 방으로 데려갔고, 초야를 치를 때까지 그들을 감시했다. 이 마지막 관계는 보편적이지는 않았다. 그리고 그 애매한 성격에 대한 얼마간의 경험이 축적된 이후에 폐지되었다. 그 목적은 결혼식뿐 아니라 초야의 행사에 대한 증인도 있어야 한다는 것이었다. 전체 절차는 가정 내적이고 가족적인 일이어서, 성직자나 다른 외부인은 증인을 제외하면 전혀 참여하지 않았다. 또한 거기에는 종교적 요소가 전혀 없었다.[2] 기도서는 참석자와 그 친구들이 낭독했는데, 내용은 축복과 번영 그리고 행운을 비는 것이었다.

417. 바빌론 유수 이후의 유대인 결혼

유대의 결혼관은 소박하고 원시적이었다. 목표는 생식이었다. 유수

---

[2] Bergel, *Die Eheverhältnisse der alten Juden im Vergleiche mit den Griechischen und Römischen*, 19.

이후에 모든 남자는 결혼해야 했고, 결혼하도록 그리고 적어도 아들 하나 딸 하나를 낳도록 강요될 수 있었다. 이로부터 직접 추론할 수 있듯이, 불임은 결혼을 유명무실하게 만들었다. 그 결혼은 목적을 달성하지 못하는 결혼이었다. 초야에 대한 목격자 규정을 만든 것은 이 결혼관을 고지식하게 적용한 것이었다. 결혼은 지시된 조건 아래서의 육체적인 결합이며, 그 이외 다른 것이 아니었다. 신명기 22장 28절 이하에는 한 처녀를 범한 남자는 그녀의 남편이 되어야 한다는 규칙이 나온다. 이것은 앞의 결혼관에서 귀결되는 또 하나의 직접적 추론이다. "케투바(ketubah)"[3]는 "축하해야 할 결혼에 따르는 선물"에 관한 문서였다. 그 선물은 신부를 첩이나 하녀가 아니라 아내로 만들었다. 왜냐하면 그 구분은 신랑의 의도에 의존했기 때문이다. 랍비 시대에 약혼과 결혼식은 결합되었다. 결혼은 어떤 선물(동전이나 반지)로, 문서("케투바")로 또는 "내연관계"의 사실로 성립되었다.[4] 남자는 여자를 "그대는 나에게 봉헌되었다" 또는 나중에는 "그대는 모세와 이스라엘의 법에 따라 내게 봉헌되었다"는 선언으로 아내로 취했다. 이 형식적 절차들은 적어도 축복을 주고 행복을 빈 10명의 증인이 참석한 가운데 진행되었다. 결혼의 세 번째 양식 즉 "내연관계"는 기원후 3세기에 금지되었다. 유대인의 결혼관에서 우리는 이미 나중에 나올 결의론(決疑論)[5]의 시작

---

[3] (옮긴이 주) 히브리어인 '케투바'는 문자 그대로 하면 '글로 쓴다'이며, 유대인의 '결혼 계약 문서'를 뜻한다. 케투바는 셈족의 고어로 작성되며 두 명의 증인이 서명하게 되어 있다. 정통 유대교에서 케투바는 남편이 아내에 대해 갖는 의무를 규정한다. 그는 아내를 돕고, 먹이고, 건강하고 즐겁게 해줄 의무가 있다. 좁은 의미에서 케투바는 아내의 권리를 보장한다. 남편은 아내에게 식량, 의복, 그리고 성교를 제공할 의무를 갖는다. 케투바는 또한 이혼 시에 또는 남편의 사망 시에 아내에게 제공될 경제적 보장을 규정한다. 반면 케투바에는 아내의 남편에 대한 의무는 기록되지 않는다.
[4] 신명기 22장 29절.

을 볼 수 있다. 생식이 결혼의 의미이자 목표였기에, 육체적 행위는 큰 중요성이 있었다. 동시에 유대인들은 성교와 분만은 불결함을 낳는다고 생각했다. 그것은 정화와 참회로 교정되어야 했다. 그래서 그 행위는 이중적 성격을 갖는다. 그것은 올바르면서 동시에 그르다. 육감적이지 않는 것이 결혼의 의무였다.[6] 이 모든 것은 현대의 일부일처 결혼관을 만드는 데 기여했다. 왜냐하면 마침내 법적 결혼 이외에는 어떤 성적인 탐닉도 허락되지 않았기 때문이다. 신방을 들여다보는 관습이 불만족을 샀을 때, 신방 대신에 천막이 대용으로 사용되었다. 더 나중에는 신랑신부의 머리에 예법에 맞게 펼친 보자기가 천막을 대체했다. 신랑신부가 어떤 특별한 방으로 가서 거기서 함께 식사를 하는 관습이 생겨났다. "이 예식은 어떤 성사적인 성격도 갖지 않았다. 축복은 이 예식에 오직 공적 성격만을 부여했다. 그것은 성직자가 하는 축복이 아니었고 결혼식의 유무효에 거의 영향을 미치지 않았다."[7] 그래서 여기서 보듯이 유대인처럼 전통을 중시하는 민족의 경우에도 습속(folkways) 중 하나가 이해관계를 충족하지 않으면 또는 취미에 거슬리면 모레스가 그것을 만족을 줄 수 있는 형식으로 변형했다.

---

[5] (옮긴이 주) 결의론은 사례에 기초한 추론을 의미하며 응용 윤리나 법적 판결에서 종종 사용되는 방법론이다. 이 방법은 원리나 규칙에 기초하는 추론에 반대된다. 결의론을 뜻하는 "casuistry"라는 단어는 라틴어 casus 즉 '사례'에서 왔다. 결의론은 특수한 사례들에서 이론적 규칙들을 도출하고 이를 다시 다른 새로운 사례에 적용함으로서 도덕적 문제들을 해결하려 한다. 그러나 결의론이라는 용어는 기발하지만 부당한 추론을 비판하는 경멸적인 표현으로서 사용되기도 한다. 그러므로 '결의론'의 의미는 이중적이다. 한편으로는 인정할 수 있는 추론 형식을 가리키기도 하지만 동시에 부당하고 기만적인 추론의 형식을 가리킬 수도 있다.
[6] Freisen, *Geschichte des kanonischen Eherechts*, 848.
[7] Freisen, *Geschichte des kanonischen Eherechts*, 23, 47, 92~96.

418. 신약성서에서의 결혼

    신약성서에 따르면 결혼은 성적 욕망에 대한 탐닉과 거부 사이의 타협이다. 타협은 행위의 편리함이 아니라 올바름과 진리의 개념에 관련될 때 언제나 비합리적인 것이 된다. 올바름과 진리의 개념에서는 양쪽이 모두 옳을 수 있다. 반면 그들 사이의 타협이 옳은(correct) 것일 수 없음은 확실하다. 타협은 서로의 개념들에 대한 적대적 태도를 버림으로써만 유지될 수 있다. 1500년 동안 그리스도 교회는 마치 도덕적 거미줄에 걸린 곤충처럼 당대의 결혼관에 내재한 내적 불일치에 사로잡혀 퍼덕거렸다. 생식은 가장 성스러운 기능이자 인간의 가장 중요한 책임으로 인정되었다. 하지만 그것은 관능에 빠짐과 타락을 포함한다고 간주되었다. 성적 욕망을 충족하는 것은 가장 중요한 권리이자 가장 심각한 악이었다. 이 두 측면은 결혼에서, 그리고 길고 고통스러운 교육으로 전해야 할 일련의 세밀한 도덕적 교의에 의해서 부분적으로 화해했다. 16세기에 이 문제는 가치 있고 우월한 상태라는 독신 생활의 교의를 거부함으로써 그리고 결혼을 성적 관계의 합리적이고 제도적인 규제로 만듦으로써 해결되었다. 결혼의 목적은 인간의 복리에 유해한 것을 억압하고 유리한 것을 발전시키는 것이다. 이러한 변화는 모레스에 의해서 그리고 모레스에서 나왔다. 신교도들은 독신에 대한 가장된 존중 아래서 벌어진 오류와 악덕을 비난했다. 새로운 결혼관은 한꺼번에 완전한 모습으로 발명되고 도입될 수 없었다. 그러므로 구교도들은 신교도들의 경박한 결혼과 느슨한 이혼에 경멸을 나타냈다(본서 380절 참조).

419. 독신의 장점

왜 사도 바울이 독신을 결혼 생활보다 더 가치 있는 삶의 양식으로 간주했는지에 대해서는 확실한 이유를 찾을 수 없다. 코린토 신자들에게 보낸 첫째 서간 7장 32~34절에서 사도 바울은 결혼하지 않은 자 즉 가정의 일에서 자유로운 자가 하느님의 일을 돌볼 수 있다고 주장한다. 그는 종종 자신 속에 성령이 함께하고 있음을 확실히 느낀다고 말한다. 이것은 그가 종종 자신의 가르침에 관해서 스스로 확신하지 못함을 보여준다. 그가 금욕적 관점을 지닌 것 같지는 않다. 에페소 신자들에게 보낸 서간 5장 22절에서 결혼제도는 이해하기 어려운 몇몇 신비적 관념에 의해서 용인되고 규제된다. 거기에서 그리스도가 교회의 수장이라는 것과 결혼은 서로를 설명해준다고 또는 서로 대응한다고 말한다. 그러나 둘 중 어떤 것이 단순하고 명료한 것으로 간주되고 그래서 다른 것을 설명하는지는 이해하기 어렵다. 사도 바울은 종종 결혼의 고뇌와 근심을 강조한다. 그것이 그의 동기라면, 그는 어떤 원리나 종교적 규칙도 천명하지 않고 단지 그리 수준이 높지 않은 편의성에 대한 고려만을 천명하고 있는 것이다. 테르툴리아누스와 히에로니무스는 (세계의 종말을 예견하면서) 처녀성을 그 자체 목적으로 간주했다. 말하자면 그들은 인류의 영속성을 가능하게 하는 그 기능을 거부하는 것이 고상하고 경건한 태도라고 생각했다. 인류는 (세계의 종말은 차치하고 말하면) 스스로 자멸할 수 없고, 남자와 여자는 의도적으로 존재의 모레스 - 경제적, 사회적, 지성적, 육체적, 도덕적 모레스 - 를 적대할 수 없다. 그 모레스들은 인류가 두 개의 상호보완적인 성으로 구성되어 있다는 사실에 의해 주어지는 것이다. 히에로니무스는 요비니아누스(Jovinianus)를 반박하는 논문에서 이러한 모순의 불합리한 점을 두루 살펴본다. 이 반박의 금욕적 측면은 중세의 종교적 덕목에 대한 핵심 사상이 되었다. "수도사적인 금욕주의는 여자를 단지 고행에 의해 억압된 욕망이라는 왜곡된 거울을 통해서만 바라보았다."[8] '여자'는 환상이 되었다. 여자는 가상의 존재였다. 여자는 비열하고, 육감적이고 무한히 고혹적이며 남자를 지옥으로 데려간다고 생각되었지만, 그럼에도 여자에게는 그럴만한 가치가 있다고 생각되었다. 사실 그런 피조물은 존재하지 않았다. 아우구스티누스에 대한 그레고리우스의 답변에서(기원후 601년)[9] 결혼과 성에 대한 자의적인 규칙이 엄청나게 공들여 제정된다. 결혼과 성은 음란하고 외설적이다. 그리스도의 탄생에 대한 중세의 궤변은 이런 면에서 인간의 어리석음의 극단적인 산물이다. 요셉과 마리아는 결혼했지만, 그 결혼은 결코 완성되지 않았다. 그러나 그것은 진짜 결혼이었고 마리아는 어머니가 되었다. 그러나 요셉은 아버지가 아니었고 마리아는 순결했다. 이 이야기는 논쟁의 여지가 없는 오랜 전통으로서 받아들일 수 있었고, 또 현대에도 그렇게 받아들여진다. 그러나 중세 사람들은 그 이야기를 모든 가능한 방향으로 탐색했고 그로부터 새로운 귀결을 이끌어내는 데 지칠 줄 몰랐다. 결국 그것은 하나의 동일한 단어를 동시에 두 개의 모순된 뜻으로 정의하기에 이르렀다. 신화에는 순결한 출생 사례가 많다. 스칸디나비아의 발키리(valyre)[10]는 신의 말을 영웅에게 전하는 전령이었고 그 영웅의 일생에 걸친 시종이었다. 영웅은 발키리를 사랑했지만, 그녀는 자신의 소명을 유지하려면 처녀

---

[8] Lippert, *Kulturgeschichte der Menschheit*, II, 520.
[9] Wilkins, *Concilia Magnae Britanniae et Hiberniae*, 20.
[10] (옮긴이 주) 발키리는 북유럽의 신화에 나오는 여신이다. 발키리는 전쟁에서 명예롭게 전사한 병사를 선정해 주신인 오딘(Odin)이 사는 성의 한 건물인 발할라(Walhall)로 데려간다. 발할라는 540개의 문이 있고 800명의 명예로운 전사자들이 살고 있는 낙원이다.

성을 지켜야 했다. 그러나 그렇게 하지 않고 그녀는 영웅과 함께 살고 또 죽기 위해 자신의 신성함과 불사(不死)의 지위를 포기했다.[11] 금욕에서 장점과 권력을 찾는 관념은 그 원천에서 보면 기독교적인 것이 아니라 이교적인 것이다. 금욕의 가장 혐오스러운 적용은 결혼한 두 사람이 신성함을 간직하기 위해서 결혼의 의무를 거부하는 것이었다.

420. 초기 기독교에서 결혼

초대교회 시기의 기독교도들은 결혼에 별로 관심을 기울이지 않았다. 그것은 이교적 신들에게 지내는 제사를 제외하고는 각 민족 집단의 모레스에 맡겨졌다. 기독교 결혼이 유대, 그리스 그리고 로마로 전승되는 과정을 추적하기란 불가능하다. 그러나 전문가들에 따르면 그 토대가 되는 사상은 로마식(법적인 관계)이 아니라 유대식(육신의 결합)이다.[12] "교회는 각 나라에 존재하는 결혼을 완결 짓는 엄숙한 예식을 만들었다. 이 문제에 관해서는 어떤 신적인 명령도 (신약성서에서) 발견된 바 없다."[13] 시간이 가면서 교회는 자신의 관점에 적합한 새로운 예식을 추가해 나갔다. 따라서 기독교 시대 이전에 그랬듯이 교회 내부에서도 처음에는 결혼 예식에 다양성이 있었다. 그러므로 라틴 지역 교회 전체에서 로마식 결혼의 용례와 이론이 기독교 교회로 전승되었다는 것은 의심할 여지가 없다. 레키(Lecky)는 로마에서 일부일처제는 매우 오래전부터 엄격하게 지켜졌다고 말한다. 그리고 로마의 세력 팽창이

---

[11] Wisen, *Qvinnan i Nordens Forntid*, 7.
[12] Freisen, *Geschichte des kanonischen Eherechts*, 154.
[13] 위의 책, 121.

초래한 가장 큰 혜택 중 하나는 이 일부일처제를 유럽에 정착시킨 것이라고 말한다.[14] 그러나 로마인들이 초창기에 일부일처제를 엄격히 지켰다 해도, 그들은 팽창이 본격화되기 전에 그것을 포기했었다. 그리고 일부일처제는 문명화된 지역에서 예수가 살던 시대에 로마의 영향과 전혀 관계없이 보통사람들의 규칙이었다. 제국 시대 로마의 결혼은 특히 기독교도로 변신한 사회계층에서는 '자유결혼'이었다. 그것은 신부의 '동의'와 해방을 특징으로 한다. 매우 부유한 사람은 '증여증서(instrumenta dotalia)'를 재산권을 규제하는 문서로서 그리고 신랑의 배우자에 대한 사랑의 증명으로서 추가했다. 이 증서에 의해서 신랑은 신부를 첩이 아니라 아내로 만들려고 했다. 그러므로 매우 부유한 사람은 그런 문서를 만들 수 없는 사람들 사이에는 존재하지 않은 어떤 보장을 가지고 있었다. 평판 좋고 영예로운 삶을 살아온 여성과의 삶은 결혼의 한 전제를 창출했다. 교회는 이것을 양심의 결혼(a conscience marriage)으로서 강요했고, 이 양심의 결혼을 준수하고 지키는 것은 남자의 의무였다.

421. 로마법에서의 결혼

『로마민법전(corpus juris civlils)』에는 특별히 주목할 만한 두 개의 조항이 있다. 『법률요람(Digest)』 제1권 23장 2절에는 이렇게 쓰여 있다. "결혼은 남자와 여자의 결합이고 그들의 전체 삶의 상호관계(consortium)이며, 또한 인간의 법과 신의 법 아래서의 권리의 상호교환(communicatio)이다." 『법률적요(Institutes)』 제1절 1장 9절에는 이렇게 나와 있다. "결혼은

---

[14] *History of European Morals from Augustus to Charlemagne*, II, 298.

단일 삶의 과정을 구성하는 남자와 여자의 결합이다(individuam vitae consuetudinem)." 이런 언급들은 결혼에 대해 매우 높은 관념을 보여주는 정식화이다. 그것은 최선의 일부일처 결혼 관념으로 쉽게 이행할 수 있다. 첫 번째 정식은 로마인 사이에서 단지 과장된 감정표현 이외의 다른 것이 아니었다. 로마의 남편과 아내는 공동 재산이 없었다. 그들은 서로를 약탈할까 두려워 서로 증여를 할 수 없었다. 제국 시대에 그들의 결합은 거의 마음대로 해소할 수 있었다. 아버지와 어머니는 자식에 대해 동일한 관계를 맺지 않았다. 여자는 간통을 하다 들키면 심한 처벌을 받았다. 그러나 같은 사례에서 남자는 전혀 처벌받지 않았다. '그들의 전체 삶의 상호 의존'은 그러므로 매우 불완전했다. '단일한 삶을 구성하는 남자와 여자의 결합'이라는 말의 의미도 매우 불확실하다. 그것은 단순히 서로에 대한 배타적 혼인관계를 의미했을 리가 없다. 물론 교회에서 그 말에 부여한 의미는 그런 것이었지만 말이다. 그 법은 배우자 간의 상호적인 권리와 의무에 대한 아무런 구체적인 규정도 포함하지 않는다. 이 권리와 의무는 모레스에 의해 정해졌고 로마의 역사에서 큰 변화를 겪었다. '결혼에 대한 감정(affectus maritalis, 남편의 아내에 대한 끌림)'과 '완전한 명예를 가지고 선택함(honore pleno deligere, 완전한 명예로 구분하기)'은 축첩(蓄妾)과는 구분되는 결혼의 특징으로서 특별히 강조되었다.[15] 로마의 법학자들은 결혼을 사실로서 취급했다. 왜냐하면 초기부터 로마에서 결혼은 가정의 일이었고 습속에서 발전되었기 때문이다. 민법은 결혼과 연관해 자신의 일이라고 간주한, 그래서 강제적으로 강요하려 했던 권리들을 정의했다.[16]

---

[15] Freisen, 26도 참조.
[16] Rossbach, *Die Römische Ehe*, 9.

422. 로마의 "자유결혼"

앞에서 인용한 조항들은 엄격한 '부권'(manus) 사상이 사라진 이후의 '자유결혼'을 지시한다. 그것은 또한 게르만족이 '후견(後見, mund)' 관념을 포기한 이후의 게르만의 결혼관에도 적용할 수 있다. 그것은 또한 그리스인의 결혼관에도 일치한다. 왜냐하면 그리스에서 전제적인 형태의 아버지 권위는 초기에 이미 쇠퇴했기 때문이다. 디오클레티아누스(Diocletian) 시대[17] 이후 성년이 된 여자는 그녀의 형제나 남편과 마찬가지로 '자기 자신의 권리에 의해서(sui juris)' 국가의 신민이었다. 그녀는 스스로의 결정에 따라 자신을 마음대로 할 수 있었다. 동일한 결혼관이 『그라티아누스 법령집(the Decretals of Gratian)』에 전승되었고 또 우리의 근대적 입법으로 전승되었다.[18]

423. 자유결혼

기원후 4세기 말에 교회는 '지참금'(dos)과 '결혼 후 증여'(donatio propter nuptias)[19]를 중시하는 로마의 관념을 배제하고 '합의'를 결혼의 본질적 요소로 만들었다. 이것은 제국 시대에 기독교로 개종한 계층이 실천하

---

[17] (옮긴이 주) 디오클레티아누스는 284년에서 305년까지 로마를 다스린 황제이다. 그가 황제로 즉위한 284년부터 디오클레티아누스 시대가 시작되었다고 말한다.
[18] 위의 책, 62.
[19] (옮긴이 주) 남편이나 남편의 가족에게 요구되었던 결혼 선물로서 유스티니아누스 황제는 이것이 아내의 지참금에 버금가야 한다고 요구했는데, 결혼 이후에 실행해도 되도록 허용했다. 이에 반해 결혼 이전에 행해지는 결혼 선물은 '결혼 전 증여'(doantio ante nuptias)라고 한다.

고 있던 '자유결혼'의 형태를 채택한 것이었다. 말하자면 교회는 교회 신도로 유입되던 계층의 모레스에 있던 결혼 형태를 택한 것이다. 바로 이것이 '기독교 결혼'의 기원에 대해 말할 수 있는 전부이다. 그것은 로마 세계에서 가장 하층의 자유 시민 계층의 모레스를 영속화한 것이다. 유스티니아누스는 자신의 치세에 교회로 인입된 상층 계급 사람들을 위해 '지참금'과 '증여'를 재도입했다. 약간 하층에 속하는 계급 사람들은 교회에서 3~4명의 성직자 앞에서 '동의'하면 되었고, 증명서를 발급받았다.[20] 가장 하층 계급은 여전히 모든 예식을 생략할 수 있었다. 이 법은 공공성, 동의의 명확한 표현 그리고 기록을 확보하기 위한 것이었다. 성직자의 종교적 축복도 또 어떤 다른 기능에 대한 언급도 거기에는 없다. 성직자는 양측 행위를 증언하고 기록하는 행정 관료처럼 보인다.[21] 다른 신법령(*Novel*)에서는[22] 미망인 상속분에 대한 문서를 제외하고는 이 모든 것이 사라진다. 그것도 그런 상속분이 있을 경우에 한한다.[23]

424. 로마식 결혼에서 기독교식 결혼으로의 이행

방금 서술한 결혼의 이상은 로마 세계에서 기독교 교회로 전승되었다. 로마의 결혼 희생 예식은 결혼에 관련된 신들에게서 승인의 표지를

---

[20] *Novel*, LXXIV, 4조 1항(기원후 537년).
[21] *Novel*, XXII, 3조도 참조.
[22] CXVII, 4조.
(옮긴이 주) 신법령 즉 *Novel*은 기원후 4세기부터 새로 시행된 로마의 법 또는 법전들을 가리키는 용어이다.
[23] Friedberg, 14~16.

얻으려는 것이었다. 그것은 가정 내의 희생 예식일 뿐이었다. 왜냐하면 배우자가 될 사람들의 신성한 것들은 가정에만 속했기 때문이다. 키케로 시대부터는 결혼에서 길흉을 따지는 일은 사라졌다. 결혼에 거슬리는 어떤 일도 일어나지 않았음을 선언하는 것이 관습이 되었다. 후기 로마의 결혼을 보여주는 부조(浮彫)가 많은데, 거기에는 주피터의 아내인 주노가 프로누바(pronuba)[24]로서, 즉 부부의 뒤에 보호하고 후원하는 자로서 서 있는 모습이 등장한다. 로스바흐(Rossbach)[25]는 그런 부조 중 하나를 이렇게 해석한다. "정혼자들은 결혼의 여신인 주노(Juno)의 도움과 함께 신들에게 엄숙하게 기도와 희생제물을 바치고 사랑의 언약을 맺는다. 이 약속에 비너스와 미의 3여신이 우호적이다. 주노의 도움으로 사랑은 합법적인 결혼이 된다." 로스바흐는 그리스도가 '프로누바'로 나오는, 그리고 기독교로의 이행이 명확히 제시되어 있는, 흡사한 부조들도 언급한다. 이런 방식으로 결혼에 대한 사상과 관습이 기독교의 상징 또는 예식 아래로 들어왔고, '기독교식 결혼'으로서 우리에게 전해졌다. 그것의 기원은 기독교를 수용한 계층들의 모레스에 있었다. 그리고 이 모레스는 기독교의 첫 100년 동안에 거대한 절충주의에 빠져 있었다.

425. 고대 게르만의 결혼

유스티니아누스(기원후 550년) 시대까지 문서는 필요 없었다. 그럴듯하

---

[24] (옮긴이 주) 원래 '신부를 위하여'라는 뜻의 라틴어에서 왔다. 프로누바는 로마식 결혼식에서 신부를 돌보는 나이 지긋한 부인을 뜻하거나 로마식 결혼식에 강림해 있다고 생각되는 여신을 칭송하는 뜻으로 사용되기도 한다.
[25] *Römische Hochzeits- und Ehe-Denkmäler*, 49, 107.

기만 하다면 구두 동의로 충분했다. 본질적인 부분은 이교 신앙에서 독립적이고 가정에서 필연적으로 수행한 로마의 결혼 용례에 있었다. 동로마 제국에서 축첩 제도는 9세기 말에 폐기되었다. 이교도였던 게르만족은 두 종류의 결혼을 했다. 하나는 법적인 귀결이 있는 것이고 다른 하나는 없는 것이다. 양자 모두 결혼이었다. 양자의 차이는 전자는 약혼식, 증여 그리고 엄숙한 결혼 예식이 있고, 후자는 이런 세세한 것이 없다는 데 있었다. 여기서 다시 언급해야 할 것은 이 두 형태 중 어느 것이 적합한가는 재산과 사회적 지위에 따라 거의 결정되었다는 점이다. 재산에 관한 귀결은 첫 번째 형태에서 나온 것이다. 후자에는 그런 것이 없었다. 부부가 재산이 전혀 없다면, 후자의 형태로 충분했다. 중세 기독교 독일에서 교회법은 이 구분을 없애 버렸다. 그러나 그러자 귀천 간의(morganatic) 결혼이 고안되었다. 귀천상혼에서는 신분이 높은 남자는 신분이 낮은 여자와 결혼하되 그녀나 그녀의 자녀들에게 재산권이나 신분적 권리를 주지 않아도 된다. 로마법은 이런 결혼 형태에는 '결혼에 대한 감정(affectus maritalis)'과 '완전한 명예를 가지고 선택함(deligere honore pleno)'이 결핍되어 있다고 보았고, 그래서 그런 결합은 결혼이 아니라 축첩으로 간주되었다. 게르만의 법은 결혼하려는 의도가 결혼을 성립시키며, 재산권은 별개의 문제라고 주장했다.[26] 고대의 모레스는 지속되었고 결혼을 계속해서 통제했다. 그리고 교회는 결혼, 재산권, 합법성, 신분적 지위 등등에서 자신의 이론을 구축하려 노력하는 과정에서 낡은 모레스와 싸워야 했다.

---

[26] Freisen, 48, 103; Grimm, *D. R. A.*, 420.

426. 초기 교회의 용례

『그라티아누스 법령집』[27]에는 기독교 교회에서의 결혼에 관한 가장 초기의 공식문서들 – 그중 몇몇은 오늘날 위조된 것으로 간주되지만 – 이 수집되어 있다. "그럼에도 기독교의 초기 시대에 교회 결혼이 있었다고 말할 수는 없다. 결혼은 교회와 별도로 증인들 앞에서 또는 아마도 성직자가 참석한 가운데 이루어진 '고백과 선언'에 의해서 성립되었다." 이어서 신부를 집으로 데려오는 성대한 행사를 치렀다. 이후에는 결혼한 부부가 통상적인 교회 미사와 성사에 참여하고 예물봉헌을 하게 되었다.[28] 더 후일에는 새로 결혼한 사람을 위해 미사 중에 특별 기도를 하게 되었다. 더 나중에는 새로 결혼하는 자를 위한 미사가 도입되었다. 그 미사는 아마도 9세기 이전에 이미 존재했다.[29] 그러나 여전히 '합의' 선언은 교회 이외 다른 곳에서 행했다. 그리고 11~12세기 이후에 가서야 예식에서 성직자가 합의 여부를 묻는다. 또는 성직자가 참석한 가운데 합의 여부를 묻는다. 이전의 그리스 결혼 예식에서는 '합의'에 대한 어떠한 선언도 존재하지 않았다.[30]

427. 종교적 예식에 대한 용례

신앙심 깊은 사람일수록 그만큼 더 자신의 모든 행위를 교회의 승인

---

[27] II, XXX장, qu. 5, 1장.
[28] Pullan, *History of the Book of Common Prayer*, 217.
[29] Friedberg, *Recht der Eheschliessung*, 8.
[30] 위의 책, 9.

아래 두고 싶어 하며 결혼에 대해 존경스러운 성직자의 조언을 구했다. 『이그나티우스가 폴리카르포스에게 보내는 서한집(Ignatius to Polycarp)』 제5장의 의미는 그런 것이다. 테르툴리아누스는 엄격주의자(rigorist)이자 극단주의자였는데, 그의 말은 현실을 대변하지 않는다. 우리의 법과 용례에서 관습법에 의한 결혼은 유효하다. 그러나 엄숙하고 진지하게 행동하는 사람들 그리고 종교적인 감정이 있는 사람들은 법률이 강요하고자 하는 최소한에 머무르려 하지 않는다. 그들은 용례를 최대한 추종하려 하며 자신이 속한 종교단체의 법률 전체를 충족하려 한다. 마찬가지 방식으로 4세기부터 16세기까지 기독교 교회가 그 당시 통용되던 용례에서 야만적인 모레스를 자신의 기준에 맞게 변형하려고 하는 동안에는 큰 편차가 존재했다. 하지만 트리엔트 공의회 이전까지는 교회의 개입이 없이도 결혼의 유효성이 충분히 성립할 수 있었다. 사실 교회에서의 결혼은 18세기 말까지 독일의 로마가톨릭교도 사이에서 유효한 결혼을 위한 절대적 요구조건이 아니었다.[31] 이와 얼마간 유사하게 종교적 예식이 모레스에서 발달된 엄숙한 공적 행위에 추가된 사례로서는 노예 해방 그리고 작위 수여식 등이 있다.[32]

428. '합의'를 표현하는 방식

양측의 동의가 본질적인 것으로 간주되면 공식적 절차는 의지의 표현을 이끌어내야 한다. 고대 게르만의 용례는 다음과 같았다. 친구들이

---

[31] Stammler, *Stellung der Frauen*, 27.
[32] Jenks, *Law and Politics in the Middle Ages*, 251.

결혼할 쌍의 주위에 둥글게 둘러선 뒤, 신부의 수호자 – 나중에는 신부의 가장 뛰어난 친구 – 가 예비부부에게 (신부에게 먼저) 부부가 되는 것이 그들의 의지인지를 물었다. 이때의 말과 어투는 모레스에 정해져 있다. 이것은 편리하고 합리적인 절차였고, 원시적인 단순함과 목적에 대한 적합성이 있었다. 스칸디나비아와 아이슬란드에서 고대의 법은 이 예식의 인도자로서 사회를 볼 수 있는 사람에 대해서 정확하게 규정하고 있다. 신부의 친척 중, 첫째는 친가 쪽으로, 둘째는 외가 쪽으로 순위에 따라서 연쇄적으로 거명되었다.[33] 예식의 집전자는 『결혼법(Constitutio de Nuptiis)』(영국)을 잘 알고 있는 것으로 간주된다.[34] 그에게 신랑은 그 여인을 "신의 법과 세계의 관습에 의해" 아내로 맞이할 것과 "그녀를 남편이 아내를 마땅히 지켜야 하는 방식으로 지키겠노라"고 약속한다. 분명히 이 진술만으로는 그 당시 그곳의 모레스가 알려져 있지 않다면 이 진술이 어떤 결혼 생활의 관념을 담고 있는지 알 수 없다. 그 모레스만이 남편이 어떻게 "자신의 아내를 지켜야 하는가"를 보여줄 수 있을 것이다. 또한 남편은 부양 수단을 넉넉히 제공하겠다는 약속을 하며, 그의 친구들이 보증인이 된다. 중세 내내 아내를 평생 부양하는 일, 특히 미망인이 되어도 그렇게 하는 일에는 매우 큰 중요성이 있었다. 사실 '부인'은 이러한 평생에 걸친 부양 의무로 애인이나 첩과 달랐다. 『결혼법』에는 다음과 같은 말이 추가되어 있다. "성직자를 결혼식에 참석하게 하라. 성직자는 신의 은총을 통해 충만한 행복 속에서 두 사람을 결합시켜야 한다."

---

[33] Lehmann, *Verlobung und Hochzeit*, 31.
[34] Wilkins, *Concilia Magnae Britanniae et Hiberniae*, I, 216 (기원후 644년).

429. 교회 문 앞에서의 결혼

기원후 700년의 프랑스 결혼 예식에서 성직자는 교회 문 앞으로 가서 젊은 예비부부(이들은 거리에서 걸어가며 구혼을 하는 시늉을 한다)에게 제대로 된 결혼을 원하느냐고 묻는다. 이 과정은 모두 결혼 선물에 관심이 집중되어 있다. 이후에 교회 문 앞에서 축복이 이루어지고 비로소 두 사람은 교회로 들어가 미사에 참여한다. 그 후 100년 뒤에는 성직자가 '합의'를 요구하고 신랑이 신부에게 할 선물과 가난한 자들에게 할 선물이 무엇인지 발표하도록 요구한다. 그 후에 여자는 '그녀의 아버지' 또는 친구들에 의해서 신랑에게 인도된다.[35]

430. 중세 초기 독일에서의 결혼

프랑크, 슈바벤, 베스트팔렌, 바이에른 법률에서 "여자는 발을 침대에 놓았을 때 그녀의 미망인 상속분에 대한 권리를 얻는다." 독일의 격언에 이런 말이 있다. "침대 덮개가 그들의 머리를 가릴 때, 부부는 똑같이 부유하다." 즉 그들은 각자의 모든 재산을 공유한다.[36] 따라서 독일 법과 관습에서는 '합의'와 그에 뒤이은 '동거(concubitus)'가 결혼을 성립시켰다. 그래서 증인들이 부부의 침실까지 동행하고 그들이 동침하는 것을 보거나 나중에 그들을 방문하는 관습이 생겨났다. 중요한 상징적 행위는 이 방문과 연결되어 있다. 부부는 함께 먹고 마신다. 손

---

[35] Friedberg, 61.
[36] Freisen, 118.

님들은 그들을 구타하면서 침대로 몰아간다.[37] 증인들은 약속을 증명하는 것이 아니라 사실을 증명해야 했다. 카롤링거 왕조 시대에는 위조된 법령집을 제외하면 결혼식에 성직자의 기능을 진술한 것은 거의 없다.

유대인의 관습은 위에서 언급했다(본서 417절 참조). 결혼의 완성을 언제나 증언하려면 선발된 증인들이 필요하다고 생각되었다. 기원전 3세기에 이 관습은 하나의 예식으로 성립되었다.[38] 고대 인도와 로마에서는 신혼부부가 잠자리에 들 때 손님들이 그 자리에 동석했다.[39] 게르만족은 처음부터 이런 관습이 있었고 중세 동안 계속 유지했다. 결혼의 법적인 효력은 두 사람이 한 이불을 덮는 순간부터 시작되었다. 증인들이 증언해야 하는 것도 바로 이것이었다. 분명히 상층 계급에게는 법적 효력을 확립해야 할 이유가 가장 많았다. 그래서 왕들은 이런 관습을 가장 오래 간직했다. 물론 시간이 갈수록 그것은 점점 더 예식일 뿐인 것으로 전락했다.[40] 독일 황제 프리드리히 3세는 자신의 신부인 포르투갈의 공주를 나폴리에서 만났다. 두 사람은 침대에 누웠고 궁정 사람들의 참관 아래서 잠시 한 이불을 덮었다. 그들은 옷을 입은 그대로였고 다시 자리에서 일어났다. 포르투갈 귀부인들은 그 관습에 충격을 받았다.[41] 이 관습은 브란덴부르크에서는 18세기 초까지 남아 있었다.[42] 신부의 옷을 빼앗는 18세기 영국의 관습은 그보다 더 저열한 관습이었다.

---

[37] Friedberg, 23.
[38] Freisen, *Geschichte des kanonischen Eherechts*, 92, 96; Bergel, *Die Eheverhältnisse der alten Juden im Vergleiche mit den Griechischen und Römischen*, 19.
[39] Rossbach, *Die Römische Ehe*, 370.
[40] Weinhold, *Die Deutschen Frauen in dem Mittelalter*, I, 399.
[41] *Die Geschichte Kaiser Friedrichs des Dritten III*, by Æneas Silvius, trans. Ilgen, II, 95.
[42] Friedberg, *Recht der Eheschliessung*, 23.

그러나 교회의 결혼 예식은 대중적 용례로 퍼졌다. 그것은 반지와 선물을 축복하는 데 핵심이 있었다. 그리고 성직자의 관심은 결혼할 사람들이 금지된 수준의 친척 관계에 있는가에 집중되기 시작했다.[43] 『페트리의 예외조항(Petri Exceptiones)』(1050~1075년)[44]에는 무엇이 결혼을 성립시키지 않는가에 대한 여러 진술이 나옴과 더불어서 중요한 것은 성직자의 축복이 아니라 남자와 여자의 정신적인 목적이라고 분명히 진술되어 있다.[45] 다른 것들은 단지 증언과 기록에 해당될 뿐이다. 바인홀트(Weinhold)[46]는 결혼에 대해 묘사하는 11세기의 시 하나를 인용한다. 친척들에게 결혼 승낙을 받은 후 그리고 재산에 대한 합의를 이룬 뒤에 신랑은 반지를 칼에 걸어서 신부에게 주면서 이렇게 말한다. "반지가 당신의 손가락을 단단히 감싸듯이 나는 당신에게 확실하고 영속적인 정절을 약속합니다. 당신은 나에게 같은 것을 지킬 것이며, 만일 그렇지 못하면 그에 대한 벌은 당신의 생명입니다." 신부는 반지를 끼고, 두 사람은 키스를 하고 참석자들이 결혼의 노래를 부른다. 12세기의 슈바벤 지역 문서에서는 신랑이 주연 배우이다.[47] 그는 연속적으로 7개의 장갑을 내려놓는다. 장갑은 신랑의 개인적인 책임과 권위를 드러내는 상징이다. 각 장갑은 슈바벤의 모레스에 나와 있는 규정들에 따라 그가 약속하는 것을 보장한다. 이때 그는 이렇게 말해야 한다. "자유로운 슈바벤 남자가 자유로운 슈바벤 여자에게 마땅히 해야 하는 바

---

[43] Friedberg, 58.
[44] (옮긴이 주) 12세기 초 프랑스의 프로방스에서 만들어진 법전이다. 특히 codex MS Lleida Arxiù Capitular RC_0021이 중요한 글이다. 이 글은 이 작품의 저자, 저술 시기 등을 밝히고 있다.
[45] Savigny, *Geschichte des Römischen Rechts im Mittelalter*, II, Append.
[46] *Die Deutschen Frauen in dem Mittelalter*, I, 341.
[47] *Rheinisches Museum*, 1829, 281.

그대로." 그는 자신의 주요한 슈바벤의 재산을 나열하고, 만약 신부가 서기를 제공한다면 '증여부(libellus dotis)'에 자신의 맹세를 기록하겠다고 약속한다. 그러면 신부의 후견인은 이 맹세를 수락하고 칼(그 손잡이에 반지가 있는)로 동전과 망토 그리고 모자를 그녀에게 전해주고 이렇게 말한다. "이로써 나는 나의 피후견인을 너의 성실성, 너의 호의에 맡긴다. 나는 내가 그녀를 너에게 주는 그 믿음으로 간구한다. 너는 그녀의 참된 후견인, 은혜로운 후견인이 되라. 너는 그녀의 악독한 후견인이 되지 말라." 그리고 이렇게 덧붙인다. "그러면 그가 그녀를 데려가서 자신의 것으로 삼도록 하라." 이것은 매우 오래된 게르만의 전통에서 온 것임이 틀림없다. 거기에는 표현된 '합의'는 없고, 상징성은 매우 정교하다. '증여부'는 분명 새로 발명된 것이다. 그것은 라틴어 명칭이고 신랑의 행동의 본질적인 부분이라기보다는 부수적인 부분이다. 그 오래된 게르만적 형태는 라틴 교회의 용례가 게르만 전통을 아직 완전히 뒤엎지 못했음을 보여준다.

431. 교회법

『그라티아누스 법령집』에서 결혼의 원리는 결혼이 공적인 예식과 더불어 시작되고 '동침'에 의해서 완성된다는 것이다.[48] 실제 동거로 이어지는, 동거하겠다는 합의는 교회법에 의한 결혼을 구성했다. 이것이 결혼의 공통적인 의미였다. 그것은 교회법의 원리였고, 현대 문명에서는 가장 광범위한 견해이다.

---

[48] II, XXVII장, qu. 2, 그리고 XXXIV장.

432. 중세의 결혼

13세기에는 놀라운 운동이 시작되었다. 이 운동으로 교회는 그 시대의 모든 사상과 제도를 재형성했고 모든 사회적 관심을 하나의 체계로 통합했는데, 이 체계에서 교회는 중심적이고 통제적인 권위로 자리매김했다. 그 시대의 모레스에서 주도적인 경향은 종교성, 즉 모든 사회적 관계를 교회의 관점에서 구성하고 모든 관심을 종교적인 빛 아래 놓으려는 갈망이었다. 결혼도 그 영향 아래 놓이게 되었다. 성직자는 이전의 결혼식 집전자를 대신했고 결혼을 교회의 기능으로 만들고 거기서 자신의 역할을 본질적인 것으로 만들려고 노력했다. 그러나 그들은 결혼의 효력이 결혼식에서 하는 자신들의 역할에 의존하게 하지는 않았다.[49] 여러 다른 장소와 여러 다른 계층 사이에서 교회 결혼의 관습은 일찍 또는 나중에 도입되었다. 그리고 결혼과 연관된 성직자의 기능에 대한 교의는 때로 아주 엄밀하게 때로는 덜 엄밀하게 확립되었다. 프리드베르크(Friedberg)[50]는 1175년 웨스트민스터 주교회의 조례[51]가 영국에서 교회 결혼을 명료하게 규정한 최초의 조례라고 간주한다. 그러나 그로부터 교회 결혼 관습의 확립에 이르는 과정은 우여곡절을 겪었다. 폴락(Pollock)과 마이틀랜드(Maitland)[52]는 영국에서 결혼은 12세기 중반경에 교회의 업무에 속했다고 생각한다. 13세기 솔즈버리와 요크의 예식들은 초기 교회의 관습을 보여주는데, 다만 세부 사항에서 좀 더 정교하고 정확해졌을 뿐이다.[53] 거기에는 성직자가 신혼부부의 첫 잠자

---

[49] Friedberg, 98.
[50] 위의 책, 39.
[51] Wilkins, *Concilia Magnae Britanniae et Hiberniae*, I, 478.
[52] *History of English Law*, I, 109; II, 365.

리를 축복하여 악령을 쫓는 예식도 있다. 1240년 워체스터의 주교였던 월터 드 켄틀루프(Walter de Cantelupe)의 규정집에는 결혼이 성사로서 표기되어 있다. 왜냐하면 결혼은 그리스도와 교회 간의 성스러운 결합을 본뜨기 때문이다. 결혼은 동침에 선행해야 했다. 행운을 위한 예언이나 의식은 없었다. 1246년 주교회의의 법규는 성직자에게 결혼에 대한 서약과 합방은 결혼의 확정을 의미한다고 가르치도록 명시하고 있다.[54] 만약 사람들이 교회의 지시사항과 예식들을 지키지 않았다면 그들은 교회의 처벌규정에 따라 벌을 받았다. 그러나 결혼이 무효가 되지는 않았다. 따라서 그 체계는 탄력적이었고 갑작스럽게 변할 수 없었다.

433. 모레스와 교회 프로그램 간의 갈등, 결혼서약과 결혼식

독일에서는 결혼에서의 모레스의 변화에 대한 대중의 저항이 더 완고했다. 성직자가 결혼식에 참석했음에도 13세기까지 그들은 아무런 역할도 하지 않았다.[55] 12세기 초의 시가들은 성직자의 축복에 대해 언급한다. 하지만 축복이 동침 이전 또는 이후에 행해졌는지는 여전히 불확실하다. 13세기의 위대한 서사시들에서는 친구들이 둘러서고, 지위 높은 친지가 심문하는 낡은 관습이 등장한다. 예비부부는 그날 밤을 함께 보내고 다음 날 아침 교회로 가서 축복을 받는다.[56] 이것은 바그너

---

[53] Surtees Society, *Manuale et Processionale ad usam insignis Ecclesiae Eboracensis*, 157과 부록 17.
[54] Wilkins, I, 668, 690.
[55] Friedberg, 79.
[56] *Nibelungen*, 568~597.

의 오페라 로엔그린(Lohengrin)에서의 절차이다. 13세기에 결혼식 주례자는 점점 사라지고, 대신 성직자가 그 자리를 대신했다.[57] 여기에는 분명 혼인서약과 결혼식 간의 모호함이 있었다. 그것을 제거하는 데는 200년에서 300년이 걸렸다. 신랑이 "나는 맞이하리라(I will take)"고 말할 때, 그가 의미하는 것은 "지금 맞이하는 것이 나의 의지이다"인가 아니면 "나는 미래에 맞이할 것이다"인가? 솜(Sohm)[58]에 따르면 결혼서약은 결혼의 실제적인 성립이며 결혼식은 단지 이미 완수된 결혼의 확증(confirmation, Vollzug)일 뿐이었다. 프리드베르크[59]는 결혼식은 기획된 결혼의 완결이며 이미 완결된 것의 완성은 아니었다고 말한다. 공적인 결혼서약이 엄숙히 거행되고 그 다음에 시간 간격을 두고 결혼식이 거행되면, 후자는 아무런 의미가 없는 반복일 따름이었다. 결국에는 다음과 같이 귀결되었다. 결혼서약은 중요한 것이 아니게 되거나 아니면 현대의 영국국교회 예배에서 그렇듯 결혼식과 결합되었고, 동침은 단지 결혼식 뒤에만 허용되었다. 그러자 결혼식이 중요성을 얻었고, 결혼식은 이미 완성된 것에 대한 단순한 축복이 아니게 되었다. 결혼 이전에 동거를 시험해보는 것(Probennaechte)은 모든 계층에서 관습이 되었다. 15세기에 만약 왕들이 대리인(proxy)을 내세워 결혼하게 되면, 그 대리인은 교회 예식이 있기 전에 검을 사이에 둔 채 신부와 잤다.[60] 성직자 없이 이루어지는 결혼의 관습은 독일의 농부들 사이에서는 16세기까지 지속되었다.[61] "그러므로 (13세기에는) 교회의 축복을 받는 것이 관습이었

---

[57] Weinhold, *Die Deutschen Frauen in dem Mittelalter*, I, 373.
[58] *Trauung und Verlobung*, 37.
[59] *Verlobung und Trauung*, 23.
[60] Friedberg, 90.
[61] Hagelstange, *Bauernleben im Mittelalter*, 61.

다. 그러나 일반적으로는 결혼이 모두 완성된 후에야 그렇게 했다. 축복은 본질적인 것이 아니었지만, 특히 상류층에게는 마땅하고 적합한 과정이었다. 14세기에는 교회의 결혼 형태가 점점 더 대중의 정서를 장악해 갔다."[62]

434. 교회 결혼, 첩

남편의 지위에는 어떤 의문도 없었다는 점에 주의할 필요가 있다. 남편들은 할 수 있는 한, 자신의 이익을 충분히 충족한다. 그리고 그 결과가 곧 문명의 단계이다. 여성의 지위는 – 남자들이 결정권을 갖는 사회에서는 – 남편과 연관된 지위이다. 남편들은 권력과 책임을 지녔다. 부인들은 조수이다. 물론 어느 정도 존경과 명예, 협동적 기능 그리고 공동의 권위는 있었지만 말이다. 현대 이전에는 남자가 두 번째 아내를 취하는 것을 금지하는 어떤 국법도 존재하지 않았다. 남자는 법률이나 모레스로 부인에게 속박되지 않았으므로 간통은 있을 수 없었다. 물론 부인은 남편에게 속박되었다. 한 남자와 여자는 스스로 결혼을 하고, 그들 자신의 세계에서 부부 생활을 한다. 교회와 국가는 모두 그들을 결혼시키는 데서 무력하다고 생각되었다. 교회는 그들의 결합을 "축복"할 수 있다. 국가는 그들 또는 그들의 자식들의 시민권과 재산권을 규정하고 집행할 수 있다. 그러나 국가가 결혼의 권리를 그들에게 강제할 수는 없다. 따라서 국가는 부부를 이혼시킬 수 없다. 부부는 스

---

[62] Friedberg, 85; Weinhold, *Die Deutschen Frauen in dem Mittelalter*, I, 378도 참조; Grimm, *D. R. A.*, 436.

스로 이혼한다. 국가는 이혼이 어떤 시민권과 재산권에 영향을 미치는지, 국가 권력이 어떻게 이혼에 뒤따르는 결과를 강요할지 말할 수 있다. 그러나 결혼 관계는 가정의 일이며 사적이어서, 거기서는 개인의 의지가 중요하고 공권력은 개입할 수 없다. 13세기경 기독교 교회는 예비부부가 남녀 차별 없이 배타적 정절을 약속하는 결혼 예식을 도입했다. 교회 결혼이 도입되는 것과 더불어 이 약속은 결혼의 관념을 확립했다. 어느 한쪽이 이 약속을 깨뜨리면, 그 사람은 교회의 비판을 받고 속죄를 해야 했다. 영국에서 축첩에 대한 최초의 민법은 제임스 1세 시대에 나왔다. 1563년(트리엔트 공의회) 이전에는 교회법정에서조차 결혼의 타당성을 위해서 특정 성직자의 역할이 있어야 하는 것은 아니었다. 결혼은 모레스에 있었다. 교회의 축복은 격을 높여주고 보완해주는 역할을 했다. 하지만 본질적인 것은 아니었다. 결혼은 대중적이었고 가정의 일에 속했다. 고대국가에서는 결혼식에서 행운을 빌기 위해 희생제의를 바쳤다. 중세에 기독교 성직자들은 속인에 의해 이미 맺어지고 이미 동침을 통해서 완성된 결혼을 축복했다. 그 당시에 남편과 아내의 관계는 독일이나 북부 프랑스의 게르만계 마을에서 다양하게 나타났다. 현대까지 축첩은 인정된 제도로서 존속했다. 축첩은 저급한 형태의 결혼이어서, 거기서 부인은 남편의 지위를 공유하지 않았고 그녀의 자녀들은 아버지의 지위나 재산을 상속하지 않았다. 그러나 첩의 지위는 지속적이었고 규정되어 있었다. 때때로 그것은 배타적이었다. 그리고 노예들도 주인의 처분에 맡겨져 있었기에 고대에 그들은 "주인의 눈에 드는 것"을 자랑스러워했다. 따라서 부인, 첩 그리고 노예 여자는 남자에 속한 여성으로서 인정되는 3종류의 지위를 형성했다.

435. 교회는 결혼의 개념을 고양시켰다

고대의 모든 문명적인 국가에서 결혼은 재산과 지위에 관련된 문제였다. 공적인 예식은 재산권과 상속, 합법성 그리고 시민권을 확립하기 위해 필요했다. 중세의 기독교 교회는 자신이 개입할 근거를 찾아야 했다. 교회는 결혼에서의 신비적인 요소를 강조하고 결혼에 적용할 수 있는 성서의 상징들과 결혼에 연관된 생애사적인 요소 – 아담과 이브, 토비아스, 요셉과 마리아, 결혼으로 한몸이 된다는 사상, 그리스도와 교회의 상징주의 등등 – 을 발전시켰다. 그래서 결혼에 대한 정서적-시적-신비적인 관념이 결혼의 물질적-감각적 관념 위에 겹쳐졌다. 교회는 결혼이 "성사(sacrament)"라고 단언했다. 이와 연관하여 "성사"에 대한 수많은 다른 설명을 인용할 수 있을 것이다. 성사가 의미하는 바를 말하는 것은 불가능하다. 그러나 교회는 자신의 정책을 통해 현대 모레스에서 보이는 고상한 결혼관을 발전시키는 데 크게 기여했다. 결혼에 대한 물질적 관점은 고상하게 포장되었다. 두 사람의 삶과 관심이 양자의 성격과 취향의 공감에 의해 애정 어린 협력으로 융합된다는 결혼관이 이상이 되었다. 교회는 이러한 변화를 일으키려 많은 노력을 기울였다. 이 시기에는 "성사"에 애매하고 두려운 효력이 부여되었고 또 교회의 일에서는 남녀 간의 결혼과 그리스도와 교회의 결합 사이에 유사성이 당연시되었다. 그러므로 이 시기에, 교회가 "한 남자와 한 여자의 일생에 걸친 결합이 어떤 상황에서든 유일하게 합법적인 성교의 형태라는 느낌을 키워냈을" 개연성은 매우 높다. "그리고 이러한 확신은 원초적이고 도덕적인 직관의 힘을 획득했다."[63] 이러한 결과를 낳는 데 큰 도

---

[63] Lecky, *History of European Morals from Augustus to Charlemagne*, II, 347.

움을 준 것은 중세 후기 중산층의 부와 시민적 권력의 상승이었다. 이들의 모레스에는 이미 그런 견해들이 교회의 직접적 영향을 별로 받지 않고도 확립되어 있었다.

436. 트리엔트 공의회[64]의 결혼에 대한 칙령

교회가 법령에서 교회법 이론 대신에 사제권을 존중하는 결혼 이론을 확립한 것은 1563년의 트리엔트 공의회의 결정을 통해서이다. 트리엔트 공의회의 동기는 비밀 결혼 즉 성직자나 교회가 관여한 바 없는 결혼을 방지하는 것이었다. 비밀 결혼은 비일비재했으며 입증될 수 없기에 유해했다. 그것은 부부가 부와 지위가 있는 가문에 속했을 경우에 혈통과 상속의 문제를 야기했다. 형식에서 보면 트리엔트 공의회의 결정은 공식성을 마련해주었다. 결혼식은 교회에서, 교구 신부에 의해서 그리고 두 명의 증인 앞에서 치러져야 했다. 이런 결정은 모레스의 변화를 추구하려는 것이 아니었다. 그것은 목적을 달성하기 위해 고위 성직자들이 고안한 특별한 장치였다. 모레스의 변화 과정에서 볼 때, 트리엔트 공의회의 결정이 교회의 직접적 목적을 달성하는 데 영향을 미쳤는지는 의심스럽다. 그러나 고위 성직자들이 미처 예견하지 못한 두 개의 효과가 나타났다. 첫째로, 교회에서 그리고 교구 신부 앞에서 표현된 신랑신부의 동의는 사제의 어떤 자발적인 관여 없이도 결혼을 성립시

---

[64] (옮긴이 주) 트리엔트 공의회는 1545~1563년에 북이탈리아의 트렌토와 볼로냐에서 개최되었던 로마가톨릭의 가장 중요한 공의회이다. 루터의 종교개혁에 의해서 대응하는 대항 종교개혁을 시도했다. 400년 뒤에 교황 요한 13세는 제2차 바티칸 공의회를 준비하면서 트리엔트 공의회 정신을 계승하고자 했다.

킨다는 것이 교회법이 되었다. 프랑스 위그노는 1세기 이상 이런 방식으로 결혼했고, 기록과 증서를 만드는 데 서기(書記)를 고용했다. 둘째로, 이 법은 교회가 자신의 자녀들 즉 신도들을 복종시키고 이교도와의 결혼을 방지하는 막강한 방법이 되었다. 교구 신부에게서 예식을 수행하겠다는 동의를 얻으려면 예비부부는 교회의 요구 즉 신앙고백과 성찬식에 충실히 따라야 했다. 17세기와 18세기는 이러한 제한에서 독립해서 자신의 이익을 찾으려는 살아있는 인간들의 투쟁으로 채워졌다.

437. 청교도의 결혼

로마가톨릭이 결혼을 좀 더 교회적인 일로 만들었다면, 청교도 분파들은 결혼을 좀 더 세속적인 일로 만들었다. 비록 삶의 모든 행위에 종교적 색조를 부여하기를 좋아했더라도, 청교도들은 결혼에서 모든 종교적 특성을 제거했다. 결혼은 행정 관리가 관리하게 되었다. 17세기 말까지 뉴잉글랜드에서는 이것이 통례였다. 그러나 이 문제에서 지배적 사상과 분파적 입장 간에 불일치가 있었는데, 결국은 분파적 입장이 물러났다. 개신교 지역 전체에 걸쳐 결혼에 종교적인 특성과 제약을 부여하려는 방향으로 모레스가 지속적으로 변화해 갔다. 결혼이 성직자의 축복을 통해서 성립되어야 한다는 것이 규칙이 되었다. 그리고 결혼식을 종교 시설에서 치르는 관습이 확대되었다. 로마 교회의 권위와 모범은 이러한 경향과 아무 관계도 없었다. 사람들은 로마 교회의 권위와 모범에 대해 알지조차 못했다. 그것은 순전히 취향과 정서 그리고 올바르고 적절한 것에 대한 대중의 판단에 관련된 문제이다. 또한 그것은 결혼에 걸맞는 화려함과 명예에 대해 여성들이 품은 생각에 기인한다. 모레스는 다시 그 문제에 대한 완전한 통제력을 얻었고, 종교적 결혼 예식은 대중의 관심을 충족하고 또 대중의 신앙심을 채워주기 위해 이용된다. 그것이 바로 19세기에 확립된 세속결혼(civil marriage)의 효과이다. 현재 성직자들은 자신의 법적인 지위를 결혼을 주재하는 적절한 자리로서 이용하고 싶어 하는 듯이 보인다. 그들은 이혼 및 이혼 이후의 결혼에 대해서 제한을 부과할 수 있다.

제11장 사회적 규약(The Social Codes)

주제의 설정 - '비도덕적'의 의미 - 자연적 기능들 - 당대의 규약과 인성 - 정숙, 단정함, 예의범절 등의 정의 - 정숙 - 이교적인 생활방식 - 단정함(modesty). 수치심 - 의상에서 품위의 경계선 - 현재의 관습적 한계들 - 품위와 허영 - 경솔함의 반대인 단정함 - 수치 - 몸에 지닌 최초의 장신구 - 마법에 대한 두려움 - 어떤 기능을 감추어야 하는가? - 일정 한계 내로의 표현의 제한 - 규칙의 위반 - 서스펜소리엄(suspensorium) - 허리띠와 그것이 가리는 것 - 원시적인 것이 아닌 단정함과 품위 - 신체의 어떤 부분이 금기시 되었는가 - 품위의 결여라는 관념 - 의복과 품위 - 장신구와 가장 단순한 의복 - 의복의 진화 - 남자는 입고 여자는 입지 않는다 - 품위의 대조적인 기준들 - 자연적 기능들에 대한 품위의 기준 - 목욕과 나체의 관습 - 강, 온천 그리고 공중목욕탕에서의 목욕 - 나체 - 은폐 금기의 동기에 대한 추측 - 외설 - 주술을 위한 외설적인 표현 - 성기의 고정 또는 은폐를 위한 수단 - 남근상(phallus)은 모욕적이었나? - 호신부로서의 남근상 - 아시아의 상징들 - 외설의 개념은 근대적이다 - 예의범절(propriety) - 여성의 격리 - 예의범절의 관습 - 예의범절에 대한 이슬람 율법 - 모자를 쓰지 않은 여자들 - 예의범절의 규칙 - 힌두교의 화장실 의례 - 예의범절에 대한 그리스의 규칙들 - 에라스뮈스의 규칙 - 식사 - 입맞춤 - 정중함, 에티켓, 매너 - 좋은 매너 - 인사 등의 에티켓 - 매너와 에티켓에 관한 문학 - 고상함 - 비열함의 사례들 - 그리스 비극과 고상함의 개념들 - 중세에서의 고상함 - 비열한 논쟁 - 린치, 고문 등에서의 비열함 - 좋은 취향 - 좋은 취향은 어디에서 오는가 - 규약들의 거대한 다양성 - 도덕과 품행 - 사회적 규약과 철학 및 종교의 관계 - 루데크의 결론

438. 주제의 설정

민속지학자들은 어떤 부족에 대해서 그 부족에서 '도덕성' 특히 여성의 '도덕성'이 높거나 낮다는 식으로 쓴다. 이것은 도덕성을 전문적 용어로 사용한 사례이다. 즉 도덕성을 단지 또는 특별히 성적인 관계에만 해당하는 것으로 사용한 것이다. 그리고 민속지학자들은 우리의 성적 행동 기준이나 우리의 성적 금기의 형식을 적용하여 모든 민족의 습속을 판정함으로써 그런 명제들을 만들어낸다. 그들이 정당하게 말할 수 있는 것은 자신이 광범하고 다양한 용례, 관념, 표준, 이상을 발견하는데, 이들은 우리의 것들과 매우 다르다는 것뿐이다. 어떤 것들은 우리의 것보다 훨씬 더 엄격하다. 그러나 우리는 그런 것들이 우리의 것보다 더 고상하다고 생각하지 않는다. 우리는 어떤 방식이 우리의 전통적인 방식보다 더 엄격하다는 이유로 그것을 채택해야 한다고는 느끼지 않는다. 우리는 많은 것이 과도하고, 어리석고, 유해하다고 생각한다. 어떤 로마 원로원 의원은 딸 앞에서 아내에게 입맞춤했다가, 이들로부터 부적절한 행동이라는 비난을 받았다.[1]

439. '비도덕적'의 의미

그러므로 민속지학자가 그들이 연구하는 민족에게 비난하고 멸시하는 형용사를 사용할 때, 그들은 탐구하고자 하는 가장 중요한 문제를 이미 해결된 것으로 전제하는 선결문제 요구의 오류를 범하고 있다.

---

[1] Ammianus Marcellinus, XXVIII, 4.

즉 무엇이 정숙, 고상함, 예의범절, 겸손 등의 기준이나 규약 그리고 관념인가? 그것들은 어디서 유래하는가? 민속지학적인 사실들은 이 물음에 대한 답을 포함한다. 그러나 그 답을 알아내려면 우리는 사실에 대한 중립적인 보고가 필요하다. 우리는 '비도덕적'이라는 말은 그 시간과 장소의 모레스에 반대된다는 것 이외의 다른 어떤 의미도 없다는 증거를 보게 될 것이다. 그러므로 모레스와 도덕성은 함께 움직일 수 있다. 그리고 이런 문제들에 관해 옳음과 참됨을 확정할 수 있는 그리고 상이한 습속을 비교하고 비평할 수 있는 영속적이고 보편적인 기준은 존재하지 않는다. 오직 경험만이 어떤 용례가 효율성 있는지 판단을 가능하게 한다. 예를 들어 고대 민족들은 남색(男色)을 무해하고 또 사소한 일이라고 생각했다. 남색이 개인적이고 사회적인 활력을 타락시키며 개인적이고 집단적인 이익에 해가 된다는 것은 현재 잘 입증되어 있다. 식인 풍습, 일처다부제, 근친상간, 매음 그리고 다른 원시적 관습은 그것이 해롭다는 광범위한 – 그리고 그중 몇몇은 만장일치인 – 판단에 의해서 폐기되었다. 다른 한편 『아베스타(Avesta)』[2]에 따르면 '정액루(精液漏, spermatorrhea)'는 채찍으로 처벌해야 하는 범죄이다.[3] 가장 문명화한 민족은 또한 삶의 기예에서 그들이 점한 우월한 위치 때문에 이렇게 주장한다. 자신들이 더 고도하고 더 나은 판단에 도달했으며 다른 민족의 관습을 자신의 관점으로 판정할 수 있다고 말이다. 3~4세기 동안 그들은 자신의 관습을 '기독교적'이라고 부르고, 그리하여 종교적 권위와 제재권이 자기들에게 있다고 주장해 왔다. 그러나 사실 그들은 기독교의 원리와 연관해서 그런 권위를 소유하는 것은 아니다. 그런데 현재

---

[2] (옮긴이 주) 차라투스트라가 창시한 것으로 알려진 조로아스터교의 경전이다. 여러 언어로 된 다양한 시대의 문헌을 모아 놓았다.
[3] Darmstetter, *Zend-Avesta*, I, 100.

이 '기독교적'이라는 형용사는 자신의 위력을 상실하고 있는 듯하다. 일본인은 나체를 무관심하게 바라본다. 그러나 그들은 우리 서양인이 여러 가지 방식으로 매력을 높이려 옷을 이용하는 데 반해 오히려 몸의 윤곽을 감추려고 옷을 이용한다. '기독교' 모레스는 가장 성능 좋은 후장총(後裝銃, breechloaders)과 갑옷을 앞세워 자신을 강요했다. 그러나 일본인은 이제 자신의 모레스를 지지하기 위해 총과 갑옷의 우월성을 내세울 준비가 되어 있는 듯하다. 우리 선교사들이 자연부족들에게 – 문명화된 영향의 대표적인 사례 중 하나로 – 옷을 입게 했을 때 뜻밖에 그들에게 큰 해를 미쳤다는 사실은 이제야 알려지고 인정되고 있다. 자연부족의 용례들에서 정숙, 겸손, 단정함 그리고 예의범절은 의상과 아무런 연관성도 없다.[4]

440. 자연적 기능들

인간존재는 자연적 기능을 가지고 있으며, 이 기능의 발휘는 불가피하다. 하지만 그 기능 발휘는 점점 더 많은 사람이 서로 가까운 이웃으로서 모이게 되면 급속도로 다른 사람들에게 해로워질 수 있다. 이로 인해 자연적 기능들을 규칙과 관습으로 규제하게 된다. 성 욕구의 열정적인 본성은 종종 과도함과 악덕을 낳는 경향이 있다. 그래서 사람들은 성 욕구를 관습적이고 제도적인 금기와 규제들과 연관 짓지 않을 수 없다. 그러므로 정숙, 고상함, 예의범절 그리고 겸손의 금기들과 모든 성적 관계에 대한 금기들은 인간 본성 자체와 인간 삶의 조건에 대한

---

[4] Marsden, *Sumatra*, 52.

적응기제이다. 어떤 금기든 그것을 자의적인 발명 또는 아무 필연성 없이 전통에 의해 사회에 부과된 짐이라고 간주하는 것은 결코 올바르지 않다. 그중 많은 것은 원래 전적으로 또는 부분적으로 허영, 미신 또는 원시 마술에 기인한다. 그러나 그것들은 수백 년 동안 경험을 통해 거른 것이며, 우리가 받아들이고 수용한 것들은 경험을 통해 효율적이라고 인정된 것이다.

441. 당대의 규약과 인성

그러므로 역사와 민속지학에서 어떤 집단의 모레스와 행동은 어떤 다른 집단의 모레스 및 행동과 독립적으로 존재한다. 어떤 집단의 모레스 및 행동은 서로 일치할 필요가 있다. 왜냐하면 만약 양자가 서로 일치하지 않는다면 행동은 규약과 합치하기 어렵기 때문이다. 행동이 당시에 통용되고 공언된 규약과 일치하지 않을 때 퇴폐, 불화 그리고 인성(character)의 타락이 있게 된다. 관습이 단순하고, 소박하고 무의식적인 한 관습은 결코 악한 인성을 만들어내지 않는다. 만약 반성이 깨어나고 모레스가 반성의 요구를 만족시킬 수 없으면, 의심이 생겨난다. 그러면 개인의 인성은 퇴폐하게 되고 사회는 타락하게 된다.

442. 정숙, 단정함, 예의범절 등의 정의

정숙(chastity), 단정함(modesty), 품위(decency)는 서로 전적으로 독립적이다. 이에 대한 민속지학적인 증명은 완전하다. 정숙은 성적 관계에 대한 금기를 지키는 것을 의미한다. 이 금기의 조항과 제한사항이 그 당시의 집단에서 무엇이었든 말이다. 그러므로 일처다부가 모레스인 곳에서 거기에 순응하는 여자들은 정숙하지 못하다는 비난을 받지 않았다. 어떤 부족의 결혼하지 않은 여자들을 – 만약 이들에 대한 어떤 규칙이 없다면 – 정숙하지 못하다고 묘사하는 것은 명백히 언어의 오용이다. 그것은 단지 그들이 특정한 다른 사회의 규칙을 범하고 있음을 뜻할 뿐이며, 사실 그것은 그 다른 사회에 있는 여자에게만 쓸 수 있는 표현이다. 여자들이 나체로 생활하지만 엄격한 성적인 금기를 충실히 지키는 경우도 있다. 또한 완벽하게 가리고 다니지만 아무런 성적인 금기도 없는 경우도 있다. 단정함은 몸을 덮는 것 그리고 육체적 기능을 숨기는 것과 관계가 있다. 겸손은 행위와 감정의 억제이다. 겸손은 정숙 및 고상함과 연관되어 있다. 하지만 그보다 더 넓은 범위를 포괄한다. 겸손은 행동, 말 그리고 몸짓 등등을 억제하며 예의범절(propriety)의 한계에서 모레스가 새로운 제안을 할 때마다 그 제안을 거부한다. 예의범절은 올바르고 적절한 행동에 대한 지침 또는 과도함이나 악덕을 예방하는 한계선에 대한 모든 지침의 총합이다. 그것은 법으로 명시되어 있지 않다. 그것은 부유하는 관념이다. 그러나 때때로 예의 발라야 한다는 명령은 공공적 규제로 명문화된다. 예의범절은 수치심에 의해서 보장된다. 수치심은 모레스가 모든 사람에게 지키도록 명령하는 용례를 범할 때 받는 비난에서 느끼게 되는 고통의 감정이다. 이탈리아 수녀들은 그들 사이에서도 반평생 베일을 사용했다고 전해진다. 이들이 수녀원에서 탈퇴하면, 얼굴을 노출하는 것뿐인데도 다른 여자들이 몸 전체를 노출할 때만큼 수치심을 느낀다고 한다. 그럴 수밖에 없을 것이다. 이슬람 여인들은 목욕 중에 남자가 들어서면 먼저 얼굴을 가린다. 그들은 베일을 쓴다는 점에서 이슬람에 속하지 않는 여인들과 구분된다. 그러므로 얼굴을 가리는 것은 그들에게 가장 중요하다. 전족을 하는 중국 여인들은 발을 드러내는 것을 단정하지 못한 일로 생각한다. 한 세대 이전부터 유럽 대륙 도시의 공공 변소는 과거보다 훨씬 더 격리되고 또 가려지게 되었다. 10년 전부터 침을 어떻게 뱉어야 예의 바른지 기준이 크게 변해 왔다. 예의범절의 영역 너머에는 공손함(politeness), 정중함(courtesy), 좋은 매너(good manners), 점잖음(seemliness), 잘 교육받고 자람(breeding) 그리고 좋은 자세(good form)의 영역이 놓여 있다. 그것의 정의는 어디에 선이 그어지느냐에 달려 있다. 선을 긋는 지점은 언제나 관습적이다. 선이 어디에 놓여 있는가를 배우는 것은 전통과 사회적 접촉의 문제이다. 그것은 결코 정식화될 수 없다. 습관(habit)은 새로운 사례의 적절 또는 부적절함을 결정할 수 있는 감(感)이나 취향을 형성해야 한다. 어떤 사람이나 계층은 사회적 명성이 매우 커서 정의의 한계를 약간 바꿀 수 있으며 또 모레스에 새로운 변화를 만들어낸다. 그러나 언제나 정의와 기준을 포함하고 지탱하는 것은 어디까지나 모레스이다. 그러므로 결정적인 원인이나 동기, 근원적 영역, 교정하는 또는 퇴폐적인 영향력 그리고 교육적인 조작을 찾아내려면 우리는 모레스에 눈을 돌려야 한다. 이것은 정숙, 단정함, 겸손, 예의범절 등과 연관하여 습속의 거대하고 모순적인 다양성을 설명해준다.

443. 정숙

오스트레일리아의 어떤 남편은 그의 부인이 그럴 기회만 있으면 자신을 배신한다고 생각한다. 대부분의 부족에서 여성은 남편 이외의 어떤 남자와도, 심지어는 장성한 남자 형제를 포함해서, 대화를 하거나 어떤 관계를 가져서도 안 된다.⁵ 베트(Veth)⁶는 다야크족(Dyak) 부인들의 성 금기 준수는 과장된 것이라고 생각한다. 그러나 적어도 서해안 쪽에서 그것은 말레이 여성의 성 금기 준수보다 더 나은 상황이라고 생각한다. 바다 다야크족(The sea Dyaks) 사이에서 젊은 미혼 여성은 커다란 자유를 누린다. 그리고 딸을 빌려주는 관습이 존재한다. 그러나 서해안 쪽에는 이런 관습이 없다. 안다만 제도(the Andaman Islands)에는 미혼자에 대한 성 금기는 없다. 이들은 자유를 누린다. 그러나 그 소녀들은 절제할 줄 알며, 결혼한 후에는 결혼의 금기를 준수한다. 그들의 남편은 "그들에게 크게 미달하지 않는다." 여자들은 그들 사이에도 타인 앞에서 잎사귀 앞치마를 갈아입으려 하지 않는다.⁷ 야쿠트족(Yakuts)은 중세의 정조대와 유사한 가죽으로 된 기구를 부인과 딸들에게 입힌다.⁸ 이것은 부인이 어떤 기회라도 이용하리라는 생각을 암시하고 있다. 야쿠트족 여성은 침대에서도 옷을 입고 있다.⁹ 동부 그린란드의 에스키모는 남편 없는 어머니, 즉 미혼모를 비난하지 않고 아이 없는 부인을 비난한다.¹⁰ 부시먼 여자들은 이웃 종족인 카피르족보다 더 엄격한 금기를 지킨다. 그들은 카피르족이 더 우월한 종족임에도 후자와 부정한 관계를 맺기를 거부한다.¹¹ 줄루족 여자들은 놀라운 성실함으로 엄격한 금기를 준수한다.¹² 마담 폼므롤(Madame Pommerol)¹³은 남부 알제리의 유목 또는 반

---

[5] Curr, *The Australian Race*, I, 109.
[6] *Borneo's Wester-Afdeeling*, 251.
[7] JAI, XII, 94, 135.
[8] Schultz, *D. L.*, 283.
[9] Sieroshevski, *Yakuty (Polish)*, 342.
[10] Holm, *Angmagslikerne*, 54.
[11] Fritsch, *Die Eingeborenen Süd-Afrikas*, 444.
[12] *Amer. Antiq.*, XXIV, 77.

(牛)유목 부족의 아랍 여성들은 도덕적 훈련이 안 되어 있다고 말한다. 그들은 도덕적, 종교적 규약이 없다는 것이다. (그녀가 의미하는 것은 그곳 여성들이 교육에 의거하는 인성을 갖지 않는다는 것이다.) 그들은 남자를 피한다. 그러나 동시에 인위적이고 과도한 용례에 따라 애교부리는 방식으로 베일을 만진다. 그들은 단지 욕망의 충동과 아버지나 남편에 대한 두려움 사이에서 행동할 뿐이다. 정절(fidelity)은 아무 의미가 없다. 그들은 의무감에서든 애정에서든 충성심을 느끼지 않기 때문이다. 하층 마야인은 딸을 내보내 결혼 지참금을 스스로 벌게 한다.[14] 팔라우 제도에서 어머니는 딸을 훈련해 스스로 조가비 화폐를 벌고 또 부모에게 벌어다 주게 한다. 소녀들은 '아르멩골(armengols)'이 된다. 즉 그들은 청년들이 머무르는 클럽하우스에 살면서 가사를 돌보고 또 영향력을 행사한다. 그런 여자에 대한 모욕은 클럽에 대한 모욕이다. 이 관습의 기원은 전쟁이었다. 여자들은 포로였다. 이제는 여자들이 공물(貢物)로 제공된다. "이 관습은 순전한 관능의 표현은 아니다." 가정생활이 없을 때, 이것은 여자들에게 남자를 알고 남성에게 영향을 미칠 기회를 제공한다. 그것은 말하자면 일종의 교육으로 생각되었다.[15] 젬퍼(Semper)[16]는 이 관습을 정당화하는 토착민들의 이야기를 전해준다. 어떤 남자와 결혼한 젊은 부인은 그의 더 나이든 부인에게 불평을 했다. 왜냐하면 남편이 자기를 '아르멩골'의 시중을 들게 했기 때문이다. 나이든 부인은 이 젊은 부인에게 당신 자신이 이 삶을 즐겼으며 그때 결혼한 여자들에게 봉사를 받았음을 기억하라고 말했다. 모든 소녀는 돈을

---

[13] *Une Femme chez les Sahariennes.*
[14] Bancroft, *Races of the Pacific*, I, 123; II, 676.
[15] Kubary, *Die Socialen Einrichtungen der Pelauer*, 51, 55, 91.
[16] *Die Palau Inseln*, 65, 324.

벌기를 좋아했다. 그들은 이 돈으로 집으로 돌아와 남편을 얻었다. 그것은 아주 오래된 관습이며 준수되어야 한다. 만약 결혼한 여자가 자신의 의무를 다하지 않으려 하면, 남자를 시중들 사람이 없다. 왜냐하면, 결혼한 여자는 그녀가 자신의 남편과 친밀한 관계에 있음을 세상에 결코 보여주지 않을 것이기 때문이다. 그것은 '무굴(mugul)'일 것이다. 그리고 일단 이 단어가 자신의 힘을 상실하면 전체 섬이 멸망할 것이다. 어떤 여자는 그 관습은 좋은 것인데 왜냐하면 여자에게 다른 섬들을 둘러볼 기회를 주며 남자에게 봉사하고 복종하는 것을 배우게 하기 때문이라고 젬퍼에게 주장했다. 그것은 여자들의 신성한 의무라고 그녀는 말했다. '아르멩골'로서 외지로 나가지 않았던 소녀는 어리석고 교양이 없다는 평판을 듣게 될 것이고, 남편을 얻을 수 없을 것이다.[17] 남편이 결혼의 금기에 대한 부인의 정절에 무관심한 사례는 있지만 극히 드물다.[18] 사하라의 어떤 아랍 부족들에서는, 생존을 위한 투쟁이 극심하지 않은 부족도 포함해서, 아버지는 딸이 매춘을 통해서라도 길러준 은혜에 보답하기를 바란다. 성적인 명예의 관념이 아직 금전적인 손해나 이익의 의미를 극복하지 못한 상태인 것이다. 어떤 여자가 더 많이 벌면 벌수록, 나중에 더 좋은 곳으로 시집갈 수 있다. 투아레그(Tuareg)의 결혼한 여자는 남편이 아닌 다른 남자들과 관계를 맺는다. 마치 12~13세기 중유럽에서 여성 숭배가 성행할 때 부인들이 연인과 관계를 맺었듯이 말이다. 이 여자들은 단정하고 적절한 예절을 갖추고 있었고, 에티켓을 매우 중하게 여겼다.[19] 13세기의 어떤 작가가 몽골 여자에 대해 말한 바에 따르면, 이들은 "정숙하고, 음란한 말을 하지

---

[17] Christian, *The Caroline Islands*, 290도 참조.
[18] JAI, XV, 8; *Reports of the National Museum of the United States*, 1888, 339.
[19] Duveyrier, *Touaregs du Nord*, 340, 429.

않는다. 그러나 그들이 농담하듯 사용하는 어떤 표현들은 매우 수치스럽고 또 거칠다." 현재도 마찬가지다.[20] 어떤 아랍 작가의 말을 인용한 문헌에 따르면, 미르밧(Mirbat)[21]에서 여자들은 낯선 남자와 즐기러 야밤에 도시 밖으로 나갔다. 또 그들의 남편과 남자 친척들은 다른 여자를 찾으려고 그것을 묵인했다.[22] 코르도판(Kordofan)[23]의 고웨인(Gowane)족(이들은 지금 이슬람교도인 듯하다)[24] 사이에서 여자는 남자 형제의 동의가 없이는 결혼할 수 없다. 이 동의를 얻으려면 여자는 남자 형제에게 어린 아기를 주어야 한다. 그녀는 어디든 가능한 곳에서 아기 아빠가 될 남자를 찾을 수 있다.[25]

444. 이교적인 생활방식

당연하게도 위의 관습에서 나오는 이교적인 추론이나 일반화는 결국 남편은 부인에 대해서 끊임없는 불안을 느껴야 하거나 아니면 이혼해야 하거나 아니면 고도한 체념과 달관의 정신을 발전시켜야 했다는 것이다. 가장 후자가 결혼에 관해 스토아학파 철학이 달성한 최고의 경지이다. 플루타르코스는 이렇게 말한다. "어떻게 당신은 당신의 영혼이나 육체를 손상하지 않는 어떤 것을 불행이라고 부를 수 있는가? 예를 들

---

[20] Rubruck, *Eastern Parts*, 79, 록힐(Rockhill)의 주석.
[21] (옮긴이 주) 오만 남쪽의 항구도시. 10세기 이래 교역의 중심지였고 오만 북쪽의 소하르에 버금가는 중요성을 가졌다. 주요한 교역품은 향료(香料)였다.
[22] Sprenger, *Geographie Arabiens*, 97.
[23] (옮긴이 주) 수단의 중앙 지역을 말한다.
[24] 아마 동경 31° 북위 13-1/2°.
[25] Wilson and Felkin, *Uganda and Sudan*, II, 309.

어, 아버지가 천민 출신이라거나 부인이 간통을 했다거나 왕관이나 명예를 상실하는 따위, 이런 것들 어느 것도 육신과 마음의 최고 상태를 달성할 기회를 막지 못한다."[26]

445. 단정함(modesty), 수치심

아리스토텔레스[27]는 수치심을 덕목으로 간주하지 않았다. 그것은 단지 지나가는 감정, "불명예의 지각"이라고 그는 말한다. 그가 보기에 덕목들은 교육으로 단련된 습관이었다. 그는 덕목을 철학에서 도출했고, 그것을 삶 속에서 실천하게 하려 했다. 그는 덕목을 삶의 행위의 산물로서 보지 않았다. 분트(Wundt)[28]는 말하기를, 수치심은 특별히 인간적인 감정이라고 했다. 왜냐하면 인간만이 동물 중에서 유일하게 몸의 어느 한 부분을 감추기 위해 옷을 입기 때문이다. 반면 동물은 아무것도 걸치지 않는다. 그는 인간이 품위의 감정 때문에 몸을 덮기 시작했다고 생각한다. 여기서 주장한 사실은 모두 틀린 것이다. 몸에 무언가 걸치는 사람들 중에는 언급한 부분들을 가리지 않는 사람들도 많다(본서 447절 참조). 애완동물은 하지 말라고 배운 것을 하고 있을 때 발각되면 마치 아이처럼 수치심을 드러낸다. 옷에 대해 말하자면, 애완견을 한 달 동안 코트와 담요를 입은 채 같이 놀게 한 뒤, 다른 개는 그대로 두고 한 마리만 옷을 벗긴 채 모임에 데리고 가는 것은 흥미로운 실험일 것이다. 그는 다른 개와 다르게 있다는 사실에 수치심을 드러내지

---

[26] *On Tranquility*, 17.
[27] 플라톤, 『니코마코스 윤리학(*Ethica Nicomachea*)』 IV, 9.
[28] *Ethik*, 127.

않을까? 어떤 부인은 자바 산 원숭이에게 빨간 재킷을 입혔다. 원숭이는 매우 기뻐했고, 재킷의 단추를 풀었다 끼웠다 했으며, 단추가 떨어지자 슬퍼했다. 여기서 우리는 재킷이 그의 허영심을 불러일으킨 것을 알 수 있다.[29] 고급 품종의 말을 다루는 사람들은 어떤 점에서든 그 말들이 다른 말보다 열등할 때 수치심과 불만족을 표한다고 말한다. 최근의 신문 보도에 따르면, 한 동물원의 직원들은 몇몇 동물을 날뛰게 만들었는데, 그 이유는 직원들이 동물 우리 근처에서 합창하듯 웃어대서 동물들로 하여금 자기들을 비웃고 있다고 생각하게 만들었기 때문이었다. 수치심은 상처받은 허영심의 산물이다. 그것은 비난에 대한 의식 또는 두려움에 기인한다. 그것은 신체 노출에 한정되지 않고, 어떤 이유에서든 가해지는 비난에 기인하는 것일 수 있다.

446. 의상에서 품위의 경계선

품위(decency)의 경계선, 예를 들어 의상에서 품위의 경계선은 언제나 역설적이다. 경계선이 어디에 위치하든 그 선은 한편으로는 품위 있음에 다른 한편으로는 품위 없음에 근접해 있다. 길 위의 이슬람 여자는 이불 보따리처럼 보인다. 모든 여자가 그렇게 보이는 곳이라면, 망토를 벗어 던진 여자는 품위 있게 보이지 못할 것이다. 그리고 신체 굴곡을 비교적 명료하게 드러낸 것은 뻔뻔하게 보일 것이다. 목이 깊이 파인 드레스가 통상적인 곳에서 그것은 품위 있는 복장이다. 그러나 장소나 계층에 따라서 바뀌는 관습 때문에 어떤 곳에서는 품위 없는 복장이

---

[29] *Umschau*, VI, 52, after Haeckel, *Aus Insulinde*.

된다. 현대 예루살렘에 사는 여자는 '로브데콜테'(decolletees)[30]를 입고 나서는 것을 매우 품위 없는 행동으로 간주한다. 그러나 앉을 때 그들은 두 다리를 가리지 않는 자세를 취한다.[31] 농부의 아낙은 멋쟁이 귀부인의 옷을 입을 수 없었다. 남자나 여자가 허리 주위에 노끈만 걸치고 다니는 곳에서 그런 노끈 차림은 단정하다. 노끈을 벗는 것은 품위 없는 행동이다. 어떤 단계에서 장신구나 옷을 걸치는 것이 내포하는 효과는 다른 단계에서는 그들을 벗어 던지는 것이 내포하는 효과와 동일하다. 야만인들은 축제, 춤 그리고 근엄한 자리에서 옷을 입었다. 문명인들도 관복이나 예복을 입을 때 그와 똑같은 일을 한다. 여신 헤라가 제우스의 사랑을 불러일으키려 했을 때, 그녀는 정성 들여 화장을 했고, 베일을 포함해서 특별한 의상을 입었다.[32] 그때 베일을 벗는 것은 하나의 자극이었다. 다른 한편 가장 극단적이면서도 가장 인습적인 의복은 거기에 익숙해진 사람들에게는 우아하고 세련되게 보인다. 마치 오늘날 유행하는 의상이 남자건 여자건 인간의 자연적인 윤곽과는 동떨어진 모습을 갖게 해도 우리에게는 우아하고 세련되게 보이듯이 말이다. 그런데 오늘날의 패션의 한계선에서 또다시 교태가 만들어질 수 있다. 그리고 단지 현존하는 패션의 한계선에서 변화를 줌으로써 감각 자극이 다시 발휘될 수도 있다. 감각 자극을 완전히 배제하는 것 또는 흐트러짐(indecency)이 아예 불가능한 사회적 용례 체계를 확립하는 것은 불가능하다. 이슬람교도인 여자, 수녀 그리고 여성 퀘이커교도의 의상은 품위에 대한 어떤 물음도 불가능하게 하기 위해 고안되었다. 그러나 그런 시도는 전적으로 실패한다. 베일을 쓴 이슬람 여인, 만틸라를 쓰

---

[30] (옮긴이 주) 목과 어깨를 드러낸 깊이 판 옷깃의 여성복을 가리킨다.
[31] Goodrich-Frear, *Inner Jerusalem*, 257.
[32] *Iliad*, XIV, 179; *Odýsseia*, XVI, 416과 XVIII, 210도 참조.

거나 부채를 쥔 스페인 여자, 스카프를 목에 두른 여성 퀘이커교도는 짚으로 만든 치마를 입은 야만인 여자만큼 흐트러져 보일 수 있다.

447. 현재의 관습적 한계들

우리 사회에서 의상, 말, 제스처 등에 관한 단정함은 언제나 중요한 관심사이다. 나체나 반나체로 생활하는 야만인들은 그렇지 않다. 야만인들은 존경받으려고 그리고 매력을 발산하거나 영향력을 행사하려고 장신구를 한다. 이와 동일한 효과가 말, 제스처, 의상 등에 의해 획득된다. 우리의 미적 예술은 모두 그와 같은 영향력을 발휘한다. 우리는 이 모든 것을 우리의 인위적 환경에서 어느 정도 내몰아서 자극을 제한하고 통제하려 한다. 그리고 우리는 단정하다고 생각한다. 이것은 우리가 관습적이고 익숙해진 상황에서 평화롭게 쉬기 때문이다. 그로부터의 일탈은 한편으로는 괴상하고 다른 한편으로는 단정하지 못한 것이다. 모든 다른 한계에서도 그러하듯이 말이다. 자의성과 관습성은 서로 다른 시대와 민족의 모레스를 비교할 때 드러난다. 동양인은 목이 짧은 옷과 원무에 대해 두려움을 느낀다. 우리가 그런 두려움을 가지고 바라보게 되는 어떤 것을 동양적 모레스에서 찾아, 언급하는 일은 어려울 것이다. 동양인은 형태의 윤곽을 감추려고 의상을 이용한다. 여성의 허리는 허리띠로 가린다. 동양인이 볼 때, 허리선과 몸매의 조형성을 강조하는 코르셋은 극단적인 꼴사나움이다. 그것은 나체보다도 훨씬 더 나쁘다. 그것은 관능에 호소하는 고급 창부의 기술을 적용하는 것으로 보인다.[33] 아마도 모든 것 중 가장 교훈적인 사례는 입을 항상 무언가로 가리고 있는 투아레그족(Tuareg)의 사례이다. 그 가리개는 바람에 수분이 증발하는 것을 막음으로써 갈증을 예방한다는 실용적 목적이 있다. "그들은 여행이나 휴식할 때, 심지어는 식사를 하거나 잠을 잘 때도 그 베일을 결코 벗어 놓지 않는다." "투아레그족은 만약 친밀한 사이이거나 검진을 위한 경우가 아닌데 베일을 벗는다면, 버릇없는 행동을 한다고 생각할 것이다." "파리에서 나는 세 명의 투아레그족에게 사진을 찍을 테니 베일을 벗으라고 요청했으나 허사였다."[34] 이 베일과 관련된 미신적인 이유는 전혀 알려지지 않았다. 마담 폼므롤(Pommerol)[35]에 따르면, 한 투아레그족은 남자가 입을 가려야 하는 이유는 입의 움직임이 자신의 감정을 다른 사람에게 드러내지 않도록 하기 위해서라고 말했다. 그는 또 여자는 적의 공격을 받지 않으므로 그럴 필요가 없다고 말했다. 분명 여기서 우리는 남자는 모두 입을 가리고 남 앞에 선다는 고대의 사실의 한 사례를 볼 수 있다. 이러한 고대의 사실은 남자는 입을 가리지 않고 사람들 앞에 나서서는 안 된다는 느낌을 만들어냈고, 이성적이고 공리적인 이유나 설명들은 나중에 발명되었다. 자신의 몸에 색칠을 하는 사람들은 칠을 하지 않고 사람들 앞에 나서기를 부끄러워한다. 문신을 하는 부족들 속에서 문신하지 않은 사람은 부끄러울 것이다.

448. 품위와 허영

모레스에 들어있는 행위, 말 그리고 자세에 관한 금기가 어떤 한 사

---

[33] Vambery, *Sittenbilder aus dem Morgenlande*, 49.
[34] Duveyrier, *Les Touaregs du Nord*, 391.
[35] *Une Femme chez les Sahariennes*, 310.

람의 면전에서 위반된다면 그것은 수치 또는 품위의 위반의 또 다른 사례이다. 그것은 그 사람이 기대한 존경이 지켜지지 않은 것이다. 즉 그것은 허영심에 손상을 가한다.

우리는 맨발로 거리를 걸을 때 부끄럽다. 아마도 그것은 가난의 가장 흔한 증거이기 때문일 것이다. 폰 덴 슈타이넨(Von den Steinen)은 앞으로 언젠가는 신발은 발을 드러내는 일에 대한 "선천적" 수치 때문에 발명되었다는 얘기가 나올 것이라고 말했는데, 그의 지적은 올바르다.[36] 최근 패션 유행은 젊은 사람들이 머리에 쓰는 것을 모두 벗어 던지도록 허용했다. 유행은 또 어떻게 변덕을 부릴지 몰라서 어쩌면 그들이 맨발로 다니는 것을 허용할지도 모른다. 현재 남자와 여자가 풀밭에서 맨발로 걸어 다니는 '치료법'이 존재한다. 그들이 단정함(modesty)[37]에 대해 치르는 비용은 아마도 매우 경미한 것이다.

449. 경솔함의 반대인 단정함

단정함의 또 다른 의미는 경솔함(imprudence)의 반대, 또는 요구를 되도록 하지 않는 것이며, 또 다른 사람들이 보기에 사회적 지위나 능력을 과장한다고 생각할 정도로 자기를 내세우지 않는 태도이다. 이런 사례에서 허영은 자기 자신에 대한 처벌이 된다. 만달람(Mandalam)의 카잔족(Kajans)은 여론에 대한 두려움 때문에 사적, 집단적 이해관계를 침해하

---

[36] *Berlin Museum*, 1888, 199.
[37] (옮긴이 주) 단정함으로 번역한 modesty는 여기서 특히 조신함, 신중함 등의 의미를 포함하고 있다. 맨발로 풀밭을 걷는 것은 modesty에 어긋나는 것이지만, 그것이 어떤 질병을 치료해 준다면 그것이 그리 큰 문제는 아닐 것이다.

지 않으려고 조심한다. "그런 정서는 강력하게 발전된 수치의 감정을 가진 사람들 사이에만 존재할 수 있다. 이런 상황은 그들 사이에서, 처벌 가능한 무례함뿐 아니라 예절 개념과 연관해서도 마찬가지이다."[38] "단정함은 베다 시대(Vedic) 인도의 방랑시인들에게는 알려지지 않은 덕이었다."[39] 중세의 음유시인에 대해서도 같은 말을 할 수 있다.

450. 수치

수치(shame)는 자기가 남보다 열등할 때 또는 적대적으로 간주되거나 간주될 위험이 있다고 의식할 때 느껴진다. 단정함은 우리가 심판의 대상이 되지 않도록 자제하는 것이다. 몸을 가리는 가장 큰 이유 중 하나는 만약 보여준다면 존경받지 못하리라는 확신이다. 나는 다른 사람이 모두 만찬 의상을 입고 있는데 혼자서 멋진 아침 의상을 입고 있거나 모두 장갑을 끼고 있는데 혼자서만 장갑을 끼지 않았을 때 부끄럽다. 어떤 여자는 다른 사람은 모두 페티코트나 버슬(bustle)[40]을 입었는데, 자기만 그렇지 못할 때 부끄럽다. 남자가 모두 가발을 쓰던 때는 어떤 남자든 가발 없이는 여성 앞에 나타날 수 없었다. 한 노부인이 말한 바에 따르면 현재의 영국 여왕이 결혼식에서 – 지금까지 오랫동안 가리도록 되어 있던 – 귀를 드러내기 위해 머리를 빗어 올린 모습으로 등장했을 때, 여왕은 단정치 못하게 보였다. 오늘날 어느 여자도 여자

---

[38] Nieuwenhuis, *In Centraal Borneo*, I, 48.
[39] Zimmer, *Altindisches Leben*, 196.
[40] (옮긴이 주) 과거 여자들이 치마 뒤를 불룩하게 만들게 위해서 받쳐 입었던 치마 받이 틀.

임을 부끄러워하지 않는다. 그러나 기원후 수백 년에 걸쳐 자신의 성별에 대해 들은 여자들은 부끄러워했을 가능성이 크다. 서양에서 과부가 되는 것은 수치가 아니다. 그러나 인도에서 그것은 수치이다. 어떤 여자는 늙은 것을, 자식이 없는 것을 또는 딸만 낳은 것을 부끄러워할 수 있다. 그것은 모레스에 들어있는 견해에 그리고 비우호적 판단에 대한 민감성에 의존한다. "아랍인들에게 수치는 우리가 양심에 부여하는 지위를 차지한다. '나무는 그 껍질이 살아있는 한에서만 살아있다. 그리고 인간은 수치를 느끼는 한에서만 살아있다.' 그러나 아랍인들은 추상적으로 부끄러워하지 않고, 오직 부모, 친척 그리고 청중 앞에서 부끄러워한다. '존경받을 만한 사람이 이웃 사람들 앞에서 부끄러워하듯이 알라 앞에서 부끄러워하라.'고 무함마드는 어떤 새로운 개종자에게 말했다. 이 말을 통해서 무함마드는 이 개종자에게, 알려진 것을 통해서 모르는 것을 분명하게 알려주고 또 마을의 도덕을 세계의 도덕으로 확대하려고 했다."[41]

451. 몸에 지닌 최초의 장신구

민속지학 연구 결과, 처음에 사람들은 부적이나 전승기념물로서 즉 미신이나 과시를 위해서 물건들을 몸에 걸치기 시작했고, 몸에 색칠을 하거나 문신을 한 것은 미신 때문이거나 연극에서 그러했다는 사실이 분명히 드러났다. 장식의 개념은 나중에 나타났다. 두개골과 육체는 변형되거나 절단되었다. 머리카락은 다듬거나 밀어버렸다. 변화를 주고

---

[41] Wellhausen, *Skizzen und Vorarbeiten*, III, 194.

또 어떤 효과를 일으키기 위해서였다. 야만인들은 보온을 하거나 시원해지려고 또는 통증을 없애려고 재, 먼지, 진흙, 모래에 누웠다. 그리고 덧칠을 하면 곤충이나 햇볕에서 피부를 보호할 수 있다는 이점도 쉽게 알아냈을 것이다. 미리 예견하거나 의도하지 않은 세 가지 결과가 초래되었다. (1) 몸에 어떤 것을 부착하면 땅에 앉거나 물에 서 있을 때 몸을 보호하는 큰 효용이 있음을 발견했다. 놀이나 연극은 표지를 사용했다. 한 집단의 사람들은 마침내 동일한 표지를 사용하게 되었고, 이로부터 집단의 표지가 등장했다. 표지는 장식으로 간주되게 되었다. 어떤 부착물은 사냥, 낚시, 싸움, 달리기 그리고 어떤 작업을 할 때 남자에게 큰 효용이 있었다. (2) 초자연적인 존재에 대한 믿음은 관습을 이용했고 거기에 새롭고 강력한 동기를 부여했다. 집단 표지는 전승되었고 집단의 통일성을 초자연적인 존재에 대한 믿음을 바탕으로 한 제재를 통해 유지했다. 어떤 물건을 매달면 흉안을 물리친다고 생각되었다. 다른 것들은 몸을 보호하는 부적이었고 마법을 물리쳤다. (3) 몸에 매단 물건들은 동물이나 적에게서 탈취한 전리품일 수 있었다. 이것 즉 적에게서 탈취한 것은 의식적으로, 그리고 다른 것들 즉 동물에게서 얻은 것은 무의식적으로 과시 효과를 냈다. 모두가 몸에 매다는 것들을 달고 다닐 때, 남자나 여자는 그런 부착물 없이는 제대로 차리지 않은 것으로 보이거나 "격식에 맞지" 않게 보였다. 그들은 헐벗은 듯이 보였다. 그들은 부끄러웠다. 이것이 나체의 부끄러움이다. 옷이 보온 및 겸손과 연관되게 된 것은 나중에 일어난 일이다. 양자는 밀접한 관계에 있었던 것이 아니다.

452. 마법에 대한 두려움

육체적 기능[42]을 수행하기 위해 숨는(retiring) 이유는 마법에 대한 두려움 때문이었다. 만약 적이 내 몸 일부였던 어떤 것을 손에 넣으면 나에게 마법을 걸 수 있었다. 따라서 최상의 계획은 흐르는 물에 들어가는 것이었다. 여기서도 중요하지만 예견하지도 심지어 알아채지도 못한 결과가 뒤따랐다. 그 관습은 공중위생법 역할을 했다. 육체적 기능을 숨기는 것이 관습이 되었을 때, 그렇게 하지 않는 것은 품위 없는 짓이 되었다. 그리고 누구나 그 기능을 숨어서 해야 한다는 것은 조상 대대로 이어지는 전통이 되었다. 이 규칙이 지켜지지 않으면 귀신들이 진노할 것이다. 몸을 드러내고, 기능을 아무 곳에서나 수행하는 것은 귀신들에게 불경을 저지르는 것이며 그들의 기분을 상하게 하는 것이었다. 그리스인은 그것이 신들의 기분을 상하게 한다고 말했다. 모세 5경에 따르면 모든 품위 유지 규칙에 관련된 제재는 "그것이 주님에 대한 모욕이기 때문"이라는 것이다. 그것은 단지 모레스에서 거부되는 것으로서 신도 그렇게 느낀다고 간주되는 것일 뿐이다.

453. 어떤 기능을 감추어야 하는가?

감추어야 할 육체적 기능의 한계는 무엇인가? 모든 남자가 순결서약을 지키는 에세네파(Essenes)라는 유대 종파[43]의 신자는 언제나 앞치마를

---

[42] (옮긴이 주) 예를 들면 배설이나 배변 등의 생리적 기능들을 말한다.
[43] (옮긴이 주) 고대 유대교의 금욕주의, 신비주의 종파를 말한다.

입는데, 심지어는 목욕할 때도 그렇게 한다. 성기는 불결하며 따라서 신의 눈앞에 드러내서는 안 된다. 이 종파는 또 신명기 23장 12절 이하에 나오는 것과 같은 규칙들을 정교하게 만들었다. 메디아인(Medes)이 데이오세스(Deioces)를 왕으로 선출했을 때 그는 아무도 자신의 면전에서 웃거나 침을 뱉으면 안 된다는 규칙을 만들었다.[44] 줄루(Zulu)의 왕 차카(Chaka)는 자신의 면전에서 재채기를 하거나 가래침을 뱉으면 사형에 처했다.[45] 10세기 바그다드에서 칼리프(caliphs)의 궁정은 사치스러워졌고 매우 엄격하고 세밀한 에티켓이 도입되었다. 주군 앞에서 침을 뱉거나 코를 풀고 가래침 뱉는 것, 하품이나 재채기를 하는 것 등은 금지되었다. 귀족들은 이 에티켓을 모방했고 인사, 동아리 가입, 손님맞이, 식탁 예절, 남의 부인에 대한 접근을 규제하는 규칙들을 채택했다. "만약 누가 이 에티켓에 따르기를 거부하면, 그는 이상한 사람이라는, 심지어는 이슬람의 적이라는 비난의 화살에 노출되었다."[46] 이탈리아 소설 『니콜로 데이 라피(Niccolo dei Lapi)』에서는 여주인공이 자신의 나체를 한 번도 본 적이 없다는 말이 나오는데, 이는 그녀를 치켜세우려는 의도에서 한 것이다. 혼자서 목욕을 할 때도 몸 전체를 덮는 긴 옷을 입는 것은 많은 사람이 준수한 관습이었다. 에라스뮈스(Erasmus)는 그 이유가 무엇인지 알려준다. 천사들이 나체를 보면 충격을 받을 것이기 때문이다. 그는 항상 몸을 가리는 것을 인간의 규칙으로 삼았다. 사람은 혼자 있을 때라도 필요 이상으로 신체를 노출하면 안 된다고 그는 말한다. 천사들은 어디에나 있으며 그들은 단정함의 부수물인 품위를 보고 싶어 한다.[47] 여기서 천사들은 명백히 이전 시대의 귀신에 대한 기독교적 대체

---

[44] Herodotus, I, 100.
[45] Ratzel, *History of Mankind*, II, 444.
[46] Von Kremer, *Kulturgeschichte des Orients unter den Chalifen*, II, 247, 250, 269.

물이다. 코린토 신자들에게 보낸 첫째 서간 11장 10절에는 이런 말이 나온다: 여자는 한 남자를 위해서 창조되었다. "이로 인해 여자는 자신의 머리에 권위자의 표시가 있어야 한다. 천사들 때문이다." 사람들은 아마도 천사들이 여자를 봄으로써 죄를 범하게 될 수도 있다고 믿은 듯하다. 이러한 사상에 대해서는 『에녹서(Book of Henoch)』[48]와 『희년의 서(Book of Jubilees)』[49]에 선례가 풍부하게 나온다.

454. 일정 한계 내로의 표현의 제한

하품, 재채기, 기침, 가래침 뱉기나 코 풀기 같은 모든 육체적 기능을 제한하고 감추는 것, 그리고 기쁨, 고통, 승리감, 후회 등등의 모든 정열적 표현을 억제하는 것은 어디서나 올바른 양육의 규칙이다. 그러나 그 한계를 명확히 규정할 수는 없다. 그 한계는 살고 있는 사회에서 통용되는 실천 속에 놓여 있다. 그 한계는 합리적이지는 않지만 논리적이다. 왜냐하면 그 한계는 포괄적인 정책적 관점에서 정확하게 도출되기 때문이다. 동양인은 존경을 표할 때 머리를 가린다. 서양인은 동일한 목적을 위해서 머리를 노출한다. 각 관습은 자신의 존경에 대한 철

---

[47] *Libellus Aureus de Civilitate Morum Puerilium*, I, 3, 9, 10.
[48] (옮긴이 주) 고대 유대의 종교적 저작으로 에녹이 저자로 알려져 있다. 에녹은 노아의 고조부로 알려져 있다. 이 저작은 유대인들이 사용하는 성경의 일부로 간주되지 않는다. 대부분의 기독교 전통은 『에녹의 서』가 일정한 역사적, 신학적 관심을 보인다는 데 대해 동의하겠지만, 대체로 외경으로 간주된다.
[49] (옮긴이 주) 때로는 작은 창세기라도 불리는 고대 유대의 종교저작이며 총 50개 장으로 되어 있다. 에티오피아 정교회와 에티오피아 유대인은 희년의 서와 에녹의 서를 정식 경전으로 인정하고 있다.

학을 가지고 있다. 우리는 어떤 사람에게 등을 돌리는 것은 불손하다고 생각한다. 동양인은 일반적으로 타인을 정면으로 응시할 수 없는 척하는 것이 공손한 태도라고 생각한다. 여자가 교제를 지속할지 말지 결정할 권리가 있다고 생각되면 여자가 먼저 인사한다. 여자가 먼저 인사하는 것이 부적절하다고 생각되면 남자가 먼저 인사한다. 이 둘 중 어느 것이 올바른지 말하는 것은 불가능하다. 여기서 올바름의 개념은 맞지 않다. 왜냐하면 그것은 위의 관계 외부에 그리고 그 상위에 기준이 있다고 전제하기 때문이다. 하지만 그런 기준은 없다. 거기에는 그 용례의 기초로서 기능하는 원리가 가정되어 있다. 그리고 그 용례는 다시 그 원리를 함축한다. 양자는 함께 움직이고 있다.

455. 규칙의 위반

사례 연구에서 드러나는 것은 벌거벗는 것은 의식되지 않으면 결코 부끄러운 일이 아니라는 것이다.[50] 품위의 이름 아래 있는 모든 것도 이와 마찬가지다. 품위 없음을 만들어내고 해악을 유발하는 것은 사실과 – 모레스가 정한 – 규칙 사이의 차이에 대한 의식이다. 왜냐하면 이 차이를 경시한다면 부도덕한 일이 되기 때문이다.

456. 서스펜소리엄

폰 덴 슈타이넨에 따르면[51] 흔히 서스펜소리엄(suspensorium)[52]으로 일

---

[50] 창세기 3장 7절.

켣는 의복은 단지 남성들의 활동의 편리를 위해 고안되었음이 틀림없다. 그것은 가리기 위해 만들어진 것이 아니며 또 실제로 가리지 않는다. 발전 과정에서 그것은 나뭇잎, 나무, 뼈, 진흙, 조개껍데기, 가죽, 대나무, 천, 조롱박, 쇠, 갈대 등으로 만든 덮개가 된다. 이것은 전 세계에서 볼 수 있다.[53] 고대 이집트에도 존재한 것이 거의 확실하다.[54] 언제나 그런 것은 아니지만 거의 모든 경우에 이 속옷을 제거하거나 벗거나 속옷 없이 남에게 보이는 것에 대한 커다란 혐오감이 존재한다. 이 감정은 오직 속옷이 덮고 있는 신체 부위에 연관된다. 속옷 없이 남에게 노출되는 것은 그 남성에게 해를 미칠 것이다. 여성은 치부에 끈으로 고정되는 덮개를 찬다. 그 허리에 두른 끈은 성기를 가리는 수단보다 앞서서 등장했으리라는 추측이 가능하다. 이 추측은 그 허리띠가 오직 배꼽을 가리는 데만 사용되는 사례들에서 확인할 수 있다. 배꼽을 가리는 것은 배꼽이 탄생, 생명 그리고 선조와 관계가 있기 때문이라고 할 수 있다.[55] 성기에 대한 원시적 개념에 따르면 성기는 초월적 주재자가 관장하는 비자발적 현상의 터전이다. 따라서 신체의 어떤 다른 부분보다도 성기는 신령하고 신성하다(신비, 정열, 생식). 이 개념은 성기에 관련된 규칙 그리고 – 은폐하기를 비롯하여 – 성기와 연관된 미신적인

---

[51] *Berlin Museum*, 1888, 431; 191, 192, 195도 참조; 또한 *Globus*, LXXV, 6; Ratzel, *Völkerkunde*, I, 225, 298; *Berlin Museum*, II, Plates II, III, XIII, XIV; Hutchinson, *Living Races*, 59; *Jahrbuch des Deutschen Archäologischen Instituts*, 1886, 295.
[52] (옮긴이 주) 아주 원시적인 형태의 속옷을 가리키며, 그 발전된 형태가 오늘날 아래에 입는 속옷 또는 팬티라고 할 수 있다. 아래에서는 편의상 속옷 또는 팬티로 번역했다.
[53] Waitz (*Anthropologie*, VI, 567 이하)는 태평양 군도에서 발견되는 수많은 사례를 제시하고 있다.
[54] *Globus*, LXXIX, 197.
[55] Krieger, *Neu Guinea*, 373.

생활방식을 만들어낸 원인이다.[56] 와이츠(Waitz)는 이러한 관념에서 인간이 그 신체 부위 또는 그중에서 효력 있다고 생각되는 부분을 가리는 이유를 찾았다. 그는 "아마도 우리는 이 미신적 생활방식에서 인간이 옷 입기를 시작한 최초의 단계를 볼 수 있다"고 말한다. 그의 제안은 지금까지 충분한 주의를 끌지 못했는데, 사실은 더 많은 주목을 받아 마땅하다.[57]

457. 허리띠와 그것이 가리는 것

신체 부위 중 오직 배꼽을 가리려고 허리띠를 차는 사례는 얼마든지 찾아볼 수 있다. 루브르 박물관에는 이집트인의 왜곡된 모습의 원시적 신 즉 베스(Bes)의 조각상이 있는데, 그 조각상은 오직 허리에만 띠를 두르고 있다. 허리띠는 종종 주머니로만 사용되었고, 품위와는 전혀 관계가 없었다.[58] 그 후 편리함 때문에 팬티나 치부를 가리는 조가비를 만들어내게 되었을 것이다. 또한 허리끈에 흔들리며 반짝이는 물체들을 매달았는데, 이는 성기를 흉안에서 보호하려는 것이었다. 거기에는 '가린다'는 목적은 없었으며 또 단정함(조신함)(modesty)을 드러내려는 동기도 있을 수 없었다. 퀸즐랜드의 원주민은 특별한 공식적인 행사에서 또는 백인 이주지 가까이에 있을 때만 성기를 가린다. 남자는 코로

---

[56] 장기와 인체조직에 대한 근원적인 혐오감이 있음을 입증하는 민속지학적 증거는 아직 알려진 바 없다(Ellis, "Evolution of Modesty," *Psychological Review*, VI, 134).
[57] *Anthropologie*, VI, 575~576.
[58] Budge, *Gods of the Egyptians*, II, 284.

보리(corroborees)⁵⁹에서 그리고 다른 공식적인 축제에서만 가리개를 찬다.⁶⁰ 뉴헤브리디스 제도에 속한 타나(Tanna)에서는 어떤 남자가 가리개를 하지 않은 다른 남자를 보는 것은 위험한 일이라고 생각된다.⁶¹ 싱구(Shingu)에 사는 인디언은 그들이 차는 가리개가 전혀 은폐를 위한 것이 아니라는 것을 보여준다. 왜냐하면 그것은 사실상 아무것도 가리지 않기 때문이다.⁶² 동그린란드 에스키모가 쓰는 가리개도 분명 효용성을 위한 것이지, 단정함을 표하려는 것이 아니다.⁶³ 브루나쉬(Brunache)와 그 동료들은 파리가 싫어하는 나무 아래로 피신했다. 그곳 여자들이 앞과 뒤에 매단 나뭇잎은 바로 이 나무에서 딴 잎사귀이다.⁶⁴

458. 원시적인 것이 아닌 단정함과 품위

몸을 가리는 최초의 단계에서 우리는 유용성과 장식이라는 동기를 발견한다. 이것은 동시에 미신 및 허영심과 혼합되어 있고 또 주술, 친족 관념 그리고 초자연적인 존재에 대한 믿음과의 연관성을 신속히 발전시켜 간다. 단정함과 품위는 훨씬 나중에 파생되어 나온 것이다.

---

⁵⁹ (옮긴이 주) 오스트레일리아 원주민의 전통적인 의례. 춤, 음악, 노래 그리고 몸에 색칠하기 등으로 이루어진 행사이다. 이 의례의 일부분은 창조의 이야기로 거슬러 올라간다. 이 개념은 오늘날 영어권 나라들에서는 춤과 음악 그리고 연극을 수반하는 축제행사를 가리키는 말로 사용된다.
⁶⁰ Roth, *The Northwest Central Queensland Aborigines*, 114.
⁶¹ JAI, XXIII, 368.
⁶² *Berlin Museum*, 1888, 173.
⁶³ Holm, *Angmagslikerne*, Plates VII, XX, XXII.
⁶⁴ *Le Centre de l'Afrique*, 155.

459. 신체의 어떤 부분이 금기시되었는가?

은폐의 금기가 언제나 오늘날 우리의 전통이 금기시하는 신체 부위에 적용된 것은 아니다. 이를 입증하는 증거는 많다. 호텐토트족 여성은 화려한 유럽풍 천 조각을 머리에 덮는다. 그들은 이것을 좀처럼 벗지 않는다. 아프리카 남서부의 반투족에 속하는 헤레로족은 "결혼한 여자가 이 고유한 머리 가리개를 이방인 앞에서 벗는 것은 큰 수치라고 생각한다." 그들은 그밖에는 거의 아무것도 입지 않는다. 사진사 앞에 선 한 여자는 "몸의 다른 어떤 부위보다도 머리를 노출하지 않으려 했다."[65] 관체스족(Guanches)[66]은 여자가 가슴이나 다리를 보여주는 것은 단정치 못한 태도라고 생각했다.[67] 야쿠트족 여자는 자신과 같은 집안이 아닌 남자가 있을 때 허벅지를 끈으로 감는다. 그리고 노출된 허리까지는 쳐다보아도 무방하지만 만약 그 남자가 벗은 다리를 응시한다면 화를 낸다. 야쿠트족은 지역에 따라 다르지만 젊은 아내가 자기 남편의 남성 친족에게 머리나 다리를 보여서는 안 된다는 규칙을 매우 중요하게 여긴다.[68] 중세 독일에서 신분 있는 여자는 남자에게 벗은 다리를 보이는 것은 큰 수치라고 생각했다.[69] 북아메리카 북서 해안에 사는 인디언 여자들은 입술에 구멍을 뚫고 조가비나 나무 조각, 즉 레이브렛(labret)을 매단다. 만약 이 여자들이 레이브렛 없이 남의 눈에 띈다면,

---

[65] Fritsch, *Die Eingeborenen Süd-Afrikas*, 230, 311, 349.
[66] (옮긴이 주) 카나리아 제도의 원주민. 이들은 약 기원전 1000년경 이 지역으로 이주한 것으로 알려져 있다. 유럽인들이 처음 도착했을 때 미크로네시아 지역에서 거주하던 유일한 원주민들이었다고 한다.
[67] *New Series American Anthropologist*, II, 470.
[68] Sieroshevski, *Yakuty (russ.)*, 562, 570.
[69] Weinhold, *Die Deutschen Frauen in dem Mittelalter*, I, 164.

그들은 마치 백인 여자가 거의 벗은 채로 눈에 띄었을 때와 마찬가지로 크게 당황할 것이다.[70] 등과 배꼽은 때때로 특별한 은폐의 금기 아래 놓인다. 특히 배꼽이 그러하다. 배꼽은 위에서 말했듯이 출산과의 연관성 때문에 신성한 것이다. 페셸(Peschel)[71]은 필리핀 제도의 어떤 여자는 배꼽만 가리려고 소년에게 셔츠를 입힌다는 개인적인 정보를 인용하고 있다. 그녀가 보기에 다른 것은 전혀 가릴 필요가 없어 보였다. 다수의 민족은 배꼽을 에로틱한 관심 대상으로 본다. 그 예가 『아라비안나이트』에 나온다. 전족을 한 중국 여자는 발을 노출해 보여주는 것을 매우 부적절한 행실이라고 생각한다. 톰슨(Thomson)[72]은 어떤 여자의 노출된 발을 그린 그림을 제시한다. 그러나 그 여자에게 그런 포즈를 취하도록 설득하기는 매우 어려웠다고 그는 말한다. 중국인은 그 그림을 외설적이라고 생각할 것이다. 그러나 유럽인은 거기서 그런 낌새를 전혀 알아차리지 못할 것이다. 이집트에서 어떤 아랍 여자는 신체의 다른 어떤 부위보다 얼굴을 가리는 데 신경을 쓴다. 그리고 얼굴보다는 머리의 위나 뒷면을 가리는 데 더 신경을 쓴다.[73] 만약 신체의 어떤 부분이 어떤 이유로든 은폐 금기 아래 놓이면 그 결과 그 부위는 결코 노출되어서는 안 된다는 의견이 증대하는 듯하다. 그러면 노출된 부위보다는 은폐된 부위에 더 관심이 쏠리고, 마침내 성적인 암시가 그것과 결합하는 것이다. 우리가 교육받으며 살고 있는 전통은 긴 역사를 가진 그리고 아리안족을 포괄하는 전통이다. 우리에게 그것은 '자연적'이고 '그 자체로 참'인 듯하다. 이 전통은 아리안족을 넘어서 존재하는 마법과

---

[70] *Reports of the National Museum of the United States*, 1888, 257.
[71] *Races of Man*, 172.
[72] *Illustrations of China*, II, No. 39.
[73] Lane, *Modern Egyptians*, I, 69, 266.

초자연적인 존재에 대한 믿음의 원시적이고 보편적인 관념들을 포함하고 있다. 부끄러움과 겸손은 의복과 자연적 기능들과 연관된 사실, 연상 그리고 암시의 습관적인 지속에 의해서 남자와 여자의 마음에 생겨난 결과적인 감정이다. 습관을 어기는 것은 '품위 있게' 보이지 않는다. 또는 품위는 습관을 지키는 데 있다. 그러나 품위의 개념 전체는 습관의 한계 내에 머무른다. 동양인과 이슬람교도는 현재 서양과는 전혀 다른 습관이 있어서 그들과 서양인의 변소는 서로 매우 다른 구조로 지어진다.

460. 품위의 결여라는 관념

품위의 개념이 없는 집단도 있다. 수마트라의 쿠부족(the Kubus)은 극히 최근에 와서야 수치의 감각을 갖게 되었다는 보고가 있다. "과거에 그들은 수치의 감각을 전혀 몰랐고 그래서 우연히 마주친 이웃 부족의 조롱거리가 되었다."[74] 스티븐스(Stevens)는 암컷 오랑우탄이 얼굴을 붉히는 일을 본 적이 없었다. 그들은 자신의 나체에 아무런 느낌도 없고 그래서 얼굴을 붉히지도 않는다.[75] 남미의 바카이리(Bakairi)족은 신체의 어느 부분에도 수치심을 갖지 않는다. 그들은 어떤 제한도 알지 못한다.[76] 즉 어떤 은폐의 금기도 이들 사이에 존재하지 않는다. 최근 여기서도 수치심이 비로소 일깨워지는 사례로 보이는 소수의 사례가 보고된다. 한 외지인이 치타공 구릉지(the Chittagong hills)에서 거의 나체인 남자

---

[74] JAI, XIV, 123.
[75] *Zeitschrift für Ethnologie*, XXVIII, 170.
[76] *Berlin Museum*, 1888, 65.

에게 옷을 던졌다. "그는 얼굴을 붉히는 듯이 보였다. 왜냐하면 그는 생애 처음으로 나체로 나다닐 때 '품위 없게' 행동하고 있다는 것을 깨달았기 때문이다."[77] 하지만 더 정확히 설명한다면 그 남자가 느낀 것은 그 영국 방문객들이 무언가 자기의 잘못을 지적하고 있다는 느낌이었을 것이다. 세몬(Semon)은 원주민들이 모인 가운데 한 파푸아 소녀의 사진을 찍으려 그 소녀에게 자세를 취하게 했을 때에 대해 이야기한다. 그녀는 "자신의 특별함과 사람들의 주목을 자랑스러워" 했다. 그런데 갑자기 그녀는 큰 부끄러움을 느꼈고 얼굴을 붉히면서 촬영을 거부하고 자세를 취하지 않았다.[78] 이 설명은 어쩌면 잘못된 것이다. 나체에 익숙해진 사람의 감정은 비록 그가 자신의 나체에 주목한다고 해도 옷을 입는 데 익숙해진 사람이 자신이 나체임을 발견할 때의 감정과 유사한 것일 수 없다. 나일강 주변의 흑인들과 마사이족은 분명히 "품위에 대한 어떤 관습적인 관념도 없다." 적어도 그곳 남자들은 외음부와 연관한 어떤 수치의 감정도 없다. 아프리카에서 종종 나타나는 남자들의 완전 나체는 거의 언제나 함족(Hamitic)[79]의 영향으로 소급될 수 있는 것 같다.[80]

461. 의복과 품위

아테네우스[81]가 묘사한 에트루리아인의 삶이 사실이라면, 이들은 품

---

[77] Lewin, *Wild Races of Southeastern India*, 87.
[78] *In the Australian Bush*, 350.
[79] (옮긴이 주) 'Hamitic'은 민속지학과 언어학에서 코카서스 인종의 일부와 이들이 쓰는 언어들을 가리키는 용어이다. 이 용어는 베르베르족, 쿠시트족, 아시아-아프리카 어족의 이집트분파 등에 적용되었다.
[80] Johnston, *The Uganda Protectorate*, 765.

위에 관한 어떠한 개념도 없었던 종족으로 분류되어야 한다. 커(Curr)가 오스트레일리아인에 관해 말한 것에 따르면[82] 옷을 입는 부족은 나체로 생활하는 부족보다 더 품위 있다. 전자에 속하는 여자들은 보이지 않는 곳에서 목욕을 하며, 남자들은 그들의 프라이버시를 존중한다. 의상이 분명히 품위를 만들어낸다. 옷을 입지 않으면 구태여 숨길 필요도 없고 프라이버시도 필요 없다. 윌슨(Wilson)과 펠킨(Felkin)[83]은 흑인들의 '도덕'은 의상과 반비례한다고 말한다. 오스트레일리아 사람들은 난잡한 춤을 추지 않는다.[84] 중앙 오스트레일리아 사람들은 어떤 남자가 지나치게 호색(amorousness)을 드러내면 그를 경멸한다.[85] 뉴브리튼 원주민은 나체로 살지만 겸손하고 정숙하다. "나체 생활은 자극하기보다는 억제한다." 동일한 것이 영국령 뉴기니에서도 관찰된다. 그곳 남자들은 아무것도 가리지 못하는 띠를 두른다. 그러나 그들은 이 띠에 마치 우리가 완전한 복장에 부여하는 것과 마찬가지의 중요성을 부여한다. 그들은 이 띠를 하지 않은 사람들을 "벌거벗은 야만인"[86]이라고 부른다. 팔라우 제도에서 여성들은 목욕 장소에 몰래 접근한 남자를 즉석에서 처벌한다. 심지어는 사형으로. 그러나 바로 그 때문에 그들의 목욕 장소는 은밀한 만남을 위한 가장 안전한 장소이다.[87] 다야크족은 고원지대에 사는 부족을 제외하고는 신중하게 몸을 가린다. 하지만 그들의 성 금기는 세세하지 않다.[88] 옷을 잘 입지 않는 콩고의 부족들에 관해 전해지는

---

[81] *Deipnosophists*, XII, 14.
[82] *The Australian Race*, 99, 183.
[83] *Uganda and Sudan*, I, 223.
[84] JAI, XIII, 290.
[85] Spencer and Gillen, *Native Tribes of Central Australia*, 471.
[86] Finsch, *Ethnologische Erfahrungen*, I, 92; II, 298.
[87] Semper, *Die Palau Inseln*, 68.

바에 따르면, 그곳에서는 "품위와 수치의 감정들이 사적인 행동에서 매우 중요하게 생각된다."[89] 브루나쉬의 탐험에서 이곳 여성들은 남자들의 구애를 물리쳤다.[90] 나흐티갈(Nachtigal)[91]은 바기르미(Baghirmi)의 솜라이족(the Somrai)이 정숙하며 절도가 있다는 것을 발견했다. 이들은 "예의범절과 정숙함이 의복과는 무관하다는 잘 알려진 사실"을 입증했다. 우간다의 철도를 타고 가다 보면 빅토리아 호 근처에서 새카만 피부색의 원주민들을 볼 수 있는데, 이들은 장신구를 제외하면 완전 나체로 산다. 이들은 "우간다에서 가장 도덕적인 사람들"이다. 나일강의 흑인들과 마사이족은 나체족이다. 제대로 옷을 입고 생활하는 바간다족(Baganda)이 이들 사이에서 살고 있다. 바간다족 여성은 허리부터 발목까지 옷으로 가린다. 남성은 짐꾼과 들판 노동자가 아니라면 목부터 발목까지 가린다. 이들은 제대로 된 변소를 이용하며, 집 주변 환경을 위생적으로 잘 관리한다. 이들은 매우 공손하고 정중하다. 이러한 특성과 그들의 의상은 이들이 오랫동안 (서구의) 독재자의 지배를 받았다는 것으로 설명할 수 있다. 그러나 바간다족은 "매우 부도덕"하고, 외설적인 춤을 추며 "너무 빠른 성적 탐닉으로 인한 남자와 여자들의 탈진" 때문에 사멸하고 있었다.[92] 카비론도족(the Kavirondo)은 나체이지만, "흑인치고는 도덕적 종족이다. 이들은 방탕함을 싫어하고 음란한 행위는 단지 예식적인 춤에서만 표현된다. 하지만 거기서도 의도는 불순한 것이 아니다. 그 무언극은 일종의 종교적 의식(儀式)이다."[93]

---

[88] Ling Roth, *Natives of Sarawak and British North Borneo*, I, 133.
[89] JAI, XXIV, 292.
[90] *Le Centre de l'Afrique*, 55, 264.
[91] *Sahara and Sudan*, II, 590.
[92] Johnston, *The Uganda Protectorate*, 37, 114, 642, 685.
[93] 위의 책, 728, 730.

462. 장신구와 가장 단순한 의복

장신구(Ornament)의 개념은 매우 모호하다. 처음에 사람들은 호신부로서 또는 자기과시를 하려고 물건들을 몸에 달았다. 그러자 몸에 아무것도 걸지 못한 사람은 초라하고 헐벗은 것처럼 보였다. 그다음에는 호신부나 자기과시용이 아니라 어떤 유형의 사람처럼 보이려고 물건을 달았다. 이것들이 장신구이다. 하겐(Hagen)[94]이 자신의 경험을 통해서 주목하게 된 것은 장신구가 나체의 외관(the appearance of nakedness)을 없애준다는 사실이다. 문신도 그와 같은 효과를 낸다는 것은 그림들을 살펴봐도 확인할 수 있다. 가장 오래된 중국 전통은 의복이 원래 장식을 위한 것임을 보여준다.[95] "북부 카메룬의 초원지대에 사는 흑인들에게 모든 의상은 단지 장식이거나 혹독한 날씨에 대비한 보호물일 뿐이다." 어떤 주제에 대한 그들의 대화는 거칠고 상스럽다. 아마도 그들이 전혀 옷을 입지 않기 때문일 것이다.[96] 도코족(the Doko) 여자들은 허리띠에 몇 개의 구슬 끈을 매단 것을 착용한다. 다임족(the Dime) 소녀들은 단지 허리에 매달린 하나, 둘, 또는 세 개의 상아 조각만을 착용한다.[97] 소사족(the Xosa)은 치장된 허리띠를 매지만 앞치마를 하지는 않는다.[98] 토고의 테무(Temu) 지역에 사는 미혼 여성은 구슬 띠를 착용할 뿐 옷을 입지는 않는다. 이슬람 여자들은 남자들이 팬티 위에 입는 삼각 모양의 앞치마를 만든다. 그들은 거의 옷을 입지 않았는데도 구혼자를 우아하고 또

---

[94] *Papuas*, 169.
[95] Puini, *Origine della Civiltà*, 147.
[96] *Globus*, LXXVI, 306.
[97] Vannutelli e Citerni, *L'Omo*, 294, 305.
[98] Fritsch, *Die Eingeborenen Süd-Afrikas*, 59.

요염하게 맞이한다.[99] 마슈칼룸베족(Mashukalumbe)은 옷을 입지 않지만 여자들은 허리에 두른 띠에 작은 쇠 방울들을 단다.[100] 포베이라(Foweira) 근처의 롱고스족(the Longos) 여자들은 발찌와 허리띠 그리고 구슬로 만든 팔찌 외에는 아무것도 착용하지 않는다.[101] 헤레로족(the Herero)은 성인의 나체에 두려움을 갖고 있다.[102] 태즈메이니아인(Tasmanian)은 옷을 전혀 입지 않지만, 깃털, 꽃 등등으로 자신을 치장한다.[103] 플라이강(the Fly River)의 파푸아인은 코에 사물을 꿰거나 목에 물건들을 건다. 몇몇 사람은 치부를 조가비로 가리지만 대부분은 그마저도 하지 않는다.[104] 뉴브리튼섬에서는 남자와 여자 모두 옷을 입지 않는다. 여기서 매우 아름다운 패턴을 지닌 타파 직물(tapa cloth)[105]이 생산되지만 그것은 옷감이 아닌 다른 목적으로 사용된다.[106] 뱅크스 제도(the Banks Islands) 남자들은 아무것도 입지 않는다. 비록 과거에는 그들도 춤출 때 입는 매우 아름다운 옷을 만들었더라도 말이다.[107] 싱구(Shingu)에 사는 몇몇 인디언은 목걸이와 귀걸이만 착용한다.[108]

463. 의복의 진화

---

[99] *Globus*, LXXXV, 73, 311.
[100] Holub, *Sieben Jahre in Süd-Afrika, 1872~1879*, II, 293.
[101] Wilson and Felkin, *Uganda and Sudan*, II, 53.
[102] Ratzel, *History of Mankind*, II, 469.
[103] Ling Roth, *The Aborigines of Tasmania*, 21, 144.
[104] JAI, XXI, 200.
[105] (옮긴이 주) 남태평양 제도의 꾸지나무 껍질 등을 두드려 만든 천.
[106] *Berlin Museum*, 1885, 60.
[107] Codrington, *Melanesians*, 321.
[108] *Berlin Museum*, 1888, 193.

위에서 말한 물건들을 매단 허리띠는 처음에는 장식이었지만, 나중에 풀이나 가죽을 촘촘히 매단 치마처럼 되었을 때 의복으로 바뀌었다. 아랍 여자들은 가죽끈으로 만든 허리띠에 작은 가리개를 매달아 입었다. 나중에 그것은 가늘게 자른 가죽으로 술을 매단 치마로 대체되었다. 고대 이집트인의 원시적 앞가리개는 나중에 좀 더 정교해진 의복이 나왔을 때도 속옷으로 계속 사용되었다. 고대의 원시적인 옷은 신성한 특성이 있었고 그래서 다른 무엇을 입든 모든 사람은 계속 그것을 착용했다. 그것은 소녀가 입는 옷이었고 매달 한 번은 성인 여자도 입었으며, "전해지는 바에 따르면 카바(Caaba)의 숭배자들도 입었다."[109] 이후 고대의 가죽끈과 가리개는 호신부(護身符)의 특성을 갖게 되었다.[110] 어떤 파푸아 부족들에서는 모든 종교적 비밀을 학습한 사람만이 그 허리띠를 영예와 위엄의 표지로서 착용할 수 있다.[111] 때때로 가죽이나 깔개를 허리 뒤에 매달아 착용하기도 한다. 그것은 실제로 필요한 경우에 깔개로 사용하려고 입는 것이다. 그 외에는 아무것도 입지 않는다.[112] 이 경우 그리고 위에서 말한 중앙아프리카 사람 중 일부에서는 무언가 가려야 한다는 의식이 종종 드러난다. 걷는 자세와 방식은 은폐를 위한 것으로 보인다. 자-루오족(the Ja-luo)(빅토리아 호의 북동쪽 끝에 분포)은 미혼 남성과 여성이면 나체로 다닌다. 아버지인 사람은 염소 가죽으로

---

[109] (옮긴이 주) 아라비아의 메카의 대사원에 있는 신전으로서 이슬람에서 가장 신성한 신전으로 간주된다.

[110] W. R. Smith, *Religion of the Semites*, 437. 고대 이집트인들이 사타구니에 걸친 천 조각의 목적이 무엇이었든 그것은 단정함과는 거리가 멀었다. 유적들은 그런 천 조각을 입고 일하는 사람들의 뒷모습을 보여준다. 마치 그것을 보여주지 않으려는 듯이. (Meyer, *Egypt*, II, 116).

[111] *Globus*, LXXVIII, 5.

[112] Brunache, *Le Centre de l'Afrique*, 207.

만든 소매 없는 망토를 입는데, 그것은 "품위 있다고 말하기에는 불충분하다." 결혼한 여성은 단지 "끈을 엮어 만든 꼬리 같은 것을 뒤에" 착용할 뿐이다.[113] 낸디족(the Nandi)은 "예의범절이 아니라 오직 보온이나 몸치장을 위해서" 옷을 입는다.[114] 우간다의 아콜리족(the Acholi)은 어떤 것을 착용하는 것은 남자의 위엄을 저버리는 것이라고 생각한다.[115] 반요로족(the Vanyoro)은 일반적으로 가죽옷을 입는다. 여성은 결혼할 때까지 아무것도 입지 않는다. 결혼 후에는 나무껍질 옷을 입는다. 바리족(the Bari) 남자는 아무것도 입지 않는다. 그들은 옷 입는 것은 여자나 하는 짓이라고 생각한다. 결혼하지 않은 여자는 늘어뜨린 술들을 몸 뒤에 착용하고, 앞에는 길이 6인치, 폭 3.5인치인 쇳조각들을 착용한다. 결혼한 여자는 앞에는 늘어뜨린 술을 착용하고 뒤에는 가죽 가리개를 착용한다.[116]

464. 남자는 입고 여자는 입지 않는다

남자가 옷을 입는 반면 여자는 입지 않는 사례는 매우 많다.[117] 특히 그것은 아마존 상류[118]와 중앙아프리카[119] 인디언들 사이에서 성행한다.

---

[113] Johnston, *The Uganda Protectorate*, 781.
[114] Johnston, *The Uganda Protectorate*, 853.
[115] 위의 책, 220.
[116] Wilson and Felkin, *Uganda and Sudan*, II, 49, 96.
[117] 예를 들면 JAI, XXIV, 255, 281.
[118] Spix and Martius, *Reise in Brasilien*, 1224; Martius, *Ethnographie und Sprachenkunde Amerikas zumal Brasiliens*, 388.
[119] Schweinfurth, *The Heart of Africa*, II, 104.

아파포리족(the Apaporis)(북위 0도, 서경 70도에 분포) 여자들은 아무것도 입지 않는다고 한다. 그러나 남자들은 가느다란 나무껍질 끈으로 된 긴 앞치마, 나무의 내피로 만든 넓은 허리띠들 그리고 이빨과 씨앗들이 달린 장식용 끈들을 착용한다. 또한 코와 입술에도 장식을 하는데, 어떤 부족은 아랫입술 밑에 장식을 단다.[120] 여자가 옷을 입고 남자는 입지 않을 때, 남자들은 옷 입는 것은 여성적이고 남자의 체신을 깎는 짓이라고 생각한다.[121] 리빙스턴이 한 흑인의 나체를 비난했을 때, 그 흑인은 "예절 없다고 비난하는 리빙스턴의 생각에 놀라서 웃었다. 그는 분명히 자신은 그런 말도 안 되는 미신을 넘어서 있다고 생각하고 있었다." 모든 흑인은 리빙스턴의 가족이 도착할 때까지는 옷을 입으라는 말을 들었을 때 그것이 농담일 것이라고 생각했다.[122]

465. 품위 이외의 목적을 위한 의복, 과도한 단정함

다야크족은 아랫배를 따뜻하게 유지하려고 여러 겹으로 주름 잡힌 천을 허리에 착용한다. 그 외에는 옷을 입지 않는다. 이것은 "열대 지역 여행자라면 모두 이질을 피하기 위해 항상 플란넬 천을 허리에 감는 방식으로 모방해야 하는 예방책"이다.[123] "(토러스 해협 서안의) 여자들은 종종 품이 넉넉한 슈미즈 같은 것을 입는다. 이것을 입는 이유는 예절 때문이 아니라 사치와 과시를 위한 것이다. 왜냐하면 나는 종종

---

[120] *Globus*, LXXXVIII, 89.
[121] Schweinfurth, *The Heart of Africa*, I, 152.
[122] *South Africa*, II, 590.
[123] Bock, *Reis in Borneo*, 78.

어떤 여인이 이 옷을 벗고 몸 앞뒤에 풀잎을 두르는 것으로 만족하는 것을 보았기 때문이다."[124] 어떤 파푸아 여자들은 축제가 있을 때 속치마(petticoat)를 입는다고 한다. 그러나 그들은 속치마의 오른쪽을 여미지 않아 엉덩이에 있는 문신이 보이도록 한다.[125] 무명천이 아프리카 뿔(the Horn of Africa)[126]에서 저렴해진 이후에 원주민들은 사치나 과시를 위해서 무명옷을 많이 입는다. 그것은 또한 무명옷이 언제나 쉽게 되팔 수 있는 자본이기 때문이기도 하다.[127] 실론 지역의 추방당한 집단인 로디아족(the Rodias)은 한때 칸디아(Kandyan)의 왕들에게서 상반신에는 아무것도 입지 말라는 명령을 받았다. 남자든 여자든. 영국인들은 이미 고정된 습관이 된 이 규칙을 없애려고 시도했다. 로디아족 여자는 이제 영국인을 만날 때 목도리를 하고 그 양 끝으로 가슴을 가린다. 그러나 그들은 아직도 가슴을 노출하는 것은 꼴사나운 짓이라는 느낌을 갖지 못하고 있다.[128] 만테가차(Mantegazza)는 닐게리 구릉지(the Nilgherri hills)에서 여자들을 만났는데, 이들은 그를 만날 때 가슴을 가렸지만 자기 부족 남자들 앞에서는 그렇게 하지 않았다.[129] 말라바(Malabar) 해안에서는 품위 있는 여성이라면 가슴을 가려서는 안 된다는 생각이 통용된다. 최근 여행을 통해 다른 사람들은 그 반대를 올바른 규칙으로 여긴다는 것을 알게 된 사람들은 기존의 관습에 다소 부끄러움을 느낀다.[130] 아이누족(Ainos)

---

[124] JAI, XIX, 391.
[125] JAI, XXVIII, 208.
[126] (옮긴이 주) 인도양에서 수에즈 운하 항로로 가는 길목에 있고 에티오피아, 지부티, 소말리아 3국을 포괄하는 산악 지역을 가리킨다.
[127] Paulitschke, *Ethnographie Nordost Afrikas*, I, 80.
[128] Schmidt, *Ceylon*, 37.
[129] *Gli Amori degli Uomini*, 40.
[130] *Madras Government Museum*, II, 198.

은 일본인 사이에서 추방되고 쫓겨난 원주민이라고 할 수 있다. 어떤 아이누족 여인은 피부병 치료를 위해 몸을 씻어야 하는데도 이를 거부했다. 왜냐하면 씻는 것은 아이누족의 용례에 반하기 때문이었다.[131] 미션스쿨에 다니는 어떤 아이누 소녀는 척추측만증을 앓고 있었고 절뚝거리며 걸었다. 그녀는 유럽인 의사가 진단과 치료를 위해서 그녀를 진찰하려 했을 때 이를 허락하지 않았다.

466. 품위의 대조적인 기준들

일본인은 나체를 상스럽다고 생각하지 않는다. 일본 여자는 일하는 남자가 벌거벗고 있는 것에 개의치 않는다. 일본에 사는 유럽 여자들은 거기에 경악하지만 그들 자신도 동양인을 경악하게 하는 이브닝드레스를 입는다.[132] 셜마이어(Schallmeyer)[133]는 일본 경찰관이 뱃사람들이 상반신을 가리지 않은 채로 법이 허용하는 것보다 부두에 더 가까이 접근하는 것을 단속하는 것을 보았다. 그러므로 일본 정부는 벌거벗는 것을 당연시하는 용례를 변화시키려 하고 있음을 알 수 있다. 일본인은 누구나 매일 같이 온욕을 하는 것을 당연한 일로 여긴다. 그러므로 목욕은 필수 항목이며, 그래서 그것은 50년 전 유럽 도시에서 변소를 둘러쌌던 것과 똑같은 관습화 아래 놓여 있다. 사람들은 모두 아무도 어쩔 수 없는 일에는 개의치 않는다. 적어도 이전에는 남탕과 여탕은 분리되지 않았고 입욕자들은 완전히 벗은 채로 탕을 드나들어도 괜찮았다.[134] 메

---

[131] *Zeitschrift für Ethnologie*, XIV, (181).
[132] Baelz in *Zeitschrift für Ethnologie*, XXXIII, 178.
[133] *Vererbung und Auslese*, 281.

이지유신 전에 일본 상류 계급은 극장에 전혀 가지 않거나 몰래 다녔다. 연극은 상스럽고 노골적이었다. 일본의 교육은 "남성과 여성이 - 심지어는 아이들마저도 - 최소한의 완곡어법도 없이 또는 인격에 대한 어떤 존경심도 없이 무심하게 말하는 것을" 허용했다. 그래서 우리가 생각하기에는 관용하기에는 너무 파격적인 상황들이 무대 위에서 묘사되고 상연된다. 비록 무대에 여자 배우는 없지만 말이다. 이것은 방종한 도덕 때문이 아니라 실제로 거기에 대한 금기가 없다는 사실 때문이다. 그러나 "우리의 연극처럼 일본인에게 부도덕하게 보이는 것은 없다." "그들은 결혼한 여자의 역할이 포함되는 어떤 복잡한 이야기도 (연극 무대에서) 허용하지 않는다."[135] 유럽인과 일본인이 서로 접촉할 때 그들은 서로의 특성을 상대의 습속에서 추측하기가 불가능하다는 사실을 발견한다. 히어른(Hearn)은 이렇게 말한다. "이 민족의 생각은 우리의 생각과 다르다. 그들의 정서는 우리의 정서와 다르다. 그들의 윤리적 삶은 우리에게 아직 탐색된 적이 없는, 혹은 오래전에 망각된, 사고 및 감정의 영역을 제시한다."[136] 그러나 이 대조되는 두 사례는 습속의 힘과 그것의 엄청난 통제력을 보여준다. 우리는 우리 쪽 여자들의 경우에 관능을 자극하려는 의도적 또는 무의도적 목적이 없다는 것을 안다. 그들은 언제나 하듯이 그렇게 옷을 입고 또 그들의 사회관습을 따른다. 일본인도 마찬가지로 그들의 관습이 있고 거기에 우리와 똑같이 권위를 부여한다. 누구도 다른 쪽의 모습에 놀라거나 다른 쪽을 경멸할 하등의 이유도 없다. 바엘츠(Baelz)는 비숍 여사(Mrs. Bishop)[137]를 인

---

[134] Humbert, *Japan*, 269.
[135] 위의 책, 295, 334.
[136] *Japan*, 13.
[137] (옮긴이 주) 본명은 Isabella Lucy Bird이며 결혼한 이후에 남편의 성을 따라

용하고 있는데, 그녀는 동방을 여행하며 20년을 보낸 뒤에 이렇게 말했다. "나는 이제 누군가 나체이면서도 귀부인처럼 행동할 수 있다는 사실을 안다." 절름발이 아이누 소녀에 대한 위의 이야기는 한 폴리네시아 여인에 관해 벡(Becke)이 전해주는 이야기[138]에 신빙성을 더해 준다. 이 폴리네시아 여인은 유럽인의 아내였는데 아이를 밴 후에 자신의 몸을 노출해야만 하는 의사의 진료를 받기보다는 죽음을 택했다.

467. 자연적 기능에 대한 품위의 기준

솔로몬 제도 뉴조지아 원주민은 "어떤 행동이나 노출에 대해서 우리가 지닌 것과 동일한 품위의 관념이 있다." 그들은 변소를 물 위에 짓는다. "그러나 그들의 언어는 아주 방탕하다(unlicensed)."[139] 미크로네시아에는 자연적 기능에 대한 제한이 없다.[140] 중앙아프리카 흑인 사이에서는 오직 왕만이 변소를 갖고 있다. "이교적인 흑인들이 이 점에서 일반적으로 다른 어떤 이슬람인보다 더 예법을 잘 지킨다."[141] 티베트의 라싸(Lhasa)에는 공중변소도 사설 변소도 없다. 길에서 그냥 일을 본다.[142]

Bishop 여사가 되었다. 1831년 출생하여 1904년에 세상을 떠났다. 19세기 영국의 탐험가, 작가, 사진가, 박물학자였고, 왕립지리학회의 회원으로 선발된 최초의 여성이었다. 특히 청일 전쟁이 일어난 1894년부터 1897년까지 네 차례나 조선을 방문하여 11개월에 걸쳐 한국과 한국인들이 이주한 시베리아 지방을 직접 찾아가는 현지 조사를 한 뒤, 『한국과 그 이웃 나라들(Korea and her Neighbors)』이라는 책을 남겼다.

[138] *Pacific Tales*, 276.
[139] JAI, XXVI, 394.
[140] Finsch, *Ethnologische Erfahrungen*, III, 26.
[141] Schweinfurth, *The Heart of Africa*, II, 98.

안다만 제도 여자들은 정숙하며 옷과 대화에서의 예절에 매우 조심스럽다. 그러나 결혼하지 않은 사람들은 무제한 자유를 누린다.[143] 미덴도르프(Middendorf)가 어떤 퉁구스족 소녀에게 노래를 불러 달라고 했을 때, 그녀는 너무나 상스러워서 번역하기가 민망한 노래를 불렀다.[144] 그린란드 동쪽 해안의 에스키모 아이들은 열여섯 살이 될 때까지는 집안에서 나체로 생활한다. 그리고 나서 그들은 '나팃(natit)'이라는 단순한 끈을 허리에 착용한다. 그것이 어른이 집 안에서 착용하는 유일한 것이다. 그들이 이렇게 집 안에서 나체로 생활하도록 강요하는 것은 맨몸에 가죽 털옷을 직접 걸치는 관습 때문이다. 그들은 어지간하면 어떤 상황에서도 '나팃'을 벗으려 하지 않는다. 그들의 노래와 게임은 과도하게 자유분방하며, 그들의 신화는 외설적이다. 그들은 이런 것들을 아이들에게 숨기지 않는다. 다수의 가족이 작은 집에 오글오글 모여 사는데, 이는 사고나 식량 부족에 대항한 보험인 것이다. 이런 생활방식은 품위를 불가능하게 하고 예의범절(propriety)의 수준을 하락시킨다. 아이들은 4~5세에 결혼한다. 그러나 그 관계는 자식이 태어날 때까지는 확정되지 않는다. 여름에 천막에서 지내면서 남자들은 서로 부인 및 약간의 재산을 교환한다. 만약 한 남자가 다른 남자의 재산을 차지하고 싶으면 그는 그 남자의 부인도 취해야 한다.[145] 푸에고(Fuego) 군도 사람들은 대화의 주제에 관해 거창한 예절을 지킨다.[146] 플로리다 세미놀족(the Seminoles)은 고도의 성 금기를 준수한다. 그곳 여자들은 덕성스럽고 정

---

[142] *Century Magazine*, 1904년 1월.
[143] JAI, XII, 135.
[144] *Reisen in Siberien*, IV, 1429.
[145] Holm, *Angmagslikerne*, 34, 50~56, 112, 117, 162.
[146] *Scribner's Magazine*, 1895년 2월.

숙하며 백인과 몸을 섞어 태어난 아이가 없다. 이런 아이를 낳은 어머니는 사형을 당할 것이다.[147] 파타고니아의 테휄치족(the Tehuelches)은 예절에 큰 관심을 기울인다. 그들은 아이들이 벗고 다니는 것도 불쾌하게 생각한다.[148] 북부 니카라과 인디언은 백인들이 뒷물을 충분히 하지 않는다고 생각한다. 그들은 언제나 흐르는 물에서 변을 보며, 그런 조치를 취하지 않는 백인들에게 혐오감을 느낀다.[149]

468. 목욕과 나체의 관습

로투마(Rotuma) 원주민들은 목욕할 때도 반드시 허리에 걸치는 옷을 입는다. 그렇지 않으면 바른 행실이 아니라고 생각한다.[150] 포나페(Ponape) 사람들은 일찍 일어나 목욕을 한다. 결혼하지 않은 남녀는 언제나 따로 목욕한다.[151] 복(Bock)[152]에 따르면 다야크족은 복이 앞에 있는데도 주저 없이 홀딱 벗고 목욕을 했다. 남자든 여자든 상관없이. 말레이족도 마찬가지였다고 한다. 캘리포니아 유로크족 남자와 여자는 따로 목욕한다. 그리고 여자들은 언제나 어느 정도는 걸치고 물에 들어간다.[153] 만단족(the Mandans) 여자들은 별도의 목욕 장소가 있었다. 무장한 파수꾼이 그곳에 남자가 접근하지 못하도록 보초를 섰다.[154] 힌두스탄

---

[147] *Bureau of Ethnology*, V, 479.
[148] Ratzel, *Völkerkunde*, II, 663.
[149] *Globus*, LXXVIII, 272.
[150] JAI, XXVII, 410.
[151] Pereiro, *La Isla de Ponape*, 112.
[152] *Reis in Borneo*, 39.
[153] Powers, *The Tribes of California*, 55.

에서 남자와 여자는 현재 일정한 시간과 장소에서 거의 벗은 채로 함께 목욕한다. 그러나 윌킨스(Wilkins)[155]는 말한다. "나는 그곳에서 아무런 부적절한 행동도 보지 못했다." 보다 이전 시기에는 잠자리에서 옷을 입었지만, 14~15세기 유럽에서 남자와 여자는 나체로 잠을 잤다. 침대가 더 좋아졌고 이불을 각자 사용했기에 이런 관습이 나왔다. 왜냐하면 낮 동안 계속 입은 모직 옷이나 모피 옷을 벗는 것은 매우 편안했기 때문이다. 그러면서 나체는 익숙해졌고 은폐 금기는 무너졌다.[156] 도시들은 곧 나체로 거리에 나서는 것을 금지하는 조례를 제정하지 않으면 안 되었다.[157] 역사가들에 따르면 덴마크에서 사람들은 나체로 잠을 잤는데 그것은 면직포 가격이 비쌌기 때문이다. 이런 관습은 17세기까지 이어졌다. 16세기에 귀족들은 잠옷을 입기 시작했다.[158] 16세기까지는 왕이 도시에 들어설 때, 신화 이야기를 나체의 여인들을 배우로 해서 거리에서 연출했다.[159] 13세기부터 15세기까지는 소녀들이 기사의 목욕을 시중드는 것이 관습이었다.[160] 중세 내내 남자와 여자는 함께 목욕했는데, 아무 일도 없는 것은 아니었다.[161] 독일인은 목욕을 매우 좋아했고 모든 마을에는 공중목욕탕이 있었다. 목욕의 효용과 기쁨이 매우 컸으므로 고백성사 이후의 보속(補贖)으로서 목욕을 금지하기도 했

---

[154] *Reports of the Smithsonian Institute*, 1885, Part II, 86.
[155] *Modern Hinduism*, 219.
[156] Weinhold, *Die Deutschen Frauen in dem Mittelalter*, II, 259; Schultz, *Das Höfische Leben zur Zeit der Minnesinger*, II, 168.
[157] Scherr, *Deutsche Frauenwelt*, I, 191.
[158] Lund, *Norges Historie*, II, 246, 380.
[159] Scherr, *Deutsche Frauenwelt*, I, 191.
[160] Weinhold, *Die Deutschen Frauen in dem Mittelalter*, II, 115.
[161] D'Aussy, *Fabliaux*, IV, 이곳저곳.

다.[162] "남자와 여자가 함께 목욕하는 관습은 하드리아누스 황제가 그리고 나중에는 알렉산더 세베루스(Alexander Sverus)가 비판했다. 그리고 마침내 콘스탄티누스 황제가 탄압했다."[163] 692년 트룰라눔(Trullanum) 공의회는 남자와 여자가 함께 목욕하는 것을 금했다.[164] 다른 공의회에서도 그 금지를 반복했다. 이것은 콘스탄티누스 황제도 또 어떤 다른 세속 또는 종교 권력도 그 관습을 제대로 억제하지 못했음을 보여준다. 독일에서 성직자들은 8세기부터 남녀 혼욕 관습을 비판했지만 결코 그것을 없애지는 못했다.[165] 십자군 전쟁 시대에 티레(Tyre)에서는 기독교 남녀들이 혼욕을 했다.[166] 에라스뮈스(그의 대화체 작품집 중 「Diversoria」에서)[167]를 비롯해서 모든 권위자는 공중목욕탕에서의 목욕은 매독의 위험 때문에 폐지되었다는 데 동의한다. 십자군이 동방에서 옮겨 온 나병은 그런 방향으로는 영향력이 덜했다. 16세기에 들어서는 다른 전염병들이 유행하고 목재 가격이 상승했다.[168] 빨아 쓸 수 있는 의복용 면직물과 침구용 면직물 사용이 늘어나자 목욕은 쾌적함과 건강에 덜 필수적인 요소가 되었다.[169] 일상적으로 나체를 보는 생활방식이 변하자 나체는 드문 일이 되었고 그러자 나체는 음란한 것이 되었

---

[162] Weinhold, *Die Deutschen Frauen in dem Mittelalter*, II, 114.
[163] Lecky, *History of European Morals from Augustus to Charlemagne*, II, 311.
[164] Hefele, *Conciliengeschichte*, III, 310.
[165] Weinhold, *Die Deutschen Frauen in dem Mittelalter*, II, 117.
[166] Prutz, *Kulturgeschichte der Kreuzzüge*, 528 주석.
[167] (옮긴이 주) 이 글의 원문은 http://oll.libertyfund.org/titles/erasmus-the-colloquies-vol-1에서 찾아볼 수 있다.
[168] Zappert in *Archiv für Kunde oesterreichischer Geschichtsquellen*, XXI, 41, 82, 132.
[169] 프랑스 샤를 7세의 왕비(1422~1461)는 면으로 된 슈미즈 두 벌을 가지고 있었다 (Clement, *Jacques Cœur*, 246).

다. 그래서 은폐 금기가 다시 나타났다. 루데크(Rudeck)[170]는 이러한 사실에서 다음과 같이 결론 내린다. "단정함이 의복과 공적인 품위를 만든 것이 아니다. 오히려 의복과 불쾌한 관습의 쇠퇴가 단정함을 만들어냈다." 그는 이런 결론에 스스로 놀란 듯하고 또 약간 두려워하지만 그것은 분명 정확한 결론이다. 의복의 역사 전체가 그런 식으로 흘러왔다.

469. 강, 온천 그리고 공중목욕탕에서의 목욕

15세기에 강이나 온천에서 목욕하는 것은 관습이 되었다. 부, 사치, 패션 그리고 새로운 형태의 악들이 이러한 변화에 동반했다.[171] 15세기의 수녀원은 방탕의 장소로 묘사된다.[172] 17세기 초의 어떤 영국인 세계 여행가는 취리히 근처 바덴에서의 온천욕에 관해 묘사하고 있다. 거기서는 남녀 혼욕의 오랜 관습이 얼마간 변했지만, 기혼 여성에 대해서만 변했다.[173] 만약 혼욕 관습이 북유럽 전역에서 이제 존재하지 않는다면, 그것이 사라진 것은 그리 오래된 일은 아닐 것이다. 레치우스(Retzius)[174]는 1878년 혼욕이 존재한다고 보고한다. 많은 여행가는 북부 러시아와 스칸디나비아의 마을 목욕탕을 묘사했다. 레치우스는 목욕탕이 일종의 성역이라고 말한다. 그곳에서 저지른 비행은 다른 곳에서 저지른 같은

---

[170] *Geschichte der oeffentlichen Sittlichkeit in Deutschland*, 399.
[171] Schultz, *D. L.*, 136.
[172] Dulaure, *Histoire de Paris*, 268; Schultz, *D. L.*, 277, 283; Janssen, VIII, 391도 참조.
[173] Coryate's *Crudities*, II, 244.
[174] *Finska Kranier*, 118.

비행보다 훨씬 더 죄질이 나쁘다고 간주된다. 여기서 우리는 모레스가 하나의 특별한 관례화[175]를 통해서 편리하지만 통상적인 금기를 넘어서는 관습[176]을 보호하는 사례를 볼 수 있다. 사실 중유럽에서 나체에 대한 완전한 금기는 200년이 채 되지 못했다. 나체가 그 자체로 수치스럽거나 외설적인 것이라고 생각되지는 않았다. 그러므로 어쩔 수 없이 옷을 벗어야 하는 목욕탕에서 나체는 문제가 되지 않았다. 마치 오늘날 노동자의 복장, 운동선수의 옷 그리고 수영복이 문제 되지 않듯이 말이다. 교회 당국이 남자와 여자가 혼욕하는 것을 금지하려고 헛되이 노력한 수백 년 동안, 틀림없이 대중의 여론은 그 용례에 강제로 억눌러야 할 만큼 심각한 어떤 악덕이 포함되어 있음을 인정하지 않았을 것이다. 영국인들은 이제 미국의 해수욕장에서 남녀가 함께 바다에 들어가는 것을 놀라워한다. 물론 미국인에게 그것은 대수롭지 않은 일이다. 만약 미국인들이 영국식 수영복을 입고 수영한다면, 남자와 여자는 금방 서로 분리될 것이다.

470. 나체

초기 기독교 드라마에서 그리스도는 나체의 청년으로 표현되었다. 그다음에 그는 작은 천을 걸친 청년으로 표현되었다. 16세기 나폴리에서 아담과 이브를 창조하는 장면을 연출할 때 배우들은 국부만 가렸다. 무대가 무너졌고 다수가 부상을 당했다. 이 사건은 이 연극에 대한 신

---

[175] (옮긴이 주) 즉 목욕탕에서의 비행에 대한 가중 처벌이라는 특별한 관습.
[176] (옮긴이 주) 즉 혼욕의 관습.

의 불쾌함을 보여주었다고 사람들은 생각했다. 프랑스에서 연극에 등장하는 채찍질하는 고행자들은 통회(痛悔)하는 사람들로서 나체로 등장했다.[177]

471. 은폐(concealment) 금기의 동기에 대한 추측

헤로도토스는 리디아인(the Lydians)과 모든 야만족이 자신의 나체를 남에게 보이는 것을 부끄러운 일로 생각한다고 말한다.[178] 유대교 분파인 에세네파(the Essenes)는 몸 일부를 심지어는 목욕할 때조차 "모든 것을 보시는 하나님의 눈인" 태양에서 가린다. 유대인은 사원 앞에서 몸을 노출해서는 안 된다. 에세네파의 육체적 욕구에 관한 규칙은 안식일에 육체적 욕구를 충족할 수 없다고 규정한다.[179] 로마에서 "인간이나 조각상에 대한 '모욕하기(oppedere)', '소변보기(mingere)', '대변보기(cacare)'는 가장 강력한 경멸의 표시에 속했다. 그래서 그것은 우리가 생각하는 것보다 더 많이 사용된다."[180] 패터슨(Patursson)[181]은 옵(the Ob) 강[182]의 어귀에서 원주민과 함께 목욕했다. 그들은 허리 아래 몸을 노출하려 하지 않았고, 반면 패터슨은 그렇게 신중하지 않았다. 그래서 그들은 패터슨의 천박함에 충격을 받았다.

---

[177] D'Ancona, *Le Origini del Teatro in Italia* (1st ed.), I, 213, 218, 280, 375.
[178] Herodotus, I, 10.
[179] Lucius, *Essenismus*, 62, 68.
[180] Grupp, *Kulturgeschichte der Römischen Kaiserzeit*, I, 24; 본서의 211절 참조.
[181] *Siberien i Vore Dage*, 146.
[182] (옮긴이 주) 러시아 북쪽 서시베리아에 있는 강. 우랄산맥의 북쪽 끝 부근에 해당한다.

472. 외설

이런 주제들에 속한 또 하나의 주제인 외설(obscenity)은 우리의 모레스가 설정한 한계 내에서 다루기가 더욱 어렵다. 또한 그것은 습속이 어떤 것도 "올바른 것"으로 만들며 우리의 가장 강력한 승인 또는 거부의 감정은 우리가 사는 시대와 집단이 우리에게 부여한 것이라는 사실을 증명하는 더 놀라운 증거들을 제공한다. 신체의 금기시되는 부분들은 남에게 보여서는 안 된다. 그것이 시야에 드러날 때 외설이 된다. 우리는 이미 품위라는 제목 아래서 삶의 모든 통상적인 행동에서 배제된 사물과 행동에 관한 광범위한 관례를 살펴보았다. 거기서 우리는 금기시되는 사물들에 대한 궁극적이고 합리적인 정의도, 금기시되는 것이 무엇인가에 대한 보편적 합의도, 그것이 선별되는 철학적 원리도 전혀 존재하지 않는다는 사실을 보았다. 또한 그 관습들은 어떤 통일성이나 일관성도 없으며, 외설에 관한 금기에 연관된다고 생각되는 용례들은 전혀 다른 동기를 가지고 있고 또 거기에 외설의 개념이 존재하지 않는다는 사실을 알았다. "자연적"이며 보편적인 본능이 먼저 있고 어떤 것들이 이와 충돌함으로써 비로소 외설적인 것으로 간주되는 것이 아니다. 우리가 외설적이라고 간주하는 것들이 다른 시대와 장소에서는 마치 우리가 맨얼굴과 가리지 않은 손을 그렇게 생각하는 것과 마찬가지로 외설적이 아니었다. 또는 고대의 용례에서 볼 때, 얼굴과 손은 오래되거나 성스러운 것 또는 연극적이거나 희극적인 것을 보호하기 위해 관례에 따라 가려졌다. 원시 시대에 초자연적인 존재에 대한 믿음과 마술은 특히 나중에 외설적으로 여겨지는 것들을 가렸다. 현실은 전적으로 순박하게 있는 그대로 수용되었다. 사고의 방식은 극단적으로 현실적이었다. 일본인들은 지금 어떻게 현실 자체가 부끄러운 일이 될 수 있는지 이해하지 못한다. 그들에게는 모든 사람이 따라야 하는 매우 엄격하고 권위적인 관례가 있다. 그러나 그 관례는 실천적이고 현실적이다. 그것은 목적에 봉사한다. 즉 그 관례들은 비현실적인 관례의 세계를 창조하지 않는다.[183] 이것은 극단적인 실재론과 자연의 관점이다. 그러나 위에서 보았듯이 어떤 목적에서든 몸에 사물들을 착용하자 그렇게 치장된 몸만이 올바르고 아름답다는 관례적 견해가 나타났고 그 밖의 모든 장식과 의복의 관례는 그 뒤를 따랐다.

473. 주술을 위한 외설적인 표현

브라질 싱구강 인디언은 옷을 거의 또는 전혀 입지 않는다.[184] 그들에게는 춤을 출 때 입는 완전한 복장이 있다. 그러나 금기시되는 기관들은 이 복장의 외부에 인위적으로 그리고 과장된 크기로 재현된다. 그 복장의 목적은 분명 보여서는 안 될 기관들을 은폐하려는 것이 아니다.[185] 중앙 보르네오(Central Borneo)에서는 악령을 쫓으려고 조야한 형태의 목각 인형을 만드는데, 이때 금기시되는 기관들을 과장되게 표현한다. 그 기관들은 실제로 사신(邪神)을 쫓는 부적이다. 왜냐하면 그들은 종종 인형의 나머지 부분 없이 가옥의 기둥에 조각되기 때문이다. 그 후 그런 표현들은 더욱 변화되어서 가옥이나 무기 등에 새기는 순수한 장식이 되었다.[186] 이집트인들은 후에 금기시된 기관이었던 것을 재현

---

[183] Hearn, *Japan*, 188~200.
[184] 본서의 462절 참조.
[185] *Berlin Museum*, 1888, 199, 302.
[186] Nieuwenhuis, *Centraal Borneo*, I, 146.

해 상형문자로 사용했고 그들의 대화에서 어떤 금기도 인정하지 않았다. 20대 왕조(기원전 1180~1050)의 무덤에 있는 그림들은 어떤 금기도 없었음을 보여준다. 그리고 거기 있는 비문들은 실재론[187]에 대한 어떤 제한도 없었음을 보여준다.[188] 이것은 명백히 아직 어떤 관례도 배운 적이 없는 어린아이의 소박한 실재론이다. 재생산과 성장은 식량 공급과 직접적인 연관을 지니며, 풍부한 재생산은 사람들이 흔쾌히 받아들이는 삶의 기쁨과 즐거움을 의미한다. 따라서 인간의 가장 사실적인 관심은 자연 속의 재생산적 에너지와 뒤얽혀 있었다. 그리스인의 대중적이고 희극적인 '미무스(minus)'는 주술의 제의적 행위들에서 유래한다. 이 제의적 행위에서 곡식의 사신(邪神) 또는 성장의 사신(邪神)이 농작물의 재생산과 성장을 일으키려 활동하는 모습이 재현된다. 제의는 동기감응적인 주술이고 식량 공급을 확실히 하기 위한 것이었다. 이런 제의로 소망한 것은 풍작이었고, 농사꾼은 순전히 현실적으로 전례, 상징 그리고 표장을 선택했다. 성장의 사신(邪神)들은 예술로 나타날 때 과장되게 관능적인 유형의 저속한 형상이었다. 그들은 재생산적인 활력, 충만 그리고 풍요를 암시하도록 만들어졌다. 금기시되는 기관들은 다양한 방식으로 표현되었지만, 언제나 도발적이고 과장되게 표현되었다. 그 사신(邪神)들은 의상의 외부에 몸에 딱 맞는 인공적인 남근을 찬다.[189] 그 제의는 디오니소스적인 예법과 방탕함으로 발전했다. 그 제의가 나타내는 주요한 사상은 자연의 재생산 담당 주체들과 즐기는 것,

---

[187] (옮긴이 주) realism. 있는 것들을 그대로 인정한다는 뜻에서 현실주의로도 번역 가능하다.

[188] Erman, *Aegypten*, I, 223.

[189] *Jahrbuch des Deutschen Archäologischen Instituts*, 1886, 260; *Archiv für Anthropologie*, XXIX, 136.

그들을 사람들의 마음에 극적으로 제시하는 것, 희망과 근면을 자극하는 것이었다. 그리스에서 이 농업 분야의 동기감응적 주술의 원시적인 전례(典禮)들은 희극으로 발전했다. 사신(邪神)들은 희극의 정형화된 인물이 되었고, 이들은 마스크(저속한 유형의 얼굴들)와 과장된 엉덩이 그리고 무엇보다도 남근으로 언제나 식별할 수 있었다. 사신(邪神)은 어릿광대나 익살꾼으로 변했다. 그러나 남근은 그의 역할에 관한 표시로서 서구에서 5세기까지 그리고 비잔틴 제국 붕괴 때까지 유지되었다. 마치 나중에 어릿광대의 모자와 방울이 그랬듯이. 헬레니즘 시대에 어릿광대는 올림포스 신의 역할을 맡았고 남근을 찼다. 기원전 4~3세기에 이탈리아 남부에서 성행하던 소극의 일종인 플리아케스(Phlyakes)도 그와 같은 상징물을 사용했는데, 이것은 로마인의 아텔라(atellan)[190] 소극에서도 등장했다.[191] 기원후 수백 년 동안 기독교 순교자들은 희극에서 그런 상징물을 찼는데, 왜냐하면 그 역할은 언제나 바보나 어릿광대에 해당하는 것이었기 때문이다. 성직자에 속하는 인물들도 그런 상징물을 차고 나왔는데, 어릿광대는 자신의 역할이 무엇이든 언제나 그 상징물을 찼기 때문이다. 그것은 또한 터키의 '카라괴즈(karagöz)'(그림자 연극)와 자바의 인형극(pantin)으로 전승되었다. 힌두스탄의 희극에서 남근은 사라졌다.[192] 이집트에서는 적어도 19세기 전반까지는 여전히 마스

---

[190] (옮긴이 주) 오스칸 놀이(Oscan Games)라고도 불린다. 마스크를 쓰고 하는 즉흥적인 소극(笑劇)이다. 팬터마임 같은 좀 더 긴 연극이 상연되고 나서 막간에 삽입되었다. 고대 로마에서 유행했다. 아텔란이라는 이름은 캄파니아에 있는 한 오스칸 도시인 아텔라에서 따온 것으로 보인다. 이 연극은 원래 오스칸에서 썼고 기원전 391년 로마로 수입되었다. 후기 로마로 가면 익살스러운 배역만이 대사를 오스칸어로 읊었고 다른 배역들은 라틴어를 사용했다.

[191] 이와 연관해서는 Bethe, *Die Geschichte des Theaters im Alterthume*, 299 이하를 보라.

[192] Reich, *Der Mimus*, I, 17, 29, 58, 93, 95, 258, 321, 496, 498, 626, 691, 733.

크를 쓴 인물이 결혼식에서 신부 행진의 선두에 서서 걸었다. 남근의 상징물을 차고 천박한 몸짓을 하면서 말이다.[193]

474. 성기의 고정 또는 은폐를 위한 수단(infibulation)

그리스 운동선수들은 성기를 감싸서 원시적인 서스펜소리엄과 매우 유사한 방식으로 허리띠에 매서 고정시킨 것 같다. 희극배우들은 붉은 가죽으로 만든 큰 가짜 성기가 밖으로 달린 가죽 앞치마를 입었다. 성기를 감싸서 마치 배배 꼬인 뿔처럼 만들어 허리띠에 매다는 것이 격투기선수, 육상선수, 체육인 그리고 희극인의 직업적 상징이 되었다. 그 목적은 성기를 부상에서 보호하는 것이었다. 그리고 그것은 원시적인 서스펜소리엄의 목적이 원래 무엇인지 시사해준다. 은폐는 매우 불완전했다. 그리고 가려진 부분은 가려야 한다는 그런 관념이 등장했다. 로마인들은 남성의 포피가 없는 상태를 천박하다고 생각했다. 유대인은 이 결핍을 가리려고 노력했다. 성기 고정은 두 가지 방식으로 실행되었다. 즉 포피 위에 고리를 끼우거나 그 주위에 붕대를 감았다. 그것은 악을 물리치고 예언자, 가수 등의 목소리를 보전한다고 생각되었다. 17세기의 여행가인 하를렘의 발터 슐체(Walter Schultze of Haarlem)는 페르시아의 금욕적 종파에 대해 서술한다. 이 종파는 포도주를 금했고, 구걸해서 살았으며 결혼을 거부했다. 그들은 고리로 성기를 고정했다.[194]

---

[193] Burckhardt, *Arabic Proverbs*, 115.
[194] Stieda, *Infibulation*, 23, 25, 36, 40, 44, 56, 66.

475. 남근상은 모욕적이었나?

2천 년 이상 우리가 아는 그 가장 외설적인 형상은 대중적인 소극(笑劇)의 어릿광대나 운동선수들에 의해 일종의 직업적 표지로서 사용되었다. 그것은 웃음을 유발했고 다른 방식으로는 의식되지 않았다. 거기에 대한 어떤 비판이나 누군가 그것을 모욕적이라고 생각했다는 증거가 있는지에 대한 흥미로운 의문이 여기서 생겨난다. 아리스토파네스의 희곡 『구름』에 나오는 어떤 구절은 그런 증거로 해석되어 왔다. 그러나 그 구절에서 저자는 자신의 희극을 다른 사람의 희극과 비교하고 있는 듯하다. 그는 천박한 취향에 아부하는 저속한 트릭이나 소년들을 웃게 만드는 남근상(phallus), 도발적인 춤, 상스러운 이야기 그리고 "지나친 상술"을 전혀 사용하지 않았다고 말한다. 즉 이것은 외설이 아니라 익살에 근거한 남근상 비판이다. 『아카르니아 사람들(Acharnians)』(243절과 259절 참조)에는 배우가 착용한 남근상에 대한 무미건조하고 평범한 언급들이 있다. 배우는 마치 자신의 외투에 대해 말하듯이 그것을 언급한다. 다른 사례들은 그렇게 분명하지 않다. 『뤼시스트라타(Lysistrata)』에서 연극의 동기와 연관해서 남근상을 언급하는 내용은 저속함의 극치를 이룬다. 우리는 어떤 그리스인, 로마인 또는 비잔틴 사람들이 남근상의 등장을 비난했다는 기록을 전혀 찾을 수 없다. 우리에게는 그것이 매우 외설적이라고 생각됨에도 말이다. '미무스'는 가장 저속하면서도 가장 인기 있는 종류의 연극 공연이었다. 그리고 남근상을 가장 빈번하게 사용한 것은 바로 거기서였다. '미무스'를 퇴폐적이라고 비난한 그리고 거기서 역겨운 것이 무엇인지를 조목조목 지적한 기독교 설교자들도 결코 그 외설적 물건의 등장을 언급하지 않는다. 모든 사람은 디오니소스 추종자들의 고대적 상징인 남근상에 익숙해져 있었다.[195] 기독교 설교자들은 그런 이유 때문에 남근상을 용인하지는 않았을 것이다. 오히려 그 반대였을 것이다. 그리고 만약 그들이 남근상을 승인하지 않았다면, 남근상에 반대하는 것을 그 고대적 또는 예술적 또는 전통적인 요소 때문에 주저하지는 않았을 것이다. 결국 모든 사람이 거기에 무관심했음이 틀림없다.

셈족 사원 앞에 통상 서 있던 기둥 두 개와 예루살렘에 있는 사원 앞에 서 있던 기둥 두 개는 남근들로 해석된다.[196]

476. 호신부로서의 남근상

로마에서 남근상은 호신부로 사용되었고 모든 아이가 차고 다녔다. 그러므로 그 형상은 외설적인 것이었을 리가 없다. 또한 로마의 정원들은 바쿠스의 제례에 사용된 남근상 형태를 띠고 있었다. 그것은 성장의 사신(邪神) 사상이 남아 있었음을 증언하는 것으로 또는 성장의 사신(邪神) 사상에서 연원한 용례들을 증언하는 것으로 보인다. 그것은 원래의 의미에 대한 지식 없이 전통에 따라 영속되었다. 중세의 교회에서는 노골적으로 외설적인 형상들이 조각되었다. 그것은 소박한 생각과 신념의 표현이었으며 순수한 사실주의에 입각했다. 그림과 스테인드글라스도 종종 그와 유사한 것들을 표현했다. 16세기 후반에 그런 대상은 제거되거나 가려지거나 변형되었다. 어쩌면 외설 개념은 예술 측면보다는 문학 측면에서 더 일찍 발전했을 것이다. 주제미일(Susemihl)[197]은

---

[195] Reich, 503.
[196] W. R. Smith, *Religion of the Semites*, 457.
[197] *Geschichte der Griechischen Literatur in der Alexandriner Zeit*, II, 574.

밀레토스(Miletus)의 잊힌 이야기들은 아마도 외설적이었고 또 팍사모스(Paxamos)의 이야기들도 그랬을 거라고 말한다. 그리고 이 이야기들이 사라진 것도 바로 그런 이유로 받은 공격 때문이었을 거라고 말한다. 문학은 마음에 양식을 제공할 것이다. 그것은 사실을 다루지 않을 것이다. 대중적 판단이 오랫동안 인정하기를 거부한 것으로 보이는 사실은 인간의 보편적인 구조와 기능이 금기시될 수 있고 또 인지되거나 보이기에 부적절한 것이 될 수도 있다는 것이다. 익숙한 것은 우리의 표면의식에만 머무르는 경향이 있다. 이는 불경스러운 언어[198]처럼 없앨 수 없는데도 사람들의 기분을 상하게 하는 것, 그리고 사람들이 관심을 끄고 외면하는 것에 대해서도 마찬가지다. 오늘날 외설적이라고 생각될 것에 대한 관용의 사례들은 이런 방식으로 설명되어야 한다.

477. 아시아의 상징들

"고대에는 외설적인 상징이 별다른 불쾌감을 주지 않고도 성을 표시하는 데 사용되었다."[199] 그런 상징들은 서(西)아시아에서 매우 흔했다. 지금도 인도에서는 매우 흔하다. 중국 여인의 발, 아랍 여인의 얼굴, 투아레그 사람의 입은 그 각각의 금기 아래 교육받은 사람들에게는 외설적이다. 왜냐하면 그것은 언제나 가려져 있으며 또 가려야 하기 때문이다. 그것은 우리[200]에게는 외설적이지 않다. 다른 한편 인도의 링감(lingam)[201]은 우리에게 외설적이다. 그러나 그에 관한 어떤 금기도 배운

---

[198] (옮긴이 주) 욕설과 비속어 등을 지칭한다.
[199] W. R. Smith, *Religion of the Semites*, 457.
[200] (옮긴이 주) 서양인 또는 미국인을 의미.

적 없는 힌두교도에게 그것은 외설적이지 않다. 달걀이나 씨앗은 어떤 집단에서는 그것이 생식 또는 재생산과 연관되어 있어 외설적일 수 있다. 만약 그런 연관이 하나의 도그마나 용례로까지 발전되었다면 말이다. 영국인은 가터(garter)²⁰²를 꼴사나운 것으로 생각하지 않을 것이다. 그러나 영국인이 아닌 남녀는 그것을 꼴사나운 것이라고 생각한다. 십자고상은 관례화와 익숙해짐이 어떻게 어떤 인공물에 실제로 담지되어 있는 함의를 제거하는지 잘 보여준다. 고통 속에 죽어가는 남자의 나신은 그저 무섭고 보기에 불편한 형상이다. 아무도 십자가에 매달려 있는 한 남자를 예술적으로 표현한 물건에서 교화를 받을 수는 없을 것이다. 그러나 많은 사람은 십자고상에서 매우 많은 부분을 간과하고 동시에 상상 속에서 많은 것을 추가한다. 그래서 사람들은 거기서 많은 교화를 받을 수 있다. 그리스도의 몸을 먹고 피를 마시는 것에 관해 말하는 미사의 언어는 우리의 모레스에 들어있는 어떤 것도 건드리지 않고, 우리의 경험 속에 있는 어떤 것에도 호소하지 않는다. 그것은 매우 먼 시대부터 전해지며 아마도 식인 풍습에서 유래한 것일 가능성이 크다.²⁰³ 만약 우리가 중국인이나 이슬람인이 사람의 몸을 먹고 피를 마시는 것을 상징하는 종교적 관습을 가지고 있다는 말을 듣고 또 동시에 우리에게 그런 것을 표현하는 관용어²⁰⁴가 없다면 우리는 그것을 충격적이고 혐오스럽다고 생각할 것이다.

---

²⁰¹ (옮긴이 주) 돌이나 쇠 또는 진흙으로 만든 말뚝 모양 또는 타원형의 조형물로서 힌두교의 신인 시바를 상징한다. 고대의 힌두교 경전에 링감은 시바의 남근이라고 언급되어 있다.

²⁰² (옮긴이 주) 양말 대님, 스타킹이 내려가지 않도록 고정하는 끈.

²⁰³ B. & M. de la Société d'Anthropologie de Paris, 1901, 404.

²⁰⁴ (옮긴이 주) 미사에서 일상적으로 사용되어 그 의미를 간과하게 되는 '그리스도의 몸, 그리스도의 피' 같은 관용어를 말한다.

478. 외설의 개념은 근대적이다

외설의 개념이 매우 근대적이라는 것은 명백하다. 그것은 증기기관과 기계 아래서 삶의 예술과 방식이 새롭게 발전한 데 기인한다. 사치의 비용이 저렴해지고 대중화됨으로써 집은 더 커졌고 배관설비는 저렴해졌고 격조 있는 삶의 모든 수단에 모든 계층이 접근할 수 있게 되었다. 그 결과 삶에서 요구되는 모든 활동과 필요는 훨씬 더 사적으로 처리할 수 있게 되었고, 또 관습적 질서나 예법을 더 많이 준수할 수 있게 되었다. 그러자 용례와 개념들은 더 엄격해지고 또 세밀해졌다. 품위를 잃게 하고 외설을 유발하는 노출과 충돌이 일어나는 것은 오직 가난 속에서이다. 그러므로 모든 계층에게 기준과 규약이 생겨났고 남녀나 아동에 대해 복식(服飾), 목욕 그리고 사적인 기능에 대한 배려는 강화되었다. 이로부터 외설적인 것의 개념이 나타났다. 외설적인 것은 품위 없음과 꼴사나움의 극치이다. 우리가 외설이라고 부르는 것은 고대에는 미신적 관습의 문제이거나 익살의 자유로운 영역이었다. 즐거움을 주는 것을 관습화하는 일은 언제나 인정되어야 한다. 그것은 언제나 극장의 희극 속으로 도입되었다. 익살은 과거에 그랬던 것만큼 많은 것을 포괄하지 않게 되었다. 그러나 여전히 많은 공헌을 하고 있다. 고대의 신화는 오랫동안 연극에서의 외설을 포함했다. 헤파이스토스가 아레스와 아프로디테를 그물로 포획했을 때, 남신은 모두 그 장난을 즐겼다. 여신들은 그 장면을 보러 오지 않았다.[205] 어떤 것이 재미있는지 아니면 수치스러운지에 대한 남성적인 판단과 여성적인 판단의 차이가 분명하게 드러난다. 헤라는 제우스에게 그들 부부의 친밀함이 남

---

[205] *Odýsseia*, VIII, 332.

에게 노출되면 안 된다고 주장했다.[206] 젊은 여자들이 목욕하는 남자들을 시중들었다. 그러나 오디세우스는 만약 나우시카(Nausikaa)에게 벗은 몸을 보이면 그녀가 화를 내지 않을까 두려워했다(물론 그녀의 화가 그의 나체 때문인지는 명확하지 않다). 그리고 그녀가 오디세우스와 함께 마을을 가로질러 걸었을 때, 그녀는 무엇이 수치스러운지 잘 알고 있었다.[207] 또한 오디세우스는 그 여자들에게 자신이 목욕하는 동안 자리를 피해달라고 요구했다.[208] 모레스는 유동적이었고 모순적이었다. 이러한 텍스트 해석은 논란의 여지가 없지 않다. 수치심을 일으킨 것은 나체가 아니라 난파로 인한 더럽고 추한 몰골이었을 수도 있다. 다양한 철학이 최근 시대로 올수록 배려가 더 많이 이루어지고 세련되었다고 주장한다. 그러나 그 어느 것도 특정 시대 사람들이 자신의 시대에 이 문제와 연관해서[209] 그 시대의 모레스에 대한 반역을 보여주었다는 문헌적 증거는 제시하지 못한다. 지금 일어난 일은 결국 다음과 같다. 현대에 들어서 증기기관과 기계는 스스로 산출해낸 자본 및 자연 지배력의 증가에 따라 대중의 대변인인 중하층 계급에게 사회적 권력을 주었다. 이 계급은 단순하고 가난하며 실리적이며 비교적 순수한 여러 계급들의 모레스를 통제하게 되었다. 그래서 이 여러 계급들은 제한된 재산 때문에 검박(儉薄)하고, 온순하며, 아이들을 잘 보살피고, 금욕적이며, 비교적 유덕하도록 강요되었다. 삶의 예술은 부자와 빈자에게 결코 동일할 수 없다. 부(富)는 종종 사치와 악덕을 도입한다고 비난받는다. 그러나 그런 경향은 부가 삶의 조건들을 지배하고 그리하여 세련된 용례

---

[206] *Iliad*, XIV, 334.
[207] *Odýsseia*, III, 464; IV, 49; VI, 15, 109, 276; Keller, *Homeric Society*, 209.
[208] *Odýsseia*, VI, 136.
[209] (옮긴이 주) 외설의 문제를 말한다.

들을 가능하게 만든다는 사실에 의해 상쇄된다.

479. 예의범절

예의범절(propriety)의 규칙들은 삶의 모든 행위에 적용되지만, 그중에서도 특히 타인이 옆에 또는 근처에 있는 상태에서 행하는 행위에 적용된다. 그리고 타인에게 영향을 미치는 행위에는 더욱더 특별하게 적용된다. 이런 규칙 대부분은 남녀의 일상적인 교섭을 다루며, 그보다 덜 중요한 성적 금기의 세부 사항을 규제한다. 크롤리(Crawley)는 형제와 자매, 아버지와 딸이 성적 금기에 따라 분리되는 사례를 수집해서 제시하고 있다.[210] 오마하 부족(the Omaha tribe) 여자들은 기혼이든 미혼이든 혼자서 걷거나 말을 타면 현숙한 여자라는 명성을 잃어버릴 것이다. 그녀는 남편이나 가까운 친족과 함께 말을 타거나 걸을 수 있을 뿐이다. 그렇게 할 수 없을 때는 그녀는 함께 갈 다른 여자를 구한다. 청년은 길에서 몇 번 마주친 소녀에게 말을 걸어서는 안 된다. 만약 그들이 서로 친척이 아니라면 말이다.[211] 미주리강 상류에 사는 부족들 사이에서는 족장은 자신의 손님과 함께 식사하는 법이 없다. 그는 손님 옆에 앉아서 시중을 들고 또 식후에 피울 파이프 담배를 준비한다.[212] 융커(Junker)[213]는 부간다(Buganda)에서 공주 옆을 지나칠 때 소가죽으로 된 그녀의 옷을 건드려서는 안 된다는 경고를 받았다. 그것은 공주에 대한 모욕으로

---

[210] JAI, XXIV, 444.
[211] *Bureau of Ethnology*, III, 365.
[212] *Reports of the Smithsonian Institute*, 1885, Part II, 457.
[213] *Reisen in Afrika, 1875~1886*, III, 633.

간주된다는 것이었다. 몽보투족(the Mongbottu) 여자가 어떤 남자에게 염료(染料, coloring matter)를 주면, 그것은 부적절한 친근감의 표시이고 그녀의 남편을 분노하게 할 것이다.[214] 안다만 제도 사람은 자기보다 나이 많은 기혼 여성에게 말을 해야 할 때는 반드시 제삼자를 통해서 해야 한다. 그는 동생이나 사촌 동생의 아내 또는 아내의 자매와 신체적 접촉을 해서는 안 된다. 여자들도 마찬가지로 남편의 형이나 사촌 형 또는 그의 동서(同壻)들과 신체적 접촉을 해서는 안 된다.[215] 법률적인 친족 간의 관계는 예의범절에서 중요한 부분이다.

480. 여성의 격리

근대 한국에서 여성들은 격리된다. 그들에게 말을 거는 것은 예의에 어긋난다. 여자들은 낯선 남자가 우연히 또는 고의적으로 그녀의 손을 잡으면 아버지나 남편에 의해 살해되거나 자결을 했다고 한다. 한 하녀는 불이 났을 때 자기가 모시는 부인을 화재에서 구출하지 않은 이유로 부인이 혼란의 와중에 남자와 접촉했으며 그래서 구할 가치가 없어졌다고 말했다.[216] 중국에서 외국인이 부인의 안부를 물으면 그것은 중국인에게는 그의 아내가 아니라 그의 어머니에 대한 물음으로 간주된다.[217] 남부 슬라브 지역에서 젊은 부인은 대가족이 사는 집안에서 동서들(comrades)을 이름으로 불러서는 안 된다. 그래야 "예절 바르다"는 소

---

[214] Burrows, *Land of Pygmies*, 85.
[215] JAI, XII, 355.
[216] Bishop, *Korea*, 341.
[217] *Globus*, LXXVIII, 263.

리를 듣는다. 그녀는 동서들과 교류하기 위해 특별히 선택한 특별한 이름을 그들에게 부여한다. 또 그녀가 시부모 앞에서 남편과 이야기하면 그것은 매우 커다란 무례함으로 간주된다.[218]

481. 예의범절에 대한 관습

나가 구릉지(the Naga Hills)의 한 원주민은 여성을 쏘는 경우를 제외하고 독화살을 쓰는 것은 옳은 일이 아니라고 영국인에게 말했다.[219] 팔라우 제도에서 그리고 모든 이슬람교도 사이에서는[220] 남편에게 부인의 건강에 대해 묻는 것은 모욕적인 행동이다. 그리고 누구나 자신의 부인의 이름을 발설한 사람을 막대기나 돌로 때려도 좋다. 단 칼 같은 날이 있는 무기를 써서는 안 된다. 여성은 극단적인 형식성에 따라 취급되었다. 목욕하는 여자를 놀라게 하는 남자는 벌금을 문다. 그러나 이런 일은 잘 일어나지 않는다. 왜냐하면 남자들은 목욕 장소에 가까이 갈 때 경고의 소리를 내기 때문이다.[221] 독일령 멜라네시아에서 손님은 비이텔(betel)[222]과 음식을 동시에 제공받는데 그는 즉시 그중 약간을 주인집 사람에게 돌려준다. 음식에 독이 들어가지 않게 하려는 것이다.[223] 중앙아메리카 인디언은 유럽인의 빠른 행동과 큰 소리로 말하는 습관에 충격을 받았다. 그리고 그것은 가정교육을 제대로 받지 못했거나 유럽

---

[218] 위의 책, LXXXII, 192 이하.
[219] JAI, XI, 199.
[220] Pischon, *Der Einfluss des Islam auf das Leben seiner Bekenner*, 17.
[221] Kubary, *Die Socialen Einrichtungen der Pelauer*, 73, 90.
[222] (옮긴이 주) 후춧과의 식물 이름으로서 '구장(蒟醬)'을 가리킴
[223] Pfeil, *Aus der Südsee*, 48, 74.

문화가 천박하다는 사실을 보여주는 것이라고 생각했다. 어떤 부족은 노래하는 것을 금지하는데, 그들은 노래하는 것은 취했다는 표시라고 생각한다.[224] (코카서스의) 오세트족(the Ossetin)[225]은 다른 사람이 있을 때 특히 노인이나 자신의 부모가 옆에 있을 때는 아이를 품에 안거나 달래주거나 하지 않는다. 만약 그렇게 한다면, 아무도 그와 악수하려 하지 않으며 누구든 그의 얼굴에 침을 뱉어도 아무 문제가 없다. (같은 지역의) 투신족(the Tushins)은 타인이 있을 때 남편이나 부인, 부모나 아이에 대해서 애정표현을 하지 않아야 예의 바르다고 간주한다. 특히 아들에게 애정표현을 하는 것은 예의에 크게 어긋난다.[226] 오세트족 남자는 약혼녀를 은밀하게만 그리고 우연히 또는 그의 친척의 집에서만 볼 수 있다. 그에게 약혼녀의 건강 또는 언제 결혼식을 올리는지 묻는 것은 큰 모욕이다. 결혼한 여자는 남편이나 남자 친척을 이름으로 불러서는 안 된다. 만약 그렇게 하면, 다른 여자들이 그녀를 비웃을 것이다. 같은 지역 다른 사람들도 이와 유사한 지나친 규칙이 있다. 아르메니아 여자는 결혼 후에 베일을 쓴다. 그녀는 남편, 자매 또는 어린아이 이외에는 누구와도 이야기해서는 안 된다. 그녀는 시부모에게 대답할 때 신호를 사용한다. 그녀의 남편은 타인들 앞에서 그녀의 이름을 불러서는 안 된다. 체르케스족(Cherkess)[227] 부인은 밤에만 남편과 말할 수 있다. 낮에 남편이 그녀의 방에 있는 것은 예의에 어긋난다고 간주된다. 또 부부가 집 밖에 함께 나다니거나 서로 말하는 것을 남에게 보이는 것은 예의에

---

[224] *Globus*, LXXXVII, 129, 130.
[225] (옮긴이 주) 코카서스 지방에 사는 이란어를 사용하는 한 민족 집단의 이름이다. 현재의 인구는 약 70만 명을 헤아리며 여러 국가에 나뉘어 살고 있다.
[226] Darinsky in *Zeitschrift für vergleichende Rechtswissenschaft*, XIV, 189.
[227] (옮긴이 주) 코카서스 북부지역에 사는 민족.

어긋난다. 조지아인 사이에서 갓 결혼한 여자는 아이를 낳을 때까지는 시부모나 시동생에게 말을 해서는 안 된다. 아이가 없는 부인은 남편과 남편의 가족 그리고 심지어 타인에게도 존경을 받지 못한다.[228] 다린스키(Darinsky)의 설명에 따르면 그 공동체는 남자보다 여자가 부족했고, 비싼 값을 주고 아내를 사들이곤 했다. 그런데 이제 남자 한 사람이 부인 한 사람과 자신만의 아이를 얻게 된다면, 그는 기존 질서에 죄를 짓는 것이다. 그는 부유한 것이 틀림없고, 가난한 동족들을 곤경에 처하게 한 것이다. 동족들은 그를 질투하고 괴롭힌다. 이를 피하려고 그는 자신의 부인과 아이에 대한 관계를 숨기거나 짐짓 모르는 체한다.

482. 예의범절에 대한 이슬람 율법

무함마드의 율법 제정은 대체로 그 당시 아랍에 임박해 있었던 개혁과 혁신을 달성하는 데 놓여 있었다. 그가 자신의 고유한 개념을 도입하려고 모레스를 변화시켰을 때, 그는 실패했다. 그는 폭력적이고 과도했던 장례 관습을 종식시키려고 여러 번 시도했다. 당시 장례식에서는 큰소리로 통곡하기, 옷과 가구를 망가뜨리기, 장례식장 담벼락과 사람의 얼굴을 검게 칠하기, 턱수염 깎기 등을 행했다. 이 관습을 종식시키려는 그의 시도는 성공하지 못했다. 그것은 아주 오래된 대중적인 관습이었고 계속 유지되었다.[229] 남자든 여자든 모든 이슬람교도는 머리를 덮지 않으면 예의에 어긋난다.[230] 그들은 존경을 표하려고 맨발로 다니

---

[228] *Russian Ethnography: The Peoples of Russia* (russ.), 219, 225, 291, 340, 355, 358.
[229] Von Kremer, *Kulturgeschichte des Orients unter den Chalifen*, II, 250.

다. 이것은 셈족의 관습이었고 지금은 근동지역의 관습이다.[231] 로버트슨 스미스(Robertson Smith)[232]의 생각에 따르면 맨발로 다니는 것이 예절이 된 이유는 신발이 페니키아의 신성한 복장에서 그랬듯이 면으로 만든 것이 아니라면 세탁할 수 없었기 때문이다. 이슬람 율법에 따르면 이방인은 어떤 사람의 부인을 보거나 그들의 목소리를 들으면 안 되었다. 집에 돌아온 여행객은 밤에는 자기 집에 들어갈 수 없다. 같은 성 사람끼리도 허리와 무릎 사이 신체 부위를 어떤 경우에도 서로에게 드러내서는 안 된다. 코란[233]은 여성이 신체 부위를 가리는 데 대한 그리고 예절 바른 신체의 움직임과 동작에 대한 정교한 규칙을 담고 있다. 단정함, 조심스러움 그리고 질서는 종교적인 의무이자 동시에 아름다움을 유지하고 증진하는 방법이다.[234] 아랍인에게는 목 뒤를 맞는 것이 얼굴을 맞는 것보다 더 치욕스러운 일이다.[235] 남자가 이슬람 여인의 얼굴을 쳐다보는 것은 실례이다. 밤베리(Vambery)가 어떤 귀부인과 이야기하다가 눈을 들어 그녀의 얼굴을 보았을 때, 그 부인은 예절 바르게 행동하라고 단호하게 말했다.[236]

483. 모자를 쓰지 않은 여자들

머리를 노출하지 않는 이슬람 율법과 대조적으로 기독교의 규칙은

---

[230] 위의 책, 215.
[231] 출애굽기 3장 5절; 여호수아 5장 15절.
[232] W. R. Smith, *Religion of the Semites*, 453.
[233] 코란 24장.
[234] Tornauw, *Das Moslimische Recht*, 86.
[235] Burckhardt, *Arabic Proverbs*, 1.
[236] *Sittenbilder aus dem Morgenlande*, 16.

남자들은 교회에서 머리를 덮지 말아야 하고 여자는 덮어야 한다고 규정한다. 1905년 영국 콘월의 뉴케이(Newquay)에 있는 크랜스톡(Cranstock) 교회는 "많은 여자가 모자 없이 나다니면서 감히 머리에 존경이나 겸손의 표지 없이 하나님의 집에 드나드는 불손함을 저지른다"는 이유로 폐쇄되었다. 같은 해에 모자를 쓰지 않은 여자는 대성당에 들어 올 수 없다는 규칙이 캔터베리에서 채택되었다. 이 규칙에 대한 이유나 근거는 코린토 신자들에게 보낸 첫째 서간 11장 4~7절에서 찾을 수 있다고 한다. 한 미국 교회신문은 그런 규칙은 더운 지역에 있는 여러 미국 교회를 텅 비게 만드는 데 일조할 것이라고 썼다.[237] 1905년 8월 17일 애즈버리 파크(Asubury Park)의 한 목사는 모자를 쓰지 않고 교회에 오는 여자들을 비난했고 또 교구 대주교가 성직자에게 "머리를 드러낸 여자들은 신성한 건물에 들어와서는 안 된다"는 규칙을 신자들에게 강요하도록 요구했다고 말했다. 예루살렘에서 러시아 출신 유대 여자들은 미사포를 쓰지 못하는 대신 가발을 쓴다. 그것은 머리를 덮지 않음으로써 그들의 머리를 "멸시"하지 않기 위함이다.[238]

484. 예의범절의 규칙들

북아프리카 카빌족(the Kabyles)은 호전적이지만 정치적 조직화는 별로 되어 있지 않다. 그들은 이슬람이기는 하지만 자선에 사용할 성스러운 선물에 관한 이슬람 율법을 교묘히 이용하여 여성의 재산권에 대한 그들 자신의 오래된 모레스를 유지하고 있다. 이슬람 율법은 여성의 재산

---

[237] *The Churchman*, 1905년 9월 2일 자, 343.
[238] Goodrich-Frear, *Inner Jerusalem*, 57.

권을 인정하지 않는다. 신부는 시집갈 때 흑인이 노새의 등에 올려 태운다 - 만약 그 마을에 흑인이 있다면 말이다. 남자아이가 태어나면 큰 기쁨이 되고 산모는 축하를 받고 치장을 받는다. 여자아이가 태어나면 침묵이 있을 뿐이다. 장이 서는 날이 아닌데 동물을 잡고 그 고기를 먹는 사람은 벌금을 내야 한다. 왜냐하면 이웃들이 고기를 구할 수 없을 때 고기 먹는 모습을 보이는 것은 이웃에게 고통을 줄 것이기 때문이다.[239] 카빌족은 성적인 예절과 언어의 단아함에 관한 매우 엄격한 규칙이 있다. 여자 앞에서 예의에 어긋나는 행동을 하는 것 또는 여자인 친족을 대동한 어떤 남자의 예의 없는 행동은 가중 처벌을 받는다. 부인이 옆에 있으면 빚쟁이가 남편에게 폭력을 행사하지 못한다. 여자의 존재는 일반적으로 평화와 예절을 강요한다.[240] 자기가 이야기하고 있는 남자에 대한 존경의 표시로서 투아레그 여자들은 그에게 등을 돌리고 옷깃을 입 근처까지 당겨 올린다.[241] 칼무크족(the Kalmucks)은 허리끈을 매지 않은 남자는 전혀 옷을 입지 않은 것으로 간주한다. 남자는 결코 허리끈을 매지 않고 나이든 노인들 앞에 나서지 않는다.[242]

485. 힌두교의 화장실 의례

고대 힌두교의 관습에 따르면 동생은 모든 일에서 형에게 양보해야

---

[239] 이 설명은 분명 후대의 합리화의 산물이다. 그 규칙은 셈족의 매우 오래된 규칙이며 희생제의와 공동식사 간의 유서 깊은 연결에 기인한다. W. R. Smith, *Religion of the Semites*, 283.

[240] Hanoteau et Letourneux, *La Kabylie*, II과 III, 190, 237, 240.

[241] Duveyrier, *Les Touaregs du Nord*, 430.

[242] *Russian Ethnography: The Peoples of Russia* (russ.), II, 445.

한다.²⁴³ 브라만들은 용변과 관련된 모든 행동에서 오직 왼손을 사용한다. 그들은 그런 행동 모두에 매우 정교한 의례가 있으며, 그런 의례를 지키지 않는 유럽인이 있으면 자신의 집이 더럽혀진다고 생각한다. 그들은 집에 들어오면 신발을 벗는데, 이는 가죽이 더러운 것이기 때문이다.²⁴⁴ 어떤 집 여자들을 언급하거나 그들의 안부를 묻는 것은 예의가 아니다. 어떤 여자가 사람들 앞에서 남자의 팔을 잡으면 그녀는 그의 연인으로 간주된다. 여성에 대한 헌신은 결코 표현되지 않는다. 부인은 그런 표현을 자신에 대한 무시이며 다른 급의 여자에게나 하는 일이라고 생각해서 싫어한다. 첩, 무희 그리고 창녀들만 글과 노래 그리고 춤을 배웠다. 정숙한 여자는 글을 읽을 줄 안다는 데 수치심을 느낄 것이다. 브라만들은 유럽인이 손수건을 사용하는 것을 혐오스러운 일로 생각한다. 마치 유럽인이 힌두교도가 맨손으로 밥을 먹는 것을 혐오스러운 일로 생각하듯이 말이다. 힌두교도는 작은 나뭇가지로 이를 닦으며 매일 새 나뭇가지를 쓴다. 그들은 유럽인이 동물 털로 만든 솔로 이를 닦으며 계속 똑같은 솔로 이를 닦는다는 데 경악한다. 또 이를 닦았다가는 지옥에 떨어질 각오를 해야 하는 날들이 있다. "침은 세상에서 가장 더러운 것이다."²⁴⁵ 머리를 자르는 것은 여자에게 가장 심한 격하이며 모든 시련 중에서 가장 참혹한 것이다. 힌두 여자는 원래의 머리를 잃으면 결코 가발을 사용하지 않는다.²⁴⁶ 여자들은 안전하고 공적으로는 존경스럽게 대우받는다. 명예로운 힌두교도는 지나가는 여자의 발목보다 더 위를 바라보아서는 안 된다.²⁴⁷ 그는 여자에게 접촉해서도

---

²⁴³ Holzmann, *Indische Sagen*, II, 267.
²⁴⁴ Monier-Williams, *Brahmanism and Hinduism*, 396.
²⁴⁵ 위의 책, 376.
²⁴⁶ 위의 책, 375.

안 된다. 많은 남자와 여자가 만나면, 예를 들면 여행 등에서, 그들은 서로의 옆에 누워도 예의에 어긋나지 않는다.[248] 인도에서 술을 맛본 적이 있는 사람은 100명 중 한 명도 되지 않는다. "그러나 힌두교의 거지는 효모가 들어간 빵 또는 자신의 계급이나 자신보다 높은 계급의 힌두교도가 아닌 사람이 구운 빵을 먹어서는 안 된다."[249] 북동부 인도의 안가미족(the Angharmi)은 어떤 여자가 머리를 뒤로 묶을 수 있을 정도가 되기 전에 아이를 낳는 것을 불명예라고 생각한다. 그런데, 결혼할 때까지 여자들은 삭발을 하고 지낸다. 그러므로 부부는 신부의 머리칼이 자랄 때까지, 결혼한 후 1년간 별거한다.[250]

현대 이집트인은 한 남자가 "어떤 여자의 특징이나 인물에 대해서 (예를 들면 그녀는 코가 곧다든지 눈이 크다든지 등등) 그 여자를 보아서는 안 되는 다른 남자에게 묘사하는 것"[251]은 부적절한 일이라고 생각한다. 현대 시칠리아 농부들은 무도회에서 남자는 남자와 여자는 여자와 춤을 춘다. "왈츠에서 남자가 팔을 여자의 허리에 감는다는 그런 생각은 천박하다고 생각된다."[252]

486. 예의범절에 대한 그리스의 규칙

나우시카는 난파한 선원들이 도움이 필요했을 때 그들이 제대로 옷

---

[247] Nivedita, *Web of Indian Life*, 14.
[248] Dubois, *Mœurs de l'Inde* (1825), II, 280, 329, 332, 334, 441, 476, 480.
[249] Nivedita, *Web of Indian Life*, 11.
[250] JAI, XXVII, 27.
[251] Lane, *Modern Egyptians*, I, 265.
[252] Alec-Tweedie, *Sunny Sicily*, 265.

을 걸치지 못하고 있다는 사실을 무시했다. 그러나 그녀는 선원들에게 예의범절의 완벽한 규칙을 따르도록 강요했다.[253] 그리스 비극에서 정중하고 예의 바른 여성의 행동은 자제, 물러섬, 주저함 등으로 특징지어진다. 그들은 젊은 남자들과 공공연히 이야기해서도 남자들의 시선에 자신을 노출해서도 안 되었다. 그들은 흐트러진 머리와 옷차림으로 거리에 나가거나, 시골길을 쏘다니거나 구경거리를 보러 달려가면 안 된다. 클리타임네스트라(Clytemnestra)[254]는 이피게네이아(Iphigenia)에게 만약 그녀가 만약 그럴 수 있고 또 그녀의 목적을 달성할 수 있다면, 단지 목적을 달성하기 위해서 아킬레우스와 약혼하라고 말했다. 이피게네이아는 그녀의 혼담이 깨진 것을 수치스러운 일로 생각했다.

487. 에라스뮈스의 규칙

에라스뮈스는 청년들, 자신의 학생들을 위해서 예절 책을 썼다. 그는 이를 닦아야 하지만 이를 분말(powder)로 희게 만드는 것은 여자들이나 하는 짓이라고 말했다. 그는 아침에 한 번 입을 헹구는 것보다 더 자주 입을 헹구는 것은 지나치다고 생각했다. 또 뒷짐을 지고 걷는 것은 게

---

[253] *Odýsseia*, VI, 285.
[254] (옮긴이 주) 그리스 신화의 등장인물. 스파르타의 왕인 틴다레오스와 그의 부인 레다 사이에서 태어난 딸이다. 미케네의 왕인 아가멤논의 아내이자 절세미인인 헬레나의 자매이다. 자식으로는 이피게네이아, 오레스테스, 엘렉트라, 크리소테미스가 있다. 그녀는 아가멤논이 이피게네이아를 희생시켜 트로이 전쟁에 출정하는 데 필요한 바람을 일으키려 했기 때문에 그를 미워했다. 아가멤논이 트로이전쟁에서 돌아온 후, 클리타임네스트라는 정부인 아이기스토스와 함께 그를 살해했다.

으르고 파렴치한 짓이라고 생각했다. 팔짱을 끼고 앉아 있거나 서 있는 것은 좋은 예절에 속하지 않았다. 비록 몇몇 사람은 그것을 군인답다고 생각했지만 말이다.[255]

488. 식사

식사(eating)는 예의범절의 규칙에서 특히 중요한 영역이다. 멜라네시아와 폴리네시아에서 남편과 그 부인은 어느 정도 서로에게 낯선 사람으로 남는다. 그들은 서로 떨어져서 삶을 영위한다. 여자는 자신의 숙소, 식량, 일 그리고 재산을 따로 갖는다.[256] 남자와 여자가 서로 식사하는 것을 보면 안 된다는 규칙이 확립된 것은 아마도 그 결과이다.[257] 중앙아프리카의 바루아족(the Varua)은 술을 마시는 동안 얼굴을 천으로 가린다. 그것은 남이 특히 여자가 보지 못하게 하려는 것이다.[258] (뉴헤브리디스의) 타나에서 여자는 남자가 '카바(kava)'를 마시는 것을 봐서는 안 된다.[259] 안다만 제도에서 남자는 늙기 전에는 자신의 가족에 속한 여자를 제외하고는 어떤 여자와도 함께 식사를 해서는 안 된다. 미혼자는 남자는 남자끼리 여자는 여자끼리 따로 식사한다.[260] 고대 셈족 사이에서 남자는 그의 아내 및 아이와 함께 식사하지 않는 것이 관습이

---

[255] *Libellus Aureus de Civilitate Morum Puerilium*, I, 1, 3, 5, 52, 54.
[256] JAI, XXIV, 231.
[257] 크롤리(Crawley)가 사례의 목록을 제시하고 있다(JAI, XXIV, 435).
[258] 위의 책, 433.
[259] *Australian Association for the Advancement of Science: Fourth Meeting, at Hobart, Tasmania*, 1892, 660.
[260] JAI, XII, 344.

었다. 북부 아라비아에서는 "어떤 여자도 남자 앞에서 식사하려 하지 않는다." 어떤 남부 아랍인들은 "여자 손에 있는 음식을 받아먹기보다는 차라리 죽기를 원한다."[261] 또한 거기서는 먹는 모습을 아무에게도 보이지 않아야 한다는 것이 일반적인 생각이다. 바카이리족(the Bakairi)은 식사하는 것을 보거나 남에게 보이는 것을 부끄러워한다.[262] 북부 아비시니아에서 사람들은 식사할 때 숨는다. 결혼 피로연에서 손님은 4명에서 6명 정도의 그룹으로 나뉜다. 이들은 따로 식사를 하며, 각 그룹 사이에 큰 천을 쳐서 가린다.[263] 로앙고(Loango)[264]의 왕은 먹거나 마실 때 입을 어떤 천으로 가린다. 이는 아무도 그가 먹거나 마시는 것을 봐서는 안 된다는 고대적 규칙을 지키려는 것이다.[265] 수단인들은 자신이 식사하는 모습을 누군가가 보면 병들거나 죽게 된다고 생각한다.[266] 힌두교도도 식사할 때 누가 보는 것을 좋아하지 않는다. "나는 가장 천한 계급에 속하는 사람을 제외하고는 어떤 조리 음식을 준비하거나 먹고 있는 힌두인을 한 명도 본 적이 없다."[267] 만약 낮은 계급에 속한

---

[261] W. R. Smith, *Religion of the Semites*, 279.
[262] *Berlin Museum*, 1888, 66.
[263] Bent, *Ethiopia*, 32.
[264] (옮긴이 주) 로앙고 왕국은 19세기 제국주의 시대 이전에 존재한 아프리카의 한 국가이다. 16세기에서 19세기까지 현재의 콩고공화국 서부지역에 존재한 것으로 추정된다. 주로 유럽에 구리를 수출했고, 옷감을 생산하고 수출했다. 영국의 여행가 앤드류 바텔(Andrew Battel)은 1610년 당시 이곳을 지배하던 왕(그의 이름은 미상)의 선왕이 "젬베(Gembe)"였다고 기록하고 있다. 1787년 왕 부아투(Buatu)가 죽고 난 후 누가 왕위를 이어받았는지 불확실하다. 이 왕국은 유럽의 열강들이 베를린 조약(1884~1885)을 통해 중앙아프리카를 분할했을 때 소멸된 것이 분명하다.
[265] Bastian, *Loango-Küste*, I, 262.
[266] Junker, *Reisen in Afrika, 1875~1886*, I, 156.
[267] Monier-Williams, *Brahmanism and Hinduism*, 128.

남자가 음식이 조리되고 있는 부엌에 들어서면 그 음식은 모두 버려야 한다. 그렇게 오염된 음식을 먹으면, 그것은 식사하는 사람의 영혼과 몸을 더럽힐 것이고 길고 고통스러운 속죄를 받게 만들 것이다. 슈바너(Schwaner)[268]는 다야크족이 식사를 막 시작할 때 "단정하게" 손을 모은다고 보고한다. 이러한 다양한 모습을 완결 짓기라도 하듯 우리는 한 종족의 사례(카판족(Kafans))를 발견한다. 이들은 법적인 증인, 즉 합당한 권위가 있는 같은 종족의 성인이 입회한 자리에서만 식사를 하거나 음료를 마실 수 있다. 족장에게는 증인의 의무를 이행하는 노예가 있다. 만약 족장이 약을 먹어야 한다면 밤이라도 그 노예를 부른다. 이방인은 이 규칙에 따라야 한다. 부부는 하나의 접시나 컵으로 함께 먹거나 마셔야 한다. 이 규칙을 어기는 것은 이혼 사유가 된다.[269] 은밀하게 식사하는 것에 관한 규칙이 왜 있는지 가장 잘 설명하는 것은 흉안에 대한 두려움 즉 음식에 마법을 걸지도 모르는 배고픈 사람의 질투 어린 또는 경탄하는 눈에 대한 두려움이다.

489. 입맞춤

입맞춤(kissing)도 예의범절의 특수한 규칙을 보여주는 사례이다. 중국과 일본에서 입맞춤은 혐오스러운 일로 간주된다. 폴리네시아인, 말레이인, 흑인 그리고 남미 인디언은 입맞춤을 모른다.[270] 이들은 그 대신 코를 서로 비비거나 깨물거나 냄새를 맡는다. 또한 한 사모아 소녀에

---

[268] *Borneo*, II, 168.
[269] Paulitschke, *Ethnographie Nordost Afrikas*, I, 248.
[270] Martius, *Ethnographie und Sprachenkunde Amerikas zumal Brasiliens*, 96.

대한 보고에 따르면, 그녀는 "입맞춤하는 것을 혐오스럽게 바라본다."²⁷¹ 무엇이 유쾌하고 무엇이 혐오스러운가에 대한 판단에서 종족에 따라 그토록 차이가 있는 것이다! 유럽 중세에서 입맞춤 관습은 매우 널리 퍼져있었다. 신참자는 키스로 영접을 받았다. 또한 춤출 때 파트너들도 그렇게 인사했다. 한 주교는 합스부르크 왕가의 루돌프 왕의 왕비에게 키스했다. 그러나 그는 루돌프가 사망할 때까지 추방되었다.²⁷² 15세기의 한 설교에 따르면 프랑스 상류층 한 숙녀는 그 당시 미사 중에도 사람들에게 불편을 끼치면서까지 일어나곤 했는데, 그것은 그때 교회에 들어서는 기사에게 입 맞추기 위해서였다.²⁷³ 15세기와 16세기에 입맞춤의 관습은 더 일반적인 것이 되었다. 그러나 그에 대한 논쟁은 이 관습이 과연 마땅한 것인지 어느 정도 의심이 있었음을 보여준다. "모레스가 철학에 승리했다."²⁷⁴ 근대에 유럽인들은 반(半) 문명화된 그리고 야만적인 민족에게 입맞춤의 관습을 가르쳤다. 예를 들어 호텐토트족(Hottentos)은 유럽인을 모방하려는 일념으로 이 관습을 채택했다.²⁷⁵

490. 정중함, 에티켓, 매너

정중함(politeness), 공손함(courtesy) 그리고 좋은 매너(good manners)는 용례이지만, 어떤 민족의 특성 일부가 될 때는 모레스의 수준으로 격상된다.

---

²⁷¹ Becke, *Pacific Tales*, 179.
²⁷² Denecke, *Anstandsgefühl in Deutschland*, VII.
²⁷³ Lenient, *La Satire en France au Moyen Age*, 310.
²⁷⁴ De Maulde la Clavière, *Femmes de la Renaissance*, 320.
²⁷⁵ *Globus*, LXXXV, 80.

왜냐하면 그럴 때 용례는 모든 사회적 관계에 영향을 미치는 특징적 기질을 만들어내기 때문이다.[276] 문명화되지 못한 민족은 종종 인사, 방문, 모임, 연장자에 대한 에티켓 규칙에 꼼꼼한 관심을 기울인다. 그 모든 규칙이 지시적이고 어떤 토론이나 예외도 허용하지 않기에 그것은 어떤 사회적 의례를 구성한다. 이 의례는 반드시 그런 것은 아니지만 어떤 정서와 감정을 교육한다. 정중함과 에티켓의 기능은 모든 사회적 접촉에서 일이 순조롭게 진행되게 하기 위해 존재하는 것이다. 동양인은 이러한 영역에서 매우 철저한 훈련을 받는다. 그들에게는 수천 년 실행되어온 좋은 매너의 체계가 있다. 중국의 『예기(禮記)』는 기원(紀元) 초기까지 거슬러 올라간다. 그것은 삶의 모든 일에서 똑바른 행동이 무엇인지에 관한 정교한 교과서이다. 이 책은 중국에서 세부적인 삶의 양식을 제외하면 보편적으로 적용되며, 자신이 가르치는 규약의 가치 그리고 관습의 용법을 보여준다. 중국인과 일본인은 모레스에 의해 통제되는 행위와 사회적 접촉의 모든 문제에서 잘 훈련된 민족이다.

이제부터 주의해야 할 것은 앞으로 언급할 규약은 성 모레스에서 더 멀리 떨어져 있다는 것이다.

491. 좋은 매너

안다만 제도의 모든 계층 사람들은 어린아이, 노약자 또는 불쌍한 자에 대해 아주 많이 고려한다.[277] 어떤 백인이 치타공 구릉지에서 어떤

---

[276] *American Anthropologist*, III, 201에 있는 Mallory의 언급을 보라.
[277] JAI, XII, 93.

원주민에게 술을 주었다. 원주민은 그중 얼마간을 먼저 여자들에게 주어야 한다고 고집했다. 그러나 여자들은 몇 차례 강권을 한 뒤에야 비로소 그것을 마셨다.[278] 사모아인은 매우 세련된 매너를 가지고 있다. 그들에게는 존대법이 있다.[279] 마다가스카르의 베칠레오족(the Betsileo)은 족장의 가옥, 이 가옥에서의 적절한 행동거지 그리고 그곳의 가재도구에 대해서 세심한 에티켓을 가지고 있다. 또한 다른 사람에게는 말할 수 없고 오직 족장에게만 말할 수 있는 단어도 존재한다.[280] 동아프리카에서 족장에 대한 에티켓을 위반하면 즉석에서 엄격하게 처벌된다. 때로는 사형을 하기도 한다.[281] 많은 아-잔데인(A-Sande)[282]은 족장의 아내에게 무심코 던진 말 때문에 손가락이나 생명을 잃었다.[283] 시베리아의 퉁구스족에게는 매우 많은 관습적인 정중함이 있어서, 랭겔(Wrangell)은 이들을 "툰드라 지대의 프랑스인"이라고 불렀다.[284] 야쿠트족은 가난한 손님에게 큰 고깃조각을 주고 부유한 손님에게 작은 조각을 주는 것은 매너에 어긋난다고 생각한다. 그들의 규약에 따르면 올바른 예의범절은 그 반대로 행해야 한다.[285] 푸에고족(the Fuegians)[286] 남편은 부인에게

---

[278] Lewin, *Wild Races of Southeastern India*, 311.
[279] *Australian Association for the Advancement of Science: Fourth Meeting, at Hobart, Tasmania*, 1892, 630.
[280] JAI, XXI, 223.
[281] 위의 책, XXII, 119.
[282] (옮긴이 주) Azande라고도 표기된다. A는 잔데 언어에서 복수를 나타내는 접두어이다. 잔데족은 중앙아프리카 북부에 거주하는 민족 또는 부족 집단이다.
[283] Junker, *Reisen in Afrika, 1875~1886*, II, 481.
[284] Hiekisch, *Tungusen*, 68.
[285] Sieroshevski, *Yakuty*, (*russ.*), I, 440.
[286] (옮긴이 주) 푸에고족은 남아메리카 남단의 군도(Tierra del Fuego)에 거주하던 세 토착 부족 중 하나이다. 영국에서 이 단어는 원래 이 지역에 거주하던 야간(Yaghan)족을 가리킨다. 스페인에서는 이 군도에 거주하는 모든 사람을 가리키

명령을 내릴 때 공손함의 표시로 '이 명령을 전하여라'라고 말한다. 그러나 사실 전할 사람은 없다.[287] 북아메리카 인디언 사이에서 남자와 여자가 같이 앉거나 쭈그리고 앉는 방식은 엄격하게 정해져 있다.[288] 새퍼(Sapper)가 중앙아메리카 인디언에 대해 말한 바에 따르면, 서양인이 그들에게 질문을 던질 때, 그는 아무런 답도 듣지 못하는데, 왜냐하면 에티켓이 요구하는 어떤 조건을 충족하지 못했기 때문이다. 그는 언젠가 여행길에서 케크치(Kekchi) 인디언에게 저기서 오고 있는 인디언에게 길을 물어보라고 말했다. 이것은 예의에 어긋났다. 왜냐하면 케크치 인디언의 에티켓에 따르면 일행 중 어떤 사람도 그런 질문을 해서는 안 되고, 오직 일행의 우두머리만이 질문할 수 있었기 때문이다.[289] 슈바인푸르트(Schweinfurth)[290]는 식탁 예절이나 식사예법에서 딩카족(the Dinka)이 터키인이나 아랍인보다 더 위에 있다고 평가한다. 모두 음식 그릇 주위 바닥에 비스듬히 기댄 자세로 앉는다. 손에는 모두 호리병박으로 만든 컵을 들고 있다. 그런데 그들은 이 원시적인 배치를 예의범절에 대한 지속적인 배려와 더불어 진행하고 있는 것이다.

492. 인사 등의 에티켓

선의를 표현하는 방식과 만남이나 방문의 에티켓은 예의범절의 제목

는 말로 사용된다.
[287] *Scribner's Magazine*, 1895년 2월.
[288] *Globus*, LXXIII, 253.
[289] *Globus*, LXXXVII, 128.
[290] *The Heart of Africa*, I, 157.

아래 다룰 또 하나의 커다란 영역이다. 어떤 것이 가능한가는 다음과 같은 보고문에 잘 나타나 있다. 잔치를 연 티베트의 한 주인장은 "우리에 대한 존경과 우리의 덕담에 대한 감사의 표시로 한쪽 발을 들고 혀를 끝까지 내밀었다."²⁹¹

493. 매너와 에티켓에 관한 문학

데네케(Denecke)²⁹²는 11세기 이래 좋은 매너의 자생적인 발전 과정을 문학작품을 통해 추적한다. 11세기에는 여자에 대한 공손함을 가르쳤다. 나중에 등장하는 여성 숭배는 아직 없었다. 그는 19세기까지 나온 책들을 언급한다. 이 책들은 각 시대의 변화하는 관념과 기준에 따른 좋은 매너를 가르쳤다. 13세기 후반 리히텐슈타인(Lichtenstein)의 『여성의 책(Frauenbuch)』 – 이 책은 여성의 매너와 도덕에 관한 지침서인데 – 은 이렇게 가르쳤다. 여자는 다가오는 기사에게 인사해서는 안 된다. 이는 기사가 이 여자가 나에게 호감이 있다고 추측하는 것을 방지하기 위해서이다. 여자는 수녀처럼 몸을 가려야 했다. 여자는 연회에 참가하지 않았고 맞이한 손님에게 키스하지 않았다. 여자는 축제의 바깥에 머물러야 좋은 평판을 유지했다. 그리고 기사들은 여자를 무시했다. 왜냐하면 기사들은 거친 쾌락, 음주, 사냥을 좋아했기 때문이다. 나중에 남자의 행실에 대한 규칙이 만들어졌다.²⁹³ 매너의 역사는 책에 나온 것이 결코 실제로 실행되지는 않았음을 보여준다. 예의 바르게 식사하는 기

---

²⁹¹ *Century Magazine*, 1904년 1월.
²⁹² *Anstandesgefühl in Deutschland*.
²⁹³ Denecke, XII.

술의 승리는 포크가 도입됨으로써 완성되었다. 그 이전에는 빵이 식사하는 데 쓰는 기구였다. 빵을 적절하게 다루는 데는 세련된 기술이 필요했다. 소금과 머스터드소스는 여전히 문제였다. 즉 칼을 쓸 것인가 아니면 손가락을 쓸 것인가? 각자는 자신의 칼을 가지고 다녔다.

494. 명예, 고상함, 상식, 양심

명예(honor), 상식(common sense), 고상함(seemliness) 그리고 양심(conscience)은 개인적 영역에 속하는 듯하다. 그것들은 사회적 환경의 영향 아래서 개인적으로 생산된 반응이다. 명예는 한 사람이 자기 자신에 대해 갖는 감정이다. 그것은 개인적인 특질이고 궁극적이고 개인적인 기준이다. 고상함은 자신의 특성과 기준에 어울리는 행동이다. 상식은 현재 통용되는 관점에서 보면 자연적 재능이며 보편적인 소양이다. 명예와 고상함에 대해서 대중은 각기 자신에 영감을 줄 원천을 소유하며 이것이 그를 인도해줄 것이라고 생각했다. 양심은 또 하나의 자연적인 또는 초자연적인 "목소리", 직관 그리고 모든 인간의 원초적인 재능 자체의 일부분으로 추가될 수 있다. 만약 이런 개념들이 검증될 수 있었고 참임이 증명되었다면 이들에 대한 논의는 여기서 필요치 않을 것이다. 그러나 명예에 관해서는 하나의 사실이 의심의 여지 없이 밝혀졌다. 즉 사회는 명예에 관한 규약과 기준을 정하는데, 이들은 자의적이고 비합리적이며, 개인적으로나 사회적으로나 편익을 주는 것들이 아니다. 이 사실은 많은 실험을 통해서 입증된 것이다. 이 규약들은 강제적이었고 지금도 강제적이다. 그리고 많은 사람이 그 규약을 받아들이고 복종했지만 사실 그들은 자신의 판단으로는 그것이 타당하다고 믿지 않았다. 이 규약들은 그 시대와 장소의 습속에서 나왔다. 그렇다면 그것은 항상 그렇지는 않았으리라는 의문이 생길 수 있다. 어쨌든 명예는 한 사람이 자신이 교육받은 집단에서 받아들인 자신에 대한 의무의 규약 이외의 다른 것이 아니지 않은가? 가족, 계급, 종교적 분파, 학교, 직업은 사회적 환경에 들어간다. 모든 환경에서 명예의 기준이 있다. 어떤 사람이 매우 독립적으로 자신의 개인적 권한에 따라 행위한다고 생각할 때, 그는 사실상 기껏해야 자신이 그 안에서 교육받은 여러 상이한 규약을 서로 조화시키려 하는 것일 뿐이다. 예를 들면 노동조합의 규약을 주일학교의 규약과, 학교의 규약을 가정의 규약과 맞추어 조정하고 있는 것이다. 우리가 "자연적"이며 보편적이라고 생각하는 것 그리고 우리가 객관적인 실재성을 부여하는 것은 사실은 여러 특성의 총합일 뿐인데, 이 특성들은 그 기원이 너무 멀고 또 너무 많은 사람과 공유하는 것이어서 언제 어떻게 갖게 되었는지 더 이상 알 수 없는, 그래서 그것을 채택한 합리적 이유를 기억할 수 없는 특성이다. 상식도 이와 마찬가지다. 상식은 우리가 자란 환경에서 제시된 것들을 무의식적으로 받아들임으로써 형성된, 사물을 보는 방식이다. 어떤 사람은 다른 사람보다 더 상식이 많은데, 왜냐하면 그들은 환경이 제시하는 것에 대해 더 순종적이고 또 강력하고 현명한 사람들에게서 판단 방법을 배웠기 때문이다. 양심도 한 사람의 인성에서 가장 원초적이고 심원하며 확실하고 권위적인 입장을 갖는 행동 원칙들의 총합으로 설명하는 것이 가장 적절한 듯하다. 그러나 이 행동 원칙에 대해서는 끊임없이 의심과 질문을 하게 된다. 이런 생각이 수용된다면 감히 말하건대, 명예, 상식, 양심에서 습속의 다른 현상 형태들을 보며, 그리고 철학과 윤리학이 말하는 – 소위 인간 외부의 어떤 것에서 그리고 지상의 조건 아래 잘 살려고 애쓰는 인간의 노력 외부에서 유래한다는 – 영원한 진리라는 개념들은 신화이며 따라서 포기되어야 한다.

495. 고상함

명예, 상식 그리고 양심은 그 용어를 비유적으로 사용할 때를 제외하면 결코 집단에 대해서는 얘기될 수 없는 것이다. 고상함은 이와 다르다. 물론 고상함도 개인적인 특성이다. 그리고 명예나 예의범절보다 더 흐릿하고 정의하기도 더 어렵다. 개인은 혼자서 자신이 해야 할 또는 하지 말아야 할 것을 결정해야 한다. 그는 이러한 결정의 기준을 가장 가까운 사회적 환경에서 획득할 것이다. 그러나 고상함은 어떤 사회에 대한 서술어로 사용될 수 있다. 문명화된 국가는 고상하게 또는 고상하지 않게 행동할 수 있다. 즉 자신의 역사와 성격에 맞는 방식으로 행동할 수도 있고 또 그 반대로 행동할 수도 있다. 또 어떤 집단의 사람들은 조직화되지 않은 행동 속에서 비열한 동기에 복종하고 또 그들이 실제로 획득한 문화 수준에 미달하는 충동에 굴복할 수 있다. 그리고 그들이 행동 원리로 삼고 있다고 자부하는 정책들보다 더 편협한 정책에 굴복할 수 있다. 적어도 집단의 차원에서는.

496. 비열함(고상하지 않음, unseemliness)의 사례들

아시리아인은 난폭하고 잔인하고 호전적이고 냉정하다. 그들은 매우 딱딱한 돌에 새긴 잔인한 고문과 처형 그리고 대규모 학살의 그림들을 남겼다. 그것은 아마도 엄청난 노고가 필요한 일이었음이 틀림없다. 어떤 그림에서 왕은 죄수의 눈알을 뽑는다. 그림들이 드러내는 것은 정복욕, 복수의 기쁨, 폭압의 환희이다. 아슈르바니팔(Assurbanipal)²⁹⁴은 수사(Susa)를 점령한 후 엘람(Elam)의 오랜 영웅들의 묘를 파헤쳤다. 그 영웅들은 당대에 아시리아인에게 승리를 거둔 사람들이다. 그는 묘소를 더럽히고 기념물을 모독했으며 유골을 니네베(Nineveh)로 가져가 버렸다. 자신이 유골을 납치함으로써 영웅들의 망령이 고통받으리라 생각했다. 그리고 그들의 존재와 고통을 연장하는 데 필요한 만큼의 희생제물을 봉헌했다. 이러한 방책은 아시리아 왕의 원한을 충분히 풀기 위해 교의가 제시하는 바를 치밀하고 정교하게 수행한 것이었다.²⁹⁵ 바빌로니아인은 평화롭고 근면했다. 그러나 페르시아인은 고문과 고통스러운 처형 방식을 고안했는데, 거기에 거대한 사치와 방종을 악마적인 정교함과 결합시켰다. 호메로스가 사람의 행동을 고상한 것에 대한 취향과 판단이라는 관점에서 비판한 것을 살펴보면 매우 흥미로운 사실이 드러난다.²⁹⁶ 호메로스는 아킬레우스가 헥토르의 시신을 마차 뒤에 매달아 끌고 다닌 것은 비열했다고 생각한다. 호메로스는 신들도 그렇게 생각했다고 말한다.²⁹⁷ 그는 파트로클레스(Patroclus)²⁹⁸의 장례식에서 12

---

²⁹⁴ (옮긴이 주) 종종 Ashurbanipal 또는 Asurbanipal이라고도 표기된다. 그는 아시리아의 마지막 위대한 왕으로서 기원전 668~627 동안 다스렸고, 니네베에 고대의 중동에서 최초의 체계화된 도서관을 세웠다.

²⁹⁵ Maspero, *Peuples de l'Orient*, III, 436~439.

²⁹⁶ Keller 교수는 호메로스가 행동의 고상함을 판별하기 위해서 사용했던 여러 단어에 주목하라고 내게 요청하고 있다. 그가 보기에 그것은 옳음의 기준(standard of right)인 듯하다.

²⁹⁷ *Iliad*, XXII, 395; XXIV, 51.

²⁹⁸ (옮긴이 주) 아킬레우스의 가까운 친척이자 절친한 친구. 트로이 전쟁에서 헥토르에 의해 죽임을 당함으로써 전투 참가를 거부하고 있던 아킬레우스가 헥토르와의 결투에 나서게 만든 계기를 만들었다.

명의 트로이 소년을 불쏘시개로 사용한 것도 비난했다.²⁹⁹ 호메로스의 서사시에는 많은 비열한 행동이 기록되어 있다. 아킬레우스는 헥토르의 기도, 즉 자기 시신을 보전하고 돌려보내주기를 바랐던 그의 기도를 무시했고 자기가 쓰러뜨린 적의 신체 일부를 먹기를 바랐다. 그리스인들은 헥토르의 시체를 자신들의 무기로 절단했다.³⁰⁰ 아가멤논과 아이아스 오일레우스(Ajax Oileus)는 살해된 자의 머리를 잘랐다.³⁰¹ 오디세우스는 구혼자들의 친구가 되었던 열두 명의 하녀를 칼로 베라고 명령했다. 텔레마코스는 그들을 목매달았다. 구혼자들 편에 섰던 역적 멜란테우스(Melantheus)는 산 채로 조각조각 절단되었다.³⁰² 오디세우스는 에우리클레이아(Eurykleia)에게 이렇게 말한다. 죽은 자에 대해 환호하는 것은 잔혹한 죄라고. 하지만 영웅들은 종종 그렇게 했다고. 이 신조는 당시의 좀 더 개선된 감각을 표현한다. 그러나 정념이 고조되었을 때 이 신조는 그들의 자제력 한계를 넘어선 곳에 있었다. 올림포스의 가정사는 당시의 사회를 대변하는 것으로 간주되어야 한다. 다만 성 금기를 어기는 이야기는 예외이다. 이 이야기들은 자연적 과정의 신화적 표현이거나 과거의 모레스의 잔존물이다. 올림포스의 신들은 위엄, 도량 또는 도덕적 진지함을 보여주지 않는다. 그들은 질투, 시기, 손상된 자만, 원한, 증오 등의 비천한 감정을 갖는다. 그들은 증오와 불화로 분열되어 있다. 여신들은 경박하고 천박하다. 그들의 아버지와 남편들은 종종 그들이 경박하고, 어리석고, 반항적이고 고집스럽기 때문에 화를 낸다. 그러나 그들은 여신들이 여자이며 불평과 웃음을 매우 잘 이용한다는

---

²⁹⁹ 위의 책, XXIII, 164.
³⁰⁰ 위의 책, XXII, 338.
³⁰¹ 위의 책, XI, 147; XIII, 102.
³⁰² *Odýsseia*, XXII, 441, 447.

것을 기억해야 한다. 남신들은 여자들의 우아함과 매력에 매우 취약하다. 그들은 여자들을 아량으로 대하며 예뻐하고 또 경멸한다. 남자와 여자 간의 좀 더 고귀한 관계가 있음은 어느 정도 인지된다. 그러나 그것은 단지 일시적인 이상에 그친다. 여신들은 스스로 꾸민 음모와 어리석은 짓으로 어려움에 처한다. 그러나 그들은 처벌을 피하는 여자만의 특권을 최대한 이용한다. 그들은 남신들을 갖고 논다. 그것은 현대의 프랑스 소설을 생각나게 한다. 거기서 우리는 동일한 감정, 행동수칙 그리고 철학과 만난다. 신들의 역할은 무엇이었냐고? 그들은 잉여였고 무용하거나 짓궂다. 그러나 신학은 그들이 모든 것을 관장한다고 가르친다. 그들은 인간을 비열하게 다룬다. 아테나는 헥토르로 하여금 아킬레우스에 맞서도록 설득하여 죽게 하려고 데이포보스(Deiphobus)로 변신한다.[303] 그들은 꿈을 보내서 인간을 잘못된 길로 인도한다. 인간이 거기 대항해서 할 수 있는 일이 무엇이겠는가? 신들은 인간의 싸움에 개입하지만, 만약 사태가 불리하게 돌아가면 자신의 신으로서의 지위를 이용한다. 특히 패배에 대한 복수를 할 때 그렇게 한다. 거기에는 마음과 행동의 당당함이나 고귀함이 없었다. 신들이 이상화된 인간이 아님은 명백하다. 그들은 인간만도 못하다. 폰 데어 마치(Von der March)[304]는 이 신화 주인공들이 독일 서사시 영웅들보다 야만적이고, 잔인하며, 겁쟁이이고, 매수되기 쉬우며, 악의에 불타고, 허영심이 강하며, 허약하다는 증거를 수집했다. 여기서 중요한 것은 이 증거는 그리스인이 이렇게 묘사된 특성들이 드러내는 것을 넘어서는 고상함의 수준을 갖추지 못했으며 그래서 신들에게 그런 고상함을 부여할 수 없었다는 점

---

[303] *Iliad*, XXII, 226.
[304] *Völkerideale*, I, Chap. I.

이다. 그러므로 무엇이 올바르고 고상하고 적절하며 좋은 형식인가 하는 기준은 습속 또는 계급적 생활방식에 따른다는 사실을 알 수 있다. 왜 계급적 생활방식에 따르는가 하면, 고상함을 기르는 것은 오직 선택된 계급들뿐이기 때문이다. 고상함은 예의범절 중 가볍고 희미하며 덜 중요한 형식이다. 그것은 취향의 문제이며, 취향은 습속에 의해서 길러진다.

497. 그리스 비극과 고상함의 개념들

우리는 신의 섭리의 과정을 비판하는 것은 저열한 일이라고 생각한다. 그리고 그에 대해 어떻게 생각하든 비판하기를 꺼린다. 기독교는 이제 고통과 처벌로 강요되지 않기 때문에, 우리는 부정적 또는 파괴적 철학을 옹호하기 위해서 기독교를 공격하는 것은 저열하다고 생각한다. 기원전 5세기 그리스인은 이런 관념이 없었다. 그들은 신이 인간을 대하는 방식과 신의 악덕을 강하게 비난했다. 모레스들의 적대 관계가 신들의 적대 관계였다. 『에우메니데스』에서 가장 비극적인 결말은 외가와 친가의 모레스의 적대에서 나온다. 복수의 여신들[305]은 살해된 아버지의 복수를 위해 친어머니를 죽일 의무가 있다고 오레스테스에게 주장하지 않는다. 왜냐하면 복수의 여신들은 아들이 어머니의 혈통에 속한다고 여겼던 구식 체제에 속하기 때문이다. 그러나 새로운 체계의 신인 아폴로는 어머니를 죽이라고 명령한다. 혈통에 대한 새로운 교의는 널리 공표되어야 한다. "어머니는 아들을 생산하지 않는다. 어머니

---

[305] (옮긴이 주) 복수의 세 여신은 Alecto, Megaera, Tisiphone이며 자매다.

는 단지 깨어난 그 생명을 낳고 품을 뿐이다." [여기서 우리는 교의들이 어떻게 새로운 습속의 긴급성에 맞추어 사후적으로 발명되는가를 알 수 있다.] 오레스테스는 아폴로에게 복종하며 희생자가 된다. 그 명령이 신에게서 오는데, 인간이 어떻게 복종하지 않겠는가? 우리가 보기에 그것은 어떤 개인이 거대한 사회적 운동의 희생자가 되는 비극 일반의 단순한 사례이다. 『헤라클레스의 자손들(Herakleidæ)』에서 알크메네(Alcmena)는 포로를 죽여야 한다고 주장한다. 아테네의 왕은 생포된 자를 죽이면 안 된다고 명령한다. 전자가 우세했다. 아테네의 입장은 새롭고 고상했지만 아직 통용되지는 않았다. 『이온(Ion)』에서 이온은 제우스와 포세이돈에게 이렇게 말한다. '만약 이들이 저지른 모든 간통에 벌금을 매긴다면, 그들 신전의 모든 재물을 다 써야 할 판이다. 그들이 쾌락을 추구할 때 적절한 한도를 지키지 않은 것은 잘못된 행동이다. 단지 인간이 이런 신들을 모방할 때 그것을 두고 사악하다고 말하는 것은 공정하지 않다. 그들의 사악한 사례는 비난받아야 한다.' 『안드로마케(Andromache)』에서는 근친상간을 금하지 않는 야만인들의 습속에 대한 공포가 표현되어 있다. 『메데이아(Medea)』에서 사기꾼이자 불량배인 이아손(Jason)은 메데이아에게 그녀가 그리스에 와서 얻은 이득에 대해 장광설을 늘어놓는다. "그대는 정의가 무엇을 의미하는지 배웠고 또 야만적인 폭력이 아니라 법에 따라 사는 법을 배웠다." 그녀는 그것을 전혀 배우지 않았다. 오히려 그와 정반대이다. 『헤카베(Hekuba)』에는 그리스에서 손님을 살해하는 것은 불명예라고 나온다. 또 『타우리아 사람들 사이의 이피게네이아(Iphigenia amonst the Taurians)』에서는 그리스인이 그 반대 규칙의 희생자가 되려 할 때 그와 동일한 주장이 제시된다. '야만인'은 문화적인 범주였다. 그리스인이 된다는 것은 시장과 도시에서의 삶, 육체적 훈련 그리고 경기에 참여하는 것을 의미했다.[306] 이것들은 비의적 집단에 속하는 사람들이 언제나 좋아하는 그런 종류의 우월성을 드러내는 자의적 표지였다. 그러나 그리스 역사에 부끄러운 것이 너무 많아져 그리스인이 야만인과의 대조를 더 이상 얘기하지 않는 때가 왔다. 파우사니아스(Pausanias)는 크세르크세스(Xerxes)가 레오니다스(Leonidas)의 육체에 가한 모욕을 마르도니우스(Mardonius)의 시체에 갚아주어야 한다는 제안을 받았다. 그는 분연히 그 제안을 거부했다.[307] 전쟁의 오래된 법률에 의하면 패배한 자의 생명과 재산 그리고 그들의 부인과 아이들은 지배자가 마음대로 처리해도 좋다. 그러나 펠로폰네소스 전쟁이 시작되었을 때, 그리스인들은 이 법률은 적어도 그리스인 사이에서는 수치스러운 것이라고 느꼈다. 그래서 그리스인들이 그 전쟁에서 패배한 자들을 노예로 만들고 살해했을 때 그들은 자신의 더 선한 감정을 스스로 배반하는 죄를 저지른 것이었다. 이것이 죄가 된다는 것을 잘 알고 있었다는 사실은 기원전 427년 미틸레네(Mytilene) 사람들에게 아테네인들이 한 행동에서 알 수 있다. 처음에는 모든 성인 남성들에게 사형을 선고했고 여자와 아이들은 노예가 되어야 한다고 선고했다. 그러나 나중에 이 판결은 취소되었다. 이 전쟁의 법률이 지켜지지 않는 사례도 발생했지만 정복된 자들은 목숨을 건졌다. 아테네인들은 복수를 통해 그들 자신의 정념을 불태웠고 이 복수의 정념은 절실한 수치감이라는 급격한 반작용이 일어날 때까지 악화되었다. 리산드로스(Lysander)는 3천 명의 아테네인 포로를 아이고스포타미(Ægospotami) 전투 후에 사형에 처했다. 그것은 아테네인이 스파르타와 그 동맹국에 가한 야만적 행위에 대한 보복이었다. 동맹국들은 아테네에 전쟁의 법률을 적용하

---

[306] Burckhardt, *Griechische Kulturgeschichte*, I, 314.
[307] Herodotus, IX, 78.

고자 했지만 스파르타가 동의하려 하지 않았다. 그래서 새로운 전례를 세운 영예는 스파르타인에게 돌아갔다. 새로운 전례대로 하는 것은 리산드로스의 행동 이후 스파르타인의 의무가 되었다. 벨로흐(Beloch)는 과학이 기원전 4세기에 좀 더 위대한 인간성을 만들어냈다고 생각한다.[308] 그러나 비인간적인 방식으로 했을 때의 공포와 수치에 대한 지각 때문에 그렇게 되었다는 설명이 더 그럴듯하다. 그 후 수백 년 동안 고대 그리스 도시의 당파들은 다시 과도함, 원한의 감정, 복수 그리고 억압의 죄를 범했다. 이런 사례들은 저열함의 범주 아래 놓이게 되는데, 왜냐하면 그들은 어디에서 멈추어야 할지 감각이 없었음을 보여주기 때문이다. 이런 감각은 – 특히 민주주의의 정치적 행위에서는 – 가장 수가 많은 계급에 속한 사람들의 마음에 습속의 정신과 기질을 통해 형성된 결과임이 틀림없다.

498. 중세에서의 고상함

중세는 개인의 사적인 행동에서 고상함을 매우 중시했다. 특히 절제를 교육받아야 했다. 여자들은 의상, 자세, 걸음걸이, 언어, 목소리 그리고 태도에서 매우 세밀한 규칙을 지켜야 했다. 이러한 규제에서 중심이 되는 가치는 자제와 한계였다.[309] 그러나 공개적인 삶의 방식은 지독한 비열함이 특징이었다. 이러한 사례들은 매우 가치가 있다. 왜냐하면 이 사례들은 덕성이 희미하고 인위적이며 교육이나 법으로 적극적으로 도

---

[308] Beloch, *Griechische Geschichte*, I, 470, 594; II, 103, 107, 364, 441.
[309] Weinhold, *Die Deutschen Frauen in dem Mittelalter*, I, 159~168.

야할 수 있는 영역을 넘어서 있을 때라도 심각한 악덕들을 방지하려면 고상함의 감각이 얼마나 필수적인지 잘 보여주기 때문이다. 십자군이 이슬람 도시를 포위했을 때 그들은 야만적인 잔인성을 보여주었다. 신분 높은 사람과 요리사 한 사람 사이에 있었던 다툼이 전해진다. 신분 높은 자는 매우 극단적인 조치를 취했고 요리사는 요리사였기 때문에 치료도 돌봄도 받지 못했다.[310] 15세기에는 상스러운 행동에 대한 열망이 고조되었다. 사람들은 독일인들이 '촌뜨기(Grobian)'라고 부르는 인간형을 일부러 연출했다. 식사와 춤 등에서 일부러 거칠고 무례한 사람인 양 행동하는 방식이 등장했다. 이 유행은 1세기 이상 지속되었다. 1570년에는 거칠고 씻지 않고 기도도 하지 않으며 신성모독을 저지르겠다고 서약한 27명의 회원이 모여 모임을 만들었다. 취했을 때, 이 사람들은 질서와 품위를 완전히 벗어 던졌다.[311]

499. 비열한 논쟁

중세의 습속은 몽환적이고 엉뚱했다. 사람들은 전혀 현실성 없는 미래 세계에 주로 관심을 가졌다. 그들은 환상의 세계에 살았다. 이러한 환상들은 철학의 독단적 교의나 행동 지침 등의 형태로 권위에 의해서 사람들에게 주입되었다. 철학과 그 적용에 대해서 논의할 때 그들은 원한과 잔인함의 극치에 도달했다. 예를 들어 예수와 열두 제자가 자발적인 탁발 행각을 했는지, 예수의 피 중 일부가 아직 지상에 남아 있는

---

[310] Schultz, *Das Höfische Leben zur Zeit der Minnesinger*, II, 448.
[311] Denecke, *Anstandsgefühl in Deutschland*, XXI.

지, 죽은 자는 한꺼번에 하나님 앞에 서게 되는지, 혹은 그들은 오직 심판의 날에만 하나님 앞에 서는지 등등이 그들이 논쟁한 문제였다. 비열함은 토론의 방식에만 있었고, 주제의 불합리함에는 전혀 없었다. 그들은 모두 논쟁에 패배하거나 열세에 놓인 쪽이 화형당한다는 사실을 알면서도 논쟁을 벌였다. 그것이 게임의 규칙이었다. 종파와 분파의 모든 다툼은 비열한 방식으로 그리고 더러운 음모를 통해서 진행되었다. 통제, 한도, 적절한 한계가 없는 것은 현실성이 없기 때문이었다. 고문, 처형, 폭력적인 조치는 만약 고상함의 감각이 있었다면 모두 불가능했을 것이다. 처벌, 처형 그리고 공적인 오락들은 대체로 인간적이고 문명적인 취향을 가진 사람에게는 분노를 자아낼 만한 것이었다. 성전기사단원(Templars)[312]에 대한 처우는 그 단체를 폐지한 것이 훌륭한 정치적 수완이라는 점은 의심할 수 없더라도 엄청난 불법행위였다. 전체 기독교계의 면전에서 고문이 자행되었는데, 그것은 진리와 정의에 관계없이 기사단을 파괴하는 데 필요한 증거를 뽑아내기 위한 것이었다.[313] 십자군들은 엉뚱하고 또 몽환적이었으며, 수치스러운 무절제, 천박한 개인주의, 금전욕과 형편없는 신앙을 보여주는 사건들을 저질렀다. 판사들은 자신의 행동이 당시의 문명이나 그들의 국가가 표명한 가치들보다 비열한 것이라는 점을 인식하지 못했다. 이것은 16세기와

---

[312] (옮긴이 주) 성전기사단은 1139년 교황의 교서에 의해서 승인된 가톨릭의 군사적 수도회이다. 성전기사단은 1119년 설립되었고 1129년에서 1312년까지 활발하게 활동했다. 성전기사단의 비밀 가입예식에 대한 나쁜 소문이 나면서 불신이 생겨났다. 프랑스의 왕 필리프 4세는 기사단에 대한 통제력을 얻고자 이 기회를 이용했다. 1307년 그는 많은 기사단의 단원들을 체포하여 고문했고 거짓 고백을 하게 한 뒤 화형시켰다. 교황 클레멘스 5세는 필리프 왕의 압력에 못 이겨 1312년 성전기사단 활동을 금지했다.

[313] Lea, *A History of the Inquisition of the Middle Ages*, III, 238, 260, 319; Schotmüller, *Der Untergang des Templer-Ordens*, I, 625.

17세기에 있었던 마녀사냥에 대한 가장 놀라운 사실 중 하나이다. 근엄하고, 학식이 높으며 정진한 사람들이 어떻게 불쌍한 노파들을 계속해서 고문하고 화형에 처할 수 있었을까? 마녀를 화형에 처하기를 거부한 영국의 행정관은 17세기 말에 가서야 등장했다. 역사에서 가장 비열한 사건 중 하나는 루이 15세를 시해하려 했던 다미엥(Damiens)[314]을 처형한 일이다. 기독교계 제일가는 국가의 정부는 극단적인 형태의 고문을 많이 만들어냈고, 그 고문을 대중이 보는 가운데 범죄자에게 가했다. 미국 혁명에서 토리당에 대한 처리는 비열했다. 그것은 우리 역사에 깊은 오점을 남겼다.

500. 린치, 고문 등에서의 비열함

제도적으로 정해진 재판과 입증의 과정 없이 어떤 죄목을 씌워 사람에게 린치를 가하는 것은 비열한 짓이며, 우리의 시대와 문명에 걸맞지 않다. 린치를 옹호하는 논증은 (시민적 질서가 아직 존재하지 않는 지역은 제외하고) 결코 이런 점을 언급하지 않는다. 현대의 문명화된 국가에서 사람을 화형대에 세워 불태우는 짓은 비열하다. 희생자가 얼마나 비열한 사람이었는지 강조해도 소용없다. 사람을 산 채로 불태워 죽이는 것은 우리 조상들 습속에서 이미 오래전에 제거되었다. 화형을 부활시키려는 시도를 거부하는 것은 악인을 변호하거나 그 악인의 사악함을 부정하는 것이 아니다. 그것은 린치를 가하는 사람을 위한 것이

---

[314] (옮긴이 주) 다미엥의 잔인한 처형과정에 대해서는 푸코가 『감시와 처벌』의 맨 앞에서 자세하게 소개하고 있다.

다. 린치를 가하는 사람은 자신에게 의무로 주어진 수준 이하로 떨어지는 것이다. 고문도 역시 오래전에 습속에서 제거되었다. 고문이 미국의 사법체계 아래서는 자행될 수 없으며 만약 고문을 가했다면 그런 불명예를 저지른 사람에게 분노 어린 질책이 쏟아질 것이다. 그러나 고문이 필리핀에서 자행되었을 때는 그런 일은 일어나지 않았다. 고문자들에 대한 조사와 판결은 이루어지지 않았다. 파나마의 승인(the recognition of Panama)[315]은 비열했다. 그것은 미국의 위상에 맞지 않았다. 그러나 그것은 우리가 아주 절실히 원하는 것을 얻었다는 것을 논거로 옹호되고 정당화되었다.

501. 좋은 취향

이제 마침내 취향(taste)의 문제도 다룰 수 있게 되었다. 좋은 취향은 모레스에 의해서 다듬어진 모든 판단 규약 중 가장 미묘한 것이다. 현재 우리가 좋은 취향이라고 생각하는 것은 그리스와 로마의 연극에서는 위반되었다. 외설이나 통속은 완전히 제쳐 놓더라도 말이다. 예를 들어 『메데이아』의 작가는 이아손의 악행을 좋게 평가한 것 같지 않다. 드 줄레비유(De Julleville)[316]에 따르면 13세기에는 아무도 좋은 취향과 나쁜 취향을 구분할 줄 몰랐다.[317] 그의 주장은 전적으로 정당화된다. 중

---

[315] (옮긴이 주) 미국이 콜롬비아의 영토였던 파나마의 독립을 승인하고 그 대신에 파나마에 일시금 1천만 달러와 매년 25만 달러의 사용료를 내기로 하고 운하를 건설한 것을 가리킨다.
[316] (옮긴이 주) 프랑스의 소설가이자 문학이론가로서 전체 이름은 Louis Petit de Julleville(1841~1900)이다.
[317] *La Comédie et les Mœurs en France au Moyen Age*, 21.

세인들은 건축과 스테인드글라스 그리고 단련된 쇠에 대해서는 좋은 취향이 있었던 것 같다. (우리는 그렇게 듣고 있다.) 그러나 그들의 문학, 사법체계, 정치는 그들에게 좋은 취향이 없었음을 보여준다. 또한 이 사례는 좋은 취향이 어리석음과 오류를 방지하는 얼마나 고도한 방지책인지 보여준다. 이런 기능은 유머 감각과도 비슷한 기능이다. 그 시대의 스포츠는 잔인했다. 사람들은 약한 자가 조롱받고 학대받는 것을 재미있다고 생각했다. "중세는 고통스럽거나 잔인한 상황을, 현대인은 아마도 견디기 힘든 공포의 상황을 아무런 거리낌 없이 재미있는 상황으로 제시했다." 비록 그 시대가 종교성으로, 너무 지나쳐서 좋은 취향으로 제약해야만 했던 종교성으로, 가득 차 있었다 해도, 다른 한편 "신성한 일들"에 대한 참된 존중은 전혀 없었다. 교회는 오늘날이라면 부적절하다고 간주될 일들에 이용되었다. 고위 성직자나 제도 그리고 제의에 대한 패러디나 희화화는 아무런 비난도 불러오지 않았다. 거짓 설교 흉내는 연희(演戲)에서 매우 인기 있는 독백 형식이었다. 15세기 말에 만들어진 『불경한 자들(Les Blasphemateurs)』이라는 교훈극에서는 배우들이 십자가에 매달린 예수를 고문하고 상처 입혔다. 성모님과 두 명의 천사가 그의 몸에서 기적같이 흘러나오는 피를 컵에 받으려고 내려왔다. 그러나 배우들은 그 짓을 계속했다. "그 섬뜩한 장면은 끝이 없었다." 인신공격이 신학적 논쟁뿐 아니라 모든 종류의 정치적 갈등에서도 도저히 용인하기 힘들 정도로 사용되었다. 물론 그 시대의 광신주의로 그 행동과 교의들의 지나침을 설명할 수 있다. 좋은 취향은 광신주의에 사소한 방어일 뿐인 듯이 보인다. 그러나 좋은 취향은 대체로 적절한 한계에 관한 감각을 본질로 한다. 만약 취향에 의해서 순화된 사회적 용례가 있는 좋은 규약이 있었다면 그것은 역사 특히 당시 교회 역사 속 가장 거대한 스캔들 중 많은 부분을 방지했을 것이다. 어릿광대들은 비록 연극에서 직접적인 역할을 맡지는 않지만 대규모 '교훈극'에서 한몫을 한다. 어릿광대의 역할은 때때로 우스운 논평을 던지는 것이었다. 논평은 재치를 드러내려 노력한 것이었지만, 일반적으로는 거칠고 조야하며 외설적이었다. 15세기 말 프랑스에서 한 어릿광대는 『자비』(Charity)』라고 불리는 교훈극에서 방탕한 농담을 포함한 서막을 낭송했다.[318]

502. 좋은 취향은 어디에서 오는가

좋은 취향은 위에서 언급한 어떤 것보다도 더 미묘하고 세련된 행동의 철학이다. 그것을 정식화하려는 시도는 예의범절이나 정중함을 정식화하려는 시도보다도 더 어렵다. 그것은 집단의 생활방식 속에 떠다니며 그 안에서 성장하는 사람들에게 흡수된다. 그것은 양육의 산물이다. 속담에 '취향은 논쟁이 불가능하다'는 진부한 말이 있다. 이 말은 사실이다. 그러나 같은 이유로 품위, 예의범절, 외설 또는 성적 금기도 논쟁이 불가능하다. 좋은 취향은 그 집단의 산물이다. 그것은 그 집단으로부터 흡수된다. 그러나 취향은 명예처럼 개인적인 동의나 거부의 반응을 요구하며, 그 최종적 형식에서는 개인적인 특성이나 소유물이 된다.

503. 규약들의 거대한 다양성

이 장에서 다룬 모든 주제는 사회적 규약의 일부이거나 또는 거기에

---

[318] De Julleville, 21, 74, 86, 89, 107, 304.

근접한 것들이다. 이 주제들은 성적 금기에 대한 그리고 사회의 자기존속에 대한 인간의 관심이 얼마나 강한지 보여준다. 이런 관점에서 인간은 좋은 삶의 문제를 해결하려 노력해 왔고 또 여전히 노력하고 있다. 남자, 여자, 아이 그리고 사회는 공동의 관심사가 여럿 있다. 그 뒤얽힘은 상당하다. 현재 인구, 종족, 결혼, 출산 그리고 아동교육은 가장 커다란 문제와 측정할 수 없는 비밀을 우리에게 제시한다. 정숙, 품위, 예의범절 등등의 모순적인 용례는 모두 사회 복리에 대한 모종의 관계 속에서 각각 의미를 지닌다. 그들은 어느 정도는 변덕스러움에서 나왔지만 대체로는 좋은 것과 나쁜 것에 대한 경험에서 도출되었고 잘 살려는 노력 때문에 존재하게 된 것이다. 따라서 우리는 거기서 정치와 철학을 찾아낼 수 있다. 하지만 그들은 결코 합리적으로 채택된 동기가 지니는 그런 일반성을 형성하는 데 이르지는 못한다. 습속에는 논리가 있다. 하지만 그 논리는 결코 합리성은 아니다. 예를 들어 친족 개념에서 전제가 주어지면, 연역이 직접적으로 그리고 일반적으로는 정확하게 이루어진다. 그러나 그 전제들은 결코 검증될 수 없으며 참일 때보다는 거짓일 때가 더 많다. 각 집단은 자신의 고유한 가정을 하고 자신의 고유한 논리를 따라서 자기 나름의 길을 걸어간다. 따라서 그 집단들의 정책과 철학에는 거대한 다양성과 불일치가 존재한다. 그러나 어떤 관습의 영역에서 그리고 그것이 지배하는 동안에 관습의 권위는 절대적이다. 따라서 용례가 무한히 다양하고 정면으로 대립하며 상호 혐오하는 것이라고 해도 용례는 자신들의 지배 영역에서는 동등한 가치와 힘을 갖는다. 거기서 용례는 참된 것과 옳은 것이 무엇인지 판정하는 기준이다. 집단들은 종종 논증과 근거를 통해 서로를 변화시키려 했다. 그러나 결코 성공한 적은 없다. 각자의 근거들은 자신의 조상에게서 물려받은 전통이다. 그것은 논증을 허용하지 않는다. 각자는 자기 전통의 밖으로 나가서 어떤 철학적 진리 기준을 들여옴으로써 상대방을 설득하려 한다. 그러면 그 전통은 온전하게 고스란히 남는다. 어느 한 집단도 다른 집단을 자신의 모레스로 개종시킬 합리적 근거가 전혀 없다는 말을 들으면 어떤 집단은 충격을 받을 것이다(왜냐하면 이것은 그들의 습속이 다른 집단의 습속보다 좋은 것이 아니라는 뜻을 함축하는 듯이 보이기 때문이다. 그러나 사실은 그런 뜻을 함축하는 것은 아니다). 그러나 그런 말은 하지 않을 수 없다. 왜냐하면 그것이 진실이기 때문이다. 경험과 과학에 의해서, 명목상 기독교적인 국가들은 대체로 이슬람 국가들보다 잘 사는 일에 더 적절한 삶의 방식에 도달했다. 그러나 그렇다고 그들의 우월성이 요즘 기독교 국가들이 믿는 것처럼 그렇게 완전하고 철저한 것은 결코 아니다. 만약 기독교도와 이슬람교도가 만나서 논쟁을 한다면, 그들은 서로에게 전혀 아무런 인상을 주지 못할 것이다. 십자군 전쟁 때 안달루시아에서 그리고 기독교도와 이슬람교도가 섞여 사는 도시들에서 그들은 평화, 상호존중, 상호영향의 관계로 들어섰다. 절충주의가 시작된다. 주고받음이 일어난다. 현재 이집트에서 이슬람교도들은 산업, 상업, 통치를 수행하는 영국의 힘을 본다. 그리고 이런 관찰은 습속에 변화를 일으킨다. 바로 이것이 습속이 변용되고 차용되는 주된 방식이다. 그리스인과 로마인이 야만족의 습속에 영향을 미친 것, 백인들이 흑인, 인디언, 폴리네시아인 그리고 일본인 등에게 영향을 미친 것도 바로 이런 과정에 의해서였다.

504. 도덕과 품행

서로 다른 집단과 서로 다른 시대들은 사회적 규약 중 어떤 것이 어디에 배치되어야 하는가 하는 문제에서 매우 다른 양상을 보인다. 예를 들어 남자가 여자를 다루는 방식이 도덕(morals)에 포함되어야 하는지 아니면 매너에 포함되어야 하는지 아니면 좋은 취향에 속해야 하는지 그리고 공적인 과시가 품행(deportment)보다 더 많은 관심을 받을 만한 것인지에 대해서 다른 모습을 보인다. 예를 들어, "플루타르코스의 지시사항에는 학교와 학교 교육에 대한 말이 거의 없다. 그러나 그는 소년들이 보아도 된다고 허용된 이상한 장면들, 즉 범죄자에게 예복을 입히고 왕관을 씌운 뒤 다시 그를 벗기고 공개적으로 고문하는 장면들에 대해서 그리고 너무 불쾌해서 그 자체로서의 예술과 도덕 수단으로서의 예술을 어떻게 구분할지 아이들에게 조심스럽게 설명할 필요가 있는 그런 주제의 그림들에 대해서 무심한 말투로 언급한다. 다른 한편, 품행은 엄격하게 감시된다. 예를 들어 식탁에서 빵을 집을 때를 제외하고는 왼손을 쓰지 말아야 한다. 다른 음식들은 오른손으로 집는다. 거리에서는 위를 보고 걸으면 안 된다. 소금에 절인 대구는 한 손가락으로 집어라. 신선한 생선, 빵 그리고 고기는 두 손으로 집어라. 몸을 긁을 때는 이렇게 하라. 외투는 이렇게 개라."[319]

505. 사회적 규약과 철학 및 종교의 관계

사회적 규약들이 철학 또는 종교에서 유래하고 또 그들에 의해서 찬양되는가 하는 문제는 견해 차이가 가장 심한 경우에 속하는 문제이다. "대부분의 사람에게 행위는 그들의 어떤 이론적 확신과 필연적으로 연관된 것이 아니다. 오히려 대부분의 행위는 그런 것에서 독립적이다.

---

[319] Mahaffy, *The Greek World under Roman Sway*, 324.

행위는 주로 계승되고 획득된 동기에 의해서 지배된다"[320]고 사람들은 말한다. 왜 이것이 참이 아니겠는가?[321] 또한 "우리의 종교의 원리와 현실적 행동의 원리, 심지어는 신앙심 깊은 자의 원리 사이에 적대가 있다는 것, 그리고 종교가 동일한 서로 다른 사람들의 윤리적 견해에 큰 차이가 있다는 것은, 우리의 행위 동기와 타인의 행위에 대한 우리의 판단이 주로 실천적인 삶(즉 현재의 모레스)에서 나온다는 것을, 그리고 우리가 믿는 것은 우리 행동과 판단에 비교적 적은 영향을 미친다는 것을 충분히 입증한다."[322] 종교와 철학은 모레스의 구성요소이지만 결코 모레스의 원천 또는 모레스를 규제하는 것이 아니다.

506. 루데크(Rudeck)의 결론

최근 공적 도덕의 역사를 연구하는 한 독일 작가[323]는 독일 민족의 도덕적 발달에 대해 다음과 같이 말한다.[324] 독일 사람들은 사실을 절대적 무관심으로 바라보기 때문에, 그들은 그것을 숙고하는 일을 견딜

---

[320] Schultze-Gävernitz in Ammon, *Gesellschaftsordnung*, 117.
[321] (옮긴이 주) 섬너는 여기서 반어법으로 말하고 있다. 앞뒤 문맥으로 보아 그는 앞의 견해가 참임을 주장하고 있다.
[322] Schallmeyer, *Vererbung und Auslese*, 231.
[323] (옮긴이 주) Wilhelm Rudeck(1873~1913)을 말한다. 루데크는 의사로서 라이프치히에서 활동했다. 그는 의학과 법률 간의 관계에 대한 다수의 저서를 발표했고 또 독일의 윤리적 삶에 대해서도 저술했다. 그중에서 섬너가 예로 드는 것이 『독일의 공적 인륜의 역사(*eine Geschicht der oeffentlichen Sittlichkeit in Deutschland*)』이다. 흥미롭게도 섬너는 루데크의 용어 Sittlichkeit가 모레스와 같은 의미가 있다고 보고 있다.
[324] Rudeck, *Geschichte der oeffentlichen Sittlichkeit in Deutschland*, 422.

수 없다. 도덕적 주도권이나 도덕적 의식의 흔적은 거기에 없다. 현존하는 도덕성은 분별력이나 지성 없이 활동하는 힘들의 순수하게 우연적인 산물로서 나타난다. 우리는 역사에서 윤리적 힘을 제외한 모든 종류의 힘을 볼 수 있다. 윤리적 힘은 전적으로 부족하다. 거기에는 발전이 없다. 왜냐하면 발전은 씨앗이 어떤 요소를 포함하느냐에 따라서 그것을 계발, 성장하게 하는 것을 말하기 때문이다. 사람들은 모든 종류의 모레스가 스스로 행한 작업 즉 그들이 채택한 경제적 정치적 질서에 의해서 자신에게 요구되는 것을 수용한다. 독일 민족은 공중도덕에 대한 어떤 주체적 개념도 또 공중도덕을 향한 어떤 윤리적 이상도 없다. 그들은 오직 좋은 모레스와 나쁜 모레스('Sitte und Unsitte')를 구분하며 그 기원에는 관심이 없다.

507.

루데크의 책은 모레스의 역사학에서 획기적인 저작이다. 위에서 다룬 것은 그에게 강요된 듯이 보이는 결론인데, 그는 당혹해서 그 결론에서 뒷걸음치는 짓은 하지 않는다. 그 결론들은 의심할 여지 없이 정확하다. 그것은 정확히 역사가 가르쳐주는 바이다. 그것은 수용되어야 하고 또 유용하게 사용되어야 한다. 사람들이 자신의 모레스의 역사에 무관심하다는 것은 근본적인 사실이다. 우리는 그것을 받아들이고 거기서 배울 수 있을 뿐이다. 그것은 '윤리적(ethical)' 개념들을 사실에 대한 비판에 사용하려 하는 현재의 사회적 논쟁이 거대한 오류임을 우리에게 보여준다. 윤리적 개념들은 사변적 사고가 만들어낸 가상이다. 모레스에 대한 비판은 자신이 물려받은 체형에 대해서 조상(祖上)을 비판하는 것과 같고 또 어떤 아이가 몸과 마음에서 누구의 아이인가를 비판하는 것과 같다. 만약 독일인이 모레스에 대한 어조와 태도에서 도덕적 주도성이나 도덕적 의식이 전혀 없다는 것이 사실이라면, 그들은 축하를 받아야 한다. 왜냐하면 그들은 주관적이고 독단적인 실수가 거대하게 유입되는 데서 보호받고 있기 때문이다. 다른 민족들에는 "반항적인 양심" 또는 "위대한 도덕적 관념"을 옹호하는 옹호자가 있다. 이 관념들은 어떤 경구로 표현되거나 '도덕적' 함의가 있는 매력적인 슬로건에 의해 표출된다. "현존하는 도덕성은 자신을 순전히 우연적인 (즉 탐구될 수 없는) 힘들의 산물로 드러낸다. 이 힘들은 분별이나 지성 없이 움직인다." 그러나 이 산물은 진정한 의미에서는 결코 우연적이지 않다. 역사에 윤리적 힘이 존재하지 않는 것은 사실이다. 이 사실과 그 귀결을 인정하자. 어떤 철학자들은 역사에서 윤리적 힘을 읽어내려고 무진 애를 쓴다. 그러나 그들은 말장난을 하는 것이다. 모레스의 발전은 어떤 논리적인 과정 또는 다른 어떤 연쇄의 라인도 따르지 않는다. 모레스는 주어진 조건에서 최대의 이득을 얻으려는 행동, 노력 그리고 사고방식의 끊임없는 조정 속에서 변화한다. "사람들은 모든 종류의 모레스가 그들 자신의 작업에 의해서 자신에게 강요되는 것을 허용한다." 예를 들면, 잘 살기 위한 본능적인 노력 속에서 그들에게 무의식적으로 강요된 경제적, 정치적 질서에 의해서 자신에게 강요되는 것을 사람들은 허용한다. 이것이 바로 사람들이 하는 일이고 또 모레스가 존재하게 되는 방식이다. "독일인은 공중도덕에 대한 어떤 주관적 개념도, 공중도덕을 위한 어떤 윤리적 이상도 없다." 다른 민족들도 마찬가지이다. 때로는 어떤 민족이 민족적 자만심을 드러내는 이상을 채택한다. 거기에 야심은 들어있다. 그러나 윤리적 이상은 어떤 집단도 가진적이 없다. 만약 이상을 가진 듯이 행동한다면 그것은 단지 그런 척하는 것일 뿐이다. 바로 이 때문에 정치에 '도덕적 관념'을 도입하는 것은 가장 비도덕적인 목적에 봉사하며 가장 비도덕적인 인간들의 손에 놀아나게 되는 것이다. 모든 윤리는 모레스에서 성장하며 모레스의 일부이다. 바로 이 때문에 윤리는 결코 모레스에 앞설 수 없으며, 모레스에 대해 원인이 되거나 생산적인 관계를 맺을 수 없다. "독일 민족은 단지 관습과 악습(Sitte und Unsitte)을 구별할 뿐, 그들의 근원이 무엇인지에는 무관심하다." 그렇다면 그들의 태도는 아주 올바른 것이다. 왜냐하면 근원이 무엇인지는 단지 역사가들의 문제일 뿐이기 때문이다. 대중에게 모레스는 사실이다. 그들은 모레스를 사용하며, 모레스가 좋은 삶 또는 그 반대로 인도한다는 것을 증명한다. 항상 한 사회를 구성하는 남자, 여자 그리고 아이들은 모레스의 무의식적 저장소이며 전달자다. 그들은 자기도 모르는 사이에 모레스를 계승했고, 무의식적으로 모레스를 만들어가고 있으며 원하든 원하지 않든 모레스를 전달할 것이다. 인간은 모레스를 만들 수 없다. 인간은 모레스에 의해 만들어진다. 그러나 집단은 제작자이면서 피조물이다. 각자는 할 수 있는 만큼 집단의 삶으로 들어갈 수 있다. 그러나 이 집단은 벗어날 수 없는 명령과 규정을 그에게 되돌려 줄 것이다. 모레스는 주어진 조건 아래서 성장해야만 하는 바대로 성장한다. 모레스는 각자가 가능한 한 잘 살기 위해서 기울이는 노력의 산물이다. 모레스는 동시에 잘 살기 위해 노력하는 각자를 붙잡아 주고 통제하는 강제이다. 이러한 과정에서 밖으로 나와 그중 무엇이 먼저이며 그것이 다른 것을 만든다고 말하려는 것은 무익한 시도이다. "우리 시대는 굉장한 장관을 연출해 보여준다. 보다 고급한 사회적 문화가 경제적 발달에 의존한다는 사실이 사회과학에 의해 명확하게 인지되고 있을 뿐 아니라 동시에 하나의 이상으로서 주장되고 있는 것이다." 사회과학은 이것을 이상이라고 내세우지 않는다. 사회과학은 이상을 취급하지 않는다. 그것은 문화가 경제적 발달에 의존한다는 것을 사실로서 수용한다. 그러나 루데크가 "문화는 한 민족의 모든 생활 현상에서의 도덕적 의지의 통일"이며, "특정한 도덕적 성질을 가급적 최대한 많이 생산하는 것을 자신의 전 존재의 목적으로 간주하는 민족만이 문화적 민족"이라고 주장(426쪽)할 때 그는 오류를 범했다. 이것은 윤리적 철학자라면 그래야 마땅하다고 생각할 문화와 문화민족의 개념이다. 그런 것은 결코 독일에 존재하지 않았다는 것이 바로 루데크가 발견한 것이다. 그런데 이제 독일은 문화를 소유하며 독일인은 문화민족이라는 것이다. 그는 사실상 그런 순수한 윤리적 개념은 역사상 어디에도 없었다고 불평하고 있는 것이다. 이것이 사실이라면, 참된 결론은 그런 개념은 허구이며 완전히 포기되어야 한다는 것이다. 루데크는 18세기에 독일 국가의 단 한 가지 행동만이 '외적인 도덕'을 개선하는 효과가 있다는 사실을 발견했다. 그것은 외설적인 카드게임을 금지한 것이었다. 그리고 이 개선 효과는 의도적으로 얻어진 것이 아니라 국가의 세입을 증대하려고 부과한 조세의 우연적인 결과였던 것이다. 이 사례는 흥미롭고 또 우리 연구에 많은 도움을 준다. 국가의 행동은 언제나 그런 식으로 수행된다. 국가는 세수를 위해 조세를 걷는다. 그런데 거기서 다른 결과들이 나온다. 때때로 '도덕적' 결과가 뒤따른다. 메수엔 조약(the Methuen treaty)[325]은 영국인들이 150년 동안 프랑스 보르도의 적포도주 대신 포르투갈의 단맛이 강한 적포도주를 마시게 만들었다. 이로 인해 통풍과 알코올 중독이 급격히 증가했다. 정치가들은 자

---

[325] (옮긴이 주) 1703년 영국과 포르투갈 사이에 맺어진 조약으로서 리스본에서 조인되었다. 이 조약은 영국이 장애 없이 그리고 우호적인 관세율로 직물들을 포르투갈과 그 식민지에 수출할 수 있도록 허용했고, 반대로 포르투갈은 장애 없이 자신의 생산물, 특히 적포도주와 포도주를 영국에 수출할 수 있게 되었다.

신이 세금을 걷을 때 필연적으로 산업, 건강, 교육, 도덕 그리고 종교에 스스로 예측할 수도 통제할 수도 없는 영향을 미치게 된다는 사실을 깨닫는다면 깜짝 놀랄 것이다. 카드게임 사례에서 결과는 좋은 도덕에 우호적이었다. 그 결과는 가장 순수한 의미의 사건 즉 우연이다. 국가는 자신의 길을 갔고 세수를 증대했다. 사람들은 모레스를 통해서 그 결과에 대처했고 거기서 최선의 결과를 이끌어냈다. 마찬가지 방식으로 그들은 메수엔 조약이 미친 영향에도 그렇게 대처했다. 어떤 정치가가 세수를 걷을 필요가 있는지 어떤 세금으로 그렇게 할지 고민할 때, 이 두 사례를 생각해보는 것은 유익하다. 그가 결정을 했고 실행했다면 결과를 기다리는 수밖에 없다. 왜냐하면 모레스를 통해서 그 결과는 사람들이 만들고 있고 또 견뎌내야만 하는 삶의 그물망 속으로 들어갈 것이기 때문이다. 이 그물망은 과거의 지혜와 성취들뿐 아니라 오류와 어리석음으로 가득 차 있다. 이 계승된 것 전체는 모든 행운과 요행을 포함하여 함께 움직인다.

제12장 근친상간

정의-습속에서 산출된 근친상간의 관념-동종번식이 유해하다는 생각-지위 아내, 노동 아내, 사랑 아내-근친상간에 대한 혐오-가장 강한 집단에서 가장 강한 근친상간 금기-민속지학에서의 근친상간-문명화된 국가에서의 근친상간-금기의 선은 어디에 왜 설정되는가-금기에 의한 인간의 자기선택과 초세속성-아직은 너무 불확실한 생물학적 이론에 의한 제한-현재 상황의 요약

508. 근친상간의 정의

근친상간이란 집단의 법이나 모레스에 따라 당시에 적용되던 금지 한계를 벗어나서 친족 관계를 맺고 있는 남녀의 결혼 관계를 말한다. 원시적인 친족 관계 관념은 우리가 현재 하고 있는 방식과 똑같은 방식으로 친소(親疎)의 정도를 나누지 않았다. 종종 친소관계는 계층이나 연령대에 따라 계산되었다. 토템 체계에서는 어떤 사람의 어머니 토템의 여자는 모두 그에게 금기가 되었다. 그와 그들의 사촌 관계가 매우 멀어도 말이다. 동시에 그는 아버지의 자매의 딸 또는 어머니의 형제의 딸과는 결혼할 수 있었다. 만약 그의 아버지와 삼촌이 이미 같은 토템의 여자와 결혼하지 않았다면 말이다. 어떤 남자와 그의 부인이 서로 다른 토템이고 아이가 어머니의 토템을 취하는 한 그 사람은 자신의 딸과 결혼할 수 있었다. 그러나 딸과의 결혼은 일반적으로 보충적인 규칙들로 금지되었다. 하지만 부카(Buka)와 북부 부가인빌(Bougainville)에서는 그런 일이 종종 일어난다.[1] 친족 금기의 변종은 매우 많다. 그것들은 모계와 부계에 따라 전혀 다른 이론에 기초한다. 그것들은 오늘날 미합중국 여러 다른 주에서 매우 다르게 나타난다.[2] 결혼에 대한 금기가 '혈연'이나 가정된 혈족 관계의 관점에서 정의되지 않는다면, 그에 대한 위반은 근친상간이 아니다. 영국에서는 아내가 죽은 후 아내의 자매를 아내로 맞이해서는 안 된다. 그러나 만약 아내의 자매를 취하면 그의 결혼은 불법이지만 근친상간은 아니다. 근친상간의 정의는 그 당시 그 집단에서 생각하는 혈족과 연관된 혈연관계 개념을 포함해야 한

---

[1] Parkinson, *Die Ethnographie der nordwestlichen Salomo Inseln*, 6.
[2] Snyder, *The Geography of Marriage*.

다. 다른 금지들은 편익을 고려한 것이거나 재산권 때문에 요구되는 것(예를 들면 아버지의 미망인과 그 아들이 결혼하는 사례)으로 보인다. 그러나 그것은 근친상간에 속하지 않는다. 친족 관계에 따른 결혼 제한은 그 민족이 친족 관계를 구성하기 시작한 가장 원시적인 사회로 거슬러 올라간다. 어떤 매우 원시적인 민족은 매우 정교한 제한을 설정한다. 그리고 가장 엄격한 사회적인 제재로 그것을 유지한다.

509. 습속에서 산출된 근친상간 개념

원시 민족이 이 문제가 어떤 중요한 이익과 연관이 있다는 암시나 인상을 받았으리라는 것은 명백하다. 그들은 이익을 지키려고 어떤 금기를 채택하고 습속을 확립한다. 이윽고 이 금기와 습속은 매우 강력한 힘과 고도한 종교적 제재력을 획득했다. 또한 마치 '자연적' 감정인 듯이 보였던 어떤 혐오감이 생겨났다. 분명히 거기에 자연적 감정 같은 것은 없다. 그 혐오감은 관습적이고 전통적이다. 파라오와 프톨레마이오스 왕조 그리고 잉카와 조로아스터 교도들은 그 혐오에 대한 원인이 결코 어떤 절대적이거나 보편적 사실에 있는 것이 아님을 보여주기에 충분하다. 원시 민족이 이 금기를 유지하려고 동원한 제재들은 가능한 제재 중에서도 가장 강력한 것이었다. 즉 추방이나 사형이었다. 그러므로 여기서 우리는 가장 강력한 힘에 대한 사회적 제한을 볼 수 있다. 이것은 종교와 집단의 동의에 의해 생겨나서 오늘날까지 전승되어온 그리고 우리 모두가 느끼는 혐오감이 되었다. 그러나 거슬러 가면 그것은 가장 원시적인 습속의 산물이다. 그러나 아직 우리는 그런 제한을 만들어낸 원시인들의 동기 그리고 왜 그런 동기를 마음에 품게 되었는지는 알지 못한다. 식인 풍습의 문제에서 보았듯이 문명의 진보와 더불어, 원시인 사이에서 보편적이었던 것으로 보이는 식습관에 대항해서 금기가 나타났다(본서 제8장 참조). 즉 우리는 원시인들이 행한 것을 역전시키고 또 그것을 혐오한다. 근친상간에 관해서 보면 우리는 그들의 금기를 받아들여 전적으로 승인했다.

510. 동종번식이 유해하다는 생각

이 금기와 그것이 생겨난 이유는 만약 원시 민족이 근친 간 동종번식의 폐해를 관찰하지 못했다고 가정한다면 완전한 불가사의로 남는다. 동종번식은 종족의 수월성을 보존하는 대신 그 활력을 희생한다. 이종번식은 (너무 먼 이종성이 아니라면) 특징적인 성향들을 희생하는 대신 활력을 불러일으킨다. 동종번식이 해롭다는 것은 절대적으로 확실하지는 않지만 매우 개연성이 높다. 동일한 유전적 결함을 가진 두 사람 간의 결혼은 언제나 그 자손에게 결함을 축적하고 또 그들을 퇴보하게 만든다. 가까운 친족 관계는 결함을 축적할 개연적 위험을 산출한다. 이것은 논리적인 연역 추론이다. 하지만 현재 발생학이 가르치는 바에 따르면 생식세포 단위가 서로 결합하고 배제하는 방식은 오히려 다음과 같은 결과로 인도한다. 즉 생리학적 과정은 이러한 논리적 추론에 어느 정도만 일치하며 동종번식의 유해성에 대한 역사적 통계학적 검증은 아직 매우 불완전한 상태에 머물러 있다. 처음에 그리고 어느 한도 내에서 동종번식은 해롭지 않을 수 있다. 그러나 만약 자주 반복한다면 해롭게 된다. 가장 원시적인 사람들이 이것을 알아차렸고 그에 따라서 어떤 정책을 만들어냈다는 것이 과연 가능한 일일까? 모건[3]은 가능하다고 생각한다. 웨스터마크(Westermark)[4]는 그것은 원시적 종족의 정신적 능력을 넘어서는 것이라고 생각한다. 그는 자연선택에 의해서 어떤 이유에서든 동종번식을 실행한 집단이 사멸했거나 아니면 다른 정책을 따른 사람들로 대체되었다고 생각한다. 더 나아가서 그는 친밀한 관계에서 자랐거나 자라고 있는 사람들은 자신들 사이의 성적 관계에 본능적인 거부감을 갖게 된다는 이론을 제안한다.[5] 원시인들이 관찰하고 반성하지 않는다는 것이 사실이라 해도, 그들의 이해관계가 첨예하게 걸려 있을 때는 서투르게나마 관찰을 하고 그에 따라 자신들의 방식을 바꾸리라는 것도 사실이다. 그러므로 그들은 어떤 경우에는 완전히 동물적인 것처럼 보인다. 그러나 다른 경우 우리는 그들의 천재성과 정신적 활동(신화, 전설, 속담, 격언)에 경탄하게 된다. 고통이나 손실이 너무 클 때, 원시인은 거기서 벗어나기 위해 놀라운 기지를 발휘할 수 있다. 동물 사육이 시작된 이후, 사람들은 근접한 동종번식의 효과를 관찰할 풍부한 기회를 얻었다. 그래서 이제는 동종번식의 부정적 결과 자체보다는 동종번식의 효과를 지각하고 그것을 피하려 했던 원시인의 능력 때문에 근친상간의 금기가 생겼다는 해석이 더 유력하다.

511. 지위 아내, 노동 아내, 사랑 아내

원시 부족에서는 각 남자에게 지정된 부인이 있었던 것 같다. 또는 여성을 분류하여 한 남자가 소수의 여성만 선택할 수 있게 했을 수도

---

[3] *Ancient Society*, 424.
[4] *Marriage*, 317.
[5] 위의 책, 319, 334, 352.

있다. 지정된 부인은 지위 아내(status-wife)였다. 그녀만이 참된 '아내'의 지위를 가질 수 있었다. 남편은 또한 일을 할 또는 노동 아내(work-wife)가 될 여자를 외부에서 잡아 올 수 있었다. 만약 이 여자가 그의 마음을 사로잡으면 사랑 아내(love-wife)가 되었다. 지위 아내의 자식과 노동 아내나 사랑 아내의 자식은 종종 비교되었다. 그럴 경우 아마도 후자가 더 활력이 있는 듯이 보였을 것이다. 만약 그렇다면 그것은 이종번식의 장점을 – 설명하지는 못했지만 – 사실적으로 가르쳐주었을 것이다.

512. 근친상간에 대한 혐오

모레스에서의 금기들은 배우자가 되도록 허용하는 혈족 관계가 어디까지인지 가리킨다. 이 금기를 범하는 일에는 강한 두려움이 있었다. 이러한 감정은 다른 범죄 개념이나 옳고 그름에 대한 개념이 거의 없는 민족들 사이에서도 볼 수 있다. 이 규칙은 규칙을 침범하면 받는 처벌로서의 사형이나 추방으로 강제된다. 동종번식의 해악에 대한 개념은 지구상 모든 곳으로 퍼져 나갔다. 그것은 우리에게까지 전승되었다. 동종번식의 금기를 원시 민족들이 준수해온 형태에서 보면, 그것은 심각하게 오해되었고 그리하여 그들은 이 금기에도 불구하고 근친 간의 동종번식을 실행했을 것이다. 모레스에 대한 우리의 연구가 보여주는 바에 따르면, 이 문제에 관해 모레스가 위와 같은 상태로 되기 앞서 이해관계, 습속, 제의 그리고 미신의 오랜 발전 과정이 있었음이 틀림없다.[6] 군집적 삶에서는 지정된 아내가 바로 가까운 친척이고 또 결국은 여동

---

[6] Durkheim in *L'Année Sociologique*, I, 59~65.

생인 것이 상례가 되는 방향으로 흘러가리라고 충분히 예상할 수 있다. 이러한 경험은 아마도 금지 규칙들을 만들어낼 것이다. 포획된 아내는 동시에 전리품이었고, 이러한 사실이 허영(vanity)에 미치는 영향은 언제나 족내혼 체계를 붕괴시키는 경향이 있다. 족내혼(endogamy)이 족외혼(exogamy)보다 더 원시적이라고 생각되는 여러 가지 이유가 있다. 그리고 어떤 사회가 족내혼에서 족외혼으로 이행하는 데는 이해관계, 미신 또는 허영에서 유래하는 힘이 필요했다. 재난이 그런 이해관계를 강화할 수 있지만,[7] 그렇다고 그것이 그렇게 널리 퍼진 관습을 설명한다고 보기는 어렵다. 근친상간에 관한 법의 모든 궁극적 원인은 그러므로 우리의 탐구를 넘어선 곳에 있다. 그것은 단지 추측하고 상상할 수 있을 뿐이다. 그러나 이 사례는 매우 중요하다. 왜냐하면 그것은 모레스가 사실에 미치는 영향 그리고 모레스가 자신의 효과를 만들어내는 그 힘을 - 모레스가 적용되는 내용에서의 오류를 전혀 고려하지 않은 채 - 독립적인 사회적 작용으로서 생각하는 것은 오해임을 보여주기 때문이다.

513. 가장 강력한 집단에서 가장 강한 근친상간 금기

앞으로 제시될 사례에서 우리는 근친상간은 거대하고 번영하는 부족에서 작고 가난한 집단보다 더 넓게 정의되고 더 엄격하게 강제된다는 것을 볼 수 있을 것이다. 이러한 금기의 명확성 그리고 적용의 엄격성은 부족의 규율적 에너지와 그 집단의 집단적 삶의 활력에 정비례하는 듯하다. 포획에 의해서든 계약에 의해서든 아내가 될 여자를 외부에서

---

[7] Starcke, *The Primitive Family*, 230.

데려오는 일은 힘으로 존경받은 자 또는 권력을 사용하는 자만 가능하다. 다른 한편 족내혼은 허약함의 원인이자 결과이고 시간이 갈수록 내리막길을 걷는다. 아래에서는 친족 이외의 다른 여자를 아내로 취할 능력이 없는 사람들이 있는 곳에서 근친결혼이 이루어진다는 것을 보여주는 사례를 다룰 것이다. 근친상간 금기를 지키지 않는 것은 집단의 쇠락의 원인이라기보다는 징후이다.

514. 민속지학에서의 근친상간

마르티우스는 아마존 상류 지역 부족들 사이에서는 일반적으로 갖가지 단계의 근친상간이 매우 자주 있는 일이라고 말한다. 더 남쪽 지역에서 이 금기는 더 엄격하고 더 잘 지켜지는 것으로 나타난다. 이들 사이에서는 남자가 자신의 누이와 결혼하거나 조카딸과 결혼하는 것은 수치스러운 것이다. 이러한 용례는 부족의 크기가 크면 클수록 더 엄격하다. 작고 고립된 집단에서는 한 남성이 자신의 누이와 사는 일이 자주 일어난다. 마르티우스는 코에루나족(Coerrunas)과 우아이누무스족(Uainumus)이라는 두 부족의 경우 근친상간 금기를 거의 지키지 않는다는 말을 들었다. 그들은 사멸하고 있었다.[8] "종종 어떤 인디언은 자신의 아들의 아버지이자 형제이다."[9] 에페르츠(Effertz)의 글에 따르면 멕시코, 시에라 마드레(Sierra Madre)의 인디언 사이에서 아버지와 딸의 근친상간은 "일상적인 일"이지만 형제와 자매의 근친상간은 전혀 일어나지 않

---

[8] *Ethnographie und Sprachenkunde Amerikas zumal Brasiliens*, 115.
[9] 위의 책, 334 note.

는다. 전자의 결합은 경제적 이해관계에 기인한다. 그 지역 인디언은 언덕배기에 흩어져 있는 작은 땅뙈기들을 경작한다. 그는 자신을 위해 옥수수를 갈아줄 여자가 없이는 생존할 수 없다. 그가 먼 곳의 땅을 경작하러 갈 때는 딸을 데리고 간다. 그는 담요 한 장밖에 없으며, 밤은 춥다. 만약 딸이 없으면 다른 여인을 데려가야 한다. 하지만 그럴 경우에는 수확물을 그 여인과 나누어야만 한다.[10]

515.

오스트레일리아 남부의 부족들은 "어머니, 누이 그리고 사촌이나 육촌 조카와의 성교를 금지한다. 이 종교적 법은 엄격히 실행되며 사형이라는 벌로 지킨다." 다투고 있는 적대자에게 쓰는 가장 모욕적인 욕설은 육촌보다 가까운 친척과 성교를 가진 사람을 의미하는 말이다.[11] 다야크족[12]은 부인의 행실에 무관심하거나 양쪽이 모두 바람을 피울 수 있다. 그러나 근친상간 금기를 어긴 사람은 물에 빠뜨려 죽인다.[13] 다른 다야크족 분파(the Ot Danom)는 근친상간의 개념조차 없다. 전자는 바닷가에 살고 후자는 내륙에 산다. 그러므로 근친상간의 개념은 외국에서 전해진 것일 개연성이 높다.[14] 콘드족(Khonds)은 갓 태어난 여아를 살해하는 풍습이 있다. 그것은 같은 부족 내에서의 결혼은 근친상간이라는

---

[10] *Umschau*, VIII, 496.
[11] JAI, XXIV, 169.
[12] (옮긴이 주) 보르네오섬 내륙에 사는 비이슬람 종족을 말함
[13] Perelaer, *Dyaks*, 59.
[14] Wilken, *Volkenkunde*, 267.

느낌에 기인한 것이다.[15] 쿠치족(Cucis)은 모자지간을 제외하고는 혈족 관계에 상관없이 결혼하는 것을 허용한다.[16] 베다족(Veddahs)은 손위 누이와의 결혼을 혐오스러운 일이라고 생각하지만 손아래 누이와의 결혼은 최선의 것이라고 간주된다.[17] 만테가차(Mantegazza)의 보고에 따르면 안남인(=베트남인의 과거 명칭) 사이에 부녀, 모자는 종종 맺어지며 캄보디아의 형제자매들은 서로 결혼한다.[18] 자바의 칼롱족(Kalongs) 사이에서 아들들은 어머니와 살고 그런 결합이 행운과 번영을 가져다준다고 생각한다. 얼마 전까지만 해도 톤사왕(Tonsawang) 지역의 미나하사(Minahasa)에서는 가장 가까운 친족이 서로 결혼을 했다. 티모르라우트(Timorlaut)[19]에서도 그랬다. 발리인(Balenese)은 최고위 계층 출신의 남녀 쌍둥이가 결혼하는 사례가 있었다. 그들은 근친상간의 개념이 전혀 없었을 것이다.[20] 바탁족(Bataks)은 과거 어떤 남자와 그의 고모의 딸 사이의 결혼이 미리 허락되는 전통이 있었다. 그러나 그러한 관습의 변화를 강요한 재난들이 발생했다.[21]

516.

---

[15] Hopkins, *The Religions of India*, 531.
[16] Lewin, *Wild Races of Southeastern India*, 276.
[17] *Journal of the Ethnological Society of London, New Series*, II, 311; Sarasin, *Veddahs*, 466.
[18] *Gli Amori degli Uomini*, 272.
[19] (옮긴이 주) 인도네시아의 말루쿠 제도 남부에 위치해 있는 여러 섬. 흔히 타님바르 제도(Tanimbar Islands)로 불린다.
[20] *Bijdragen tot de Taal-Land-en Volkenkunde van Nederlandsch Indië*, XXXV, 151.
[21] 위의 책, XLI, 203.

동아프리카 테이타(Teita) 사람들은 매우 불결하고 비천한데, 이들은 부인을 사올 수 없기 때문에 어머니나 누이와 결혼한다. 그들은 이미 50년간 백인과 접촉하고 있다.[22] 니암니암(Niam Niam)의 추장들은 자신 딸을 아내로 취한다.[23] 마다가스카르에 사는 사칼라바 사람들(Sakalava)은 형제와 자매가 결혼하는 것을 허락하지만, 결혼식 이전에 신부에게 성수를 뿌리며 그녀의 행복과 다산을 위해 기도를 올린다. 그것은 마치 이 결혼이 더욱 고귀한 힘을 가진 분의 마음에 들지 않으리라는 두려움의 표현인 듯하다. 그리고 또한 자손이 없을지도 모른다는 특별한 두려움을 표현하고 있는 듯하다. 그런 결혼은 지위가 적절한 신부를 찾을 수 없는 추장들이 행했다.[24]

517.

오세트족(Ossetes)은 이모와의 결혼을 옳은 일이라고 생각한다. 그러나 고모와의 결혼은 엄격한 처벌을 받는다. 그들은 가장 엄격한 부계 전통이 있다. 아버지 쪽 아주 먼 친척과의 결혼도 금지된다. 그러나 모계 쪽 혈족 관계는 전혀 고려 대상이 아니다.[25] 오스티아크족(Ostiaks)도 엄격한 부계 전통이 있다. 그래서 어머니 쪽 친족과의 결혼은 어떤 것이든 허용되지만, 아버지 쪽 친족과의 결혼은 전혀 허용되지 않는다. 누이 둘을 함께 취하는 것은 특별히 행복한 결혼이다.[26]

---

[22] JAI, XXI, 361.
[23] Junker, *Reisen in Afrika, 1875~1886*, III, 291.
[24] Sibree, *The Great African Island*, 252.
[25] von Haxthausen, *Transkaukasia*, II, 27.

518.

　티네인(Tinneh) 사이에서 남자는 종종 어머니, 누이 또는 딸과 결혼한다. 그러나 그것이 공적 여론에 승인되는 것은 아니다.[27] 야쿠트족은 한배에서 난 형제자매를 가리키는 단어가 없고 단지 부족 내의 형제자매를 가리키는 단어만 있다. 그래서 근친상간의 금기에 대한 언명은 정확성이 없다. 그들은 근친상간을 전혀 개의치 않는다. 그것은 상시적으로 일어난다. 그들은 근친상간에 대한 러시아인들의 두려움을 비웃는다. 과거 그들은 족내혼을 유지했고 형제와 자매가 결혼했다고 보고된다. 현재 그들은 그 나라 지역들 사이에서 족외혼을 행한다. 그러나 남자 형제들은 누이를 처녀로 시집보내지 않는다. 그것은 누이가 자신들의 행운을 가져가지 않게 하려는 것이다.[28] 허드슨만의 한 에스키모는 어머니를 아내로 취했다. 그러나 공공 여론은 그에게 그녀를 버리라고 강요했다.[29] 중앙 러시아의 모르드빈인(Mordvin)[30]은 과거 형제와 자매의 결혼을 허용했던 것으로 보인다. 한 사례 보고에 따르면, 집에서 얼마간 떠나 있던 여성은 집에 돌아오면서 남자 형제의 아내가 된다.[31] 랑스도르프(Langsdorf)[32]는 19세기 초 코디악(Kodiak) 섬[33]에 사는 알레우트

---

[26] Pallas, *Voyages* (French), IV, 69.
[27] *Reports of the Smithsonian Institute*, 1866, 310.
[28] Sieroshevski, *Yakuty* (*russ.*), I, 560.
[29] *Bureau of Ethnology*, XI, 180.
[30] (옮긴이 주) 우랄어족에 속하는 모르드빈 언어를 사용하는 사람들로서 주로 모르도바 공화국과 러시아의 볼가강 주변에 거주한다.
[31] Abercromby, *The Pre- and Proto-historic Finns*, I, 182.
[32] *Voyages and Travels*, 358.
[33] (옮긴이 주) 코디악은 미국 알래스카주의 남쪽 해안에 있는 큰 섬이다. 셸리코프 해협을 두고 알래스카 본토와 마주하고 있다. 미국에서 두 번째로 큰 섬이며,

족(Aleutus)에 대해 보고하기를 거기서는 부모와 자식, 형제와 자매가 동거생활을 한다고 했다.

519. 문명화된 국가에서의 근친상간

테네리페(Teneriffe)[34]의 고대 왕들은 같은 수준의 배우자를 찾을 수 없으면 비천한 피의 혼합을 막기 위해 누이와 결혼했다.[35] 이집트의 신화에 이시스(Isis)와 오시리스(Osiris)는 누이와 오빠였고 동시에 아내와 남편이었다. 고대 이집트의 왕들은 누이나 딸과 결혼했다. 왕가의 본질이라는 교의는 매우 과장되었고 양적인 정확성을 가지고 적용되었다. 공주가 왕가의 본질에 속하는 어떤 것을 왕권 소유자에게서 빼돌려 다른 어떤 곳에 이전하는 것은 허용될 수 없었다. 람세스 2세가 자신의 딸 중 두 사람과 결혼했으며 프삼티크 1세(Psammetik I)[36]가 자신의 딸과 결혼했다는 증거가 있다고 한다.[37] 프톨레마이오스 왕조[38]에서는 이러한 관행을 채택했다. 그들은 여러 세대 동안 가족 내에서 결혼했다. 비록 종종 배다른 형제도 있었지만 대개는 형제자매였다. "프톨레마이오스 왕조의 왕들을 왕위 계승 순서에 따라 숫자로 표시한다면, II는 조카딸과

세계적으로는 80번째로 크다.

[34] (옮긴이 주) 카나리아 군도의 7대 섬 중에서 가장 크고 인구가 많이 거주하는 섬. 고대의 유적지가 남아 있다.

[35] *New Series American Anthropologist*, II, 478.

[36] (옮긴이 주) Psammetik I 세는 이집트 '26대 왕조'의 세 왕 중 첫 번째 왕이다. 그가 세력을 일으켜 26대 왕조를 건설하는 과정은 헤로도토스의 『역사』 제2권에 나온다.

[37] Maspero, *Peuples de l'Orient*, I, 50.

[38] (옮긴이 주) 기원전 4~3세기에 이집트를 지배한 왕조.

결혼했고 나중에는 누이와 결혼했다. IV는 누이와 결혼했다. VI과 VII은 형제였는데, 이들은 한 명의 누이와 차례로 결혼했다. VII은 또한 나중에 조카딸과 결혼했다. VIII은 자신의 누이 중 두 명과 차례로 결혼했다. XII와 XIII은 서로 형제였고 그들의 누이인 저 유명한 클레오파트라와 차례로 결혼했다." "III과 VIII을 제외하면, 승계의 연속성은 이 족내혼에 영향받지 않았다." 이런 밀접한 족내혼은 불임을 초래했다. 승계는 타인들에 의해서 이어졌다.[39] 페루의 잉카족은 누이와 결혼했지만, 페루의 다른 민족은 그렇게 하지 않았다.[40] 베다 신화에서 최초의 남자이자 죽은 자의 왕인 야마(Yama)는 누이인 야미(Yami)를 아내로 삼았다. 어떤 찬송가에서 이 두 사람은 남매간의 결혼이 적절한지 토론하고 있는 것으로 나온다. 이것은 과거에는 금기시되지 않았던 것을 후대의 모레스가 공격하고 있음을 보여준다.[41] 학자들의 견해에 따르면, 헤로도토스(『역사』 제3권)는 캄비세스가 그의 누이와 결혼할 수 있는지 물었다는 이야기를 함으로써 고대 페르시아에서는 그런 결혼이 허용되지 않았음을 보여주었다. 그런 결혼은 마술사들의 용례로서 언급된다. 아베스타(Avesta)에서 그런 결혼은 신성하고 또 칭찬할 만한 것이라고 서술된다. 그것은 종교와 결합되었고, 페르시아 사산 왕조 사람들(Sassanids)이 실행했다.[42] 그러나 이 법의 딘카르트(Dinkart) 버전에서는 근친결혼은 변명되고 어느 정도는 거부된다.[43] 캄비세스 시대 이후, 그런 결혼은 특별히 왕가에서 행해졌다. 그런 결혼은 오늘날 페르시아인 사

---

[39] Galton, *Hereditary Genius*, 151.
[40] Prescott, *Peru*, I, 117.
[41] Hopkins, *The Religions of India*, 131; Zimmer, *Altindisches Leben*, 333.
[42] Darmstetter, *Zend-Avesta*, Introd., xlv.
[43] Justi, *Persien*, 225.

이에 행해지고 있다.[44]

520.

칼데아의 종교에서 모든 신과 여신은 서로 아버지, 아들, 형제, 자매, 어머니였을 뿐 아니라 남편과 아내였다. '신의 아들' 또는 '신의 어머니'라는 개념이 널리 유포되었다. 마둑(Marduk)은 에아(Ea)의 아들이고, 인간과 에아를 중재하는 사람이다.[45] 함무라비 법전에서는 한 남자가 아버지가 죽은 후에 어머니와 정을 통한다면 둘 다 화형에 처한다고 되어 있다. 딸과의 근친상간은 추방으로만 처벌되었다. 이러한 경미한 처벌은 아마도 대중적 여론에 동조한 결과일 것이다. 후자의 경우에 범인들은 단지 자기 자신의 이익 외에는 어떠한 이익도 침해하지 않았기 때문이다.[46]

521.

구약성서에서 아브라함은 배다른 누이와 결혼했다. 사무엘 하 13장 13절에서 드러나듯이, 다윗의 시대에는 그런 결혼이 허용되었다. 그러나 에제키엘 22장 11절은 그런 결혼을 혐오스러운 것이라고 말한다.

---

[44] Geiger, *Ostiranische Kultur*, 245~247.
[45] Tiele, *Geschichte der Religion im Alterthume*, I, 174.
[46] Müller, *Hammurabi*, 129.

나홀(Nahor)은 조카딸을 아내로 맞았다. 야곱은 사촌 관계에 있는 두 자매를 동시에 아내로 맞았다. 에사오(Esau)는 사촌 관계의 여인과 결혼했다. 유다는 아들의 미망인을 아내로 맞았는데, 여론의 지탄을 받았다. 모세의 아버지인 아므람(Amram)은 고모와 결혼했다. 이러한 결합은 모두 레위 시대 법률에는 위반이었다. 이러한 법률에 대한 여러 가지 진술이 있다. 레위기 18장과 20장, 신명기 21장 20절, 27장 20~23절, 에제키엘 22장 10절과 11절에서 근친상간은 유대인의 특별한 죄라고 비난받는다. 바빌론 유수 이후 그리고 랍비 시대에 이 법은 낡은 법에서 다양하게 변화 발전했다. 일반적으로 그것은 더 먼 친척도 금기 아래 포함하도록 확장되었다.[47]

페니키아에서 형제와 자매의 결혼은 허용되었다. 그러나 이 결혼은 여자가 남자 형제의 몫이 아닌 어떤 것을 상속받았을 때만 이루어졌다.[48]

522.

호메로스에서 제우스와 헤라는 남매이다. 어머니와 아들의 결합은 충격적인 일로 간주되었지만, 형제와 자매의 결합은 그렇지 않았다.[49] 아레테(Arete)는 알키노우스(Alcinous)의 조카딸이자 아내였지만, 매우 존경을 받았다.[50] 오이디푸스의 경우 어머니와 아들의 결합은 서로 모르

---

[47] *Jewish Encyclopedia*, "Incest" 항목, VI, 571.
[48] Pietschmann, *Die Phönizier*, 237.
[49] *Iliad*, IV, 58; XIV, 296; XI, 223; *Odýsseia*, X, 7과 VIII, 267, XI, 271, VIII, 306, VII, 65도 참조.
[50] *Odýsseia*, XII, 338; XIII, 57.

는 상태에서 이루어졌지만 혹독한 처벌을 받았다.[51] 비극 『안드로마케』에서 모자, 부녀, 형제자매 사이의 결혼은 야만족의 특성으로 언급된다. 시라쿠사의 디오니소스는 아내를 잃은 후 도리스(Doris) 및 아리스토마케(Aristomache)와 결혼한다. 그것도 한날한시에. 그는 도리스에게서 3명의 자녀를 낳았고 아리스토마케에게서 4명의 자녀를 낳았다. 도리스와 사이에서 난 아들 디오니소스는 아리스토마케와 사이에서 난 딸 소프로시네(Sophrosyne)와 결혼했다. 아리스토마케의 형제인 디온(Dion)은 아리스토마케의 딸과 결혼했다.[52] 이 결혼이 시칠리아에서 매우 특이한 일이었는지는 알 수 없다. 그것이 당시의 결혼의 모레스를 대표하는 것이 아니라 단지 시칠리아의 전제군주에게 가능했던 뻔뻔함을 대표할 수도 있다. 아테네에서 유일한 제한은 부모와 결혼하거나 자식과 결혼하는 경우에만 있었다. 그러나 나중에 가면서 형제와 자매의 결혼도 잘못된 것으로 간주된 듯하다.[53]

523.

로마에서 '근친상간'이라는 용어는 5월 1일 "보나 데아(Bona Dea)"[54] 축제에서 여성 정화예식에 참석한 한 남자의 사건에 적용되었다.[55] 그 단

---

[51] Keller, *Homeric Society*, 205, 232.
[52] Burckhardt, *Griechische Kulturgeschichte*, I, 197.
[53] Becker-Hermann, *Charikles*, III, 288.
[54] (옮긴이 주) 'Bona Dea'는 라틴어로서 The Good Goddess 즉 좋은 여신을 뜻하며, 고대 로마 종교의 신 중 하나였다. 이 여신은 여성의 정숙함과 다산성, 치유 그리고 로마 및 로마민족의 보호를 상징했다.
[55] Rossbach, *Die Römische Ehe*, 266.

어의 의미는 그때 거의 '불경한'에 가까웠다. 클라우디우스 황제는 조카딸인 아그리피나(Agrippina)와 결혼했고 그런 결혼을 합법화했다. 가이우스(Gaius)⁵⁶는 이러한 선례를 정확한 형태에만 제한해서 적용했다. 즉 자매의 딸이 아닌 형제의 딸과의 결혼으로 제한했고 만약 형제의 딸이 어떤 금지된 정도의 친근성 안에 있다면 더 나아가서 그것도 제한했다.

524.

잉글링가 사가(Ynglinga saga)⁵⁷에서 니오르드(Niord)는 여동생을 아내로 삼는다. 왜냐하면 아세스(Ases)의 법은 그것을 허용하지 않았다 해도, 반-랜드(Van-land)의 법이 그것을 허용했기 때문이다.⁵⁸ '에다(Edda)'⁵⁹에서의 다른 사례는 그런 결혼에 대한 금기가 스칸디나비아의 고대 모레스에 없었음을 보여준다.⁶⁰ 12세기 독일 시에서 보면, 이교도 왕들은 자기 딸에게 청혼하는 모든 사람에 대해서 사납고 의심스러워한다. 또한 때때로 그들은 왕비가 죽은 후에 자신의 딸과 결혼하려 한다.⁶¹

---

[56] *Institutiones*, I, 62.
[57] (옮긴이 주) 북유럽 영웅전설로서 원래 아이슬란드의 시인이자 역사가인 Snorri Sturluson이 1225년경에 저술했다. 그것은 그 저술한 Heimskringla의 제1부에 해당한다. 니오르드는 거기에 나오는 영웅 중 하나이고, 아세스와 반-랜드는 거기에 등장하는 나라들이다.
[58] Laing, *Sagas of the Norse Kings*, I, 273.
[59] (옮긴이 주) 'Edda'는 현대 학자들이 두 개의 중세 아이슬란드 문학작품 모음집에 대해 부여한 명칭이다. 두 모음집 중 하나는 산문문학 모음집이고 다른 하나는 시문학 모음집이다.
[60] Weinhold, *Die Deutschen Frauen in dem Mittelalter*, I, 235.
[61] Lichtenberger, *Nibelungen*, 334

525.

동족 간 일처다부제를 실행한 아라비아 펠릭스(Arabia Felix)[62]의 아랍인들도 자신의 어머니와 결혼했다.[63] 로버트슨 스미스는 여기서 어머니는 아버지의 부인들을 의미한다고 생각한다.[64] 아랍인은 사촌 간 결혼의 해악을 알고 있었다.[65]

526.

중세의 한 여행가는 몽골인은 결혼에서 근친관계에 신경을 쓰지 않는다고 보고한다. 그들은 두 자매를 한꺼번에 또는 연속해서 아내로 맞이한다. 유일한 제한은 어머니, 딸 또는 한배에서 난 자매와 결혼해서는 안 된다는 것이었다.[66] 버마와 시암(Siam)에서는 적어도 최근까지 여러 다른 분파의 왕족의 경우 형제와 자매가 결혼했다.[67]

527.

17세기 러시아에서는, 종종 직무를 위해 멀리 파견된 그리고 가정이

---

[62] (옮긴이 주) 아라비아반도의 남쪽 지역을 가리키는 옛 지리학의 명칭. 풍요하고 행복한 아라비아라는 뜻이다.
[63] Strabo, XVI, 4, 25, or 783.
[64] *Journal of Philology*, IX, 86.
[65] Wellhausen, *Ehe bei den Arabern*, 441.
[66] Rubruck, *Eastern Parts*, 77.
[67] Yule, *Court of Ava*, 86.

없으며 수입이 적은 정부 관리가 그들의 어머니, 자매 또는 딸과 사는 악행을 저지른다고 어떤 성직자에게서 비난을 받았다.[68] 혈연으로 연결된 사람들 간의 결혼은 코르시카에서는 다반사이고 또 가장 경사스러운 결혼이라고 생각된다.[69]

528.

카빌족(Kabyles)은 의도적으로 근친상간을 범한 자와 근친상간으로 태어난 아이를 돌로 쳐 죽인다. 그들의 용례에서 근친상간 금기는 법적으로 맺어진 부모와 자식, 형제와 자매 그리고 양자와 양녀를 포괄한다.[70]

529.

1459년 아라스(Arras)[71]에서는 자신의 딸들과 근친상간하고 그들 중 한 명 사이에서 난 손녀딸과도 근친상간을 했던 한 성직자가 사망했다.[72]

---

[68] Kostomarow, *Domestic Life and Mores of the Great Russians in the Sixteenth and Seventeenth Centuries* (russ.), 154.
[69] Gubernatis, *Usi Nuziali*, 273.
[70] Hanoteau et Letourneux, *Les Kabyles*, III, 206.
[71] (옮긴이 주) 프랑스 북부 지역(Hauts-de-France)에 속해 있는 한 마을의 이름.
[72] Lea, *A History of the Inquisition of the Middle Ages*, III, 639.

530. 금기의 선은 어디에 그리고 왜 설정되는가

이상의 사례는 근친상간의 개념이 결코 보편적이거나 통일적이 아니며 또 동일한 강도의 거부감을 동반하는 것도 아님을 보여준다. 그것의 항구적인 원인은 결코 찾을 수 없다. 플루타르코스[73]는 왜 친척들 사이의 결혼이 당시의 전통적 모레스에 의해 금지되는지를 논의했다. 그는 여러 가지 설명을 생각해냈다. 육체적인 퇴락에 대한 공포는 거기에 들어있지 않다. 그런 결과는 그 당시에는 자각되지도 확인되지도 않았다고 추론해야 한다. 우리는 어떤 금기도 존재하지 않는 사례와 근친 간의 결혼이 특별하게 높이 평가되는 경우도 발견했다. 서로 다른 용례와 생각들이 정복이나 국가 합병에 의해 만났을 때는 절충적 태도가 나타났으리라고 생각해야 할 것이다. 어떤 경우에는 큰 이익이 걸려 있는 사안이라고 생각되었다. 다른 경우에는 이 문제에 어떤 중요한 의미도 부여되지 않았다. 그 모레스는 우연이나 미신으로 지배적이 된 개념들 아래서 발전했다. 이 금기에 대한 어떤 합리적인 근거는 없었고 또 맹목적으로라도 사실적 진리와 연결되었던 근거도 없었다. 적어도 근친 간의 결혼이 자손의 숫자나 생명력에 좋지 못한 영향을 미친다는 의견이 자리를 잡기 전까지는 그랬다. 그런 의견이 올바른 것으로 받아들여지지 않는다면 지금도 이 금기에 대한 합당한 이유는 없다.[74] 우리에게 근친상간은 너무나 혐오스러운 것이어서 우리는 이 감정을 '자연적'이라고 여긴다. 우리는 이 느낌을 사촌 간의 결혼에 대한 느낌을 통해서 검토해볼 수 있다. 영국에서 사촌들 간의 결혼은 보통 있는 일

---

[73] *Quaestiones Romanae*, 108.
[74] Starcke, *The Primitive Family*, 211.

이다. 그런 결혼은 민법이나 교회법으로 금지되지 않는다. 물론 많은 사람은 그런 결혼을 효율을 이유로 비난하고 또 부모들은 그런 결혼에 동의하기를 거부할 수 있다. 하지만 그렇다고 그것이 근친상간의 혐오감을 일으키지는 않는다. 미국의 많은 주에서 사촌 간 결혼은 불법이다. 캔자스에서 그것은 중한 처벌을 받는다. 요즘에는 근친 간의 결혼을 비난하는 말이 별로 없다. 이 문제는 논의되지 않는다. 한계와 제한이 현대의 모레스 안에 확립되어 있고 논쟁의 여지 없이 수용된다. 유일한 질문은 분명 그 경계선을 어디에 설정해야 하는가에 있다. 만약 사촌 간 결혼을 금지해야 한다는 얘기가 나오면, 논쟁이 야기될 것이다. 그런 결혼을 금지하는 것이 현명하다고 결정되면, 거기에 대해서 마치 우리가 현재 자매나 숙모 및 조카딸과의 결혼에 느끼는 것과 같은 거부감을 계발하기까지 많은 시간이 걸릴 것이다. 역사 속에서 그 움직임은 반대 방향으로 일어났음이 틀림없다. 먼저 거부감이 생겨났고 그것이 금기 규칙의 근거가 되었다.

531. 금기에 의한 인간의 자기선택과 초세속성(other-worldliness)

근친상간에 대항한 법률과 어떤 개인이 결혼할 수 있는 사람의 수를 자의적으로 제한하는 모든 신분적 규칙은 인류의 맹목적인 시도이며 이를 통해서 어떤 종류의 자기선택을 실천하려는 것으로 간주될 수 있다. 인류 내에서의 성 선택은 생명이 오늘날 지성적 존재로서의 인간에게 발하는 최상위의 요구이며, 우리의 과학이 산출할 수 있는 최고의 결과는 성 선택의 정책(policy of sex selection)을 마련하는 데서 신뢰할 만한 지침을 주는 것이리라. 인간 몇 사람이, 마치 육종가가 동물 간 교배를 통제하듯이, 타인의 삶의 결정을 대신해주는 것은 불가능하다. 필요한 것은 개인들이 각자 자신의 자기실현을 위해서 결정을 내릴 때 거기에 포함된 모든 범위의 이해관계를 이해하는 것이고, 또 그 모두를 충족하는 데 필요하고 또 유효한 행동을 하는 것이다. 과거 시대에 남자와 여자는 그렇게 근친상간, 집단과 계급 결혼, 위계나 신분질서, 종교, 부 그리고 다른 고려 사항에 대한 규칙에 스스로 복종했다. 모든 사회에서는 각 성에 따라 인정받는 특성이 있고 비난받는 특성이 있다. 결혼할 때 사람들은 이러한 평가에 영향을 받으며 거기에 따라 선택을 한다. 따라서 결혼은 그 당시 그곳에서 통용되는 다수의 기준에 따라 이루어진 어떤 복합적인 선택에 의해서 통제된다. 현재 대중적 견해에 따른다면, 모든 기준은 잘못된 것이고, 그 제한들은 이미 포기된 이상을 대변하는 것이므로 이제 제거되어야 한다고 보는 것 같다. 그 문제 전체가 비지성적인 충동의 통제에 맡겨져야 한다고 생각하는 것이다. 이 비지성적 충동은 어떤 변덕도 부릴 수 있는데 그 충동의 권위가 우리에게 명령을 내린다. 과거의 제한이 종종 괴상하다 해도 그것은 현재 우리에게 필요한 자기선택의 개념을 알려줄 수 있다. 만약 올바른 기준과 표준을 확인할 수만 있다면 말이다. 낡은 제한은 품종개량 개념을 포함했다. 이 개념은 만약 우리가 무엇이 '개량'인가에 대한 합리적 생각을 얻을 수만 있다면 결코 틀린 것이 아니다. 결혼은 이제 유전과 선택에 대해 우리가 알고 있는 모든 것을 충분히 활용해서 해야 한다.[75] 어떤 사회에서든 결혼이 그렇게 이루어진다면 그 효과는 후손에게 그리고

---

[75] (옮긴이 주) 여기서 섬너가 명확히 우생학이라는 용어를 사용하고 있는 것은 아니지만, 그는 근친상간을 금한 모레스에서 앞으로의 시대에서는 사회가 성적인 결합에 대한 공적인 제한을 통해서 더 건강하고 활력 있는 사회를 만드는 데 나서야 함을 주장하고 있다. 그리고 그는 이러한 공적이 제한이 사회의 발전에서 매우 효과적이며 또 바람직한 일이라고 보고 있다.

행동하는 힘과 집단의 영속에 있어서 매우 바람직한 것이리라. 왜냐하면 그럴 경우 종족 번식에 적합하지 못한 자는 독신으로 살거나 단지 그들끼리 결혼하게 될 것이기 때문이다. 후자의 경우도 그들의 후손은 머지않아 사라질 것이고, 그래서 나쁜 소인(素因)은 제거될 것이다. 오늘날 아버지는 술주정뱅이, 범죄자, 사기꾼, 파산자, 무능력자, 수입이 없는 자에게 딸을 주기를 거부한다. 어떤 사람들은 비종교적인 사람이나 종파가 다른 사람에게 딸을 주기를 거부한다. 몇몇은 상속받은 부, 재능 또는 고상한 성품 등이 그런 단점들을 상쇄하도록 허용한다. 간단히 말해서 우리는 이미 선택을 하고 있다. 그것은 언제나 존재했다. 근친상간의 법은 이와 같은 방향을 향한 본능적인 노력이었다. 문제는 언제나 존재했던 바로 그 문제, 즉 기준들을 정련하고 교정하며 그들이 어느 정도 중요한지 정하는 데 있다.

532. 아직은 너무 불확실한 생물학적 이론에 의한 제한

사람들이 아직 생물학적 이론에 기초해서 결혼 및 인구 정책을 펴기를 주저하는 이유는 그 이론들이 너무 불확실하기 때문이다. 그러한 주저는 정당화될 수 있다. 사실과 법에 대한 변화하는 견해들에 기초해서 성급하게 행동하는 것은, 우리가 과거로부터 물려받은, 그리고 초월적인 교의들에 기초하고 있는, 관습과 법률에 의해 야기된 혼란과 어려움에, 단지 새로운 혼란과 어려움을 더할 뿐이다. 획득된 형질이 유전될 수 있느냐 아니냐를 알지 못하는 한, 우리는 독단적으로 가르치거나 사적으로 강요될 수 있는 결혼정책을 만들어낼 준비가 되어 있지 않다. 그러나 이것만은 확실하다. 즉 사회의 이해관계는 다른 어떤 것보다 바로 이런 것들에 더 많이 달려 있다. 모든 다른 개혁과 개선의 프로젝트는 종의 번식에 놓여 있는 이익에 비교할 때 사소하다. 만약 후자가 심신의 악을 초래하는 경향성을 퇴화시키고 더 나아가 심신의 활력을 길러낼 수 있도록 다룰 수 있기만 하다면 말이다. 심지어 때로는 원시인이 이 문제에서 우리보다 더 훌륭한 방향으로 노력했다는 생각도 가능하다. 왜냐하면 우리는 결혼을 '사랑'이나 재산으로 통제하도록 허용하고 있기 때문이다. 또한 우리의 공교육 제도는 재생산에 관련된 모든 것을 부적절한 것으로 금기시하고 있기 때문이다. 또한 다른 모든 곳에서 개인적 자유에 언제라도 개입할 태세인 공공 권위가 정작 다음 세대의 출산에 대해서는 거기에 아무런 사회적 이익도 걸려 있지 않다는 식의 태도를 취하고 있기 때문이다.

533. 현재 상황의 요약

결혼 당사자와 그 자손들 그리고 사회의 어떤 이익을 보호하는 데 필요한 것 이외에 결혼에 어떠한 제한도 있어서는 안 된다는 것은 자명하다. 그 필요성은 또한 실제적이어야지 전통적이거나 미신적이어서는 안 된다. 동종번식의 해악은 너무나 분명해서 근친결혼에 대한 강한 혐오를 정당화하기 충분하다. 원시인들이 이 사실을 모른 채 근친상간에 대한 금기를 만들었다면, 그들은 스스로 생각한 것보다 더 현명하게 행동했던 것이다. 이 금기를 계승한 우리는 지금 그에 대해 합리적이고 효율적인 이유를 알려주는 지식이 있다. 그러므로 모레스가 이 금기를 강화하고 또 재확인하기 위해서 유용한 행위 영역이 여전히 남아 있다. 거기에는 또한 여전히 해결되지 않은 실천적 물음이 놓여 있다. 그것은 사촌 간 결혼이 근친상간 금기에 포함되어야 하는가 하는 물음이다.

제13장 친족 관계, 혈족을 위한 복수, 원시적 정의, 평화 조약들

친족 관계 – 친족 관계의 형태 – 가정교육 – 친족 관계의 종류 – 가족의 모레스는 어떻게 형성되는가 – 가족과 결혼 – 초자연적인 존재에 대한 믿음과 친족 관계, 혈족 복수 – 생식, 가족의 형태들 – 생식에 대한 관념들 – 혈족 복수와 내부 집단 – 제도적 유대가 혈족적 유대를 대신한다 – 내부 집단에서의 복수 – 혈족 복수의 당사자 – 민속지학에서의 혈족 복수 – 이스라엘에서의 혈족 복수 – 평화적 통일체와 평화 조약 – 거대한 평화 연합의 불안정성 – 아랍인들 – 혈족 복수의 철학의 발달 – 혈족 복수의 완화 – 왕의 평화 – 형법의 기원

534. 친족 관계

친족 관계는 전승과 세습의 여러 형태 중에서 인간의 이익에 가장 중요한 사실이다. 그것은 무지 때문에 원시인들에게는 은폐되었던 사실이다. 그것은 아직도 많은 미스터리 때문에 우리에게 좀체 모습을 드러내지 않는다. 그럼에도 친족 관계의 개념은 연합의 유대 관계로서 원시인이 형성한 최초의 개념 중 하나였다. 그리고 이 개념들이 습속을 자신의 내용에 따라 형성했던 것이다. 그것은 주된 추론을 이끌어냈고 그 전체를 다음 세대에 전했다. 그러므로 사실적인 친족 관계에 대해서 가정된 인식은 사회적 관습의 전 계열에 기초가 되었다. 최초의 구성은 완전한 제도라고 할 수 있는 가족이었다. 물론 결혼은 가족의 관념들로 통제되고 조정된 관계였다. 친족 관계에 대한 습속에서 사회적 권리와 의무의 가장 단순한 관념이 모두 구성되었고, 사회적 조직이 발달했다.

535. 친족 관계의 형태

어떤 아이가 어떤 여인의 몸 안에서 일정 기간 머무른 후에 태어난다는 것은 역사적이며 물리적인 사실이다. 그리고 다른 아이가 동일한 어머니에게서 태어난다는 것은 그와 동일한 수준에 있는 다른 사실이다. 이 사실들이 어머니와 자식 사이 그리고 자식들 사이 영속적인 삶의 관계를 만들어낸다는 것을 믿을 수도 있고, 그 사실들이 의무, 이해관계 또는 동감에서 전혀 중요하지 않다고 믿을 수도 있다. 즉 그 (역사적, 물리적) 관계가 인정된다 해도 그것은 여러 상이한 방식이나 정도로 정의되고 구성될 수 있다. 또한 더 많은 세대 또는 더 넓은 방계 친족 관계를 포함함으로써 친족 관계가 씨족 또는 가장 넓은 의미에서의 종족을 포괄할 정도로 확장될 수도 있다. 여기서 가장 넓은 의미에서 종족이란 어떤 (모계, 부계 등등에 따라) 결정된 체계에 기초한 또는 전통적으로 정해진 일정 한계 내에서 혈족 및 사촌 관계에 있는 사람들을 말한다. 친족 관계는 순수하게 사실과 역사의 문제이며 따라서 합리적이다. 거기에는 "자연적 애정"은 없다. 거기에는 습관과 익숙함이 있을 뿐이다. 그리고 부모의 모범과 권고가 의무의 개념을 주입할 수 있다. 그러면 감정과 동감이 삶에서의 익숙함, 습관적 용례들에서 생겨날 것이다. 어떤 사회에서든 친족 관계의 구성과 한계는 습속의 산물 또는 – 그 체계가 복리와 권리 그리고 의무의 개념을 가지고 건설된 것인 한 – 모레스의 산물이다. 사실, 이 문제와 연관된 습속은 인간 삶의 아주 초기 단계에서 이미 시작되고 최고도의 문명에까지 이어지며 모든 단계에서 가장 부드러운 공감 및 윤리적 확신과 결합되기에 친족 관계는 습속과 모레스의 가장 중요한 산물이다. 그것은 사실 원시인이 생각해낸 가장 중요한 사회적 개념이다. 설사 오늘날 우리가 그것을 오류라고 거부해야만 한다 해도 이는 변함없는 사실이다.

536. 가정교육

의심의 여지 없이 친족 관계에 관한 습속은 이해관계에 대한 견해 및 생식에 관한 신념들 그리고 경험에 의해 산출된 인상들과 연관하여 만들어졌다. 어머니와 아이들은 지속적인 접촉과 친밀함 속에서 산다. 가족은 점차 일상 속에서의 그 구성원들 사이 전통적이며 습관적인 행동에서 자신의 본성을 획득하는 제도로 형성된다. 관습적으로 해온 일들은 여기서 구성적으로 작동할 수 있는 거대한 영역을 갖는다. 각 가족(어머니와 아이들)은 독립적이며 자신의 세계를 만든다. 이 세계 속에는 그들의 이해관계의 거의 모든 것이 포함된다. 거기서 상호적 특성을 지닌 행위들로서 지속적으로 반복되는 사례를 볼 수 있다. 그리고 그런 행위들이 특히 제도를 구성한다. 또한 가족은 공감이 배양되는 장소이다. 그렇다고 공감이 언제나 조장되고 계발된다는 것을 의미하지는 않는다. 규칙은 관습에서 수용되며 권위와 힘으로 강화된다. 권리와 의무는 개념으로서 파악되기 훨씬 이전에 사실로서 강요된다.

537. 친족 관계의 종류

어떻게든 친척이라는 사실이 인식되는 모든 사람을 포함하는 씨족이나 대규모(large) 가족은 사회마다 매우 상이한 의미를 갖는 집단이다. 어떤 사회에서 동족 관계는 강력하며 중요한 사회적 결과를 낳는다. 다른 경우에는 사촌이나 육촌을 넘어서는 관계는 관심 대상에서 벗어난다. 야쿠트족은 몇 가지 목적을 위해서 '혈족(rod)' 또는 거대(great) 가족을 유지하지만 종종 "혈족 구성원을 결합하는 것은 조상이 같다는 희미한 전통 외에는 없다"고 말한다.[1] 개인들이 자의적 행동으로 친족의 유대를 끊을 수 있는가는 사회마다 다르게 나타난다. 프랑크 부족의 한 지족(支族)인 살리족(Salic)은 한 사람이 제의적 행위 속에서 (그의 인격의 상징인) 지팡이를 부러뜨림으로써 친족의 유대에서 벗어나는 것을 허용했다.[2] 친족 관계가 아이와 어머니의 신체적 연결에 의존하지만, 그가 어머니 젖을 먹고 컸다는 것도 또 하나의 근거가 된다. 특히

---

[1] Sieroshevski, *Yakuty* (*Polish version*), 248.
[2] Clement, *Das Recht der Salischen Franken*, 243.

아랍인은 아이가 단지 젖을 주기만 한 엄마 즉 유모와도 친족 관계에 있음을 인정한다. 나중에 그 아이는 식사를 같이하는 사람들(commensals)이 공유하는 음식을 제공받는다. 따라서 식사를 같이하는 관계라는 유대는 친족 관계 같은 사회적 통일의 기초이다.[3]

538. 모레스는 어떻게 형성되는가

지역적으로 이웃한 가족 집단은 일반적으로 동일한 습속을 유산으로서 갖는다. 그러나 여러 변이가 성격과 상황 조건의 다양성에 의해서 생겨난다. 사실 그 변이들은 삶의 실험이며 선별을 겪는다. 전체로서의 공동체에서 가족생활의 모레스는 선별되고, 승인되고 확립되며 전통에 의해 계승된다. 그러므로 큰 집단 전체가 아동의 교육과 취급방식에 공동적 이익을 가지며 모든 성인은 많든 적든 완전하게 그런 이해관계를 인정한다. 그러므로 큰 집단은 촌수의 관념을 만들어내며, 부족 내의 권위 및 공공적 의견이라는 제재가 그런 가족생활 양식 – 지배적 권위가 보기에 집단의 이익을 위해 가장 효율적인 양식 – 을 준수하도록 모두에게 강요한다.

539. 가족과 결혼

가족 제도는 결혼에 선행했음이 틀림없다. 사실 결혼은 민속과 역사

---

[3] W. R. Smith, *Religion of the Semites*, 274.

에서 가족을 수립하는 방식으로서 그리고 사회에 현존하는 가족 모레스에 의해서 형성된 것으로서 나타난다.

540. 초자연적인 존재에 대한 믿음과 친족 관계, 혈족을 위한 복수

친족 관계의 통합은 초자연적인 존재에 대한 믿음에 의해서 이루어졌다. 초자연적인 존재에 대한 믿음은 친족이라는 관념의 발달을 촉진했던 관심을 만들어냈다. 어떤 사람이 살해되면 그의 망령은 복수를 하려 한다. 마치 우리가 살아생전에도 크고 작은 침해에 복수를 하려 하듯이 말이다. 망령은 두 사람 또는 두 집단의 사람에게 위험하다. 하나는 그를 죽인 살인자이고 다른 하나는 그의 시신에 근접해 있는 자이다. 후자는 거의 언제나 죽은 자의 친척일 것이다. 이 후자는 따라서 그 망령을 위무하고 자신의 생명을 구하려 한다면 살인자를 찾아 처벌할 필요가 있다. 그래서 혈족을 위해 복수하는 관습이 생겨났다. 그것은 친족 개념 때문이 아니라 마귀주의의 개념 때문에 생겨났다. 친족은 단지 그러한 의무 아래 놓이게 되는 사람들을 규정했다. 이렇게 해서 친족은 상호적인 공격과 방어, 지원의 유대가 되었다. 그리고 친족 집단들 - 우리 집단 또는 내부 집단 - 이 사회 안에 형성되었다. 이 사회의 내부에는 동지애, 평화, 법, 질서가 있었지만, 모든 외부 집단에 대한 관계는 의심, 적대, 약탈 그리고 가능하다면 정복이 되었다. 친족의 일차적인 개념은 피에 관한 공식 속에 구현되었다. 이것은 언어적 표현일 뿐이었지만 우리에게 전해졌고, 이제는 피에 대한 명제들은 친족 관계, 세습 등의 개념을 표현하는 데 사용된다. 사실 현대의 의학에 따르면

한 방울의 피도 부모에서 자식으로 전해지지 않는다. 피에 관한 미신 (영혼 또는 생명의 장소라는)은 친족의 개념이 발달하는 데 도움이 되었다. 원시적인 관념에 따르면, 살해된 자의 망령은 오직 피로만 위로받는다. 바로 이 때문에 아벨의 피를 신에게 간구했던 것이다. 어떤 사람들은 어떤 것이든 그것을 죽여 피를 흘리게 함으로써 망령을 만족시킬 수 있다고 믿는다.

541. 생식, 가족의 형태들

친족 개념은 매우 유연해서 생식의 다양한 개념이 그 위에 덧붙었고 가족을 조직하는 다양한 방식 또는 촌수를 셈하는 다양한 방식이 그와 연관되어 있다. 모레스는 친족 관계 개념에서 나왔다. 그들은 행동의 방식들, 권리와 의무의 관념을 선언하고, 사회의 모든 구성원을 똑같이 훈련한다. 아버지와 자식의 관계는 단지 소수에게만, 아마도 단 두 사람에게만, 알려졌다. 그러므로 아버지를 통한 친족 관계는 어머니를 통한 친족 관계보다 훨씬 덜 중요하게 여겨졌다. 부계가 참된 유대로 간주되고 친족 집단의 규범이 되자 모계의 모레스에 일대 변화가 일어났다.

542. 생식에 관한 관념들과 그 의미

어떻게 야만인들이 생식에 대한 관념을 획득할 수 있었는가는 알아내기 어렵다. 민속지학적 증거는 그들이 부모의 역할에 대해 전혀 몰랐거나 기껏해야 매우 애매하고 부정확한 생각만을 가졌음을 보여준다.

오스트레일리아인은 어떤 오래된 정신이 탄생하는 아기에게 들어가 생명을 주는데, 그것은 아기의 운명에 달린 것이라고 생각한다. 이러한 개념들은 성적인 관념들과 충돌한다. 그래서 우리가 듣기에 디에리(Dieyerie) 여성은 아이 아버지가 한 사람뿐이라는 것을 인정하지 않는다고 한다. 그리고 자기의 남편 또는 '피라우루(pirauru)'가 과연 아이의 아버지인지 모른다고 말한다고 한다.[4] 오스트레일리아에서 가장 고결한 부족들은 "딸은 오직 그의 아버지에게서 나오며 어머니는 양육을 할 뿐이다"고 말한다.[5] 그러나 아버지는 언제나 인식되거나 가정된다. 그렇지 않으면 어떻게 아들이 성년이 되면 아버지의 부족 내의 지위가 한 단계 상승할 수 있겠는가?[6] 중앙 오스트레일리아의 여러 부족은 이렇게 믿는다. "아이는 성교의 직접적 결과가 아니며, 아이는 성교 없이 나올 수 있다. 말하자면, 어머니는 지역의 토템 신전에 거주하는 이미 형성된 정신의 수태와 탄생을 준비한다."[7] 멜라네시아 여자들은 아이를 기르는 일의 고통을 심하게 느낀다. 그들은 아이에 대한 사랑이 아버지보다 덜한 듯이 보인다. 그들은 종종 아기를 살해한다. 결혼하지 않은 어린 여자가 임신하면 그녀는 자신을 미워하는 어떤 자가 정령들의 도움으로 자신을 임신시켰다고 말한다.[8] 영국령 콜롬비아의 인디언은 여성은 식사를 해서 수태한다고 생각한다. 그리고 이런 믿음은 그들의 민담에 들어있다.[9] 여성의 음식에 대한 규칙은 종종 성적인 관계 및 생식에 대한 개념과 연결되어 있다. 캘리포니아의 세리족(Seri)은 불

---

[4] JAI, XX, 53.
[5] 위의 책, XIV, 352.
[6] Cunow, *Verwandtschaftsorganization der Australneger*, 126.
[7] Spencer and Gillen, *Native Tribes of Central Australia*, 265.
[8] Pfeil, *Aus der Südsee*, 18, 143.
[9] *Reports of the National Museum of the United States*, 1888, 379.

은 물리적인 것이 아니라 동물적이며 따라서 성적인 재생산과 유사한 방식으로 생겨난다고 생각한다.[10] 고대 그리스인은 "남성에 대한 여성의 열등함을 확신했고, 이 확신은 생성적인 힘은 오로지 남성에게 속하며 여성은 아이를 생산하는 데 매우 부수적인 역할만을 할 뿐이라는 매우 기이한 생리학적 개념으로 예증되고 옹호되었다."[11] 이러한 생각은 『에우메니데스』에서도 표현되었는데, 거기서는 오레스테스의 죄를 감경하기 위해 등장한다: 오레스테스의 어머니는 그를 생산하지 않았으며 단지 그의 씨앗을 받아 보살폈을 뿐이다. 이슬람에서도 같은 견해가 지배적이다. 그것은 부계적인 교의이며 모계의 교의와 정반대이다. 모계에서는 어머니의 역할이 훨씬 더 중요하게 생각된다.[12] 그것은 어떻게 철학이 지배적인 이해관계의 모레스 안에 있는 관점을 따르는지 보여주는 좋은 사례이다.

543. 혈족 복수와 내부 집단

혈족 복수(blood revenge)는 내부 집단에서는 부적절하다. 그것은 그 집단의 자멸을 의미할 것이며, 외부 집단에 있는 적들의 이익에 봉사할 것이다. 그래서 내부 집단에서의 조화와 협력 그리고 외부 집단들에 대한 전투력이라는 이중적 이익은, 내부 집단에서 혈족 복수가 일어나지 못하도록 폐지할 수단을 창안하게 했다. 족장과 성직자가 집단 이익, 특히 이웃끼리의 다툼과 충돌을 주재했고 또 내적인 분쟁에서 제재와

---

[10] *Bureau of Ethnology*, XVII, Part I, 199.
[11] Lecky, *History of European Morals from Augustus to Charlemagne*, II, 280.
[12] Wilutzky, *Mann und Weib*, 121.

중재를 행하고 보상을 명했다. 도피처와 신성한 장소가 있어서 범죄자의 유죄를 증명하고 보상을 명하는 데 필요한 조사와 숙고를 할 수 있게 했다. 족장과 성직자는 이렇게 해서 초보적인 시민적 형식에 따라 친족의 법을 수정하거나 제거했다. 그리고 시민적 법률과 처벌이 복수를 대신했다. 그러나 집단들 사이에서 혈족 복수는 단지 적대와 폭력이라는 정상적 관계의 일부분일 뿐이었다. 그러나 외부 집단들은 때때로 혈족 복수나 피의 복수(vendetta)를 제한하려고 서로 협정을 맺었다. 백인은 홍인이나 흑인과 갈등을 겪었다. 왜냐하면 관계에 대한 그들의 관습이 동일한 수준이 아니었기 때문이다. 뉴욕과 펜실베이니아 식민지의 백인들은 어째서 인디언이 평화 시기에 백인을 살해한 한 인디언을 양도해 달라는 자신들의 요구에 무관심한지 이해할 수 없었다. 인디언의 생각에 따르면, 그 살인 사건은 시민(부족) 차원의 문제가 아니라 친족 차원의 문제였다.[13] 아내는 혈족 복수의 영역에 포함되지 않았다. 남편에 대한 그녀의 관계는 "피"의 관계가 아니었기 때문이다. 그러므로 그 유대는 같은 어머니에서 난 자매가 그 형제에 대해서 갖는 유대만큼 강하지 않았다.

544. 제도적 유대가 혈족적 유대를 대신한다

문명의 역사가 흘러오면서 제도적 유대가 혈연적 유대보다 더 강해졌다. 그러나 혈연적 유대에 버금가는 유대가 있다고 인정한 적이 한 번도 없는 원시적 인간은 언제나 이러한 변화에 저항한다. 친족 관계는

---

[13] *Reports of the Smithsonian Institute*, 1893, 595.

이산(離散)으로 인해 망실되었다. 불이 연합의 끈으로서 그것을 대신했다. 항상 유지되고 또 빌려주고 받아야 하는 불이 통일의 힘으로 되었다. 왜냐하면 사실상 모든 사람이 불을 얻고 유지하는 공동의 노력 안에서 통일되었기 때문이다.[14] 공동의 종교(희생제의)도 서로를 통일하는 유대가 되었다. 웁살라에서의 공동적 희생제의는 흩어진 스웨덴인을 통일했고 또한 충분한 것은 아니었으나 어쨌든 평화의 유대로서 기능했다.[15] 발루치스탄(Baluchistan)에 있는 브라후이족(Brahuis)이 서로 연맹을 맺도록 묶어 세우는 두 개의 유대는 공유하는 땅과 공동의 행과 불행이라고 한다. "이것은 공동의 피의 복수에 대한 또 다른 이름일 뿐이다."[16] 집단 구성원 수나 삶의 조건에서의 변화는 친족보다 더 중요한 어떤 다른 요소를 만들어낸다. 그때 이 다른 요소는 사회적 유대가 된다. 그러면 습속, 관념 그리고 감정과 정서는 새로운 중심적 이익에 적응하기 위해 변한다. 서양 전체에서 남편과 부인 사이의 제도적 유대는 어떤 다른 친족 관계의 유대보다도 더 높이 평가된다.

545. 내부 집단에서의 평화

통치, 법, 질서, 평화 그리고 제도는 내부 집단에서 발전했다. 공감이 계발되었다면 그것은 내부 집단에서 그리고 동료들 사이에서였다. 혈족 복수의 관습은 특정 친족 집단에 속한 모든 사람에게 보호막이었다. 그것은 그들을 모두 함께 엮으며 모든 외부인에 대항하여 공동의 이익

---

[14] Lippert, *Kulturgeschichte der Menschheit*, I, 265.
[15] Geijer, *Svenska Folkets Historia*, I, 112.
[16] Risley, *Ethnography of India*, I, 67.

에 봉사한다. 그러므로 그것은 사회화하는 관습이자 제도였다. 친족 집단 안에서는 선례와 관습에 따른 정의 실현, 벌금이나 처벌로 과오를 보상하는 것 그리고 추방이 복수를 대신했다. 내부 집단에서 살해된 자의 망령을 두려워해야 하는 자는 살인자였다. 종교적 전례(rites)는 살인자를 망령이나 신들에게서 구해내며, 복수를 요구한 성난 사람들에게서 살인자를 구출했다. 히브리의 법률은 우발적 살인을 저지른 죄인이 피할 장소를 규정하고 있다.[17] 그 살인자는 고위 성직자가 죽으면 집에 갈 수 있었다.[18] 사무엘 하 3장과 4장에는 혈족 복수의 사례와 그것을 억누르려는 노력에 대해 나와 있다. 이어지는 제5장에서 다른 살인은 혈족 복수의 사례가 아니라 파벌적인(=당파적인) 살인의 사례이다.

546. 혈족 복수의 당사자

혈족 복수가 확장되어, 살해된 사람 쪽의 모든 종족 구성원에게 살인자 쪽의 어떤 종족 구성원을 반드시 죽일 의무가 생겼을 때, 그것은 매우 심각한 변형이었다. 하겐(Hagen)[19]은 이렇게 말한다. "혈족 복수가 완전하게 작동하는 곳에서 질서 있는 사회적 공동생활은 절대 불가능하다. 보그자딤(Bogjadim)의 원시적 단계에서조차 그러하다." 보그자딤은 독일령 기니의 한 마을이다. 혈족 복수가 내부 집단에서 허용되면 또는 내부 집단이 매우 낮은 통합성을 가지고 있다면 이것은 참이다. 왜냐하면 혈족 복수는 모든 사람을 그의 이웃과 적대하게 하고 사회를

---

[17] 신명기 19장; 여호수아 20장.
[18] 민수기 35장.
[19] *Unter den Papuas*, 256.

불가능하게 만들기 때문이다. 크리거(Krieger)[20]는 같은 부족에 대해서 이렇게 말하고 있다. "부족민 사이의 서로에 대한 동지애는 외부 집단에 대한 태도에 입각할 때 혈족 집단 조직과 최저 수준의 국가 조직 사이의 중간 단계에서 보이는 혈족 복수에서 가장 명료하게 나타난다." 만약 한 민족이 그 단계에 머물거나 심지어 거기서 약간 후퇴하면 혈족 복수는 사회적 질병 상태를 나타내는 징후가 된다. 그것은 확고하게 고정되며, 정교화되고, 그것이 유용할 단계를 넘어서 지속되고, 우스꽝스럽게 된다. 결핍된 것은 내부 집단에게 명령을 발하고 혈족 복수를 축출할 수 있는 권위이다. 인도 북동부에 있는 나가족(Naga)은 50년 전만 해도 두 사람이 싸우면 다른 모든 사람이 어느 한쪽을 편들어 결국 내전이 벌어지는 마을에 살고 있었다. 이러한 분쟁 및 혈족 복수에 대한 경험은 "참혹한 결과를 초래하는 분쟁에 들어서기를 꺼리는 태도와 그리하여 일반적인 평화와 충직함 속에서 살아가는 사회를 만들어냈다." 그러나 그 상황은 불안정했고 그래서 1년에 한두 번 그들은 전체 마을이 해묵은 원한을 모두 떨치려 참여하는 큰 싸움을 벌인다. 분명 그들은 적절한 통치기구나 사법부가 없다. 살인의 경우에 복수는 여전히 "간과하거나 망각해서는 안 되는 신성한 의무"이다. 물론 영국의 식민지배는 그 낡은 관계를 변화시켰고, 앞으로 그 사람들을 더 나은 정치적 조직화로 인도할 수 있을 것이다. 복수는 여전히 친족의 사안이지 사회적인 사안이 아니다. 그것은 세대에서 세대로 전해지고, 여자와 어린이 같은 무고한 희생자를 낳고 전체 마을을 폐허로 만든다. 그것은 광신적으로 되고, 남자들은 자신의 가장 중요한 이익조차도 그것을 위해 기꺼이 희생하려 한다. 만약 남자 친족이 모두 죽거나 그 원한에

---

[20] *Neu Guinea*, 199.

대한 복수를 지속할 수 없으면 다른 사람을 고용해서라도 그 의무를 완수하려 할 수 있다.²¹

547. 민속지학에서의 혈족 복수

에스키모는 가족 이외에 별도의 사회조직이 없다. 모든 정의는 물리력으로 범죄자에게 직접적 강제를 가함으로써 이루어진다. 따라서 종종 죽음에 이른다. 복수는 모든 친족의 신성한 의무이다.²² 살해당한 자가 잘못했다는 것은 거의 문제 되지 않는다. 혈족 복수는 아메리카 원주민 사이에 널리 퍼져있다. 일부 부족들은 보상으로 혈족 복수를 대체하는 단계에 도달했다.²³ 브라질의 부족들 사이에서는 복수를 가해자에게만 수행해야 할지 아니면 그의 친족 모두에게 수행해야 할지가 각 사례에 따라 결정된다.²⁴ 아라와크족은 1830년까지도 원시 민족들처럼 혈족 복수를 실행했다. 일반적으로 그 사례는 질투와 간통에 의한 사례였다.²⁵ 빅토리아의 오스트레일리아인은 살인자의 형이나 아버지를 죽인다. 이들이 살아있지 않으면 살인자 자신을 죽인다. 살인자는 자신을 변호하는 것이 허용되지 않는다. 어떤 부족의 경우 피살자의 가장 가까운 친척이 살인자의 부족 구성원 중 하나를 죽여야 한다. 모든 죽음은 인간이 행한 일로 간주되었다. 그리고 살인자가 어느 부족에

---

[21] JAI, XI, 67; XXVI, 174; XXVII, 25, 36.
[22] *Bureau of Ethnology*, VI, 582; XI, 186; XVIII, Part I, 292.
[23] Powers, *The Tribes of California*, 21.
[24] Martius, *Ethnographie und Sprachenkunde Amerikas zumal Brasiliens*, 127.
[25] 위의 책, 693; Schomburgk, *Britisch Guiana in 1840~1844*, II, 460.

속하는지는 점(占)을 쳐서 확인했다. 사람들의 여론은 혈족 복수의 의무를 지키게 했다. 그것을 외면하는 사람은 누구나 경멸의 대상이 될 것이다.[26] 다야크족은 한 부족이 다른 부족에게 "빚지고 있는" 생명의 수를 지속적으로 계산한다. 매우 단호하고 처절하게 전쟁을 수행하는 언덕 쪽 다야크족은 이 머릿수를 매우 면밀하게 계산한다. 이에 비해 바다 쪽 다야크족은 좀 대범한 편이다. 아마도 이들이 외부 민족과의 접촉에서 받은 영향 때문일 것이다.[27] 서아프리카의 유우어를 사용하는 (Ewe-speaking)[28] 민족들[29] 사이에서 가족은 그 구성원이 저지른 범죄나 잘못에 집단적인 책임을 진다. 그리고 각 구성원은 모두 치러야 할 보상금 중 자신의 몫을 떠맡는다. 또한 가족의 각 구성원은 그들 중 하나에게 가해진 잘못으로 받은 보상에 대해서도 자신의 몫을 지니게 된다. 엘리스에 따르면 이전에는 마을이 보상을 하거나 받는 집단적 단위였다. 이것은 주목할 만한 사실이다. 왜냐하면 일반적으로 지불(payment)에 의한 보상은 똑같이 되갚는 복수보다 나중이고, 동시에 사회적 단위는 책임 있는 집단적 단위로서 친족 단위보다 나중에 오기 때문이다. 소말리아인들은 혈족 복수의 의무를 부족이 아니라 친족에게 지운다. 그들에게는 살인보다 낮은 정도의 신체적 손상에 대한 그리고 나이와 성별에 따른 보상체계가 있다. 피의 값은 친족에게 간다. 혈족 복수는 살인자의 어떤 친족에게도 수행할 수 있다. 갈라인들은 혈족 범죄에 보상적 해결을 허용하지 않는데, "분명히 인구밀도가 높기 때문"일 것이다.[30]

---

[26] Smyth, *The Aborigines of Victoria*, I, 129; II, 229.
[27] Veth, *Borneo's Wester Afdeeling*, II, 283.
[28] (옮긴이 주) Ewe는 토고 또는 서아프리카 노예해안에 거주하는 종족을 가리키는 말이다.
[29] Ellis, *Ewe-speaking Peoples*, 208.
[30] Paulitschke, *Ethnographie Nordost Afrikas*, I, 262; II, 151, 156.

아이스퀼로스의 『에우메니데스』에는 이런 말이 나온다(520행). "거대한 지구의 모든 재산도 혈족에 대한 범죄를 없었던 것으로 만들 수 없다." 일본에서 혈족 복수는 극히 최근까지 지속되었다. 혈족 복수를 하려는 사람은 먼저 법원에 서면으로 통지를 해야 했다. 그러면 자신의 목적을 실행할 자유를 얻었지만, 그렇다고 그가 폭동과 소란을 일으켜서는 안 되었다. 일본의 가부장 가족은 종교적인 단체이다. 가족의 유대는 신봉의 대상이었다.[31] 일본인의 견해는 어중간하게 문명화된 견해이다. 거기서는 친족의 감정이 고도로 발전했고 시민적 이익은 불충분하게만 파악된다. 스칸디나비아에서는 피에 대해서 보상을 받는 것은 비열하다는 감정이 최근까지 지속되었다. 무적의 그레티르(Grettir the Strong)라는 영웅전설(saga)[32]에서 우리는 혈족 복수 대신 추방을 했음을 알 수 있다.[33] 혈족 복수는 불명예스러운 것이라고 생각되었다. 재산뿐 아니라 생명과 명예는 친족의 보호 아래 있었다. 혈족 복수는 신성한 의무였다. 아들은 아버지의 복수를 하기 전에는 유산을 상속할 수 없었다. 웨어길드(weregild)[34]를 도입하려는 시도가 있었다. 노인이나 여성을 죽이는 것에 대한 벌금은 건장한 남자를 죽인 데 대한 벌금의 두 배였다. 살인자는 12명의 자기 친족과 함께 자기가 그런 일을 당해도 받은 돈에 만족하겠다는 맹세를 해야 한다. 그리고 피살자의 친구들은 이

---

[31] Hearn, *Japan*, 321.
[32] (옮긴이 주) 아이슬란드의 영웅전설 중 하나이다. 13세기와 14세기 초에 지어졌다. 이 영웅전설들은 9세기~11세기 사이에 아이슬란드에서 일어난 사건들을 비교적 현실적으로 기술하고 있다. 주제는 대체로 부와, 명예 그리고 권력을 둘러싼 갈등들인데, 이 영웅전설 Grettir는 거칠고 경솔하게 행동하는 영웅의 이야기를 담고 있다.
[33] P. 250.
[34] (옮긴이 주) 살해당한 자의 친척에게 보상으로 치르는 돈으로서 혈족 복수의 분쟁을 피하려는 의도가 있다. 영어권과 독일어권에서 사용된다.

문제를 잊겠다고 맹세해야 한다.[35] 관습에 따라 살고 있는 코카서스의 부족들에게 혈족 복수는 현재 살아있는 제도이다. 오세트족은 극도로 발전한 가부장적 가족을 유지하고 있다. 성은 친족의 표시이며 그래서 혈족 복수의 의무는 동일한 성을 가진 모든 사람에게 부과된다. 어머니의 형제는 친족의 범위에 들지 않고, 따라서 그를 위한 혈족 복수의 의무는 존재하지 않는다. 때때로 혈족 복수는 당사자들이 자발적으로 받아들인 심판위원회의 중재로 대체된다.[36]

548. 이스라엘에서 혈족 복수

이스라엘의 율법에 따르면 "사형을 당해야 할 살인자의 생명을 놓고 몸값을 받아서는 안 된다. 그는 반드시 죽음에 처해야 한다."[37] 이 법은 혈족 복수를 완화할 가장 명백한 수단을 금지함으로써 혈족 복수를 지지한다. 그러나 시편 22절과 23절은 우발적 살인과 의도적 살인을 구별했고, 27절은 혈족의 복수를 한 자는 죄가 없다고 규정한다. 이것은 끈질긴 분쟁의 확산을 억제했다. 도피처 제도는 가나안 지역에서 나왔고 이스라엘에서 발전했다.[38] 혈족 복수는 전 가족의 의무였고 원래 살인자의 전 가족을 향해 있었다.[39] 후기의 율법은 이것을 금지했다.[40] 처음

---

[35] Geijer, *Svenska Folkets Historia*, I, 300.
[36] von Haxthausen, *Transkaukasia*, 26, 29, 50.
[37] 민수기 35장 31절.
[38] Maurer, *Völkerkunde, Bibel, und Christenthum*, I, 164.
[39] 사무엘 하 14장 7절.
[40] 신명기 24장 16절; 열왕기 하 14장 6절; 에제키엘 18장 19절.

에는 죽음을 초래한 모든 짐승이나 무생물도 유죄였다. 신명기 21장에는 시체가 발견된 피살자의 경우에 어떻게 대처해야 할지 알려주는 조항이 있다. 죄 또는 의심을 제거할 정화 제의를 수행하고 손을 씻는 광범위한 관습이 있었다.

549. 평화적 통일체와 평화 조약

내부 집단이 정복과 합병에 의해 국가로 병합될 때 그것은 평화의 단위 또는 통일체가 된다. 동일한 시민적 기구 안에 있는 모든 사람은 평화 조약으로 통일된다. 만약 중앙 권력이 지역적 전쟁이나 사적 전쟁을 억제하지 못한다면 그 권위는 부적합한 것이며, 국가는 붕괴될 것이다. 로마 제국은 고도한 통합성과 완전한 효율성을 겸비한 평화적 통일체였다. 그러나 로마 제국은 자신을 유지할 수 없었고, 중앙 권력이 억제할 수 없었던 내적인 분쟁으로 무너졌다. 로마법은 그 평화적 통일체의 평화 조약이었다. 로마법은 인간의 이해관계 충돌을 잘 해결했기에 근대국가의 모델로서 차용되고 사용되었다. 중세의 로마 교회는 세계를 힘으로가 아니라 가톨릭주의[41]라는 교리로 지배하려 했다. 가톨릭주의는 평화 조약을 이상 위에, 거대한 사상 위에, 공감 위에 세우려는 시도였다. 이슬람교도 하나의 평화 조약으로서 기여하려 시도한다. 그

---

[41] (옮긴이 주) 가톨릭은 '모든 곳에 있는 또는 보편적인'을 뜻하는 희랍어 katholikos에서 온 말이다. 안티오크 주교로서 순교한 교부 이그나티우스가 처음으로 기독교의 용어로서 사용한 것으로 알려져 있다. 그러므로 가톨릭주의는 보편주의를 의미하며, 지상의 모든 곳에 예수의 가르침을 보편화하려는 뜻을 가지고 있다.

러나 이슬람 국가들은 서로 자유롭게 싸웠다. 이슬람은 적합한 철학이 없다. 이슬람의 사회이론은 신정론적이고 현실적 사실과 문제에 대면하지 않는다. 두세 국가의 통일이 이루어지면, 설사 전쟁을 하기 위해 더 많은 힘을 모으려는 것이었다 해도, 그것은 내부에서 본다면 필연적으로 평화 연합(a peace union)일 것이다. 연합은 내적인 자율성을 침해하지 않으면서 거대한 평화적 통일체를 만들기 위해 여태까지 고안된 조직 중 가장 고도한 형태이다. 노르웨이와 스웨덴, 오스트리아와 헝가리는 합리적 평화 조약 아래 둘씩 결합된 국가다. 노르웨이와 스웨덴은 갈라섰다. 오스트리아와 헝가리는 그 구성원들 사이 다툼으로 요동친다. 미국은 합리적인 평화 조약을 통해서 통일의 결속력을 얻고 있는 거대한 평화적 통일체이다. 미국은 하나의 거대한 동요를 겪었고, 더욱 강화된 평화 조약을 통해 거기서 벗어났다. 현재 미국은 공고하게 결합된 제국이 되는 경향이 있다. 이것은 국내적 중요성을 갖는 다양한 주제를 연방정부의 권위에 이월하라는 주장들에서 볼 수 있다. 지금까지 미국의 행복과 번영은 미 대륙 전체에 타당한 평화 조약, 즉 강력한 힘을 가진 이웃으로부터 보호받을 수 있는 평화 조약에 기인했다. 그런데 우리는 이 모든 것을 포기하고 다른 국가들처럼 되기 위해 세계적인 권력과 영예를 찾아 나서려 하고 있다.

550. 거대한 평화 연합의 불안정성

함무라비 법전이 발견된 이래, 우리는 유프라테스 계곡이 기원전 2500년경 매우 완전하고 고도로 완결된 평화 조약을 지닌 평화적 통일체로 조직되어 있었음을 알고 있다. 서로 불일치하거나 다양한 이해관계의 통상적 사례 모두가 법률의 정교한 체계 아래 규정되어 있는데,

그것은 근대 유럽 국가의 법률만큼 잘 되어 있다. 서아시아의 후대 국가들은 알렉산더 대왕 시대까지 갈등하는 이해관계, 야망 그리고 질투로 전쟁에 빠져 있었다. 규모가 작은 국가들은 마침내 모두 로마 제국에 복속되었다. 연합을 형성하려는 건설적인 작업은 그때마다 다시 전복되었다. 단지 1세기 또는 2세기만에 어떤 더 많은 안정성을 갖는 구조가 건설되었다. 그러나 그것은 지금 완전히 작동 중지 상태이다. 현존하는 집단들을 통합하는 것은 정복이 아니고서는 이루어질 수 없을 것이다. 그렇다면 그것은 거대한 전쟁을 의미할 것이다. 하지만 모두가 자신들의 제도와 사상에 의거하여, 평화의 지배와 무한한 축복을 불러오리라 생각되는 연맹으로는 기꺼이 통합되려 하고 있다.

551. 아랍인들

무함마드 시대 아랍인은 어떠한 민족적 통일의 감정도 느낄 수 없게 하는 지역에 살고 있던 민족이었다.[42] 부족과 친족 집단이 그들의 가장 강력한 사회적 단위였다. 무함마드 탄생 시기에 친족 집단 간의 혈족 복수는 매우 파괴적이었고 그래서 본능적으로 모두가 그것을 대체할 기구를 찾으려 노력하고 있었다. 무함마드가 탄생하기 이전 세기에 아랍민족은 낡은 것은 몰락하고 새로운 것이 승인과 확립을 향해 나아가고 있던 사회적 움직임 때문에 심하게 동요하고 있었다. "환경은 사람에 비해서 너무 협소한 듯이 보였다."[43] 아랍인 사이에서 어떤 부족이

---

[42] Wellhausen, *Skizzen und Vorarbeiten*, III, 182.
[43] 위의 책, 196.

하나의 평화적 집단으로 있은 적이 있는지 우리는 분명한 증거가 없다. 이슬람은 전체 민족을 종교에 따라 하나의 평화적 집단으로 통일하려는 시도였다. 그 시도는 성공했다. 그리고 아랍민족은 새로운 통일과 에너지의 약동에 기초해서 주변 세계를 정복해 나갔다. 거기에 국가 조직은 없었다. 칼리프는 사회적일 뿐 아니라 신학적인 지도자였다. 아랍인들은 정치적 경험이 없었다. 친족 집단들 속의 지도자가 그들에게는 유일한 지배자였다. 이들은 페르시아에 일종의 귀족정을 수립했다. 그러나 최초의 칼리프(caliph)들은 미국의 흑인 가장들처럼[44] 순전히 독재자였다. 아랍인들은 정복된 나라들을 약탈했다. 아랍인에게 알려진 가장 큰 의무는 혈족 복수였다. 그것은 그들에게는 범죄를 억제하고 어느 정도의 질서를 유지하는 데 필요한 유일한 사회적 추동력이었다. 그것은 종교를 배경으로 삼았다. 친족 집단은 실현된 이상이었다. 신들은 비교적 중요하지 않았다.[45] 구 아라비아에서 혈족 분쟁에 연루된 사람은 여자, 포도주 그리고 연고(unguents)[46]를 멀리해야 했다.[47] 친족 집단 내에서는 혈족 복수가 없었다. 죄인은 다만 개인적으로 책임을 져야 했다. 손님인 친구("너의 대문 안에 있는 이방인")는 그 자신의 친족에 대해서 혈족 복수를 할 책임이 없었다. 그의 지위는 그가 손님으로 있는 부족 내에 있었다. 그래서 그는 사건이 일어나면 그의 원래 부족에게서 보호받아야 했다.[48] 아랍인은 혈족 범죄에 돈(보상)을 받는 것을

---

[44] (옮긴이 주) 19세기에 자유를 얻은 흑인 가장들은 가족들에 대해 독재적인 태도를 보였다. 이에 대해서는 C. G. Woodson의 *Free Negro heads of families in the United States in 1830*을 참조.

[45] Wellhausen, *Skizzen und Vorarbeiten*, III, 194.

[46] (옮긴이 주) 연고는 상처, 화상 등에 바르는 겔 형태의 약제이다.

[47] W. R. Smith, *Religion of the Semites*, 482.

[48] 히브리의 법은 다음과 같았다. "너와 함께 거주하는 이방인은 너희 사이의 원주

불명예로 생각했다. 그것은 자신의 친족의 피를 파는 것과 같다고 생각되었다. 19세기 베두인(Bedouin) 부족은 보상으로 혈족 분쟁을 해결하려 하지 않았다. 중재는 메디나에서는 무함마드의 시대에 와서 인정되었다. 메디나에서는 오래된 혈족 분쟁들이 도저히 용인할 수 없는 결과를 초래했었기 때문이다.[49] 19세기 초반 이집트에서 혈족 복수는 여전히 준수되었다. 각각 살인자와 희생자에서 세 다리를 건넌 친척[50]까지는 모두 책임의 범위에 속해 있었다.[51]

552. 혈족 복수의 철학의 발달

혈족 복수는 단지 복수일 뿐이었고 따라서 복수가 지닌 모든 한계를 지니고 있었다. 물론 그것은 뒤따를 결과에 대한 강한 공포를 만들어냈고, 정의를 실현하는 효과도 어느 정도 지녔다. 그러나 혈족 복수는 입증의 과정이 없었고 유죄에 대한 적절한 관념도 없었으며 책임을 끝까지 추궁할 수단이 없었다. 그래서 혈족 복수는 범죄자의 마음에 공포심을 주입할 수 없었다. 그것은 전적으로 비합리적이었다. 그러므로 혈족 복수는 죄와 벌의 적절한 연관성 없이 과도함으로 치달았고, 그리하여 많은 무고한 사람의 생명이 희생되었다. 원시 사회에서 침해는 어떤 사람의 재산, 부인, 자녀를 통해서 또는 그의 신체를 망가뜨리거나 생명을 빼앗음으로써 그의 이익을 공격하는 것이었다. 모든 사람은 자신

민과 마찬가지로 너희들에게 있을지니라." (레위기 19장 34절).
[49] Proksch, *Blutrache bei den Arabern*, 18, 30, 33, 36, 51, 54.
[50] (옮긴이 주) 촌수로는 6촌 이내의 친족에 해당하는 듯하다.
[51] Lane, *Modern Egyptians*, I, 295.

이 침해를 당했다고 생각할 때 스스로 그것을 되갚으려고 시도한다. 그것이 여의치 않으면 타인의 도움을 얻으려고 한다. 친족 집단은 그에게 공감과 의무의 유대가 있는 유일한 집단이다. 친족 집단은 아마도 그 분쟁에서 누가 잘못인지 어떤 고려도 없이 도움을 주어야 하거나 아니면 심판관의 기능을 한다. 분명 심판관의 경우가 무조건적 편들기보다 더 합리적이고 문명화된 것이다. 혈족 복수의 원형적인 제도에서 개인은 타인을 위해 자신을 희생해야 했다. 만약 그가 그 희생을 요구한 사람의 행실을 살피기 시작한다면 그는 나쁜 사람으로 취급되었다. 그는 희생의 요구가 잘한 자에게서 왔든 잘못한 자에게서 왔든 그 요구에 복종해야 했다.[52] 이러한 관점에서 볼 때, 분명 혈족 복수 제도는 초자연적인 존재에 대한 믿음과 관련된 죽은 자에 대한 봉사가 아니라 사회적 의무의 사례였다. 그리하여 혈족 복수를 선언하기 전에 죽은 자의 행동을 평가하게 되자 그 제도는 좀 더 합리적이고 정의로운 것이 되었다. 만약 친족 집단이 침해가 실제로 일어났고 적절한 개입이 필요하다고 결정한다면, 당연히 조사의 통상적인 방법이 계발되고, 권리와 의무가 정의되며, 혈족 복수의 의무가 규정되고 한계지어지고 보상의 절차가 발명될 것이다. 이 모든 작업은 습속에서 그리고 습속의 방법으로 행해졌다. 이 모든 단계는 발전하는 문명의 도상을 따라 전개되었다. 살인을 저질렀기 때문에 살해당한 사람은 당연히 받아야 할 것을 받았다는 생각은 극히 최근에 등장한 문명화된 개념이다. 그러나 이 개념은 죽은 자의 망령이 피의 보상을 받으려 한다는 생각을 막지 못할 것이다. 이것이 바로 혈족 복수의 관습을 발생시킨 근본 관념이다. 피의 보상은 마귀주의에서 유래하는 개념이다. 그것은 의무와 사회적인 책임

---

[52] Wellhausen, *Skizzen und Vorarbeiten*, III, 194.

의 개념이 등장하는 가장 이른 사례 중 하나였다. 친족은 그 의무를 지는 사람이었다. 같은 친족 사람에 대한 강한 공감은 결과였지 원인이 아니었다. 그러나 나중에 그 공감은 원래 원인이었던 것을 대체하고 스스로 원인이 되었다. 처음에 복수의 게임은 상처받은 자존감(vanity)을 충족해주었다. 그러나 그것은 사안이 가깝고 친한 사람과 관련된 것일 때만 지속될 수 있었고, 사안과 그 책임이 멀고 제도적인 것일 때는 그렇지 못했다. 더 멀고 아마도 예측할 수 없었을 또 다른 결과는, 혈족 복수가 범죄를 억제하는 효과를 갖는다는 것이었다. 또한 복수의 법 즉 "눈에는 눈" 역시 '법'이었다. 그것은 원시적이고 적나라한 정의를 자체에 지닌다. 그것은 국제적인 분쟁에서 실행되는 '보복' 속에서 오늘날까지 전승되고 있다. 이 보복의 개념에는 또한 집단의 한 구성원이 입은 침해에 모든 구성원이 연대적 책임을 진다는 것이 포함되어 있다. 이렇게 양쪽으로 이익의 연대성을 산출함으로써 혈족 복수는 사회철학이 등장하는 데 기여했다. 그것은 또한 각각의 이익집단을 내부의 평화적 집단으로 만들었다. 왜냐하면 평화적 집단이 됨으로써만 그 집단은 자신의 힘을 보존할 수 있기 때문이다. 그리하여 외부인에 대한 전쟁과 내부의 화평이라는 두 이해 관심은 질서, 행정, 법과 권리를 만들어내는 데서 협력했다.

553. 혈족 복수의 완화

혈족 복수를 저지하려고 아랍인들은 면책선서(compurgation),[53] 법정, 피

---

[53] (옮긴이 주) 일정 수의 친구나 이웃의 선서로서 이를 통해서 피고는 무죄가 됨

해보상, 추방, 중재 등의 방식을 시도했다. 이슬람교를 채택한 여러 많은 부족은 여전히 혈족 복수를 실천한다.[54] 카빌족 사이에서는 사고로 든 또는 희생자의 잘못 때문이든 또는 어떤 범죄를 막기 위해서든 관계없이 타인을 죽인 사람은 혈족 복수의 대상이 된다.[55]

554. 왕의 평화

문명사에서 등장했던 혈족 복수를 없애는 수단은 위에서 기회 있을 때마다 스쳐 지나가듯 언급한 것들이다. 사적인 전쟁의 모든 형태를 억제하는 마지막 수단은 왕의 평화였다. 현대 국가에서 왕에게 마땅히 표해야 할 존경은 어전에서 어떤 분쟁이나 다툼도 벌여서는 안 된다는 것을 의미한다. 어전은 왕의 집, 궁정 그리고 그 주위를 의미한다고 해석되었다. 또 왕의 평화는 그의 주요 간선도로도 포함한다고 해석되었다. 그의 관할권은 그의 평화가 미치는 곳까지로 간주되었다. 왜냐하면 왕은 평화를 강제하려면 권위를 가져야 하기 때문이다. 작은 국가들이 거대한 국가로 통일되었을 때, 평화적 유대는 좀 더 큰 단위로 확장되어야 했다. 점차 모든 작은 관할권은 흡수되었고, 모든 정의와 교정(矯正)은 왕 자신이나 왕의 이름에서 나왔다. 사적인 교정은 금지되었다. 그러나 오랫동안 그것은 자유민의 특권을 박탈한 것으로 생각되었다. 즉 혈족의 분쟁이 존속하는 한, 그러한 움직임은 불완전했다.

---

[54] Proksch, *Blutrache bei den Arabern*.
[55] Hanoteau et Letourneux, *La Kabylie*.

555. 형법의 기원

국가가 침해와 폭력적 행위를 통제하고 또 희생자를 위해 – 그리고 동시에 공적인 권위와 질서의 회복을 위해 – 복수를 대신 해주었을 때, 침해는 범죄가 되었고 복수는 처벌이 되었다. 범죄는 응분의 대가를 치를 수 있는 침해였고, 왕의 평화 즉 공공복리에 대한 모독이었다. 후자의 관점에서 그들은 왕의 자존심을 이용했다. 독일 황제 프리드리히 2세는 반역자를 잔혹하게 취급했는데, 이는 상처받은 자존심이 유능한 사람에게도 하나의 행위 동기로서 얼마나 강력한 힘을 갖는가를 보여주었다. 반역이나 반란의 죄는 언제나 권력자의 자존감을 자극하고 격렬한 복수를 불러일으킨다. 국가의 처벌 제도는 친족 집단이 앙갚음을 하고 복수욕을 만족시킬 때 사용했던 용례들을 그대로 차용한 것이 분명하다. 국가는 철학하지 않았다. 국가는 기능들을 떠맡았고, 이와 더불어 이 기능을 사용하는 데서 유용하다고 판단된 절차와 방법, 도구를 채택했다. 그러므로 형법과 그 운용은 혈족 복수가 합리적으로 바뀌었을 때 그리고 그 전통적인 과정이 비판에 직면했을 때, 바로 그 혈족 복수에서 발전해 나왔다.

제14장 부정과 흉안

사신에 대한 믿음과 요행에 대한 관심-사신에 대한 원시적인 믿음의 보편성-부정(不淨)-여성의 부정-민속지학에서의 부정-고등종교에서의 부정-유대인에서의 부정-그리스인 사이에서의 부정-이 모레스는 여성의 겸양과 종속을 만들어냈다-부정, 신성함, 헌신-흉안, '제타투라'-민속지학적 예증들-흉안에 대항하는 부적-흉안에 대항하는 장치-흉안을 피하기 위한 모욕과 욕설-모레스와 흉안의 상호작용

556. 사신에 대한 믿음과 요행에 대한 관심

부정(uncleaness)과 흉안(evil eye, 凶眼)은 사신(邪神)에 대한 믿음(demonism)의 독단적인 개념이자 산물이다. 독단적 교의는 자의적이다. 시체는 부정하며 그것을 만지는 사람을 부정하게 만든다. 어린아이는 부정하다. 흉안은 고통이나 질병이 아니라 불운을 부른다. 부정과 흉안은 각기 자기 영역이 있다. 어느 것도 보편적으로 적용되지 않는다. 원시적인 사신에 대한 믿음에서 시작된 모레스는 이 두 개의 교리를 만들어냄으로써 경험과 관찰을 사신에 대한 믿음에 맞게 변형하려 했다. 부정은 불결하고 감염적인 것에 대한 매우 조야하고 원초적인 표현이다. 재난이 성공과 향락의 시간에 벌어지는 것은 분명 자주 있는 일이다. 브루클린 다리가 개통되던 날 많은 사람이 그 위에서 밟혀 죽었다. 몇 세기 전에 그리고 고대에는 항상, 그런 사고가 인간의 지나친 자만에 대한 초월자의 따끔한 응징으로 받아들여지고는 했다. 허스키슨 씨(Mr. Huskisson)가 첫 철도 개통식에서 사망한 것도 같은 말을 할 수 있는 사례이다. 이런 사건들의 총합은 사신(邪神)에 대한 기본적인 미신과 모종의 관계가 있다. 물론 사신(邪神)을 믿는다면 말이다. 그 사건들은 매우 쉽게 교의들과 맞아떨어지게 될 수 있다. 요행 전체는 근본적인 원리를 여러 종류의 사례에 응용한다는 일반적 교리가 적용되는 영역이다. 요행과 깊이 연관된 습속은 이러한 응용을 해냈다.

557. 사신에 대한 원시적인 믿음의 보편성

사신에 대한 믿음은 가장 광범위하고 원시적인 형태의 종교이다. 모든 좀 더 고차적인 종교는 사신에 대한 믿음으로 퇴행하려는 경향을 보인다. 브라만교, 불교, 조로아스터교, 이슬람 그리고 중세 기독교는 이러한 경향을 보인다. 그리스 종교는 매우 특이한데, 왜냐하면 호메로스의 저작에는 사신에 대한 믿음이 극히 적기 때문이다. 그러므로 이 시기에 사신에 대한 원시적인 믿음은 이미 극복되었다고 볼 수 있다. 기원전 5세기에 사신에 대한 믿음은 다시 등장했고 4세기에는 대중 종교의 지배적 형태가 되었다. 사신에 대한 믿음은 후기의 그리스 종교에서 서아시아와 이집트에서 들어온 사신에 대한 믿음과 혼합된 채 성행했고 로마로 계승되었다. 로마에서 사신에 대한 믿음은 원시 기독교 속으로 들어가서, 랍비 시대 유대교에서 유래한 고도로 발달한 사신에 대한 믿음과 결합했다. 종교는 언제나 모레스에서 발생한다. 모레스의 변화는 종교의 변화를 야기한다. 그러나 그다음 단계에서 종교적 사상은 통제적인 교의로서 다시 모레스 안으로 되돌아 들어온다. 첫 단계에서 결과물인 것이 두 번째 단계에서는 씨앗이 된다. 초자연적인 존재에 대한 믿음과 사신에 대한 믿음은 모레스에 큰 영향을 미친다. 그것은 아마도 사신에 대한 믿음이 모든 종교에서 매우 원초적이고 보편적이며 사람들의 마음에 대중적인 장악력을 갖기 때문일 것이다. 사신에 대한 믿음은 주술, 마법, 점술, 예언, 신탁 등의 수단을 제공한다. 이런 것들에 의해 인간은 자신이 원하는 것을 초월적 힘(정령이나 사신(邪神) 등등)에서 얻을 수 있으며 또 미래에 일어날 일을 알 수 있다고 생각되었다. 그러므로 인간의 요구는 세계와 인간 삶이 사신(邪神)에 대한 믿음과 관련된 해석 아래 놓이게 될 때 자신을 충족할 강력한 도구를 가질 수 있었다. 두 번째 단계에서, 즉 그것이 규범적 체계로서 삶의 구조 속으로 되돌아갈 때, 사신에 대한 믿음의 가장 중요하고 직접적인 결과는 부정과 흉안의 개념이다.

558. 부정

부정(不淨)의 개념은 제의적이다. 그것은 전적으로 비합리적이지는 않다. 감염성 질병과 무지나 불결함 때문에 생기는 질병들은 이 개념이 유의미함을 보여준다. 이런 현상들을 초월적 힘이 개입한 것으로 해석하는 것은 다른 질병들을 사신(邪神)에 의한 것으로 해석하는 것과 다를 바 없다. 사실 '부정함'에 대한 의식은 질병에 대한 합리적 견해를 향한 제일보다. 왜냐하면 그것은 부차적인 원인을 도입하며, 사신의 활동을 한 단계 더 멀리 밀쳐내기 때문이다. 부정함은 거기에 영향받은 사람으로 하여금 인간의 길흉화복을 결정한다고 생각하는 의례를 수행하는 데 부적합하거나 무능력해지도록 만든다. 즉 부정한 사람은 다른 사람에게도 위험해지며 따라서 그들과 사회적 접촉에서 물러나야 한다. 그러므로 그는 반드시 청결을 회복해야만 자신의 삶을 지속할 수 있다. 회복은 의례적 행위와 수단으로 그리고 특히, 필요한 전례와 수단이 무엇인지 결정하는 전문가인 퇴마사의 개입을 통해 이루어진다.

559. 여성의 부정

부정함에 대한 제의적 관념은 사신에 대한 믿음과 관련된 세계관에서 연역된 것이므로 자의적이며 무한히 확장될 수 있다. 그것은 질병이 아니었고, 고통의 징후로 확인할 수 있는 사실 같은 것이 아니었다. 여성은 부정하다고, 접촉으로 또는 결혼, 생리, 출산에서 부정함을 야기한다고 생각되었다. 그들은 언제나 사신(邪神)에 씌어 있었고, 그것이 바로 그들의 어머니로서의 특별한 기능을 설명해주었다. 앞에서 말한 삶의 중요한 시기들은 사신의 기능이 특히 활발할 때이다. 결혼에서 여성이 남편에게 위험스러운 존재라는 신념은 동양에 공통적이었다. 사신은 여성이 결혼해서 첫날밤의 피를 흘릴 때 그녀를 떠났다. 생리할 때 여성은 남성에게 위험하다. 부정함의 제의적 관념은 더욱 확장되어 여성은 한동안 일종의 구금 상태에 들어가서 사회적 접촉에서 배제된다. 이것은 특히 조로아스터교(본서 561절)에서 볼 수 있다. 임신 기간에도 그들은 특정한 시기에는 세상에서 떠나 있어야 했다.[1] 시체도 역시 부정하며 그것과 접촉한 모든 사람을 더럽힌다. 그 밖에도 다른 비교적 사소한 제의에 부정함을 초래하는 원인들이 있다.[2]

560. 민속지학(ethnography)에서의 부정

영국령 기아나의 마쿠시족(Macusi)은 생리 때 목욕하는 것을 금지하며 숲속에 들어가는 것도 금지한다. 왜냐하면 여자에게 반한 뱀에게 물릴 위험이 있기 때문이었다.[3] 카메룬 느굼바족(Ngumba)의 여성이 사산을 하면 그 부정함은 배가된다. 그녀는 다시 생리를 할 때까지 남자의 손을 잡아서는 안 된다.[4] 마다가스카르에서는 장례식에 갔던 사람은 한 달 동안 궁정에 들어갈 수 없고 군주에게 가까이 가서도 안 되었다. 어떤 시체도 수도 안에 매장해서는 안 되었다. 상주와 조객들은 의복을 세탁하거나 그 일부를 흐르는 물에 담갔다. 그것은 제의적 정화의 과정이었다.[5] 서아프리카의 치족(Tshi)은 생리 중인 여성을 숲속에 따로 준비한

---

[1] 레위기 12장.
[2] 레위기 13장, 14장, 15장.
[3] Schomburgk, *Britisch Guiana in 1840~1844*, II, 316.
[4] *Globus*, LXXXI, 337.

오두막에 머물게 한다. 왜냐하면 이 시기에 그들은 신들에게 역겨운 존재이기 때문이다.[6] 유우(Ewe)어를 말하는 종족들은 산모와 아이는 출산 후 40일간 부정한 존재라고 생각한다.[7] 베추아나족(Bechuanas)은 시체를 만졌거나 무덤을 팠거나 죽은 자와 가까운 친족이라면 정해진 제의적 목욕으로 자신을 정화하고, 새로운 옷을 입고 머리를 자른다. 또는 주술적 물질을 태워서 나온 연기를 쐬어 자신을 정화한다. 전쟁에서 돌아올 때도 그들은 예식에 따라 몸과 무기를 씻는다.[8] 캘리포니아의 카록족(Karoks)은 생리 중인 여성이 병자에게 투여할 어떤 약에 가까이 가면 병자를 죽게 만든다고 생각한다.[9] 타밀족(Tamils)은 타액을 묻히면 무엇이든 제의적으로 부정해진다고 생각한다. 그래서 물을 마실 때 그들은 컵에 입을 대지 않고 목구멍에 직접 물을 붓는다.[10] 로마인은 생리혈만큼 신기한 효과를 갖는 것은 없다거나 더 치명적인 성질을 갖는 것은 없다고 생각했다.[11] 여기서 확인되는 것은 한편으로 악하고 경멸적인 것이 다른 한편으로는 강력하고 존경할 만한 것으로 간주되었다는 사실이다. 아랍인은 "엄청나게 다양한 자연적 힘"이 생리 때의 여성에게 부여된다고 생각했다.[12] 아카시아 수액은 생리혈 덩어리라고 생각되었다. 따라서 그것은 호신 부적이었다. 나무는 여성이다.[13] 베링 해협

---

[5] Sibree, *The Great African Island*, 290.
[6] Ellis, *Tshi-speaking Peoples*, 94.
[7] Ellis, *Ewe-speaking Peoples*, 153.
[8] Fritsch, *Die Eingeborenen Süd-Afrikas*, 201.
[9] Powers, *The Tribes of California*, 31.
[10] Gehring, *Süd-Indien*, 96.
[11] Pliny, *Naturalis Historia*, VII, 64.
[12] W. R. Smith, *Religion of the Semites*, 448.
[13] 위의 책, 133.

에 사는 에스키모가 죽은 자를 기리는 큰 축제에서 참가자들은 몸을 닦는 시늉을 하고 발을 구르고 손바닥으로 허벅지를 때린다. 그것은 "죽은 자들의 영혼에게 거슬릴 부정함을 제거"하려는 것이고 그리하여 자신들의 희생제의를 받아들이도록 하기 위해서였다.[14] 콰키우틀족(Kwakiutl), 치누크족(Chinooks) 그리고 그들의 이웃 종족들은 정령(spirits)이 부정한 사람을 죽인다고 생각한다. 이들에게는 정화를 위한 단식과 씻기의 방식이 있다.[15]

561. 고등종교에서의 부정

고등종교에서도 동일한 제의적 청결의 개념들이 유지되고 발전되었다. 독실한 조로아스터 교도들은 바다를 여행할 때 엄청난 불편을 감수해야 했다. 왜냐하면 바다를 여행할 때 자연적 원소인 물을 더럽히지 않을 수 없는데, 그런 일은 엄격히 금지되었기 때문이다.[16] 입김을 불어 불을 살릴 수도 없었는데, 왜냐하면 불이라는 원소를 더럽혀서는 안 되기 때문이었다. 어떤 목적으로든 불에 가까이 접근할 때 그들은 입에 가리개를 해야 했다. 깎은 손톱 조각이나 잘린 머리카락은 부정했다. 그래서 제의와 주문으로 덮지 않으면 사신(邪神)의 무기로 사용될 위험이 있었다. 여성의 생리는 나쁜 신 아리만(Ahriman)이 일으킨다. 생리 중의 여성은 "부정하며 사신에 사로잡혀 있다. 그녀는 신실한 사람들에게서 그리고 불에서 격리되어 연금되었다. 왜냐하면 그녀와의 접촉은 신

---

[14] *Bureau of Ethnology*, XVIII, Part I, 371.
[15] *Reports of the National Museum of the United States*, 1895, 393.
[16] Darmsteter, *Zend-Avesta*, I, xxxiv.

실한 사람들을 더럽힐 것이고 그녀가 보는 것만으로 불은 손상을 입을 것이기 때문이다. 그녀는 양껏 먹도록 허락되지 않았다. 왜냐하면 그녀가 얻게 될 힘이 악귀(fiend)에게 전달될 수 있기 때문이다. 그녀의 밥은 손으로 직접 건네주지 않고 멀리서 긴 납 숟가락을 통해서 건네주었다." 출산할 때 산모는 부정했다. 사실 종교의 논리에 따른다면 그녀는 생명을 더했기 때문에 순수해야 하는데도 말이다. "낡은 본능의 힘이 새로운 원리의 흐름을 극복했다." (새로운 종교에 비해서 낡은 모레스가 너무 강했던 것이다.) 사산한 여자는 무덤과 같은 존재이고 그래서 그에 준하여 제의적으로 정화되어야 한다. 죽음에서 자신을 구하려면 그녀는 물을 마시는 것밖에 할 수 없는데, 그럼으로써 그녀는 물을 더럽힐 것이다. 그리고 그녀가 물을 받게 되면 그녀는 어떤 처벌을 당해야 한다. 이런 견해는 그녀가 죽음에 가까웠고 그 자신 안에 저승사자를 지니고 있다는 생각으로 소급된다. 사신(邪神)을 내쫓으려고 큰 불을 피운다.[17] 오늘날도 파시(Parsee)[18]의 집에는 여성들이 매달 은둔하는 방이 있다. 이 방은 편의시설이 거의 없고, 거기서는 해, 달, 별도 볼 수 없고 불, 물 또는 성스러운 도구를 접할 수도 없으며 어떤 인간도 볼 수 없다. 신생아가 겪는 최초의 예식은 그 두 손을 씻어 정화하는 것이다. 왜냐하면 신생아도 부정했기 때문이다.[19]

---

[17] Darmsteter, *Zend-Avesta*, xcii.
[18] (옮긴이 주) 파시는 조로아스터교의 두 공동체 중 하나이다. 다른 공동체는 이라니스(Iranis)이다. 파시는 대부분 인도에 살고 약간은 파키스탄에 산다. 기록에 따르면 파시들은 8~10세기에 대 이란(Greater Iran, 코카서스, 서아시아, 중앙아시아 그리고 남아시아 일부에 걸친 지역으로서 페르시아 문명에 의해 큰 영향을 받은 지역이다)에서 박해를 피해 신디와 구자아랏으로 피난했다.
[19] Geiger, *Ostiranische Kultur*, 236, 259.

562. 유대인에서의 부정

구약성서에서 제의적 부정함은 부정한 가축의 사체 및 다른 부정한 것들과의 접촉에 기인한 것으로서 등장한다.[20] 예를 들면 해산한 여성과 접촉하는 것이 그 예이다. 이때 태어난 아이가 남자가 아니라 여자라면 그 기간은 늘어난다.[21] 정결하고 부정한 것들에 대한 세심한 배려는 높은 도덕적 덕으로 칭송되었다.[22] 그리고 예언자들은 덕과 악덕 간의 차이를 드러내려고 이러한 구분을 사용했다.[23] 음식 관련 금기는 금지된 동물을 부정하다고 선언함으로써 표현되었다.[24] 역병과 문둥병은 제의적 부정의 사례이며 또한 논쟁거리였다.[25] 제의에 의해서 강요된 이런 구분(정결과 부정)은 명료하게 관찰한 사실들에 의존하며 단순한 행동들을 하도록 지시한다. 그 구분은 아무런 교의도 포함하지 않으며, 단지 해야 할 일을 지시할 뿐이다. 그것은 개념과 습관을 생산하며 또 삶의 방식에 깊이 침투해 있어서 그것을 없애려면 오랜 교육이 필요하다. 랍비 시대에 이런 구분을 추종한 사람들의 힘은 신약성서에서 잘 볼 수 있다.

---

[20] 레위기 5장 2절; 11장 26절.
[21] 레위기 12장.
[22] 레위기 10장 10절; 11장 47절.
[23] 이사야 6장 5절; 에제키엘 33장 17절.
[24] 레위기 11장.
[25] 레위기 14장, 15장.

563. 그리스인들 사이의 부정

그리스인도 그와 유사한 부정의 개념을 가지고 있었다. 결혼은 정화와 예방의 전례로 둘러싸여 있었다. 결혼식 목욕은 결혼 전례에서 가장 본질적인 행위였다.[26] 죽음과 죽은 자는 부정을 생산했다. 그래서 물, 불 또는 연기로 정화해야 했다.[27]

564. 이 모레스는 여성의 겸양과 종속을 만들어냈다

여성과 연관해서 큰 사회적 중요성을 갖는 두 개의 사실은 이러한 모레스로 거슬러 올라갈 수 있다. 먼저 여성의 성적인 정숙함. 조로아스터교의 용례는 매우 잔인하다. 그들은 여성이 비천하고, 남성과 같은 지위를 갖지 못하며, 태생적으로 열등하고 그래서 수치스러운 것을 지닌 존재로 취급한다. 이런 관계가 모두 모레스에 있었기 때문에 여성들은 그것을 참되고 옳은 것으로 받아들였고 아마도 거기에 반기를 들 생각조차 하지 못했을 것이다. 그러므로 모레스는 그들에게 성적인 정숙, 성적 기능에 대한 특수한 수치심을 가르쳤다. 둘째로는 여성의 종속이다. 여성은 결코 허약하기 때문에 종속된 것이 아니었다. 왜냐하면 원시 시대나 야만 시대에 그들은 허약하지도, 종속적이지도 않았기 때문이다. 그들은 여성적인 무능력과 상대적인 열등성 때문에 종속되었던 것이다. 그들은 모레스가 그들에게 부과한 사실과 해석을 받아들였

---

[26] Rohde, *Psyche*, II, 72.
[27] Guhl und Koner, *Leben der Griechen und Römer*, 367.

다. 그리고 그들은 자신이 받은 취급을 용인했다. 그것은 그 당시의 상태에서는 합리적인 것이었다.

565. 부정, 신성함, 헌신

부정은 터부의 적용이었다. 그것은 양면을 갖는다. 그것은 배척하는 동시에 보호하는 것이었다. 만약 시체가 부정하다면 그것은 가능한 한 산 자와 접촉하지 않도록 처리해야 했다. 그리고 이것은 산 자를 보호하기 위해 행해졌다. 나쁜 것이라는 이유로 터부에 의해 배제된 것들은 그와 반대로 신성한 것이어서 평범하고 무의미한 것으로 취급되면 안 된다는 이유로 터부시되는 것들과 평행 관계로 들어갔다. 신성한 것들은 불경한 것들과 대립되었다. 부정한 것들은 숭배와 관련된 모든 것과 대립되었다.[28] 넬슨(Nelson)은 에스키모에 대해 이렇게 말한다. 축제에서 "몸을 닦는 행위를 하고 발을 구르고 허벅지를 손바닥으로 치는 것은 축제를 행하는 자들이 그렇게 해서 망자에게 불쾌함을 주는 모든 부정을 떨쳐 버리고 그리하여 그들이 바친 제물을 망자가 받아들이도록 하기 위함이다."[29] 이 정화는 제의적이며 제의적인 또는 숭배와 연관된 정결함을 만들어낸다. 신성한 것을 만진 사람은 누구나 불편할 정도의 신성함을 획득하게 된다. 이 신성함을 그는 유지하거나 아니면 모독당한 신성한 것이 초래하는 제의적 부정을 겪어야 한다. 신성해지는 것에 포함된 위험 – 그것은 치명적인 것일 수 있다 – 을 제거하려면 특별한

---

[28] Maurer, *Völkerkunde, Bibel, und Christenthum*, I, 105.
[29] *Bureau of Ethnology*, XVIII, Part I, 371.

제물과 속죄가 필요하다.[30] 근본적 전거가 되는 유대교 경전들은 "손을 더럽히는 것들"이라고 구분해서 불렀다. 이것은 "부정한" 그리고 "신성한"의 원초적인 동일성을 보여준다. 양자 모두 터부 아래 있고 더 고도한 힘에 내맡겨져 있는 것이다. 이 내맡겨져 있는 것을 건드리는 것은 무엇이든 마찬가지로 내맡겨진다. 고위 성직자는 신성한 예복을 입은 후에 속죄의 날을 정해서 몸을 씻어야 한다.[31] 사두개인들은 성서가 손을 더럽힌다는 바리새인들의 말을 비웃었다.[32]

566. 흉안, '제타투라(Jettatura)'

사신에 대한 원시적 믿음의 또 다른 직접적 산물은 악한 눈 즉 흉안이라는 관념이다. 이것은 하나의 구체적인 교의이자 사신에 대한 믿음에서 나온 일차적인 추론 결과이다. 그것은 종종 이탈리아인들이 말하는 '제타투라'와 혼동된다. 흉안은 번영기에 있는 운 좋은 사람들에게 닥치는 불운이다. 행운의 절정에서 재난, 고통, 손실을 끼치는 자는 인간의 행복과 번영을 질투하는 사신이다. '제타투라'는 흉안의 능력을 갖춘 그리고 아마도 무의식적으로 악한 주술을 가할 수 있는 사람들이 의도적으로 또는 자기도 모르게 거는 악의 주술이다. 인간은 부유하고 성공하고 번영하며 행복한 사람들을 존경, 찬양, 축하 또는 격려해서는 안 된다는 생각이 흉안의 관념에서 도출된다. 올바른 대우는 번영하고 있는 그들을 욕하고 비웃는 것이다. 이를 통해 그들의 행운이 상쇄되고

---

[30] Hastings, *Dictionary of the Bible*, "Religion of Israel."
[31] 레위기 16장 4절, 24절.
[32] Bousset, *Die Religion des Judenthums im neutestamentlichen Zeitalter*, 124.

자만이 견제되며 그들을 어느 정도 겸손하게 만들 수 있다. 그러면 초월적 힘의 질투는 운 좋은 자들에게 해를 끼칠 정도로 강해지지 않을 것이다. 여성을 격리하고 베일을 쓰게 하는 것에 대한 가장 그럴듯한 설명은 그렇게 해서 여성을 – 특히 그녀가 아름다운 여성이라면 – 흉안에서 보호하려 했다고 보는 것이다. 이들에게 쏠린 경탄은 치명적인 위험이 될 수 있다. 흉안의 관념은 신체 일부를 가리게 했고 그리하여 예의의 관념을 생겨나게 했다(본서 459절 참조). 사신들은 인간의 성공과 번영을 시기하며 그래서 성공한 자들에게 손해와 위해를 끼친다고 생각되었다. 따라서 경탄과 환호는 그들의 악의를 자극한다.

567. 민속지학적 예증들

아래에서 언급하는 사례 중 다수는 제타투라의 사례다. 말라가시(Malagasy) 언어에서 사람의 이름은 종종 거칠고 모욕적인데, 왜냐하면 즐겁게 들리는 이름은 질투를 살 수 있기 때문이다.[33] 보르누(Bronu)에서는 어떤 말이 팔릴 때 만약 그 말이 아주 좋은 말이라면 낮이 아니라 밤에 거래가 이루어졌다. 구경꾼들의 흉안(탐욕스럽고 시기하는 눈)이 두려웠기 때문이다.[34] 슈바인푸르트(Schweinfurth)[35]는 어떤 사람의 에피소드를 이야기한다. 이 사람은 누비아에 있는(Nubian)[36] 한 마을을 지나고

---

[33] Sibree, *The Great African Island*, 167.
[34] Nachtigal, *Sahara und Sudan*, I, 607.
[35] *The Heart of Africa*, II, 406.
[36] (옮긴이 주) 누비아는 나일 강변에 위치해 있는 지역이며, 현재 북부 수단과 남부 이집트에 해당한다. 그것은 고대 아프리카에서 가장 초기의 문명지대였으며, 그 역사는 기원전 2천 년 전으로까지 거슬러 올라간다. 수많은 누비아 왕국이

있었는데, 어떤 나무의 가지가 썩어 부러지기 직전인 것을 보았다. 그는 그 밑에 서 있던 사람들에게 조심하라고 말했다. 그와 동시에 나뭇가지는 부러졌는데, 이 사고는 처음에 그 위험을 감지한 사람의 흉안 탓으로 돌려졌다. 딩카족은 이런 미신에서 자유롭다고 알려져 있다.[37] 수단(Sudan)에서는 음식은 보통 흉안, 즉 음식에 탄복하고 그것을 갈망할지도 모르는 배고픈 자들의 흉안을 방지하기 위해 원추형의 짚으로 만든 덮개로 덮어 보관한다.[38] 사적으로(in private) 먹고 마시는 관습, 먹거나 마실 때 입을 가리는 관습은 거기에 속하는 사례이다. 아프리카 북부 해안선 전체에 걸쳐 흉안에 대한 믿음이 강하게 나타난다. 납으로 된 조그만 말편자 모양의 장식 3개를 붙여 꾸민 달걀 껍데기가 이에 대항하는 부적이다.[39] 중앙아프리카 카탕가에서는 허가받은 자만이 구리를 제련하는 과정을 볼 수 있었다. 이 과정을 망칠 흉안을 두려워했기 때문이었다.[40] 캐롤라인 제도에서 카누는 제작되는 기간 내내 실내에서 제작한다. 이것도 흉안에 대한 두려움 때문이다.[41] 이것은 고도하고 세련된 기술이 행해지는 사례들에 공통된 것을 표현한다. 멜라네시아 일부 지역에서 그리고 종종 다른 곳에서 남성의 성기를 조개나 잎으로 가리는 것도 흉안을 피하려는 것이다. 가죽으로 엮은 띠를 매다는 것도 같은 목적을 위해서이다. 주의를 끌어 흉안에 상처 입기 쉬운 기관들에서 주의를 다른 곳으로 돌리는 효과를 갖는다. 이로부터 몸의

존재했으며, 마지막 왕국은 누비아의 인구 대다수가 정복으로 아랍화된 1504년 붕괴했다.

[37] 위의 책, I, 157.
[38] Junker, *Reisen in Afrika, 1875~1886*, I, 69.
[39] *Globus*, LXXV, 19.
[40] 위의 책, LXXII, 164.
[41] Kubary, *Der Karolinen Archipel*, 292.

일부에 문신을 하게 되었다. 인도의 어떤 집단은 결혼식에서 신부와 신랑 측 여자들이 상대방을 조롱하고 비방하는 노래를 부른다. 이것은 행운을 비는 것이다. "칭찬은 위험하다. 욕설과 비난은 안전하다."⁴² 베하르(Behar)⁴³에서는 특정한 날을 잡아 여자 형제가 남자 형제를 욕한다. 그래야 남자 형제들이 오래 살고 행복할 수 있다고 믿기 때문이다.⁴⁴ 아프리카 케이프 혼 지역 주술사들은 어떤 사람을 제거하고 싶을 때 그를 약으로 정신을 잃게 한 뒤 노예로 팔면서, 그가 흉안(제타투라)을 가지고 있다는 핑계를 댄다.⁴⁵ 카빌족의 경우 신랑은 신부와 단둘이 있게 되었을 때 먼저 신부의 어깨를 칼 등으로 가볍게 세 번 쳐서 그녀를 흉안에서 보호한다.⁴⁶ 인도에서는 쇠로 만든 작은 물체를 요람에 단다. 왜냐하면 쇠가 흉안을 물리치기 때문이다.⁴⁷ 제타투라는 한 해의 어떤 시기에 태어난 사람들에게 찾아든다. 또는 임신 중인 여자의 행동은 아기에게 제타투라를 초래할 수 있다.⁴⁸ 사람들은 번영할 때 그리고 좋은 옷과 장신구를 달고 축제를 할 때 흉안의 위험을 겪는다고 생각된다. 마녀, 거지 그리고 하층민들은 흉안을 가지고 있다. 흉안 때문에 가축이 젖을 생산하지 않게 되고 나무는 잎이 떨어진다. 갑작스레 꽃과 열매가 시들어버린다. 보석이 부서지거나 광채를 잃는다.⁴⁹

---

[42] JASB, IV, 63.
[43] (옮긴이 주) 인도의 주 중 하나. 비하르(Bihar)라고도 한다.
[44] 위의 책, II, 598.
[45] Paulitschke, *Ethnographie Nordost Afrikas*, II, 140.
[46] Hanoteau et Letourneux, *La Kabylie*, II, 219.
[47] JASB, II, 170.
[48] 위의 책, I, 120.
[49] 위의 책.

568. 흉안에 대항하는 부적

네덜란드령 서인도 제도에서 남근이나 남근의 상징은 분쟁 속에 던져진 흉안에 대항하는 부적이다.[50] 로마 소년들은 이런 종류의 상징을 가지고 다녔다. 외설적인 동작은 흉안을 떨쳐 버린다고 생각되었다.[51] 인도의 어떤 지역에서는 호랑이의 이빨이나 발톱 그리고 외설적인 상징물이나 조가비 꿰미(strings of cowries) 등도 같은 목적을 위한 부적이었다. 매달려 흔들리고 펄럭이는 것은 모두 자기에게 주의를 돌리게 하여, 보호해야 할 것을 안전하게 만든다.[52] 힌두교 부모들은 아이들에게 추하고 재수 없는 이름을 지어준다. 특히 몇몇 아이를 이미 잃었다면 특히 그러하다.[53] 흉안에 대한 생각은 아랍인 사이에서 매우 강하다. 특히 아름다움이 그것을 끌어당긴다는 생각이 강하다.[54] 무함마드 자신도 흉안을 믿었다. 이 미신은 이교도 시대로부터 전해진 것이었다. 그때부터 이미 아이를 누더기나 더러운 것으로 덮어서 흉안에서 보호하려 했었다.[55] 아랍인들이 여성에게 베일을 쓰게 하는 것도 아마도 같은 이유에서일 것이다. 아름다운 여인들도 자신의 볼에 검은 점을 그렸다.[56] 아랍인들은 아이, 말 그리고 당나귀를 지금도 볼썽사납게 꾸민다. 그들을 그 아름다움 때문에 겪을지도 모르는 위험에서 보호하기 위해서이다.

---

[50] Wilken in *Bijdragen tot de Taal-Land-en Volkenkunde van Nederlandsch Indië*, XXXV, 399.
[51] *Jewish Encyclopedia*, "Evil Eye" 항목.
[52] Monier-Williams, *Brahmanism and Hinduism*, 254.
[53] 위의 책, 371.
[54] Lane, *Arabian Nights*, I, 67.
[55] W. R. Smith, *Religion of the Semites*, 448.
[56] Von Kremer, *Kulturgeschichte des Orients unter den Chalifen*, II, 212, 253.

어떤 아이를 흉안에서 보호하려고 그들은 "신의 가호가 있기를"이라고 말하며 아이의 얼굴에 침을 뱉는다.[57] 베두인족은 누군가를 칭찬할 때마다 "마샬라(Mashallah)"라고 덧붙여야 한다. 이 말은 "신이 액운을 막기를!"이라는 뜻이다. 액운을 막는 다른 방법은 칭찬받은 물건을 그것을 칭찬한 사람에게 주는 것이다.[58] 이슬람교도들은 자주 옷이나 장식용 마의(馬依)[59]에 빛나고 흔들리는 것을 달아 흉안의 관심을 다른 곳으로 돌린다. 그들은 이와 똑같은 목적에서 코란 글귀를 집의 나뭇가지에 매단다.

569. 흉안에 대항하는 장치

호메로스의 생각에 따르면 신들은 번영에서 오는 자만을 질투하며 그것에 재갈을 물린다. 그의 영웅들은 질투를 받지 않도록 살라는 가르침을 받는다. 자기비하가 올바른 태도이다.[60] 플루타르코스[61]는 요술을 회피하려고 만든 대상이 지닌 효과를 설명할 때 그것의 이상한 모습 때문에 흉안이 사람이나 물건을 주시하지 못한다는 이론을 제시한다. 로마인들이 결혼식이나 승전식에서 사용하는 페세니네 시가(Fescennine verses)[62]는 불운을 막기 위한 것이었다. 병사들은 승리한 장군의 마차

---

[57] Pischon, *Der Einfluss des Islam auf das Leben seiner Bekenner*, 110.
[58] *Globus*, LXXV, 193.
[59] (옮긴이 주) 무사들이 자신의 말을 화려하게 장식하기 위해서 입히는 옷과 액세서리.
[60] Keller, *Homeric Society*, 114.
[61] *Symposium*, V, 9.
[62] (옮긴이 주) 가장 초기의 이탈리아의 시가로서 나중에 풍자시나 희극적 드라마

뒤를 따르면서 조롱하고 빈정거리는 내용의 시구들을 소리 내어 외쳤다. 그것은 특히 그 순간에 장군에게 닥치기 쉬운 불운을 막기 위해서였다. 그리스인들도 같은 목적으로 축제에서 거친 농담들을 사용했다.[63] 현대 이집트인은 이런 미신을 계승했다. 어머니는 특히 아이를 집 밖으로 데리고 나갈 때 찬탄과 질투에 대한 두려움 때문에 일부러 누더기를 입히고 씻기지도 않는다. 소년들은 특히 질투의 대상이다. 그들은 보호받기 위해 오랫동안 안채에 머물렀고 여자아이 옷을 입어야 했다.[64] 카이로의 부유한 계급은 신랑 집 앞에 샹들리에를 걸었다. 멋진 샹들리에를 보려고 군중이 모이면 의도적으로 항아리를 깨뜨려 관심을 다른 곳으로 돌렸다. 이것은 질투의 시선이 샹들리에를 떨어지게 만들지 않도록 하려는 것이다.[65] 파샤(Pasha)[66]가 육류에 대한 자신의 독점을 포기했을 때, 백정들은 동물 사체들을 거리에 잘 보이게 내걸었다. 이것은 사람들의 불평을 샀다. 왜냐하면 거지들이 고기를 보고 그것을 탐낼 수 있고, 그러면 "그 백정들의 고기를 먹을 때 동시에 거지들의 흉안 때문에 생겨난 독을 먹을 위험이 있기 때문"[67]이었다. 그에 대한 해독제는 코란의 앞과 뒤의 3장(章)을 독송하면서 약간의 명반(明礬)[68]을

로 발전했다. 원래는 마을의 추수 축제에서 불렸지만, 점차 도시 지역으로 확대되었고 종교적 축제나 결혼식 같은 사적인 모임에서도 유행하게 되었다. 대개 즉흥적인 농담을 주고받는 대화식으로 진행된다. 처음에는 좀 거칠지만 기분 좋은 웃음을 선사하는 것이었는데, 나중에는 도를 지나쳤다. 신과 인간에 대한 거친 조롱들이 포함되게 되었다. 나중에는 법이 개입하여 규제했다.

[63] Smith, *Dictionary of Greek and Roman Antiquities*, I, 839; II, 831.
[64] Lane, *Modern Egyptians*, I, 77.
[65] 위의 책, 384
[66] (옮긴이 주) 터키의 문무 고관의 존칭.
[67] 위의 책, 385.
[68] (옮긴이 주) 흔히 백반이라고도 한다. 우리가 말하는 백반은 대부분 명반의 한 종류인 칼륨 백반인 경우가 많다. 칼륨 백반은 응결제나 착색제로 사용된다. 손

태우는 것이었다.[69] 남부 러시아 유대인들은 자기 아이를 타인이 칭찬하거나 쓰다듬지 못하게 한다. 누군가 그렇게 하면 어머니는 아이에게 그 사람의 등 뒤에서 "상스럽고 경멸적인 손짓을 하라"고[70] 명령한다.

흉안은 잠언 23장 22절과 아마도 마태복음 20장 15절에서 언급되고 있다. 잠언에서 강조되는 것은 주술적 악이 아니라 질투와 탐욕에 관한 것인 듯하다.

중국에서 아이들은 종종 '개', '돼지', '벼룩' 등의 이름을 얻는데 이 것도 흉안을 피하기 위한 것이다.[71]

570. 행운을 부르고 흉안을 피하기 위한 모욕과 욕설

남부 슬라브 지역에서 흉안은 악령을 행위 속에 동인(動因)으로서 집어넣음으로써 작동한다. 악령들은 사람이나 사물을 '비방한다.' 분명 이런 작동 방식은 언급되지 않을 때도 일반적으로 이해될 수 있다. 아름다운 사람이 가장 고통을 겪는다. 사람은 찬탄을 함으로써 뜻하지 않게 해를 끼칠 수 있다. 어떤 아이를 칭찬하려면 "아주 예쁜 아기야!"라고 말해서는 안 되고 "정말 못난이구나!"라고 말해야 한다. 언어는 이러한 용례에 의해서 전도되었다.[72] 이런 미신은 헝가리에 널리 퍼져

톱에 봉숭아 물을 들일 때 백반을 사용하는 것은 백반이 염료가 잘 스며들게 하는 기능을 하기 때문이다.

[69] 위의 책, 381.
[70] *Globus*, LXXXIII, 316.
[71] Williams, *Middle Kingdom*, I, 797.
[72] Krauss, *Volksglaube der Südslaven*, 41~43.

있다. 아이는 결코 칭찬받거나 찬양받지 않는다. 만약 누가 한 아이를 한동안 넋을 잃고 바라보았다면, 그는 아이에게 세 번 침을 뱉어야 한다.[73] 아마도 신부에게 낡은 신을 던지는 관습도 같은 미신에서 나온 것일 것이다. 그것은 욕설처럼 행운을 위한 경멸스럽고 조롱할 만한 선물이다. 흉안과 '제타투라'에 대한 공포는 남부 이탈리아에서 아직도 매우 강하게 남아 있다.[74]

571. 모레스와 흉안의 상호작용

흉안의 교의는 명백히 사신에 대한 믿음에서 직접적으로 도출된 것이다. 만약 주위가 우리를 둘러싼 사신(邪神)들로 가득 차 있다면, 그리고 일어나는 모든 일과 우리의 이해관계에 영향을 미치는 모든 일의 주재자가 이들이라면 인간의 복리는 사신의 통제할 수 없는 변덕에 의존하거나 아니면 사신을 통제할 수단에 의존한다. 사신의 변덕에 따를 경우 인간은 징조, 신탁, 점술 등을 통해 무슨 일이 닥칠지 알아낼 필요가 있다. 사신을 통제할 수단에 의존할 경우에는 주술과 마법의 모든 수단이 인간에게는 극히 중요한 가치를 갖게 된다. 이 때문에 문명의 역사에서 주술은 매우 궁극적이고 원초적인 의미를 갖는다. 주술은 사물의 질서에서 어떤 합리적인 인과를 찾지 '말라고' 가르친다. 그리고 수단과 목적 간의 합리적 관계를 전혀 포함하지 않는 제의 절차의 효과를 믿으라고 가르친다. 그러면 어떤 사람이 다른 사람에게 마법을 걸

---

[73] Temesvary, *Aberglaube in der Geburtshilfe*, 75
[74] *Bureau of Ethnology*, III, 297.

수 있고 또 무의식적으로 그렇게 할 수 있다고 믿는 것은 아무런 노력도 요구하지 않는다. 어떤 책임 관계도 발명되고 신봉될 수 있다. 왜냐하면 동인(動因)이 무엇인지 검증이 이루어지지 않기 때문이다. 따라서 모레스는 어떤 새로운 기능을 획득하게 된다. 모레스는 동인과 책임의 관계를 선별하고 확립해야 한다. 그러면 이 관계들은 실제로 존재한다고 믿어지게 된다. 즉 모레스는 범죄와 범죄자의 책임을 규정한다. 검증 절차로서의 오딜(Ordeal)[75]은 그와 같은 체계에 속한다. 오딜은 어떤 실제적 관계도 취급하지 않으며 그리하여 아무것도 입증하지 않는다. 그에 대한 신념을 확립하고 또 거기에 사회적 승인을 부여하게 하는 것은 모레스이다. 부러움과 번영에 대한 질투가 낳는 나쁜 결과인 흉안에 대해 말하자면 그것은 관찰된 사실들에서 '사후적으로(a posteriori)' 이끌어낸 추리가 독단적 교의로 과장된 것이다.[76] 승리의 시간에 재난이 일어나는 사례가 있다. 그것은 지나친 자만의 결과이기도 하고 동시에 순수한 우연에 기인한 것(케사르, 체사레 보르자, 나폴레옹)이기도 하다. 도박으로 이익을 얻을 확률은 언제나 일정하게 정해져 있다. 하지만 한동안 좋은 운을 경험한 성공적인 사람은 그 행운이 그들에게 지속되리라고 믿고, 이제 확률상 불운이 찾아온다는 사실을 망각한다. 그러나 방관자는 자신이 본 것에서 철학을 형성한다. 즉 그들은 인과응보의 여신 네메시스(Nemesis) 또는 다른 균형의 교의를 신봉하며, 그래서 욕설로 인위적으로 균형 잡기를 함으로써 더 크고 현실적인 재난을 막고자

---

[75] (옮긴이 주) 옛날 튜턴족이 쓰던 죄인 판별법으로서 뜨거운 물에 손을 담그게 하여 화상을 입으면 유죄, 입지 않으면 무죄로 판정한다.
[76] (옮긴이 주) 본서에서 docrtine은 교의로 번역하고, dogma는 독단적 교의로 번역했다. 전자는 일반적으로 어떤 사상이나 태도에서 발견되는 원리, 기본 주장을 뜻한다면 도그마는 강한 진리성 즉 누구도 부인해서는 안 되는 진리 주장을 포함하는 교의라고 할 수 있다.

한다. 이 교의와 행동의 모든 단계에 모레스가 개입한다. 모레스는 이 교의들을 실제에 적용하는 데서 유일무이한 한계다. 그러나 여기서 모레스는 별 쓸모가 없다.[77] 그것은 신념 및 교의 속에 있고 또 이들과 함께 불안정하게 부유한다. 그것은 결코 정의를 내릴 수 없고 한계를 확정할 수 없다. 그것은 단지 매일 매일 정의나 한계의 변화를 겪는 그리고 모레스를 동반한 관습에 빠져 있다. 원시적 종교가 여기서 탁월한 효과가 있다는 것은 의심할 여지가 없다. 왜냐하면 종교가 사신에 대한 믿음에서 벗어날 때, 그것은 권위를 얻고 독단적 교의를 확정하기 때문이다. 이 교의는 그 자체 오류이고 나쁜 것이라고 해도 사신에 대한 믿음의 불안정한 미신보다는 훨씬 나은 것이었다.

---

[77] (옮긴이 주) 주술의 영역에서 작동하는 모레스는 매우 우연적이고 자의적인 기준에 따라서 작동하기 때문에 사회적 질서에서 큰 역할을 하지 못한다는 것을 의미한다.

참고문헌

Aarbøger for Nordisk Oldkyndighed
Abdallatif, *Relation de l'Egypte* (trad. de Sacy) (Paris, 1810)
Abel, C. W., *Savage Life in New Guinea* (London, 1902)
Abercromby, J., *The Pre- and Proto-historic Finns, Eastern and Western, with Magic Songs of the West Finns* (2 vols. London, 1898)
Achelis, H., *Virgines Subintroductae* (1 Cor. vii) (Leipzig, 1902)
Achelis, T., *Die Ekstase in ihrer kulturellen Bedeutung* (Berlin, 1902)
Aelian, *Variae Historiae*
Æneas Silvius. → Piccolomini를 볼 것.
Alanus ab Insulis, *De Planctu Naturae* (Migne, *Patrologia Latina*, V, 210)
Alberi, E., *Relazione degli Ambasciatori Veneti al Senato* (Firenze, 1840): Letter of D. Barbaro, sent to England for the Accession of Edward VI (Series I, Tome II, 230)
Alec-Tweedie, Mrs., *Sunny Sicily* (New York, no date)
Am Urquell
Ameer Ali, *The Influence of Woman in Islam* (Nineteenth Century, XLV, 755)
American Anthropologist
American Journal of Semite Languages and Literature
American Journal of Sociology
Ammianus Marcellinus, *Rerum Gestarum* (libri 18, out of 31)
Ammon, O., *Die Gesellschaftsordnung und ihre natürlichen Grundlagen* (Jena, 1896)
d'Ancona, A., *Le Origini del Teatro in Italia* (2 tomes. Firenze, 1877 e 1891)
Andree, R., *Die Anthropophagie* (Leipzig, 1887)
Andree, R., *Ethnographische Parallele und Vergleiche* (2 Folgen. Leipzig, 1889)
Angerstein, W., *Volkstänze im Deutschen Mittelalter* (2te Aufl. Berlin, 1874)
l'Année Sociologique. → Durkheim를 볼 것.
l'Anthropologie. → Bulletins를 볼 것.
Apostolic Constitutions. Die Syrischen Didaskalia übersetzt und erklärt von A. Achelis und J. Fleming (Leipzig, 1904) contains the "Two Ways"
Appianus, *Historia Romana*
Apuleius, *Metamorphoses*

Arabian Nights. → Lane을 볼 것.
Archiv für Anthropologie
Archiv für Kunde der Œsterreichischen Geschichtsquellen
Archiv für Religionswissenschaft
Ashton, J., *Social Life in the Reign of Queen Anne* (London, 1883)
Athenæus, *Deipnosophistorum libri*
Athenagoras, *Apologia* (on the resurrection of the dead)
Augustine, *Opera* (Paris, 1635)
d'Aussy. → Legrand을 볼 것.
Australian Association for the Advancement of Science: Fourth Meeting, at Hobart, Tasmania, January, 1892 (Sydney, 1892)
d'Avenel, G., *Histoire Economique de la Propriété, des Salaires, des Denrées, et de tous les Prix en général, depuis l'an 1200 jusqu'en l'an 1800* (2 tomes. Paris, 1894~1898)

Babelon, E. C. F., *Les Origines de la Monnaie* (Paris, 1897)
Bancroft, H. H., *The Native Races of the Pacific States of North America* (New York, 1875~1876)
Barthold, F. W., *Die Geschichte der Hansa* (Leipzig, 1862)
Barthold, F. W., *Jürgen Wüllenweber von Lübeck* (Räumer, *Historisches Taschenbuch*, VI)
Barton, G. A., *Semitic Origins* (New York, 1902)
Bastian, A., *Die Deutsche Expedition an der Loango-Küste* (Jena, 1874)
Bebel, A., *Die Frau* (Zurich, 1883)
Becke, L., *Pacific Tales* (New York)
Becker, W. A., und Hermann, K. F., *Charikles* (3 Bände. Leipzig, 1854)
Beloch, J., *Die Bevölkerung der Griechisch-Römischen Welt* (Leipzig, 1886)
Beloch, J., *Griechische Geschichte* (4 Bände. Strassburg, 1904)
Bender, H., *Rom und Römisches Leben im Alterthum geschildert* (Tübingen, 1880)
Bent, J. T., *The Sacred City of the Ethiopians* (London, 1893)
Bergel, J., *Die Eheverhältnisse der alten Juden im Vergleiche mit den Griechischen und Römischen* (Leipzig, 1881)
Berlin Museum
Bernardin, N-M., *La Comédie Italienne en France, 1570~1791* (Paris, 1902)
Bethe, E., *Die Geschichte des Theaters im Alterthume* (Leipzig, 1896)

de Bethencourt, J., *Le Canarien livre de la Conquête et Conversion des Canaries (1402~1422)* (ed. G. Gravier Rouen, 1874)
Bijdragen tot de Taal-Land-en Volkenkunde van Nederlandsch Indië
Binet, A., *La Suggestibilité* (Paris, 1900)
Biot, E. C., *De l'Abolition de l'Esclavage ancien en Occident* (Paris, 1840)
Bishop, Mrs. (Isabella Bird), *Among the Thibetans* (New York, 1894)
Bishop, Mrs., *Korea and her Neighbors* (New York, 1898)
Blair, W., *Slavery amongst the Romans* (Edinburgh, 1833)
Bock, C., *Reis in Oost-en Zuid-Borneo* (s'Gravenhage, 1887)
Bodin, J., *Les Six livres de la République* (7a ed. Frankfort, 1641)
Boggiani, G., *I Caduvei* (Roma, 1895)
Boissier, G., *La Religion Romaine d'Auguste aux Antonins* (2 tomes. Paris, 1874)
Bourquelot, *Foires de Champagne* (Acad. de Belles Lettres et d'Inscriptions, 1865)
Bousset, D. W., *Die Religion des Judenthums im neutestamentlichen Zeitalter* (Berlin, 1903)
Bridges, T., *Manners and Customs of the Firelanders* (*A Voice for South America*, XIII, 201~114)
Brinton, G., *Nagualism* (Philadelphia, 1894)
Brunache, P., *Le Centre de l'Afrique* (Paris, 1894)
Bücher, K. W., *Die Aufstände der Unfreien Arbeiter* (Frankfurt, 1874)
Buchholz, E. A. W., *Homerische Realien* (3 Bände. Leipzig, 1871~1885)
Budge, E. A. W., *The Gods of the Egyptians* (Chicago, 1904)
Buhl, F. P. W., *Die Socialen Verhältnisse der Israeliten* (Berlin, 1899)
Bühler, G., *The Laws of Manu* (trans.) (Oxford, 1886)
B[ulletins] et M[émoires] de la Société d'Anthropologie de Paris (Paris, 1901): Art. by Guyot on Les Indigènes de l'Afrique du Sud, based on the Report of the South African Committee (Pres. J. Macdonell) on the Natives of South Africa (Series V, Tome II, 362)
Burchard, J., *Diarium sive verum urbanarum commentarii, 1483~1506* (ed. Thusane) (3 tomes. Paris, 1885)
Burckhardt, J., *Griechische Kulturgeschichte* (3 Bände. 2te Aufl. Stuttgart, 1898)
Burckhardt, J., *Die Kultur der Renaissance in Italien* (Basel, 1860)
Burckhardt, J. L., *Arabic Proverbs* (London, 1830)
Bureau of Ethnology, Washington, Annual Reports
Burnaby, A., *Travels through the Middle Settlements of North America in 1759 and*

1760 (London, 1775)

Burrows, G., *The Land of the Pigmies* (London, 1898)

Büttner, C. G., *Das Hinterland von Walfischbai und Angra Pequena* (Heidelberg, 1884)

Cambridge History of Modern Europe, (ed. by A. W. Ward and G. W. Prothero) (New York, 1902, etc.)

Cameron, V. L., *Across Africa* (2 vols. London, 1877)

Campbell, H., *Differences in the Nervous Organization of Man and Woman* (London, 1891)

Cantacuzene, J., *Romana Historia* (Bonn, 1832)

Carey, B. S., and Tuck, H. N., *The Chin Hills* (Rangoon, 1896)

Carmichael, M., *In Tuscany* (3rd ed. New York, 1902)

Cartwright, J., *Isabella d'Este, Marchioness of Mantua, 1474~1539* (2 vols. New York, 1903)

Castiglione, B., *The Book of the Courtier [1528]* (trans. by L. E. Opdyke) (New York, 1903)

Cato Major, *De Agri Cultura*

Cator, Dorothy, *Everyday Life among the Head-hunters* (New York, 1905)

Cayley-Webster, H., *Through New Guinea and the Cannibal Countries* (London, 1898)

Cellini. → Symonds를 볼 것.

Celestina. → Mabbe를 볼 것.

Century Magazine

Ch. Br. R. A. S. = China Branch, Royal Asiatic Society

Chandler, F. W., *Romance of Roguery: I. The Picaresque Novel in Spain* (New York, 1899)

Charles, R. H., *The Book of Enoch* (trans.) (Oxford, 1893)

Charles, R. H., *The Book of Jubilees or the Little Genesis* (trans.) (London, 1902)

Christian, F. W., *The Caroline Islands* (London, 1899)

Chrysostom, *Opera* (Migne, *Patrologia Graeca*, XLVII-LXIV. Homily on Matthew in LVIII, 591)

Churchman, The

Cibrario, G. A. L., *Della Politica Economia del Medio Evo* (2^a ed. 3 tomes) (Torino, 1841~1842)

Cicero, *Orations*

Cicero, *Tusculan Disputations*
Clement, K. J., *Das Recht der Salischen Franken* (Berlin, 1876)
Clement, P., *Jacques Cœur et Charles VII, France au XV siècle* (Paris, 1853)
Cockayne, O., *Hali Maidenhad* (*Early English Text Society*, London, 1866)
Codrington, R. H., *The Melanesians* (Oxford, 1891)
Cook, K. R., *The Fathers of Jesus: a Study of the Lineage of the Christian Doctrines and Traditions* (2 vols. London, 1886)
Corpus Juris Canonici (Colon. Munat., 1717)
Corpus Juris Civilis (Lipsiae, 1858)
Corpus Poeticum Boreale, the Poetry of the Old Northern Tongue (Oxford, 1883)
Coryate, T., *Crudities* (New York, 1905)
Cranz, D., *Historie von Grönland bis 1779* (Leipzig, 1780)
Crawford, J., *History of the Indian Archipelago* (2 vols. London, 1820)
Crawley, A. E., *Sexual Taboo* (JAI, XXIV, 116, 219)
Creighton, M., *Historical Essays and Reviews* (New York, 1902)
Cunningham, A., *Ladak* (London, 1854)
Cunow, H., *Verwandtschaftsorganization der Australneger* (Stuttgart, 1894)
Curr, E. M., *The Australian Race* (Melbourne, 1886)
Curtius Rufus, Quintus, *De Rebus Gestis Alexandri*
Cyprian, *Epistolae*

Daniel, H. A., *Codex Liturgicus Ecclesiae Universae in Epitomen Redactus* (Lipsiae, 1851)
Darmsteter, J., *Translation of the Zend Avesta* (Oxford, 1880)
Darinsky (*Zeitschrift für vergleichende Rechtswissenschaft*, XIV)
Darwin, Charles, *Descent of Man* (New York, 1886)
Dasent, Sir G. W., *The Story of Burnt Njal* (New York, 1900)
Dawson, J., *Australian Aborigines in the Western District of Victoria* (Melbourne, 1881)
Degroot, J. J. M., *The Religious System of China* (Leyden, 1892)
Denecke, A., *Entwickelungsgeschichte des gesellschaftlichen Anstandsgefühls in Deutschland* (Dresden, 1891)
Deutsch, S. M., *Peter Abälard* (Leipzig, 1883)
Dezobry, C. L., *Rome au Siècle d'Auguste* (4me ed. 4 tomes.) (Paris, 1875)
Dialogue of the Exchequer. → Henderson을 볼 것.

Dill, S., *Roman Society from Nero to Marcus Aurelius* (London, 1904)
Dill, S., *Roman Society in the Last Century of the Western Empire* (2nd ed. London, 1899)
Dio Cassius Coccejanus, *Historia Romana*
Dio Chrysostom, *Orations*
Diodorus Siculus, *Bibliotheca Historica*
Dionysus Halicarnessensis, Antiquitatum Romanorum quae supersunt
Dozy, R., *Musulmans d'Espagne, 711~1110* (4 tomes. Leyde, 1861)
Drumann, W. K. A., *Die Arbeiter und Communisten in Griechenland und Rom* (Königsberg, 1860)
Dubois, J. A., *Mœurs Institutions et Ceremonies des Peuples de l'Inde* (2 tomes. Paris, 1825)
Du Camp, M., *Paris dans la Seconde Moitié du dixneuvième Siècle* (Paris, 1873~1875)
Du Cange, C. du Fresne, *Glossarium mediae et infimae Latinitatis* (Paris, 1840~1850)
Dulaure, J. A., *Paris et ses Monuments* (Paris, 1865)
Durkheim, E., *La Prohibition de l'Inceste et ses Origines* (l'Année Sociologique, Tome I. Paris, 1898)
Duveyrier, H., *Les Touaregs du Nord* (Paris, 1864)
van Duyl, C. F., *Beschavingsgeschiedenis van het Nederlandsche Volk* (Groningen, 1895)

l'École d'Anthropologie de Paris, Revue de
Economics of Aristotle
Economicus of Xenophon
Edda, the
Ehrenreich, P., *Völkerkunde Brasiliens* (Veröffentlichungen des Berliner Museums, Band II)
von Eicken, H., *Geschichte und System der mittelalterlichen Weltanschauung* (Stuttgart, 1887)
Ellis, A. B., *The Ewe-speaking Peoples* (London, 1890)
Ellis, A. B., *The Tshi-speaking Peoples* (London, 1887)
von Elsberg, R. A., *Elizabeth Bathory* (die Blutgräfin) (Breslau, 1904)
Endemann, W., *Studien in der Romanischkanonischen Wirthschafts-und Rechtslehre* (2 Bände. Berlin, 1883)
Erasmus, D., *Colloquia* (Rotterdam, 1664)

Erasmus, D., *Colloquy of the Beggars [Franciscans]* (Opera, I, 739)
Erasmus, D., *Libellus Aureus de Civilitate Morum Puerilium* (Aboae, 1670)
Erman, A., *Aegypten und Aegyptisches Leben im Alterthume* (Tübingen, 1885)
Estrup, H. F. J., *Samlede Skrifter* (Kjøbenhavn, 1842)
Ethnography of India. → Risley를 볼 것.
Ethnological Society of London, Journal of the (New Series)
Euripides
Evans, J., *British Coins* (London, 1864)
Evarnitzky, D. I., *The Zaporoge Kossacks* (in Russian) (2 vols. St. Petersburg, 1888)
Eyre, E. J., *Expeditions into Central Australia in 1840~1841* (2 vols. London, 1845)

Farnell, L. R. (Archiv für Religionsgeschichte, VII)
Farnell, L. R., *The Cults of the Greek States* (2 vols. Oxford, 1896)
Farr, W., *Vital Statistics* (London, 1885)
Fauriel, C. C., *The Last Days of the Consulate* (London, 1885)
Fawcett, F., *On Basivis* (JASB, II, 322)
Felkin. → Wilson을 볼 것.
Finsch, O., *Ethnologische Erfahrungen* (Wien, 1893)
Finsch, O., *Samoafahrten* (Leipzig, 1888)
Fioretti di San Francisco (Torino, 1882)
von Fircks A., *Bevölkerungslehre und Bevölkerungspolitik* (Leipzig, 1898)
First Three English Books about America, The (Arber. Birmingham, 1885)
Flade, P., *Das Römische Inquisitionsverfahren in Deutschland bis zu den Hexenprocessen* (Leipzig, 1902)
Forbes, H. O., *The Kubus of Sumatra* (JAI, XIV, 121)
Foureau, F., *D'Alger au Congo par le Tchad* (Paris, 1902)
Freeman, E. A., *Western Europe in the Eighth Century* (New York, 1904)
Freeman, E. A., *Western Europe in the Fifth Century* (New York, 1904)
Freie Wort, Das
Freisen, J., *Geschichte des kanonischen Eherechts* (Tübingen, 1888)
Friedberg, E., *Das Recht der Eheschliessung* (Leipzig, 1865)
Friedberg, E., *Verlobung und Trauung* (Leipzig, 1876)
Friedländer, L., *Sittengeschichte* (3 Bände. Leipzig, 1862~1871)
Friedmann, M., *Ueber Wahnideen im Völkerleben* (Wiesbaden, 1901)
Fries, T. M., *Grönland dess Natur och Innevånare* (Upsala, 1872)

Fritsch, G., *Die Eingeborenen Süd-Afrikas* (Breslau, 1872)
Funck-Brentano, T., *La Science Sociale; subtitle, le Suicide* (Paris, 1897)
Furnival, F. J., *Child-marriages, Divorces, etc., 1561~1566* (*Early English Text Society*, No. 108) (London, 1897)

Gaius, *Institutiones* (Berlin, 1884)
Galton, F., *Hereditary Genius* (New York, 1870)
Galton, F., *Inquiries into Human Faculty* (New York, 1883)
Garnier, R. M., *The English Landed Interest* (London, 1892~1893)
Gauthiez, P., *Lorenzaccio, 1514~1548* (Paris, 1904)
Gehring, H., *Süd-Indien* (Gütersloh, 1899)
Geiger, Ludwig, *Renaissance und Humanismus in Italien und Deutschland. Allgemeine Geschichte in Einzeldarstellungen* (Berlin, 1882)
Geiger, W., *Ostiranische Kultur* (Erlangen, 1882)
Geijer, E. G , *Svenska Folkets Historia* (Stokholm, 1851)
Geiseler, *Oster-Inseln* (Berlin, 1883)
Gibbon, E., *Decline and Fall of the Roman Empire*
Gjessing, *Traeldom i Norge* (*Annaler for Nordisk Oldkyndighed*, 1862, p. 85)
Globus, der
de Gobineau, J. A., *La Renaissance* (Paris, 1877)
Goetz, W., *Ideale des Heiligen Francis* (*Historisches Vierteljahrschrift*, VI)
von Götzen, G. A., *Durch Afrika von Ost nach West* (Berlin, 1895)
Gomme, G. L., *Ethnology in Folklore* (New York, 1892)
Goodrich-Frear, A., *Inner Jerusalem* (New York, 1904)
Gower, J., *Vox Clamantis* (London, 1850)
Gozzi, Memoirs of (trans. by J. A. Symonds) (2 vols. London, 1890)
Graetz, H., *Geschichte der Juden* (Leipzig, 1888~1897)
Graphic, the London
Gregorovius, F., *Lucrezia Borgia* (trans. by J. L. Garner) (New York, 1903)
Grimm, J. L. C., *Deutsche Rechtsalterthümer* (Cited D. R. A.) (2te Ausg. Göttingen, 1854)
Grimm, J. L. C., *Teutonic Mythology* (trans. by Stallybrass) (4 vols. London, 1883)
Grinnell, G. B., *Cheyenne Woman Customs* (*American Anthropologist*, IV)
Grinnell, G. B., *Pawnee Hero Stories and Folktales* (New York, 1899)
Grupp, G., *Kulturgeschichte der Römischen Kaiserzeit* (Münden, 1903)

Gubernatis, A., *Usi Nuziali in Italia e presso gli altri Popoli Indo-Europei* (2a ed. Milano, 1878)
Guhl und Koner, *Das Leben der Griechen und Römer* (5te Aufl. Berlin, 1882)
Gumplowicz, L., *Grundriss der Sociologie* (Wien, 1885)
Gumplowicz, L., *Sociologie und Politik* (Leipzig, 1892)
Gunkel, H., *Zum religionsgeschichtlichen Verständniss des Neuen Testaments* (Göttingen, 1903)

Haeckel, E., *Aus Insulinde* (Bonn, 1901)
Hagelstange, A., *Bauernleben im Mittelalter* (Erfurt, 1897)
Hagen, B., *Unter den Papuas* (Wiesbaden, 1899)
Haimensfeld, M. G., editor of the *Collectio Constitutionum Imperialium* (Frankfurt, 1615)
Hale, H., *The Iroquois Book of Rites* (Philadelphia, 1883)
Hall, H., *Society in the Elizabethan Age* (London, 1887)
Hamilton, *The Panis: An Historical Outline of Canadian Indian Slavery in the Eighteenth Century* (Toronto, 1897)
Hanoteau, A., et Letourneux, A., La Kabylie (2e ed. 3 tomes. Paris, 1893)
Hansen, J., *Zauberwahn Inquisition und Hexenprocess im Mittelalter* (Leipzig, 1900)
Hardy, T., *Tess*
Harnack, A., *Die Pseudoclementinischen Briefe de Virginitate und die Entstehung des Mönchthums* (Sitzungsberichte der k. Preuss. Akad. der Wissenschaften, XXI, 1891)
Harnack, A., *Dogmengeschichte* (3te Ausg. 3 Bände. Leipzig, 1894)
Harper, R. F., *The Code of Hammurabi* (Chicago, 1904)
von Hartmann, K. R. E., *Phänomenologie des sittlichen Bewusstseins* (Berlin, 1879)
Hartmann (*Zeitschrift des Vereins für Volkskunde*, XI, 247)
Hastings, J., *Dictionary of the Bible* (New York, 1898)
Hatch, E., *Griechenthum und Christenthum* (trans.) (Freiburg, 1892)
Hauréau, B., *Bernard Délicieux et l'Inquisition Albegeoise, 1300~1320* (Paris, 1877)
Hauri, J., *Der Islam in seinem Einfluss auf das Leben seiner Bekenner* (Leyden, 1881)
Hausrath, A., *Peter Abälard* (Leipzig, 1893)
von Haxthausen, A., *Transkaukasia* (2 Bände. Leipzig, 1856)
Hearn, L., *Japan* (New York, 1904)

Hefele, C. J., *Conciliengeschichte* (Freiburg, 1858)
Heimskringla. → Laing를 볼 것.
Heisterberg, B., *Die Entstehung des Colonats* (Leipzig, 1876)
Henderson, E. F., *Translation of Select Documents of the Middle Ages* (London, 1892), contains the Dialogue of the Exchequer
Herodianus
Herodotus
Heusler, A., *Deutsches Privatrecht* (2 Bände. Leipzig, 1885)
Heyck, E., *Die Mediceer* (Leipzig, 1897)
Heyd, W., *Levanthandel im Mittelalter* (2 Bände. Stuttgart, 1879)
Heydemann, *Phlyakendarstellungen* (*Jahrbuch des kaiserlich Deutschen Archäologischen Instituts*, 1886)
Heyer, F., *Priesterschaft und Inquisition* (Berlin, 1877)
Hiekisch, C., *Die Tungusen* (St. Petersburg, 1879)
Hildebrands Zeitschrift. → Jahrbücher를 볼 것.
Hildreth, R., *History of the United States* (New York, 1849)
Hoensbroech, Graf von, *Das Papstthum* (Band I. Leipzig, 1901)
Holm, G., *Angmagslikerne* (Kjøbenhavn, 1887)
Holub, E., *Sieben Jahre in Süd-Afrika, 1872~1879* (2 Bände. Wien, 1881)
Holub, E., *Von der Capstadt ins Land der Maschukalumbe, 1883~1887* (2 Bände. Wien, 1890)
Holzmann, A., *Indische Sagen* (2 Bände. Stuttgart, 1854)
Hontan. → Lahontan를 볼 것.
Hopkins, E. W., *The Religions of India* (Boston, 1895)
Horn, F. W., *Mennesket i den forhistoriske Tid* (Kjøbenhavn, 1874)
Hostmann, F. W., *De Beschaving van Negers in Amerika* (Amsterdam, 1850)
Howitt, A. W., *Native Tribes of South Eastern Australia* (London, 1904)
Hubbard, G. G., *The Japanese Nation* (Smithsonian Report, 1895)
Humbert, A., *Japan and the Japanese* (New York, 1874)
Hutchinson, H. N., *The Living Races of Mankind* (New York, 1902)

Ibn Batuta. → Batuta를 볼 것.
Ibrahim Ibn Jakub, *Sklavenlände* (Geschichtschreiber der Deutschen Vorzeit, XXXIII)
von Ihering, R., *The Evolution of the Aryan* (trans.) (London, 1897)
Inderwyck, F. A., *The King's Peace* (London, 1895)

International Archiv für Ethnologie
International Congress of Anthropologists (Chicago, 1893)
Iphigenia among the Taurians
Iphigenia in Aulis
Isidore of Seville, *Sententiae* (in Part IV of Institutiones Theologicae Antiquorum Patrum of Cardinal Tomasius)

Jackson, A. V. W., *Zoroaster* (London, 1899)
Jaeger, C., *Ulms Leben im Mittelalter* (Stuttgart, 1831)
Jahrbuch des Deutschen Archäologischen Instituts
Jahrbücher fur Nationalökonomie und Statistik, gegründet von B. Hildebrand
JAI = *Journal of the Anthropological Institute of Great Britain*
Janssen, J., *Geschichte des Deutschen Volkes* (8 Bände. Freiburg, 1892~1894)
JASB = *Journal of the Anthropological Society of Bombay*
Jastrow, M., *Religion of the Assyrians and Babylonians* (in the supplementary volume of Hastings's *Dictionary of the Bible*)
Jastrow, I., and Winter, G., *Deutsche Geschichte im Zeitalter der Hohenstaufen, 1125~1273* (2 Bände. Stuttgart, 1897~1901)
Jenks, E., *Law and Politics of the Middle Ages* (New York, 1898)
Jewish Encyclopedia (New York, 1905)
Johnston, Sir H., *The Uganda Protectorate* (2 vols. New York, 1902)
Jolly, J., *Les Seconds Mariages* (Paris, 1896)

Jolly, J., *Recht und Sitte der Indo-Aryer* (Strassburg, 1896)
Jolly, J., *Ueber die Rechtliche Stellung der Frauen bei den alten Indern* (Akademie der Wissenschaften zu München, 1876)
Josephus, F., *Opera* (Berlin, 1885~1895)
Journal of American Oriental Society
Journal of the Ethnological Society
Journal of Philology
Journal of the Royal Asiatic Society
Journal of the Society of Comparative Legislation
Julius Capitolinus, *Life of Marcus Aurelius* (in Scriptores Aug. Historiae) (Lipsiae, 1865)
Julleville, L. Petit de, *La Comédie et les Mœurs en France au Moyen Age* (Paris,

1886)

Junker, W., *Reisen in Afrika, 1875~1886* (3 Bände. Wien, 1875~1886)

Justi, F., *Geschichte des alten Persiens* (Berlin, 1879)

Juvenal, *Satires*

Juynboll, T. W., *Mohammedaansche Wet volgens de leer der Sjafi-itische School* (Leiden, 1903)

Keane, A. H., *Ethnology* (Cambridge, 1896)

Keller, A. G., *Homeric Society* (New York, 1902)

Kingsley, M. H., *Travels in West Africa* (New York, 1897)

Kingsley, M. H., *West African Studies* (New York, 1899)

Klein, J. L., *Geschichte des Dramas* (Leipzig, 1866)

Klose, H., *Togo* (Berlin, 1899)

Klugmann, N., *Die Frau im Talmud* (Wien, 1898)

Knight, Mrs. S. K., *Journey from Boston to New York in 1704* (New York, 1825)

Kohler, J., *Zur Urgeschichte der Ehe* (Stuttgart, 1897)

Kohler und Peiser, *Aus dem Babylonischen Rechtsleben*

Kolb [or Kolben], P., *Voyage to the Cape of Good Hope* (Mayor's Voyages, IV)

Kostomarow, H., *Domestic Life and Mores of the Great Russians in the Sixteenth and Seventeenth Centuries* (in Russian) (3rd ed. St. Petersburg, 1887)

Krasinski, *Cossacks of the Ukrain* (London, 1848)

Krauss, *Volksglaube und Religiöser Brauch der Süd-Slaven* (Münster, 1890)

von Kremer, A., *Kulturgeschichte des Orients unter den Chalifen* (2 Bände. Wien, 1875~1877)

Krieger, M., *Neu-Guinea* (Berlin, 1899)

Kubary, J., *Die Socialen Einrichtungen der Pelauer* (Berlin, 1885)

Kubary, J., *Nukuoro* (Hamburg, 1900)

Kubary, J. S., *Der Karolinen Archipel* (Leiden, 1895)

Kugler, B., *Die Kreuzzüge* (Berlin, 1880)

Lacroix, P., *Manners, Customs, and Dress during the Middle Ages and during the Renaissance Period* (London, 1876)

Lacroix, P., et Seré, F., *Le Moyen Age et la Renaissance* (5 tomes. Paris, 1848~1851)

Lafitau, J. F., *De Zeden der Wilden van Amerika, from the French* (Amsteldam, 1751) de Lahontan, Baron L. A., *Nouveaux Voyages dans l'Amérique Septentrionale* (2 tomes. A la Haye, 1703; new edition by R. G. Thwaites, from the English edition of 1703, Chicago, 1905)

Laing, S., *The Heimskringla or Sagas of the Norse Kings, from the Icelandic of Snorre Sturlason* (4 vols. London, 1889)

Lane, E. W., *Manners and Customs of the Modern Egyptians* (2 vols. London, 1842)

Lane, E. W., *The Thousand and One Nights* (London, 1841)

von Langsdorff, G. H., *Voyages and Travels in Various Parts of the World, 1803~1807* (Carlisle, 1817)

Lazarus (in *Zeitschrift für Völkerpsychologie*, I)

Lea, H. C., *A History of the Inquisition of the Middle Ages* (3 vols. New York, 1888)

Lea, H. C., *History of the Inquisition of Spain* (4 Bände, New York/London 1906~1907)

Lea, H. C., *Sacerdotal Celibacy* (Philadelphia, 1867)

Lecky, W. E. H., *History of European Morals from Augustus to Charlemagne* (3rd ed. New York, 1877)

Lecky, W. E. H., *History of Rationalism in Europe* (New York)

Lefèvre, *Les Phénomènes de Suggestion et d'Autosuggestion* (Paris, 1903)

Lefèvre, A., *Race and Language* (New York, 1894)

Legrand d'Aussy, P. J., *Fabliaux ou Contes Fables et Romans du XIIme et du XIIIme Siècle* (Paris, 1829)

Lehmann, K., *Verlobung und Hochzeit* (München, 1882)

Leland, C. G., and Prince, J. D. *Kuloskap the Master* (New York, 1902)

Lenient, C., *La Satire en France au Moyen Age* (Paris, 1883)

Lewin, T. H., *Wild Races of Southeastern India* (London, 1870)

Libri-Carrucci, G. B., *Sciences Mathematiques en Italie depuis la Renaissance* (Paris, 1835)

Lichtenberger, H., *Le Poème et la Légende des Nibelungen* (Paris, 1891)

Lichtenstein, H., *Reisen im Südlichen Afrika, 1803~1806* (2 Bände. Berlin, 1811~1812)

Ling Roth. → Roth를 볼 것.

Lintilhac, E., *Théâtre Sérieux du Moyen Age* (Paris, no date)

Lippert, J., *Kulturgeschichte der Menschheit* (2 Bände. Stuttgart, 1887)

Little, W. J. K., *St. Francis of Assisi* (New York, 1897)

Livingstone, D., *Travels in South Africa* (2 vols. New York, 1858)

Livy

Lloyd, A. B., *In Dwarf Land and Cannibal Country* (New York, 1899)
Lope de Vega
Lorris, G. de, and Meung, J. de, *The Romant de la Rose* (trans. by F. S. Ellis) (London, 1900)
Lubbock, J., *Prehistoric Times* (London, 1872)
Lucian, *De Dea Syria*
Lucian, *Demonax*
Lucianus Samosatensis (Rostok, 1860) [I, Part II, 68, "End of the Wanderer"]
Lucius, P. E., *Der Essenismus* (Strassburg, 1881)
Lumholtz on the Tarahumari (*Scribner's Magazine*, October, 1894)
Lund, T., *Norges Historie* (Kjobenhavn, 1885)

Mabbe, J., *Celestina, or the Tragicke-Comedy of Calisto and Melibe, englished from the Spanish of Fernando de Rojas* (London, 1894)
Machiavelli, *Mandragore*. → Rousseau를 볼 것.
Macrobius, *Saturnalia*
Madras Government Museum
Magnin, C., *Histoire des Marionettes* (Paris, 1862)
Magnin, C., *Les Origines du Théâtre Moderne* (Paris, 1838)
Magnin, C., *Théâtre de Hrotsvitha* (Paris, 1845)
Mahaffy, J. P., *Egypt under the Ptolemaic Dynasty* (London, 1899)
Mahaffy, J. P., *Social Life in Greece* (London, 1874)
Mahaffy, J. P., *The Greek World under Roman Sway* (New York, 1890)
Maine, Sir H. S., *Ancient Law* (New York, 1871)
Maine, Sir H. S., *Early Law and Custom* (New York, 1883)
Mantegazza, P., *Gli Amori degli Uomini* (Milano, 1886)
Manu. → Bühler를 볼 것.
March, O. S. von der, *Völkerideale* (Leipzig, 1901)
Marco Polo. → Yule을 볼 것.
Margry, P., *Les Navigations Françaises* (Paris, 1867)
Marquardt, J., und Mommsen, T., *Römische Alterthümer* (Band I, Die Magistratur) (Leipzig, 1876)
Marsden, W., *Sumatra* (London, 1811)
von Martius, C. F. P., *Ethnographie und Sprachenkunde Amerikas zumal Brasiliens* (3 Bände. Band I, *Ethnographie Brasiliens*) (Leipzig, 1867)

Martins, J. P. Oliveira, *As Raças humanas e a Civilisação Primitiva* (Lisboa, 1881)
Martins, J. P. Oliveira, *Civilisação Iberica* (Lisboa, 1885)
Masi, E., *Storia del Teatro Italiano nel Secolo XVIII* (Firenze, 1891)
Mason, O. T. (*American Anthropologist*, IX)
Mason, O. T., *The Origin of Invention* (New York, 1895)
Maspero, G., *Peuples de l'Orient Classique* (3 tomes. Paris, 1899)
Masson, C., *Balochistan* (London, 1844)
de Maulde la Clavière, A. K., *Les Femmes de la Renaissance* (Paris, 1898)
Maurer, F., *Völkerkunde Bibel und Christenthum* (Leipzig, 1905)
Mauthner, F., *Kritik der Sprache* (3 Bände. Stuttgart, 1901~1902)
Mayer, F. M., *Geschichte Oesterreichs* (2 Bände. Leipzig, 1901)
McCabe, J., *St. Augustine and his Age* (London, 1903)
Medhurst, *Laws of Marriage Affinity and Inheritance in China* (*China Branch of the Royal Asiatic Society*, IV)
Meltzer, C., *Geschichte der Karthager* (2 Bände. Berlin, 1896)
Meyer, E., *Geschichte des alten Aegyptens* (Berlin, 1887)
Michael, E., *Geschichte des Deutschen Volkes* (2 Bände. Freiburg, 1899)
Middendorff, A. F., *Reisen in Siberien in 1843~1844* (4 Bände. St. Petersburg, 1847~1875)
Migne, J. P., *Patrologia Latina*
Migne, J. P., *Patrologia Graeca*
Mittheilungen der Anthropologischen Gesellschaft in Wien
Molmenti, P. G., *La Storia di Venezia nella Vita Privata* (Torino, 1885)
Mommsen, T, *Römische Strafrecht* (Duncker and Humboldt, 1899)
Monier-Williams, Sir M., *Brahmanism and Hinduism* (New York, 1891)
More, Sir T., *Utopia* (trans.) (London, 1899)
Moreau-Christophe, L. M., *Du Droit à l'Oisiveté* (Paris, 1849)
Morgan, L. H., *Ancient Society* (New York, 1877)
Müller, D. H., *Die Gesetze des Hammurabi* (Wien, 1903)
Müntz, E., *Leonardo da Vinci* (from the French) (New York, 1898)
Muratori, L. A., *Dissertazioni sopra le Antichità Italiane* (Vol. I, 267, Dissertazione XV, Delle Manumissioni de' servi) (Firenze, 1833)
Muratori, L. A., *Rerum Italicarum Scriptores Mediolani, 1723~1738* (→ Vol. IX, 134, on the cruelties of Ezzelino da Romano를 볼 것.)

Nachtigal, G., *Sahara und Sudan* (2 Bände. Berlin, 1879~1881)
Nadaillac, Marquis de, *Prehistoric America* (trans.) (New York, 1884)
Nansen, F., *Eskimo Life* (trans.) (London, 1893)
Nassau, R. H., *Fetichism in West Africa* (New York, 1904)
National Museum of the United States, Reports of the
Nekrassow, N. A., *Poems* (2 vols. 6 ed. St. Petersburg, 1895) (in Russ.). (In the second volume the poem "Who Lives Happily in Russia?"; German version in the Universal Bibliothek, 2447)
Nelson on the Eskimo (*Bureau of Ethnology*, XVIII, Part I)
Neumann, K., *Geschichte Roms während des Verfalls der Republik* (2 Bände. Breslau, 1881~1884)
Nieuwenhuis, A. W., *In Centraal Borneo* (2 tomes. Leiden, 1900)
Nilsson, S., *Les Habitants Primitifs de la Scandinavie* (Paris, 1868)
Nineteenth Century
Nivedita (Margaret E. Noble), *Web of Indian Life* (New York, 1904)
Novara Reise. → Wüllestorff를 볼 것.

Oliphant, L., *The Earl of Elgin's Mission to China and Japan* (London, 1859)
Opdyke. → Castiglione을 볼 것.
Otto, W., *Priester und Tempel im Hellenischen Aegypten* (Leipzig, 1905)

Pallas, P. S., *Voyages en Russie* (5 tomes. Paris, 1793)
Pandolfini, A., *Trattato del Governo della Famiglia* (Milano, 1902)
Parkinson, R., *Die Ethnographie der nordwestlichen Salomo Inseln* (Museum zu Dresden)
Pater, W. H., *Marius the Epicurean* (London, 1885)
Patrick, Psychology of Language (Expletives) (*Psychological Review*, VIII, 113)
Patursson, S. O., *Sibirien i vore Dage* (Kjøbenhavn, 1901)
Paulitschke, P., *Ethnographie Nordost Afrikas* (2 Bände. Berlin, 1896)
Peel, C. V. A., *Somaliland* (London, 1900)
Pellison, M., *Roman Life in Pliny's Time* (trans.) (Meadville, Pennsylvania, 1897)
Pereiro, A. C., *La Isla de Ponape* (Manila, 1895)
Perelaer, M. T. H., *Ethnographische Beschrijving der Dyaks* (Zaltbommel, 1870)
Peschel, O., *The Races of Man* (New York, 1876)
Petermann's Mittheilungen

[Peters, S.], *A History of Connecticut* (London, 1781)
Petri, E., *Anthropologie* (in Russ.) (St. Petersburg, 1890)
Petri, E., *Exceptiones Legum Romanorum* (in Appendix to Vol. II of Savigny, F. C., *Geschichte des Römischen Rechts im Mittelalter*, Heidelberg, 1834)
Petrie, W. M., *Flinders, Race and Civilization* (Smithsonian Report, 1895)
Pfeil, J., *Studien aus der Südsee* (Braunschweig, 1899)
Philo Judæus, The Contemplative Life
Philology, The Journal of (Cambridge, England)
Piccolomini, Æneas Silvius (Pope Pius II), *Die Geschichte Kaiser Friedrichs des Dritten* (übersetzt von Ilgen) (Leipzig, 1899)
Pickering, W. A., *Formosa* (London, 1898)
Pietschmann, R., *Die Phönizier* (Berlin, 1899)
Pike, L. O., *Crime in England* (London, 1873~1876)
Pinkerton, J., *Collection of Voyages* (17 vols. 1808~1814)
Pischon, C. N., *Der Einfluss des Islam auf das Leben seiner Bekenner* (Leipzig, 1881)
Pliny, *Naturalis Historia*
Plutarch, *Lives of Illustrious Men*
Pöhlmann, R., *Die Uebervölkerung der Antiquen Grossstädte* (Leipzig, 1884)
Politisch-Anthropologische Revue
Pollock, Sir F., and Maitland, F. W., *History of English Law* (Cambridge, 1895)
Polyptique de l'Abbé Irminon (ed. Guerard) (Paris, 1844)
Pommerol, J., *Une Femme chez les Sahariennes* (Paris)
Porphyrius, *De Abstinentia*
Portman, L., *Vacation Studies* (New York, 1902)
Powers, S., *The Tribes of California* (Washington, 1877)
Prescott, W. H., *The Conquest of Peru* (Philadelphia, no date)
Preuss, *Die Feuergötter* (Mitt. der Anthrop. Gesellschaft in Wien, XXXIII, 156)
Proceedings of the Society of Biblical Archeology
Proksch, O., *Die Blutrache bei den vorislamischen Arabern und Mohammeds Stellung zu ihr* (Leipzig, 1899)
von Prschewalsky, N., *Reisen in der Mongolei, 1870~1873* (Jena, 1881)
Prutz, H., *Kulturgeschichte der Kreuzzüge* (Berlin, 1883)
Przewalsky, H. M., *Travels in Central Asia* (in Russ.) (St. Petersburg, 1883; also 1900)

PSM = *Political Science Monthly*
Puini, C., *Le Origine della Civiltà* (Firenze, 1891)
Pullan, L., *History of the Book of Common Prayer* (New York, 1900)

Quintus Curtius Rufus. → Curtius를 볼 것.

Ralston, W. R. S., *Songs of the Russian People* (London, 1872)
Ranke, J., *Der Mensch* (Leipzig, 1894)
RAS = Royal Asiatic Society
Ratzel, F., *Anthropogeographie* (Stuttgart, 1882~1891)
Ratzel, F., *History of Mankind* (trans. of Völkerkunde) (New York, 1896)
Ratzel, F., *Völkerkunde* (3 Bände. Leipzig, 1885)
Rau, *Prehistoric fishing in Europe and North America*. (Washington: Smithsonian Institution, 1884)
von Räumer, F. L. G., *Historisches Taschenbuch* (Leipzig, 1te Folge, 1830~1839)
Reclus, E., *Primitive Folk* (New York, 1891)
Regnard, P., *Les Maladies epidémiques de l'esprit* (Paris, 1887)
Reich, H., *Der Mimus* (Berlin, 1903)
Reichel, O. J., *Canon Law: I. Sacraments* (London, 1896)
Renan, E., *Averroes et l'Averroisme* (Paris, 1861)
Rerum Script. Ital. → Muratori를 볼 것.
Retzius, G., *Finska Kranier* (Stokholm, 1878)
Revue de l'École d'Anthropologie de Paris
Rheinisches Museum
Ridgeway, W., *The Origin of Metallic Currency and Weight Standards* (Cambridge, 1892)
Risley, H. H., *Census of India*, 1901: I, *Ethnographic Appendices* (Calcutta, 1903)
Rockhill, W. W., *Mongolia and Thibet in 1891~1892* (Washington, 1894, and Smithsonian Report for 1892, p. 659)
Rockhill, W. W., trans. of William of Rubruck's Journey to the Eastern Parts of the World, 1253~1255 (Hakluyt Society, 2nd Series, No. 4. London, 1900)
Rodbertus, *Die agrarische Entwickelung Roms unter den Kaisern* (Hildebrand's Jahrbücher, II, 206, and following articles)
Rogers, R. W., *Babylonia and Assyria* (New York, 1901)
Rohde, E., *Psyche* (2te Ausg. Freiburg, 1898)

Rohlfs, G., *Reise durch Nord-Afrika von Tripoli nach Kuka* (Gotha, 1868) *Petermann's Geographischen Mitteilungen*, Ergaenzungsheft, XXV.

de Rojas. → Mabbe를 볼 것.

Romaunt de la Rose. → Lorris를 볼 것.

Rosenbaum, J., *Die Lustseuche* (Halle, 1892)

von Rosenberg, S. B. H., *Reistochten naar de Geelvinkbaai op Nieuw Guinea, 1869~1870* ('s Gravenhage, 1875)

Rossbach, A., *Römische Hochzeits- und Ehe-Denkmäler* (Leipzig, 1871)

Rossbach, G. A. W., *Die Römische Ehe* (Stuttgart, 1853)

Rossbach, J. J., *Geschichte der Familie* (Nordlingen, 1859)

Roth, H. Ling, *Natives of Sarawak and British North Borneo* (New York, 1896)

Roth, H. Ling, *The Aborigines of Tasmania* (London, 1890)

Roth, W. E., *The Northwest Central Queensland Aborigines* (Brisbane, 1897)

Rothe, T., *Nordens Staatsverfassung vor der Lehnszeit* (aus dem Dänischen. Leipzig, 1784~1789, 296)

Rousseau, J. B., Œuvres (IV, 305, trans. of Machiavelli's "Mandragore") (Paris, 1820)

Rubruck. → Rockhill을 볼 것.

Rudeck, W., *Geschichte der oeffentlichen Sittlichkeit in Deutschland* (Jena, 1897)

Russian Ethnography: The Peoples of Russia (published by the Journal "Nations and Peoples," St. Petersburg, 1878) (in Russ.)

de Saint Genois, J., *Sur des Lettres Inédites de Jacques de Vitry écrites en 1216* (in *Nouveaux Mémoires de l'Académie Royale des Sciences, Lettres, et Beaux Arts de Belgique*, XXIII, 1849)

Salviani Opera Omnia (Vindobonae, 1883) (Corpus Script. Ecclesiast., VIII)

Sarassin, P. and F., *Die Weddahs* (Wiesbaden, 1893)

Sarpi, Fra Paolo, *Della Inquisizione di Venezia* (in Vol. IV of his Opere)

Savigny. → Petri를 볼 것.

Schaafhausen, *Menschenfresserei und das Menschenopfer* (*Archiv für Anthropologie*, IV, 245)

von Schack, A. F., *Geschichte der Dramatische Literatur und Kunst in Spanien* (Frankfurt, 1854)

Schallmeyer, W., *Vererbung und Auslese* (Jena, 1903)

Scheltema, J., *Volksgebruiken der Nederlanders bij het Vrijen en Trouwen* (Utrecht, 1832)

Scherillo, M., *La Commedia dell'Arte in Italia* (Torino, 1884)
Scherr, J., *Deutsche Frauenwelt* (Leipzig, 1898)
Scherr, J., *Deutsche Kultur- und Sittengeschichte* (Leipzig, 1879)
Schmidt, C., *La Société Civile dans le Monde Romain et sa Transformation par le Christianisme* (Strassbourg, 1853)
Schmidt, E., *Ceylon* (Berlin, 1897)
Schoemann, G. F., *Griechische Alterthümer* (Berlin, 1897)
Schomburgk, R., *Britisch Guiana in 1840~1844* (Leipzig, 1847)
Schotel, G. D. J., *Het Oud-Hollandsch Huisgezin der Zeventiende Eeuw* (Haarlem, 1867)
Schotmüller, K., *Untergang des Templer-Ordens* (Berlin, 1887)
Schrader, E., *The Prehistoric Antiquities of the Aryan Peoples* (trans.) (London, 1890)
Schultz, A., *Das Höfische Leben zur Zeit der Minnesinger* (Leipzig, 1879~1880)
Schultz, A., *Deutsches Leben in XIVten und XVten Jahrhundert* (Cited D. L.) (Leipzig, 1892)
Schultze, *Psychologie der Naturvölker*
Schurz, H., *Entstehungsgeschichte des Geldes* (*Deutsche Geographische Blätter*, XX, Bremen, 1897)
Schwaner, C. A. L. M., *Borneo* (Amsterdam, 1853)
Schweinfurth, G., *The Heart of Africa* (trans.) (New York, 1874)
Scientific American
Scribner's Magazine
Scripta Historica Islandorum: II. Historiae Olavi Trygvii (Hafniae, 1827)
Seeck, G., *Untergang der antiquen Welt* (Berlin, 1895)
Selenka, E., *Der Schmuck des Menschen* (Berlin, 1900)
Semon, R., *In the Australian Bush* (New York, 1899)
Semper, K., *Die Palau Inseln* (Leipzig, 1873)
Seneca, *De Ira*
Seneca, *Letters*
Seneca, *Opera*
Serpa Pinto, *Como eu atravassei Africa* (London, 1881)
Seuberlich. → Nekrassow를 볼 것.
Sibree, J., jr., *The Great African Island* (London, 1880)
Sieroshevski, V. L., *Jakuty* (in Russ.) (St. Petersburg, 1896)
Sieroshevski, V. L., *Twelve Years in the Country of the Yakuts* (Polish version of

the last with revision and additions) (Warsaw, 1900)
Simkhovitsch, W. G., *Die Feldgemeinschaft in Russland* (Jena, 1898)
Simrock, K., *Das Nibelungen Lied* (Stuttgart, 1890)
Smith, A. H., *Chinese Characteristics* (New York, 1894)
Smith, W. Robertson, *Kinship and Marriage in early Arabia* (Cambridge, 1885)
Smith, W. Robertson, *Religion of the Semites* (London, 1894)
Smith, William (ed.). *Dictionary of Greek and Roman Antiquities* (London: John Murray)
Smithsonian Institute, Reports of the,
Smithsonian Contributions to Knowledge
Smyth, R. B., *The Aborigines of Victoria* (Melbourne, 1878)
Snouck-Hurgronje, C., *De Atjehers* (Leyden, 1894~1895)
Snouck-Hurgronje, C., *Mekka* (Haag, 1889)
Snyder, W. L., *The Geography of Marriage* (New York, 1889)
Sohm, R., *Trauung und Verlobung* (Weimar, 1876)
Southey, R., *History of Brazil* (London, 1822)
Spencer, B., and Gillen, F. J., *Native Tribes of Central Australia* (New York, 1899)
Spencer, H., *Principles of Sociology* (New York, 1905)
Spiegel, F., *Eranische Alterthumskunde* (Leipzig, 1871~1878)
Spix, J. B., und Martius, C. F. P., Reise in Bras*ilien, 1817~1820* (München, 1831)
Sprenger, A., *Die Alte Geographie Arabiens* (Berlin, 1875)
Sprenger, F. J., *Malleus Maleficarum* (Venici, 1576)
Stammler, C., *Stellung der Frauen* (Berlin, 1877)
Starcke, C. N., *The Primitive Family* (New York, 1889)
von den Steinen, K., *Naturvölker Zentral Brasiliens* (Berlin, 1894). Shingu Tribes (Berlin Mus., 1888)
Steinmetz, S. R., *Endo-Kannibalismus, Mitteilungen der Anthropologischen Gesellschaft in Wien*, XXVI
Stengel, P., *Die Griechischen Kultusalterthümer* (München, 1898)
Stevens, H. V., *Frauenleben der Orang Belendas, etc.* (*Zeitschrift für Ethnologie*, XXVIII, 163)
Stieda, L., *Die Infibulation* (Wiesbaden, 1902)
Stiles, H. M., *Bundling in America* (Albany, 1869)
Stoll, O., *Suggestion und Hypnotismus in der Völkerpsychologie* (Leipzig, 1904)
Strabo, *Geographica*

Strange, Sir W. T., *Hindu Law* (London, 1830)
Strauss, A., *Die Bulgaren* (Leipzig, 1898)
Strong, J. C., *Wakeenah and her People* (New York, 1893)
Stubbs, W., *Constitutional History of England* (Oxford, 1874)
Stubbs, W., *Select Charters* (Oxford, 1874)
Stuhlmann, F., *Mit Emin Pascha ins Herz von Afrika* (Berlin, 1894)
Suetonius, *De XII Caesaribus*
Surtees Society (Vols. LIX and LX), *Manuale et Processionale ad usam insignis Ecclesiae Eboracensis* (Edinburgh, 1875)
Susemihl, F. K. E., *Geschichte der Griechischen Literatur in der Alexandriner Zeit* (Leipzig, 1891~1892)
Symonds, J. A. → Gozzi를 볼 것.
Symonds, J. A., *The Catholic Reaction* (London, 1886)
Symonds, J. A., *The Renaissance in Italy* (London, 1875)
Symonds, J. A., *Autobiography of Cellini* (New York, 1888)

Tacitus, *Germania*
Tacitus, *Annals*
Temesvary, R., *Volksbräuche und Aberglaube in der Geburtshilfe* (Leipzig, 1900)
Tertullian, *de Anima*
Tertullian, *Apologia*
Tertullian, *de Spectaculis*
Tertullian, *ad Nationes*
Thayer, W. M., *Marvels of the New West* (Norwich, Conn., 1888)
Thomae Aquinatis Opera Omnia jussu impensaque Leonis XIII, P. M. (Rome, 1892)
Thomae Aquinatis Opuscula Omnia (Paris, 1534)
Thomson, J., *Illustrations of China* (London, 1873)
Thruston, Gates Phillips, *The Antiquities of Tennessee and the Adjacent States and the State of Aboriginal Society in the Scale of Civilization Represented by Them.* (Cincinnati, Ohio: The R. Clarke Company, 1897)
Tiele, C. P., *Geschichte der Religion im Alterthume* (Gotha, 1896)
Times, The New York
Todd, J. H., *Life of St. Patrick* (Dublin, 1864)
Tornauw, *Das Moslimische Recht* (Leipzig, 1855)
Trevelyan, G. M., *England in the Age of Wycliffe* (New York, 1899)

Two Ways, The. → Apostolic Constitutions를 볼 것.
Tylor, E. B., *Anthropology* (New York, 1881)
Tylor, E. B., *Early History of Mankind* (London, 1865)

Ueberweg, F., *History of Philosophy* (trans.) (New York, 1873)
Uhland, *Geschichte der Dichtung und Sage* (Stuttgart, 1865)
Umschau, Die

Valerius Maximus, *Factorum et Dictorum Memorabilium libri novem*
Vambery, H., *Sittenbilder aus dem Morgenlande* (Berlin, 1877)
Vanutelli, L., e Citerni, C., *L'Omo* (Milano, 1899)
de Varnhagen, F. A., *Historia Geral do Brazil* (Rio de Janeiro, 1854~1857)
Venetian Ambassadors. → Alberi를 볼 것.
Veth, P. J., *Borneo's Wester-Afdeeling* (Zaltbommel, 1856)
Vinogradoff, P. G., *Villainage in England* (Oxford, 1892)
Vissering, W., *On Chinese Currency* (Leiden, 1877)
Vitry. → Saint Genois를 볼 것.
Volkens, G., *Der Kilimandscharo* (Berlin, 1897)

Wachsmuth, *Bauernkriege* (Räumer, *Historisches Taschenbuch*, V)
Waitz, F. T., *Anthropologie* (1859~1872)
Wallon, H. A., *L'Esclavage dans l'Antiquité* (Paris, 1847)
Weinhold, K., *Die Deutschen Frauen in dem Mittelalter* (Wien, 1882)
Wellhausen, J., *Die Ehe bei den Arabern* (Göttingen, 1893)
Wellhausen, J., *Skizzen und Vorarbeiten* (Berlin, 1887)
Wellsted, J. R., *Travels in Arabia* (London, 1837)
Westerhout, R. A., *Het Geslachtsleven onzer Voorouders in de Middeleeuwen* (Amsterdam, no date)
Westermarck, E., *Human Marriage* (London, 1891)
Whitmarsh, H. P., *The World's Rough Hand* (New York, 1898)
Whitney, W. D., *Language and the Study of Language* (New York, 1867)
Wiklund, K. B., *Om Lapparna i Sverige* (Stockholm, 1899)
Wilken, G. A., *Huwelijks- en Erfrecht bei de Volken van Zuid Sumatra* (Bijdragen tot T. L. en V.- kunde van Indie, XL)
Wilkins, D., *Concilia Magnae Britanniae et Hiberniae, 446~1717* (London, 1737)

Wilkins, W. J., *Modern Hinduism* (London, 1887)
Williams, S. W., *The Middle Kingdom* (New York, 1883)
Wilson, C. T., and Felkin, R. W., *Uganda and the Egyptian Sudan* (London, 1882)
Wilutsky, P., *Mann und Weib* (Breslau, 1903)
Winckler, H., *Die Gesetze Hammurabis* (Leipzig, 1902)
Winter, E. → Jastrow, J.를 볼 것.
Wisen, T., *Om Qvinnan i Nordens Forntid* (Lund, 1870)
Wissowa, G., *Religion und Kultus der Römer* (München, 1892)
Wobbermin, G., *Beeinflussung des Urchristenthums durch das Mysterienwesen* (Berlin, 1896)
Woodford, C. M., *A Naturalist among the Headhunters* (London, 1890)
Wüllestorff und Urbair, *Reise der Novara um die Erde, 1857~1859* (Wien, 1861~1865)
Wundt, W., *Ethik* (Stuttgart, 1892)

Xenophon, *Economicus*
Xenophon, *Symposium*
Xiphilin, *The History of Dio Cassius abridged* (trans. by Dr. Manning) (London, 1704)

Yriarte, C., *La Vie d'un Patricien de Venise* (Paris, 1874)
Yule, H., *Mission to Ava in 1855* (London, 1858)
Yule, H., *The Book of Ser Marco Polo* (London, 1903)

Zappert, G., *Das Badewesen* (*Archiv für Kunde oesterreichischer Geschichtsquellen*, XXI)
de Zarate, A. Gil, *Literatura Española* (Madrid, 1874)
Zay, E., *Histoire Monétaire des Colonies Françaises* (Paris, 1892)
Zeitschrift für Ethnologie
Zeitschrift für Vergleichende Rechtswissenschaft
Zeitschrift für Völkerpsychologie
Zeitschrift für Volkskunde
Zimmer, H., *Altindisches Leben* (Berlin, 1879)

찾아보기

ㄱ

가워(Gower) / 42
가이우스 / 240
가일러 / 43, 44
가족 / 11, 13, 18, 19, 21, 46, 54, 250, 251, 265
가터 / 176
가톨릭 / 45
간다르바 결혼 / 32, 36
간통 / 24, 77, 98, 130
감정 / 259
개인주의 / 54
갠지스강 / 68
게링(Gehring) / 67
게슨 / 44
결의론 / 91
결혼 / 6, 9, 11, 16, 21, 22, 26, 32, 34, 36, 38, 42, 45, 47, 49, 65, 87, 93, 110, 117, 224, 245, 247, 278
결혼 선물 / 106
결혼 예식 / 38, 75, 88, 103, 112, 116
결혼관 / 115
겸손 / 124
계약 / 20
고대 / 31
고대 인도 / 68
고대 히브리인 / 89

고등종교 / 281
고문 / 209, 211
고상함 / 198, 200, 204, 207
고웨인족(Gowane) / 129
공감 / 252, 259
공공복리 / 274
공손함 / 193
공중도덕 / 218, 219
과부 / 72, 73, 76, 80
관습 / 7
관용 / 53
관체족족 / 146
교부 / 77
교육 / 10
교회 / 44, 60, 110, 115, 212
교회법 / 51, 62, 102, 109, 116, 244
교훈극 / 213
구교도 / 93
구르크탈 / 38
구약성서 / 46, 89, 237, 283
국가 / 50, 113, 221, 266, 274
국교회 / 63, 112
권리 / 252
귀천상혼 / 102
규약 / 199, 213, 215
규제 / 8
그레고리우스 / 95
그리스 / 205, 206, 257, 284

근친교배 / 12, 13
근친상간 / 205, 224, 226, 227, 243,
        246, 247
금기 / 122, 159, 225
금욕 / 7, 96
금욕주의 / 29, 95
기독교 / 29, 30, 51, 96, 204, 215, 277
기사 / 197

ㄴ

나가 구릉지 / 181
나가족 / 261
나우시카 / 178, 188
나이어족 / 16
나체 / 163, 166
나틋 / 161
나폴레옹 / 295
나흐티갈 / 151
난교 / 6, 23
남근 / 290
남근상 / 173, 174
남색 / 121
남신 / 203
남아메리카 / 64
남편 / 37, 67
납치 / 20, 21
낸디족 / 155
네메시스 / 295
누마 / 57
누비아족 / 287
뉴기니 / 150
뉴브리튼 / 64, 150, 153
뉴헤브리디스 / 145

니네베 / 201
니암니암 / 233
니오르드 / 240
니콜라 클레망 / 44
닐게리 구릉지 / 157

ㄷ

다린스키 / 40, 183
다미엥 / 210
다야크족 / 126, 150, 156, 162, 192,
        231, 263
다윈 / 23, 25
다임족 / 152
단정함 / 123, 124, 133, 135
덕목 / 130
데네케(Denecke) / 197
데이오세스 / 140
데이포보스 / 203
도덕 / 27, 216
도덕성 / 120, 218, 219
도박 / 295
도코족 / 152
독신주의 / 29, 45, 94
독일 / 111
동거 / 106
동방교회 / 78
동양인 / 133
동종번식 / 12, 226, 247
동침 / 106, 109
둘라우레 / 44
디에리 / 256
디오니소스 / 170, 173
디오클레티아누스 / 99

딩카족 / 196

ㄹ

라에르테스 / 30
라지푸트인 / 76
람(Rhamm) / 39
람세스 2세 / 235
랍비 시대 / 91
랑고바르드족 / 60
랑스도르프(Langsdorf) / 234
랭겔(Wrangell) / 195
러시아 / 39, 40
레위기 / 32, 89, 238
레인(Lane) / 17, 71
레치우스(Retzius) / 165
레키(Lecky) / 55, 96
로디아족 / 157
로마 / 35, 96
로마가톨릭 / 117
로마법 / 102, 266
로물루스 / 56
로브데콜테 / 132
로스바흐 / 101
로앙고 / 191
로엔그린 / 112
로투마 / 162
롤프스 / 64
롱고스족 / 153
루데크(Rudeck) / 165, 221
루돌프 왕 / 193
루브르 박물관 / 144
뤼베크 / 44
르네상스 / 51

리디아인 / 167
리비아 / 57
리키아인 / 19
리히텐슈타인 / 197
린치 / 210
링감 / 175

ㅁ

마귀주의 / 254
마녀사냥 / 210
마누 법전 / 22, 67, 73
마니교 / 79
마다가스카르 / 195
마르시아 / 58
마르쿠스 아우렐리우스 / 76
마리아 / 95
마법 / 139, 277, 294
마사이족 / 149, 151
마샬라 / 291
마술 / 168
마슈칼룸베족 / 153
마야인 / 127
마이틀랜드(Maitland) / 110
마태복음 / 293
마하바라타 / 36, 73, 75
만단족 / 162
만달람 / 135
만테가차(Mantegazza) / 157, 232
말라가시 / 287
말라바 / 157
말레이족 / 162
말레쿨라 / 64
망령 / 72, 254, 271

매너 / 193, 197, 216
매매 / 20, 22
매춘 / 52
메디아인 / 140
메이지유신 / 158
멜라네시아 / 181
멜란테우스 / 202
면책선서 / 272
명예 / 198, 199
모계 / 18, 19, 20
모니어-윌리엄스(Monier-Williams) / 75
모레스 / 7, 8, 9, 10, 11, 12, 13, 14, 17, 18, 21, 26, 29, 30, 35, 40, 45, 47, 48, 49, 50, 52, 58, 62, 67, 70, 72, 74, 93, 94, 98, 101, 102, 104, 105, 113, 121, 125, 133, 166, 168, 176, 178, 183, 185, 193, 202, 211, 215, 217, 218, 220, 228
모르드빈인 / 234
모성애 / 48
모세 / 91
모세 5경 / 139
모자 / 185
목욕 / 158, 162
몽골 / 72, 128, 241
몽보투족 / 180
무르너 / 43
무함마드 / 33, 56, 78, 137, 183, 268
문신 / 289
미국 / 267
미나하사 / 232
미네 / 41

미덴도르프(Middendorf) / 161
미르밧 / 129
미무스 / 170, 173
미사 예식 / 103
미신 / 243
미크로네시아 / 160
민법 / 98, 114, 244
민속지학(ethnography) / 120
민주주의 / 53, 207
밀레토스 / 175

ㅂ

바간다족 / 151
바그너 / 111
바기르미 / 151
바루아족 / 190
바리새인 / 286
바리족 / 155
바리토 계곡 / 64
바빌로니아인 / 201
바빌론 유수 / 89
바사리족 / 14
바엘츠(Baelz) / 159
바울(사도 바울) / 94
바이에른 / 106
바인홀트(Weinhold) / 108
바카이리족 / 148, 191
바코족 / 6
바탁족 / 232
반요로족 / 155
발레리우스 막시무스 / 34
발리인 / 232
발칸반도 / 38

발키리 / 95
밤베리(Vambery) / 184
배꼽 / 147
뱅크스 제도 / 153
버마 / 241
버슬 / 136
범죄 / 272, 274
법률 / 2
베네치아 / 13
베다 / 16, 66, 73
베다족 / 24, 232
베두인 / 270
베스 / 144
베스트팔렌 / 106
베일 / 33, 70, 134
베추아나족 / 280
베칠레오족 / 195
베트(Veth) / 126
벡(Becke) / 160
벨하우젠(Wellhausen) / 24
변이 / 5
보나 데아 / 239
보르누 / 287
보복 / 272
복(Bock) / 162
복수 / 258, 261, 262, 270, 274
부간다 / 179
부계 / 18, 20, 26, 61, 255
부부 / 33
부부관계 / 34
부부애 / 32, 34, 45
부성애 / 48
부시먼 / 126
부정 / 276, 278, 283, 285

분트(Wundt) / 130
불가리아 / 39
불교 / 277
불임 / 91
브라만 / 187
브라만교 / 36, 277
브라질 / 169
브루나쉬 / 145
브룬힐트 / 43
비너스 / 101
비밀 결혼 / 116
비숍(Mrs. Bishop) / 159
비열함 / 207
비이텔 / 181
비하리 힌두교도 / 75
빌루츠키(Wilutzky) / 64
빌켄(Wilken) / 65

ㅅ

사두개인 / 286
사랑 / 30, 31, 33, 36
사모아인 / 195
사무엘(하) / 237, 260
사신(邪神) / 16, 169, 171
사신에 대한 믿음(demonism) /
    88, 276, 277, 294
사춘기 / 66, 68
사칼라바 / 233
사하라 / 41
사회과학 / 220
사회주의 / 54
사후세계 / 80
산모 / 282

살리족 / 79, 252
살비아누스 / 35
살인 / 261, 271
살인자 / 260, 262
상식 / 198, 199
상호존중 / 215
새퍼(Sapper) / 196
생리 / 278
생식 / 8, 93
생존 / 6, 8
샤리바리 / 78
샴마이(랍비) / 58
서방교회 / 78
서스펜소리엄 / 142, 172
성 금기 / 10, 26, 214
성 모레스 / 2, 29, 37, 39, 41, 77, 86
성경 / 33
성교 / 92, 256
성기 / 143, 172
성욕 / 7, 26
성적 감정 / 23
성적 관계 / 10
성적 욕구 / 122
성적 욕망 / 8, 93
성전기사단 / 209
성직자 / 112
성차 / 2
성찬식 / 117
세금 / 222
세네카 / 28, 57
세르비아 / 38
세리족 / 256
세몬 / 149
세미놀족 / 161

세속결혼 / 118
셈프로니우스 소푸스 / 57
셜마이어(Schallmeyer) / 158
소극 / 173
소사족 / 152
소유 / 22, 49
소프로시네 / 239
손수건 / 187
솔로몬 제도 / 160
솜(Sohm) / 112
솜라이족 / 151
수녀원 / 44, 165
수단인 / 191, 288
수목 결혼 / 81
수사(Susa) / 201
수절 / 76
수치심 / 124, 131, 136
순장 / 73
슈바너(Schwaner) / 64, 192
슈바벤 / 106, 108
슈바인푸르트(Schweinfurth) / 196, 287
슐체(Walter Schultze of Haarlem) / 172
슐츠(Schultz) / 43
스미스(Robertson Smith) / 184
스웨덴인 / 259
스칸디나비아 / 105, 264
스코틀랜드 / 69
스토배우스 / 35
스토아학파 / 129
스티븐스 / 148
스파르타 / 15
슬라브 / 37, 38, 39, 180

습관 / 32, 125, 251
습속 / 2, 7, 12, 19, 81, 92, 159, 168, 199, 208, 211, 214, 215
시베리아 / 195
시암 / 241
시에라 마드레 / 230
시체 / 276, 279
시편 / 265
식량 공급 / 8
식사 / 190
식인 / 176, 226
신교도 / 93
신랑 / 38
신명기 / 21, 91, 140, 238, 266
신부 / 38
신생아 / 282
신앙고백 / 117
신약성서 / 62, 93, 283
신정론 / 267
신탁 / 277
실재론 / 170
실험 / 253
십자고상 / 176
십자군 / 44, 164, 208, 209
싱구 / 145, 153
싱할리즈족 / 24

ㅇ

아-잔데인 / 195
아가멤논 / 202
아가튀르시인 / 48
아그리피나 / 240
아동 결혼 / 64, 65, 69, 76
아동교육 / 214
아라비아 / 52
아라비아 펠릭스 / 241
아라와크족 / 262
아랍인 / 137, 184, 253, 268
아레스 / 177
아르멩골 / 127
아르테미스 / 26
아리스토텔레스 / 27, 130
아리스토파네스 / 173
아베스타 / 236
아비시니아 / 191
아슈르바니팔 / 201
아시리아인 / 200
아우구스투스 / 57
아우구스티누스 / 10, 28, 29, 77, 95
아이누족 / 157
아이슬란드 / 35, 105
아이아스 오일레우스 / 202
아콜리족 / 155
아크바 / 73
아킬레우스 / 34, 189, 201
아테나 / 203
아테네우스 / 149
아텔라 / 171
아파포리족 / 156
아풀레이우스 / 35
아프로디테 / 177
아프리카 봉 / 157
안가미족 / 188
안다만 제도 / 126, 161, 180, 194
안드로마케 / 34
안토니누스 피우스 / 28
알라누스 아브 인술리스 / 42

알레만족 / 35
알레우트족 / 234
알렉산더 대왕 / 268
알렉산더 세베루스 / 164
알바니아인 / 37
야곱 / 10
야마 / 236
야만인 / 205
야미 / 236
야쿠트족 / 126, 146, 195
약혼 / 64
얀센(Janssen) / 45
양심 / 198, 199
양심의 결혼 / 97
어릿광대 / 213
에라스뮈스 / 140, 164, 189
에세네파 / 139, 167
에스터 / 90
에스키모 / 64, 262
에우리클레이아 / 30, 202
에제키엘 / 237, 238
에티켓 / 196
에페르츠(Effertz) / 230
에페소 / 94
엘람 / 201
엘리제르(랍비) / 58
여성 숭배 / 42, 44, 197
여신 / 203
영국 / 63, 69
예식 / 21
예언 / 277
예의범절 / 41, 124, 179
오디세우스 / 178
오딜 / 295

오레스테스 / 204, 205, 257
오마하족 / 179
오세트족 / 182, 233, 265
오스트레일리아 / 150
오스티아크족 / 233
오이디푸스 / 238
온천 / 165
올림포스 / 202
옵 / 167
와이츠(Waitz) / 144
왕의 평화 / 273
외설 / 168, 177
요비니아누스 / 77, 94
요셉 / 69, 95
요하난(랍비) / 58
요행 / 87
욕망 / 7
용례 / 74, 104, 142, 158, 166, 168,
    177, 178, 193, 214, 230
우간다 / 151
우연 / 222, 243
우크라이나 / 39
운 / 87
울부짖는 사람(wailer) / 40
울피아누스 / 28
웁살라 / 259
웨어길드 / 264
위그노 / 117
윌슨(Wilson) / 150
윌킨스(Wilkins) / 74, 163
유대 / 90, 258
유대교 / 56
유대인 / 92, 167
유럽인 / 159

유로크족 / 162
유베날리스 / 58
유스티니아누스 / 100, 101
유전 / 246
유프라테스 계곡 / 70
윤리 / 220
윤리적 / 9
율리시스 / 34
율리아누스 / 76
융커(Junker) / 179
음유시인 / 43
의무 / 252
의복 / 132, 154
이기적 / 8, 9
이방인 / 24
이상화 / 27, 31
이스라엘 / 89, 91, 265
이슬람 / 17, 33, 67, 70, 73, 140, 181,
 184, 185, 215, 257, 267, 269,
 273, 277
이종번식 / 12, 226
이집트인 / 11, 17, 71, 169
이타적 / 8, 9
이피게네이아 / 189
이혼 / 54, 56, 58, 60
인노켄티우스 3세 / 79
인도 / 39, 73, 188
인디언 / 196
인성 / 123, 199
일본 / 33, 52, 122, 158, 194, 264
일본 여자 / 81
일부다처제 / 3, 13, 14, 17, 50
일부일처제 / 18, 27, 30, 40, 46, 47,
 51, 53, 96, 98

일처다부제 / 13, 16, 18, 124
입맞춤 / 192
잉글링가 사가 / 240

ㅈ

자-루오족 / 154
자바 / 171
자연적 기능 / 122
자유결혼 / 100
잠언 / 293
장례식 / 183, 279
장식 / 137, 154
장신구 / 133, 152
재산 / 16
재혼 / 61, 62, 71, 74, 79
전쟁 / 206, 266, 280
전족 / 125, 147
절제 / 7
절충주의 / 215
점(占) / 263
점술 / 277
정서 / 259
정숙 / 21, 123
정액루 / 121
정절 / 26, 28, 30, 33, 127, 128
정중함 / 193
정치 / 214, 220
정치가 / 221
정화 / 281, 282, 285
제도 / 2, 11, 86, 258
제우스 / 34, 132, 177
제임스 1세 / 114
제타투라 / 286

젬퍼(Semper) / 127
조로아스터교 / 277, 279
족내혼 / 13, 229, 236
족외혼 / 13, 229
종교 / 217, 276, 296
종족 / 251
주노 / 101
주술 / 170, 277, 294
주제미일(Susemihl) / 174
주피터 / 101
줄레비유 / 211
줄루족 / 126, 140
중국 / 52, 180, 194
중세 / 41, 60, 78, 207, 212
중세 교회 / 69
중앙 보르네오 / 169
중앙아메리카 / 64
중앙아프리카 / 160
중재 / 273
증여부 / 109
증여증서 / 97
지참금 / 22, 99
지크프리트 / 43
진화 / 11
진화론 / 4
질병 / 278
질투 / 23, 25

ㅊ

차카 / 140
처녀성 / 26, 40
철학 / 193, 208, 214, 217
첩 / 39, 51, 114

청교도 / 117
체르케스족 / 40, 182
체사레 보르자 / 295
초대교회 / 96
초야 / 90, 91
초자연적인 존재에 대한 믿음 /
　　　138, 145, 148, 168, 254, 277
촌수 / 253, 255
추방 / 273
축첩 / 11, 53, 98, 102, 114
출산 / 278
취향 / 211, 213, 216
치누크족 / 281
치마 / 154
치타공 구릉지 / 148
친족 / 252, 254, 261
친족 관계 / 19, 250, 252, 258
친족 집단 / 269, 271

ㅋ

카니발 / 44
카라괴즈 / 171
카렐리야 / 40
카록족 / 280
카롤링거 왕조 / 107
카리테스 / 35
카메룬 / 152
카바 / 154, 190
카비론도족 / 151
카빌족 / 185, 186, 242, 273
카잔족 / 135
카토 / 57
카판족 / 192

카피르족 / 31, 126
칸디아 / 157
칼데아 / 11, 56, 68, 88, 237
칼롱족 / 232
칼리프 / 140, 269
칼무크족 / 186
캄비세스 / 236
캘커타 / 74
커(Curr) / 150
커닝엄(Cunningham) / 16
케른텐 / 38
케사르 / 295
케크치 / 196
케투바 / 91
켄틀루프(Walter de Cantelupe) / 111
코디악 / 234
코란 / 184, 292
코로보리 / 144
코르도판 / 129
코르셋 / 133
코린토(전) / 77, 94, 141, 185
코린토(후) / 62
코에루나족 / 230
코카서스 / 37, 40
코토르만 / 38
콘드족 / 231
콘스탄티누스 / 164
콜리말레이 구릉지대 / 68
콰키우틀족 / 281
쿠바리(Kubary) / 24
쿠부족 / 148
쿠치족 / 232
크랜스톡(Cranstock) / 185
크로아티아 / 38

크롤리(Crawley) / 179
크리거(Krieger) / 261
크리소스토무스 / 29
크세노폰 / 27
클라우디우스 / 240
클리타임네스트라 / 189
키케로 / 101
킹즐리(Charles Kingsley) / 82
킹즐리(Miss Kingsley) / 5

ㅌ

타나 / 190
타밀족 / 39, 67, 280
태즈메이니아 / 153
테네리페 / 235
테르툴리아누스 / 57, 94, 104
테이타 / 233
테휄치족 / 162
텔레마코스 / 202
토다스족 / 15
토템 / 19, 224
톤사왕 / 232
퇴마사 / 278
투신족 / 182
투아레그족 / 128, 133, 175, 186
퉁구스족 / 195
트롤로페(Anthony Trollope) / 46
트룰라눔 / 164
트리엔트 공의회 / 104, 116
티네인 / 234
티레 / 164
티모르라우트 / 232
티베트 / 18, 160

ㅍ

파넬(Farnell) / 26
파타고니아 / 162
파토스 / 51
파트로클레스 / 201
파푸아인 / 24, 153
팍사모스 / 175
팔라우 제도 / 127, 150, 181
패터슨(Patursson) / 167
패트모어(Coventry Patmore) / 46
페넬로페 / 34
페니키아 / 238
페르시아 / 70, 90, 201
페세니네 시가 / 291
페셸(Peschel) / 147
페잔 / 64
페티코트 / 136
펠로폰네소스 전쟁 / 206
펠킨(Felkin) / 150
평등 / 3
평화 / 215, 268
평화 연합 / 267
평화 조약 / 266
폐쇄 수도원 / 70
포나페 / 162
포베이라 / 153
포크 / 198
폰 데어 마치(Von der March) / 203
폰 덴 슈타이넨(Von den Steinen) / 135, 142
폴락(Pollock) / 110
폴란드 / 39
폴리네시아 / 160
폼므롤(Madame Pommerol) / 126, 134
푸에고족 / 161, 195
품위 / 123, 131, 132, 135, 148, 208
품행 / 216
프랑크 / 106
프랑크족 / 79
프로누바 / 101
프로방스 / 79
프로테스탄트 / 44
프르제발스키(Przewalsky) / 15
프리드리히 2세 / 274
프리드리히 3세 / 107
프리드베르크(Friedberg) / 110
프삼티크 1세 / 235
프톨레마이오스 왕조 / 235
플라우투스 / 15, 29
플라이강 / 153
플루타르코스 / 28, 30, 129, 291
플리아케스 / 171
피지 제도 / 72
피해보상 / 272

ㅎ

하겐(Hagen) / 152, 260
하드리아누스 / 164
한국 / 52, 180
한몸 / 46
함무라비 / 70, 73, 267
함족 / 149
헤라 / 132, 177
헤레로족 / 146, 153
헤로도토스 / 48, 167

헤파이스토스 / 177
헥토르 / 34, 201
헬비아 / 58
혈연 / 258
혈족 복수 / 19, 257, 258, 262, 264, 268
형사취수 / 73
호르텐시우스 / 57
호메로스 / 34, 76, 201
호신부 / 152, 154
호엔슈타우펜 왕가 / 44

호텐토트족 / 146, 193
혼욕 / 164, 165
홀아비 / 80
화형 / 210
황제 / 77
흉안 / 70, 138, 192, 276, 286, 290
희생제의 / 68, 114
히어른(Hearn) / 159
히에로니무스 / 29, 57, 77, 94
힌두교 / 186, 191, 290
힌두스탄 / 36, 56, 162

절번호 찾아보기

1권

절번호	쪽
1.	2
2.	3
3.	5
4.	6
5.	8
6.	9
7.	11
8.	11
9.	12
10.	15
11.	17
12.	19
13.	19
14.	20
15.	21
16.	22
17.	23
18.	24
19.	25
20.	27
21.	27
22.	32
23.	33
24.	34
25.	37
26.	40
27.	41
28.	42
29.	45
30.	48
31.	49
32.	50
33.	51
34.	52
35.	52
36.	54
37.	55
38.	56
39.	57
40.	58
41.	60
42.	62
43.	63
44.	64
45.	65
46.	66
47.	67
48.	68
49.	68
50.	71
51.	72
52.	75
53.	78
54.	78
55.	80
56.	81
57.	83
58.	84
59.	85
60.	87
61.	89
62.	91
63.	92
64.	93
65.	95
66.	97
67.	98
68.	101
69.	102
70.	103
71.	105
72.	107
73.	110
74.	111
75.	114
76.	115
77.	119
78.	119
79.	120
80.	124
81.	127
82.	128
83.	129
84.	131
85.	132
86.	135
87.	136
88.	137
89.	140
90.	141
91.	143

92. ……… 145	128. ……… 210	164. ……… 278
93. ……… 146	129. ……… 212	165. ……… 280
94. ……… 148	130. ……… 215	166. ……… 282
95. ……… 149	131. ……… 216	167. ……… 285
96. ……… 150	132. ……… 218	168. ……… 288
97. ……… 151	133. ……… 220	169. ……… 289
98. ……… 153	134. ……… 221	
99. ……… 155	135. ……… 222	2권
100. ……… 156	136. ……… 225	170. ……… 3
101. ……… 158	137. ……… 225	171. ……… 3
102. ……… 160	138. ……… 230	172. ……… 6
103. ……… 162	139. ……… 232	173. ……… 7
104. ……… 164	140. ……… 233	174. ……… 9
105. ……… 167	141. ……… 234	175. ……… 10
106. ……… 168	142. ……… 236	176. ……… 11
107. ……… 171	143. ……… 239	177. ……… 12
108. ……… 171	144. ……… 241	178. ……… 14
109. ……… 173	145. ……… 244	179. ……… 15
110. ……… 175	146. ……… 246	180. ……… 16
111. ……… 175	147. ……… 247	181. ……… 16
112. ……… 176	148. ……… 250	182. ……… 18
113. ……… 177	149. ……… 251	183. ……… 19
114. ……… 180	150. ……… 253	184. ……… 20
115. ……… 183	151. ……… 256	185. ……… 21
116. ……… 184	152. ……… 258	186. ……… 22
117. ……… 186	153. ……… 258	187. ……… 23
118. ……… 188	154. ……… 261	188. ……… 25
119. ……… 190	155. ……… 263	189. ……… 28
120. ……… 190	156. ……… 265	190. ……… 30
121. ……… 192	157. ……… 268	191. ……… 32
122. ……… 198	158. ……… 269	192. ……… 34
123. ……… 201	159. ……… 270	193. ……… 35
124. ……… 203	160. ……… 272	194. ……… 36
125. ……… 204	161. ……… 273	195. ……… 39
126. ……… 205	162. ……… 274	196. ……… 40
127. ……… 206	163. ……… 276	197. ……… 41

198. ………… 44	234. ………… 106	270. ………… 158
199. ………… 46	235. ………… 108	271. ………… 159
200. ………… 48	236. ………… 109	272. ………… 161
201. ………… 49	237. ………… 110	273. ………… 164
202. ………… 49	238. ………… 112	274. ………… 166
203. ………… 50	239. ………… 114	275. ………… 168
204. ………… 50	240. ………… 114	276. ………… 173
205. ………… 52	241. ………… 118	277. ………… 173
206. ………… 53	242. ………… 118	278. ………… 176
207. ………… 57	243. ………… 120	279. ………… 179
208. ………… 58	244. ………… 121	280. ………… 180
209. ………… 59	245. ………… 122	281. ………… 186
210. ………… 61	246. ………… 124	282. ………… 186
211. ………… 61	247. ………… 125	283. ………… 187
212. ………… 63	248. ………… 127	284. ………… 189
213. ………… 65	249. ………… 128	285. ………… 190
214. ………… 67	250. ………… 128	286. ………… 194
215. ………… 68	251. ………… 129	287. ………… 196
216. ………… 72	252. ………… 130	288. ………… 198
217. ………… 74	253. ………… 131	289. ………… 201
218. ………… 76	254. ………… 132	290. ………… 203
219. ………… 79	255. ………… 133	291. ………… 205
220. ………… 80	256. ………… 135	292. ………… 206
221. ………… 81	257. ………… 136	293. ………… 208
222. ………… 84	258. ………… 136	294. ………… 209
223. ………… 85	259. ………… 138	295. ………… 211
224. ………… 86	260. ………… 140	296. ………… 212
225. ………… 89	261. ………… 141	297. ………… 215
226. ………… 90	262. ………… 142	298. ………… 217
227. ………… 92	263. ………… 144	299. ………… 220
228. ………… 97	264. ………… 146	300. ………… 221
229. ………… 99	265. ………… 147	301. ………… 222
230. ………… 100	266. ………… 149	302. ………… 227
231. ………… 100	267. ………… 151	303. ………… 227
232. ………… 102	268. ………… 153	304. ………… 230
233. ………… 104	269. ………… 154	305. ………… 232

306. 233	342. 299	376. 36
307. 237	343. 299	377. 37
308. 238	344. 300	378. 39
309. 239	345. 301	379. 40
310. 239	346. 303	380. 41
311. 240	347. 304	381. 45
312. 242	348. 305	382. 46
313. 243	349. 306	383. 47
314. 248	350. 307	384. 49
315. 248	351. 309	385. 50
316. 250	352. 309	386. 51
317. 250	353. 310	387. 53
318. 251	354. 311	388. 54
319. 253	355. 312	389. 55
320. 254	356. 314	390. 55
321. 257		391. 56
322. 259	**3권**	392. 58
323. 261	357. 2	393. 59
324. 262	358. 2	394. 59
325. 265	359. 4	395. 60
326. 265	360. 5	396. 61
327. 268	361. 7	397. 63
328. 272	362. 8	398. 64
329. 273	363. 9	399. 65
330. 274	364. 10	400. 67
331. 275	365. 12	401. 67
332. 279	366. 13	402. 68
333. 279	367. 17	403. 69
334. 280	368. 18	404. 69
335. 285	369. 20	405. 70
336. 287	370. 21	406. 71
337. 288	371. 22	407. 73
338. 292	372. 25	408. 75
339. 292	373. 27	409. 77
340. 295	374. 31	410. 80
341. 296	375. 34	411. 81

412.	81	448.	134	484.	185
413.	86	449.	135	485.	186
414.	86	450.	136	486.	188
415.	88	451.	137	487.	189
416.	89	452.	139	488.	190
417.	90	453.	139	489.	192
418.	93	454.	141	490.	193
419.	94	455.	142	491.	194
420.	96	456.	142	492.	196
421.	97	457.	144	493.	197
422.	99	458.	145	494.	198
423.	99	459.	146	495.	200
424.	100	460.	148	496.	200
425.	101	461.	149	497.	204
426.	103	462.	152	498.	207
427.	103	463.	153	499.	208
428.	104	464.	155	500.	210
429.	106	465.	156	501.	211
430.	106	466.	158	502.	213
431.	109	467.	160	503.	213
432.	110	468.	162	504.	215
433.	111	469.	165	505.	216
434.	113	470.	166	506.	217
435.	115	471.	167	507.	218
436.	116	472.	168	508.	224
437.	117	473.	169	509.	225
438.	120	474.	172	510.	226
439.	120	475.	173	511.	227
440.	122	476.	174	512.	228
441.	123	477.	175	513.	229
442.	123	478.	177	514.	230
443.	125	479.	179	515.	231
444.	129	480.	180	516.	232
445.	130	481.	181	517.	233
446.	131	482.	183	518.	234
447.	133	483.	184	519.	235

520. ……… 237	556. ……… 276	590. ……… 28
521. ……… 237	557. ……… 276	591. ……… 29
522. ……… 238	558. ……… 278	592. ……… 29
523. ……… 239	559. ……… 278	593. ……… 33
524. ……… 240	560. ……… 279	594. ……… 34
525. ……… 241	561. ……… 281	595. ……… 38
526. ……… 241	562. ……… 283	596. ……… 38
527. ……… 241	563. ……… 284	597. ……… 39
528. ……… 242	564. ……… 284	598. ……… 43
529. ……… 242	565. ……… 285	599. ……… 44
530. ……… 243	566. ……… 286	600. ……… 44
531. ……… 244	567. ……… 287	601. ……… 45
532. ……… 246	568. ……… 290	602. ……… 47
533. ……… 247	569. ……… 291	603. ……… 47
534. ……… 250	570. ……… 293	604. ……… 48
535. ……… 250	571. ……… 294	605. ……… 51
536. ……… 251		606. ……… 52
537. ……… 252	4권	607. ……… 53
538. ……… 253	572. ……… 2	608. ……… 55
539. ……… 253	573. ……… 3	609. ……… 56
540. ……… 254	574. ……… 4	610. ……… 58
541. ……… 255	575. ……… 5	611. ……… 58
542. ……… 255	576. ……… 7	612. ……… 59
543. ……… 257	577. ……… 9	613. ……… 61
544. ……… 258	578. ……… 10	614. ……… 65
545. ……… 259	579. ……… 12	615. ……… 65
546. ……… 260	580. ……… 12	616. ……… 67
547. ……… 262	581. ……… 13	617. ……… 69
548. ……… 265	582. ……… 14	618. ……… 70
549. ……… 266	583. ……… 17	619. ……… 72
550. ……… 267	584. ……… 18	620. ……… 73
551. ……… 268	585. ……… 22	621. ……… 73
552. ……… 270	586. ……… 22	622. ……… 75
553. ……… 272	587. ……… 23	623. ……… 76
554. ……… 273	588. ……… 24	624. ……… 77
555. ……… 274	589. ……… 26	625. ……… 80

626. ……… 82	661. ……… 124	696. ……… 170
627. ……… 83	662. ……… 125	697. ……… 170
628. ……… 86	663. ……… 126	698. ……… 172
629. ……… 86	664. ……… 127	699. ……… 174
630. ……… 87	665. ……… 128	700. ……… 176
631. ……… 91	666. ……… 129	701. ……… 177
632. ……… 92	667. ……… 130	702. ……… 180
633. ……… 94	668. ……… 132	703. ……… 182
634. ……… 95	669. ……… 134	704. ……… 184
635. ……… 95	670. ……… 135	705. ……… 185
636. ……… 97	671. ……… 135	706. ……… 186
637. ……… 98	672. ……… 138	707. ……… 187
638. ……… 99	673. ……… 139	708. ……… 187
639. ……… 99	674. ……… 141	709. ……… 188
640. ……… 100	675. ……… 142	710. ……… 189
641. ……… 101	676. ……… 143	711. ……… 189
642. ……… 104	677. ……… 144	712. ……… 192
643. ……… 104	678. ……… 145	713. ……… 193
644. ……… 105	679. ……… 146	714. ……… 193
645. ……… 105	680. ……… 147	715. ……… 195
646. ……… 106	681. ……… 149	716. ……… 196
647. ……… 107	682. ……… 152	717. ……… 196
648. ……… 108	683. ……… 152	718. ……… 198
649. ……… 109	684. ……… 154	719. ……… 199
650. ……… 110	685. ……… 154	720. ……… 200
651. ……… 113	686. ……… 155	721. ……… 201
652. ……… 114	687. ……… 156	722. ……… 203
653. ……… 116	688. ……… 160	723. ……… 205
654. ……… 117	689. ……… 161	724. ……… 206
655. ……… 117	690. ……… 161	725. ……… 211
656. ……… 119	691. ……… 162	726. ……… 214
657. ……… 120	692. ……… 164	727. ……… 214
658. ……… 121	693. ……… 164	728. ……… 216
659. ……… 122	694. ……… 164	
660. ……… 124	695. ……… 167	

┃ 옮긴이 해제 ┃

사회진화론에 대한 일반적인 비판을 윌리엄 섬너의 입장에도 적용할 수 있는가?[1]

I. 서론

사회진화론(Social Evolutionism)은 자연계에 적용되는 진화론을 인간 사회에도 적용하는 일련의 이론을 지칭하는 단어다. 이러한 이론은 19세기 말 다윈의 진화론이 커다란 반향을 일으키고 난 후 스펜서(Herbert Spencer)를 위시한 여러 학자가 다양한 형태로 제시하면서 한 시대를 풍미했다. 하지만 사회진화론은 얼마 있지 않아 철학적으로 미성숙한 이론이라는 판정을 받게 된다. 그런데 이보다 더 문제가 되었던 것은 사회진화론이 제국주의 침략을 옹호하고 인종 차별 등 각종 불평등의 불가피성까지도 옹호하고 있다는 의심이 제기되었다는 점이다.[2] 이러한

---

[1] 「사회진화론에 대한 일반적인 비판을 윌리엄 섬너의 입장에도 적용할 수 있는가?: 그의 주저 『습속』을 중심으로」, 2017.09, 동서철학연구 85호, 동서철학회, 517~540쪽.

[2] Peter Munz, "Darwinism" in D. Callahan & R. Chadwick ed., *Encyclopedia of*

문제로 어떤 이론이 사회진화론으로 분류된다는 것은 곧 그러한 이론이 심각한 문제가 있음을 뜻하게 되었다.

이 글에서 검토해 보고자 하는 섬너(William G. Sumner)는 스펜서의 영향을 받은 사회진화론자로 알려진 미국의 사회학자이자 경제학자다. 이와 같은 평가는 사실상 섬너에게도 사회진화론자가 일반적으로 받는 비판이 그대로 적용됨을 의미한다. 다시 말해, 그 또한 진화론을 적자생존의 과정으로 보았을 뿐만 아니라 이를 옳다고 생각했으며, 이를 바탕으로 각종 차별을 정당화했다는 것이다.[3] 하지만 이와 같은 비판은 적절한가?

이하에서 필자는 사회진화론에 제기되는 일반적인 비판이 섬너의 입장에도 적용될 수 있는지를 검토해 보고자 한다. 이를 위해 우선 사회진화론의 일반적인 특징을 일별하고, 그러한 입장에 대한 일반적인 비판을 정리해볼 것이며, 이를 기준으로 섬너 또한 같은 비판을 받아야 하는지를 확인해볼 것이다. 필자는 섬너가 적어도 자신의 주저인 『습속』에서는 이와 같은 비판을 벗어나 있으며, 따라서 사회진화론에 대한 일반적인 비판을 감수해야 할 이유가 없다고 생각한다.

II. 사회진화론과 허버트 스펜서

사회진화론은 생명의 기원과 발달에 대한 진화 이론을 인간이 이룬

Applied Ethics Vol. I, Academic Press, 1998, 711~713쪽.

[3] Chris MacDonald, "Evolutionary Perspectives on Ethics" in D. Callahan & R. Chadwick ed., *Encyclopedia of Applied Ethics Vol. II*, Academic Press, 1998, 191쪽.

사회를 설명하는 데까지 확대 적용하고자 하는 일군의 이론을 말한다. 이러한 이론이 가장 주목받던 시기는 다윈이 자연선택을 통한 진화론을 주창한 19세기 말에서 20세기 초반이었으며, 그 후 이러한 이론은 최근에 이르러 거의 자취를 감추고 만다.

이와 같은 사회진화론은 진화를 이용해 인간 사회를 설명한다는 사실 외에는 구체적인 특징을 획일적으로 규정하기가 힘들다. 그 이유 중 하나는 진화의 기작이 무엇인지에 대한 생각이 학자마다 다르기 때문이다. 예를 들어 진화를 자연도태의 과정으로 보고 이를 옹호하는 자들만을 사회진화론자라고 부를 경우 스펜서는 포함되겠지만 크로포트킨(Peter Kropotkin)이나 줄리앙 헉슬리(Julian Huxley) 등은 사회진화론자에서 제외될 것이다. 반면 사회진화론자를 우리가 진화 과정에 순응해야 한다고 주장하는 자로 한정한다면 토머스 헉슬리(Thomas Huxley)가 제외될 것이다. 이처럼 무엇을, 어떻게 강조하느냐에 따라 사회진화론으로 묶인 사상의 구체적인 특징은 다르다고 해야 할 것이다.

이와 같은 차이에도 사회진화론이라면 사람들은 거의 예외 없이 부정적인 생각을 떠올린다. 그 이유는 이러한 이론이 가지고 있는 부정적인 정치적 함의 때문이며, 철학적 미숙함 또한 사회진화론을 곱지 않은 시선으로 바라보게 되는 커다란 이유다. 이 중에서 부정적인 정치적 함의란 사회진화론이 다양한 불평등한 요소를 불가피한 것으로 여기며, 약소국가에 대한 제국주의적 침략 등 온갖 잘못된 관행의 정당화에 기여하는 이데올로기로 기능했다는 것이며, 철학적 미숙함이란 진화 과정 자체를 정당하다고 생각함으로써 사실의 문제와 가치의 문제를 구별하지 못하는 소위 '자연주의적 오류'(naturalistic fallacy)를 범하고 있다는 것이다. 이뿐만 아니라 비판자에 따르면 사회진화론자는 진화가 구체적으로 무엇을 의미하며, 이러한 진화가 어떻게 이루어지는지, 그 적용 범위가 어떻게 되는지 등에 대해서도 오해를 하고 있기도 하다. 한마디로 사회진화론은 총체적인 난국을 벗어날 수 없다는 것이다.

이러한 사회진화론을 대표하는 사상가는 스펜서다. 그는 사회진화론의 창시자며, 사회진화론에 대한 비판은 그와 그를 추종하는 사상가가 공통적으로 갖추고 있는 일반적인 특징 때문이라고 해도 과언이 아니다. 이렇게 본다면 사회진화론에 대한 일반적인 비판은 사실상 스펜서의 입장에 대한 비판이라고 해도 그리 잘못은 아닐 것이다. 스펜서의 입장은 다윈의 진화론과 구별되는 다음과 같은 특징을 가지고 있었다고 일컬어진다. 첫째, 다윈의 진화론이 자연계의 설명에 머물러 있었던 것과는 달리, 스펜서는 진화 원리를 확대 적용하여 이를 인간 사회를 포함한 모든 영역에 적용하고자 했다. 다윈은 단순히 어떻게 생명이 진화했는가에 대한 이론을 제시하는 데 머물러 있었다면 스펜서는 우주를 관장하는 힘으로서의 진화가 삼라만상에 영향을 두루 미치고 있다고 생각했다. 이로 인해 스펜서는 자연과학에서 형이상학으로 이행하게 된다.

둘째, 다윈과 달리 스펜서는 진화를 발전의 원리라고 생각했다.[4] 그는 자연을 포함한 사실상 모든 곳에서 다양하고 복잡한 형태로의 끊임없는 진보의 법칙을 확인할 수 있다고 주장했다. 또한, 다윈이 진화에서 이루어지는 경쟁을 의식적이지 않고 맹목적이라고 생각했지만 스펜서는 진화가 복잡함과 완벽함이라는 궁극적인 목표를 향해 나아가는 의도적인 운동으로 보았다. 그에게는 이와 같은 진화가 진보인 동시에 선(善)이었다. 인류는 이를 목표로 나아가는 진화를 방해해서는 안 되

---

[4] Herbert Spencer, *The Data of Ethics*, Wentworth Press, 2016 Chap. III, sect. 8 참조.

며, 우리는 진화 과정의 촉진을 삶의 목표로 삼아야 한다.

셋째, 스펜서는 '적자생존(survival of the fittest)'을 진화의 근본 원리라고 생각했다는 점에서 '자연선택(natural selection)'을 이야기하는 다윈과 차이가 있다.[5] 스펜서에 따르면 인간 사회는 적자생존이라는 자연법칙이 지배하는 장소로, 만인 대 만인의 투쟁이 벌어지는 전쟁터다. 여기에서 살아남는 것은 강자이며, 이러한 싸움에서 약자는 자연스레 사라지고 만다. 이와 같은 결과는 그 자체가 선(善)인 자연적 진화 과정의 산물이므로 국가 등이 개입하여 시정하려 해서는 안 된다.

III. 스펜서의 사회진화론에 대한 비판[6]

스펜서의 의견을 정리한다면 그는 '적자생존'을 삼라만상을 관장하는 근본적인 진화의 힘으로 파악했으며, 적자가 살아남는 것이 선(善)인 동시에 발전이라고 생각했다고 말할 수 있을 것이다. 이러한 입장에 다음과 같은 반론이 제기될 수 있다. 첫째, 진화 과정 자체는 선일 수도 발전일 수도 없다. 둘째, 진화는 최적자만이 살아남는 과정이 아니다. 셋째, 사회진화론은 자칫 약육강식의 이데올로기를 정당화할 수 있다.

---

[5] Herbert Spencer, *The Principles of Biology* Vol. 1, Nabu Press, 2011, 444쪽.
[6] 여기서 정리하고 있는 스펜서 비판에 반론을 제기하는 사람이 있을 수 있다. 하지만 이 글은 스펜서 이론 자체에 천착보다는 스펜서로 대표되는 사회진화론에 '일반적인' 비판이 어떻게 이루어지고 있는지를 보여주고, 이를 기준으로 보았을 때 섬너의 비판이 적절하지 못한 것에 초점을 맞추고 있다. 따라서 스펜서에 대한 비판의 적절성을 여기서 논의할 필요는 없을 것이다.

1. 진화 과정 자체는 선일 수도, 발전일 수도 없다.

진화 과정이 선일 수 없음은 일찍이 토머스 헉슬리가 비판을 제기한 바 있다. 그는 진화를 토대로 한 새로운 윤리를 발견하고자 하는 스펜서의 노력에 회의적인 눈길을 보낸다. 그에 따르면 '사회의 진화'는 '종의 진화'와는 전혀 다른 과정이다. 그가 생각하는 두 가지 세계, 즉 '우주의 진행 과정'과 '윤리적 진행 과정'은 심각한 투쟁을 벌이는 중이다.[7] 이 중 생물의 세계인 우주의 진행 과정에서는 이기적이고 파괴적인 활동이 대부분을 차지한다. 이러한 과정에서 생명체는 지속적으로 인간 윤리체계와 도덕적 감성을 침해하는 활동에 관여한다. 이렇게 볼 때 자연은 모방의 대상이라기보다는 비난의 대상이다.

헉슬리에 따르면 인간의 삶의 의미는 우주의 진행 과정을 따르기보다는 이에 대항하여 싸우는 데에서 발견된다.[8] 이러한 맥락에서 헉슬리는 문명을 찬양한다. 그 이유는 문명이 근본적인 자연 원리를 깨뜨리고 있기 때문이다. 인간은 자신의 도덕적 기준을 견지하고자 진화 법칙을 거슬러야 하며, 이를 통해 약한 자들이 제거되도록 방치하는 대신, 그들을 적극적으로 보호해야 한다. 그에 따르면 우리는 진화 과정에 대항하여 싸움을 벌여야 하는데, 그 목적은 인간의 윤리적 과정으로 진화적 과정을 대체하는 데 있다. 이러한 대체에 성공하면 우리는 적자(適者)로 살아남게 될 것이고, 궁극적으로는 최고로 윤리적인 인간들의 생존이 보장될 것이다. 반면 진화 과정에 복종하고, 거기에 내재된 가치를 내면화하면, 우리에게는 장래에 대한 희망이 완전히 사라져 버리게 될

---

[7] Thomas Huxley, "Evolution and Ethics" in M. Nitecki & D. Nitecki ed., *Evolutionary Ethics*, State Univ. of New York Press, 1993, 44쪽.
[8] Thomas Huxley, "Evolution and Ethics", 68쪽.

것이다.

헉슬리의 이러한 입장은 진화 과정이 선일 수 없음을 적절히 지적한다고 말할 수 있다. 그럼에도 헉슬리의 생각은 자칫 진화 과정을 부정적으로 평가할 여지가 있다. 다시 말해 우주의 진행 과정으로서의 진화를 선이 아닌 악으로 보게 될 수가 있다는 것이다. 이 또한 잘못인데, 진화는 선하지 않을 뿐 아니라 악하지도 않다. 진화는 생물이 태초부터 이제껏 살아온 과정에 대한 설명으로 그 자체는 가치중립적이다. 자연이 가치를 가진다고 생각하는 것은 자연에 평가자 자신의 가치를 투사하는 것일 뿐이다.

그런데 만약 진화가 선하지도 악하지도 않은 중립적인 것이라면, 진화가 곧 발전일 수도 없을 것이다. 그 이유는 발전이란 긍정적인 가치가 함축된 개념이기 때문이다. 가령 샤르댕(Teilhard De Chardin)은 진화의 과정에서 인간이 정점(頂點)을 차지한다고 주장하며, 진화가 곧 진보임을 말하고 있다.[9] 하지만 인간이 진화의 피라미드에서 가장 높은 자리를 점한다는 주장은 샤르댕 자신이 만들어낸 형이상학에 불과하다. 한마디로 이는 샤르댕의 감정 이입적인 세계 해석이다.

무어(George E. Moore)는 '자연주의적 오류'를 들어 이와 같은 입장의 잘못을 지적하고 있다.[10] 주지하다시피 '자연주의적 오류'란 영역이 구분되는 사실과 가치의 경계를 인정하지 않고 사실에서 임의로 가치를 연역해냈을 때 생기는 오류를 말한다. 이러한 기준으로 볼 때 스펜서는 분명 자연주의적 오류를 범하고 있다. '진화가 이루어진다'는 것과 '진

---

[9] Peter Bowler, *Evolution – The History of an Idea*, University of California Press, 1984, 309쪽.

[10] Michael Ruse, *Darwinism Defended: A Guide to the Evolution Controversies*, The Benjamin/Cummings Publishing Company, 1982, 268~269쪽.

화가 이루어져야 한다'거나 '우리가 이에 따라야 한다'고 말하는 것은 엄연히 구분되는 것이다.

2. 진화 = 적자생존?

스펜서에 대한 두 번째 비판은 진화의 기작이 구체적으로 무엇인가의 문제와 관련된다. 스펜서가 밝힌 것과는 달리, 진화는 만인 대 만인의 투쟁을 핵심으로 하는 상호 경쟁의 과정을 통해서만 이루어지는 것이 아니다. 이는 당대에 크로포트킨(Peter Kropotkin)이 문제점을 지적한 바 있다. 크로포트킨에 따르면 진화는 상호 살벌한 경쟁을 통해 이루어지지 않고 상호 협조를 통해 이루어진다.[11] 그가 전적으로 경쟁을 부정한 것은 아니었다. 하지만 경쟁은 오직 종간(種間)에만 일어나는 것이며, 집단 내(內), 특히 인간의 경우는 상호 간의 조화와 신뢰가 진화의 주요 요소가 된다. 이렇게 볼 때 진화의 과정에서 적자가 되는 것은 투쟁에서 최종적으로 승리를 거둔 자가 아니라 오히려 서로의 협조 관계를 유지한 자이다.[12] 물론 이와 같은 크로포트킨의 입장이 전적으로 옳다고 말할 수는 없다. 그럼에도 진화가 경쟁으로만 이루어지지 않으며, 진화를 이루려면 경쟁 외에도 협조 및 이타적 행위가 필요하다는 지적은 타당하다 할 것이다.

경쟁 외에 협동 또한 진화를 이루는 중요한 요소라는 지적과 별개로 생각해봐야 할 점은 경쟁의 의미다. 미즐리(Mary Midgley)에 따르면 '경쟁'

---

[11] Peter Kropotkin, *Mutual Aid: A Factor in Evolution*, CreateSpace Independent Publishing Platform, 2014, 1~2장 참조.
[12] Alan Urbanek, "Evolutionary Origin of Moral Principles" in Nitecki and Nitecki ed. *Evolutionary Ethics*, SUNY Press, 1993, 327쪽.

이라는 단어는 구분할 필요가 있다. 자연에서 이루어지는 경쟁은 의식적이지 않고 맹목적이지만 인간 사이에 이루어지는 경쟁은 다분히 의지가 개입되는 의도적인 경쟁이다.[13] 이렇게 보았을 때 인간 사회에서의 경쟁과 자연계에서의 경쟁은 분명 다르다고 해야 한다. 그럼에도 경쟁, 그리고 이에 따른 적자생존의 법칙을 인간과 자연계 모두에 동일하게 적용하는 것은 잘못이다.

다음으로 언급해야 할 것은 다윈이 말하는 진화는 '적자생존'보다는 '자연선택'의 과정을 거치면서 이루어지며, 오늘날 진화의 기작에 대한 설명으로 설득력을 인정받고 있는 것은 후자라는 점이다. 다윈의 자연선택 이론에 따르면 진화란 매우 서서히 진행되어 가는 과정으로, 특정 생명체는 그 과정에서 주변 환경이 유리하게 작용함으로써 우연히 살아남은 것일 뿐, 그 생명체가 다른 생명체보다 도덕적으로 우월하거나 강자이기 때문에 지금껏 생존하고 있는 것은 아니다. 다윈의 생각에 따르면 적자는 단지 상황에 따라 결정되는 우연의 산물일 따름이다.

마지막으로 지적하고 싶은 것은 다윈 진화론의 핵심인 자연선택마저도 진화가 어떻게 이루어지는지를 설명하는 포괄적인 이론적 틀일 뿐이며, 우리에게 필요한 것은 이보다 훨씬 상세한 설명이라는 점이다.[14] 그리고 설령 상세한 설명이 제시되더라도 그것을 따라야 한다거나 이의 진행을 방해해서는 안 된다는 이야기를 한다는 것은 또 다른 문제이다. 자연선택이건 적자생존이건 진화의 기작을 포괄적으로 나타내고

---

[13] Mary Midgley, "The Origin of Ethics" in Peter Singer ed., *A Companion to Ethics*, Blackwell, 1993, 5쪽.
[14] Arthur L. Caplan, "Say It Just Ain't So: Adaptational Stories and Sociobiological Explanations of Social Behavior" in Michael Ruse ed., *Philosophy of Biology*, Macmillan Publishing Company, 1989, 265쪽.

있는 이러한 단어는 생명계가 이제껏 살아온 복잡한 인과적 상호작용을 요약한 용어에 지나지 않는다. 이러한 의미에서 에른스트 마이어(Ernst Mayer)는 "특이성(uniqueness)이야말로 진화 생물학의 특징이며, 고전역학에서와 같은 일반 법칙으로 이와 같은 독특한 현상을 나타낼 수 없다"고 한 것이다.[15] 이렇게 보자면 자연선택, 적자생존 등의 단어를 통해서는 진화의 기작을 상세하게 드러낼 수 없으며, 이를 따라야 한다고 생각할 수도 없다.

지금까지의 논의를 사하키안(William Sahakian)의 질문에 답하면서 정리해보도록 하자. 그는 다음과 같이 사회진화론에 의문을 제기하고 있다: "진화 과정의 모든 결과는 다 좋은 것인가? 그 과정의 각각의 단계는 모두가 완전성으로 향하는 움직임인가? 그리고 생물학적인 진보는 필연적으로 도덕적 진보인가?"[16] 이에 우리는 다음과 같이 답할 수 있을 것이다. 첫째, 진화 과정의 모든 결과는 옳고 그름과 무관하며, 굳이 이에 윤리적 판단을 내리려면 또 다른 윤리 원리의 도움을 받아야 한다. 둘째, 진화는 완전성으로 향하는 움직임과는 무관하다. 이는 상황에 따라갈 방향이 정해지는 우연적인 움직임이다. 셋째 진화와 도덕적 진보는 전혀 별개의 문제다. 진화는 사실의 영역이며 여기에는 어떤 가치도 포함되어 있지 않다.

---

[15] 위의 책, 266쪽.
[16] W. 사하키안, 『윤리학의 이론과 역사』, 송휘칠 · 황경식 공역, 박영사, 1986, 263쪽.

3. 스펜서의 입장은 약육강식 이데올로기 정당화에 이용될 소지가 다분했다[17]

일상적으로 철학자가 다양한 오류를 범한다는 점을 감안할 때 스펜서가 범한 오류는 특별한 예외는 아니다. 문제는 그의 입장이 당대의 사회에 엄청난 파문을 일으키면서 신뢰성을 획득한 진화론을 이용하고 있었다는 것이고, 이러한 진화론이 왜곡되어 활용되었다는 것이다. 더군다나 진화론을 널리 보급하는 데 힘썼던 스펜서가 당대에 가졌던 영향력을 고려해볼 때 그의 입장이 미치는 사회적 폐해는 적지 않았다. 이렇게 말하는 이유는 스펜서가 적자생존으로서의 진화 과정이 선인 동시에 발전이라고 생각했기 때문이다. 이러한 입장은 사실상 강자는 성공하고 약자는 도태되는 것이 당연하며, 이는 그 자체가 선(善)인 자연법칙의 결과이기에 우리가 개입해서는 안 된다는 것을 시사하는 듯했다.

사실 앞에서 살펴본 크로포트킨 또한 진화가 선이라고 주장하고 있는 오류를 범한다는 점에서 스펜서와 크게 다를 게 없다. 하지만 그는 진화가 이루어지는 기작을 상호부조로 파악했기에 이를 우주의 법칙으로 확대 적용해도 오류를 범할지언정, 커다란 해악을 미치지 않을 수 있었다. 하지만 스펜서의 사회진화론은 적자의 생존을, 그리고 이것이 정당하다고 말하는데, 이는 그의 의도와 무관하게 약육강식을 정당화하는 논리가 되어버린다. 만약 인간을 배제한 채 자연을 바라보는 시각에만 머물렀다면 스펜서가 범한 오류는 논리적으로 문제가 되었을지언정 사회적으로는 별다른 부정적인 영향을 미치지 않았을 것이다. 하지

---

[17] 정연교, 「진화론의 윤리학적 함의」, 『철학적 자연주의』, 철학과 현실사, 1995, 277쪽.

만 이러한 입장이 인간 사회에까지 적용됨으로써 그의 이론은 힘없는 인종과 빈자 등의 약자들에 대한 차별, 제국주의와 식민주의 등 강자들의 횡포에 대한 정당화의 논리로 활용될 수 있었다. 이러한 우려는 현실로 나타났는데, 스펜서의 주장은 그의 실제 의도와 무관하게 사실상 강자의 번영과 약자의 파멸을 정당화하는 개념으로 그 영향력을 발휘했다. 예컨대 스펜서가 살아있을 당시 여러 인종의 정신적 특성에 관한 연구가 많이 이루어졌는데, 보아스(Franz Boas)에 따르면 "이들은 모두 유럽인이 최고의 인종이라고 먼저 가정하고, 따라서 유럽인들과 구별되는 모든 차이점은 곧 낮은 정신적 능력을 드러내는 흔적으로 해석"[18]한다. 그런데 스펜서의 입장은 이러한 해석에 정당성을 부여하고, 이러한 차별을 정당화하는 데 이용하기에 안성맞춤이었던 것이다.[19]

IV. 『습속』으로 본 섬너의 사회진화론

섬너는 스펜서를 계승하여 그의 입장을 미국에 널리 퍼뜨리는 데 기여한 사회진화론자로 알려져 있다. 일반적인 비판에 따르면 섬너는 스펜서와 마찬가지로 진화론을 적자생존의 과정으로 보았을 뿐만 아니라 이를 옳다고 생각하기도 했으며, 이와 같은 근본 신념을 바탕으로 각종 차별과 침략 등을 정당화하기도 했다.

---

[18] Franz Boas, *The Mind of Primitive Man*, The Macmillan Company, 1938, 16쪽.
[19] Talcott Parsons, *The Structure of Social Action*, Free Press, 1968, 3쪽. 이러한 비판을 정당하다고 생각했기 때문인지 사회진화론은 한동안 자취를 감추었고, 국내에서도 현재 이에 대해 연구를 하는 학자들은 거의 없다고 해도 과언이 아닐 정도다.

이러한 평가는 섬너가 스펜서와 다를 바 없는 비판을 받아 마땅하다는 것인데, 이러한 비판은 적어도 섬너의 주저인『습속』에서만큼은 적절하지 않을 수 있다. 섬너는 앞에서 정리한 스펜서에 대한 비판을 바탕으로 사회진화론에 제기되는 일반적인 비판을 어느 정도 벗어나 있다.『습속』에서 그는 습속과 모레스에 대한 정의에서 출발하여 노동, 부, 노예제도, 식인 풍습, 원시적 정의, 성, 결혼제도, 스포츠, 드라마, 교육과 역사에 이르기까지의 폭넓은 사회현상을 스펜서의 입장과는 상당히 다른 관점에서 설명하고 있다.『습속』을 통해 보았을 때, 섬너는 다음과 같은 점에서 스펜서와는 입장을 달리한다.

1) 섬너는 진화가 아닌 '습속' 또는 '모레스'에 초점을 맞추어 사회 변화를 설명하고 있다.
2) 그가 말하는 진화는 형이상학적인 개념이 아니며, 진화 과정이 곧 발전도 아니다. 이는 단지 사회현상을 개괄적으로 설명하는 데 활용하는 설명틀일 뿐이다.
3) 그가 사회변화를 설명하는 데 활용하는 개념은 '적자생존'이 아닌 '자연선택'이다.
4) 섬너는 약육강식의 이데올로기를 정당화하지 않는다.
5) 섬너는 습속이나 모레스 자체를 선(善)이라 생각하지 않는다.

만약 섬너의 입장이 이와 같다면 그가 스펜서와 다를 바 없는 사회진화론자로 불리면서 비판을 받아야 할 이유는 없을 것이다. 이하에서는 방금 정리한 내용을 섬너의 주저인『습속』을 통해 상세히 살펴보도록 하자.

1. 사회를 관장하는 힘으로서의 습속 내지 모레스

섬너가 인간 사회와 생물계의 진화를 이야기하고 있음은 분명하지만 그가 초점을 맞추는 대상은 진화 자체가 아니다. 스펜서와 달리, 그가 초점을 맞추는 것은 삼라만상에 내재된 진화의 힘을 들추어내는 것이 아니다. 『습속』에서의 그의 관심은 사회 변화를 이끄는 힘으로서의 습속과 모레스의 특징을 규명하고, 이의 실재함을 다양한 사례를 통해 보이는 것이다. 그는 지극히 상식적인 의미에서의 '습속'과 '모레스'의 흥망성쇠에 관심을 집중하고 있는데, 이는 『습속』의 부제인 '용례, 매너, 관습, 모레스, 그리고 도덕의 사회학적 중요성'에서도 어느 정도 드러난다.

섬너가 이처럼 습속 내지 모레스에 초점을 맞추고 있다고 해서 그가 진화에 관심이 없는 것은 아니다. 그럼에도 그의 관심은 진화 자체가 아니라 자연계의 진화 과정과 유사한 과정을 거치는 습속이나 모레스의 진화다. 습속이나 모레스가 개인에게 미치는 영향이라는 측면에서 보자면 섬너의 입장은 진화를 이야기하지만 오히려 문화 결정론자로 일컬어지는 보아스(Boas)의 입장에 가깝다. 양자가 차이가 없는 것은 물론 아니다. 보아스는 문화의 상대성에 매료되어 심지어 문화마다의 공통성이 전혀 없다는 극단적 상대주의적 입장에 도달하지만 섬너는 인간이 가진 공통적인 특징을 인정함으로써 보아스와 같은 입장에까지 이르고 있지 않다. 그럼에도 개인에게 미치는 문화의 영향, 섬너의 입장에서는 습속이나 모레스의 영향의 중요성을 감안한다면, 그래서 문화에 의해 인성이나 품성이 좌우된다는 점을 양자 모두가 강조하고 있음을 감안한다면 섬너는 진화 결정론자보다는 문화 결정론자에 가깝다고 생각해야 할 것이다. "인간은 모레스를 만들 수 없다. 인간은 모레스에 의해 만들어진다."[20] 이러한 주장으로 미루어 보았을 때 그에게는 미국의 스펜서가 아닌 미국 사회학의 창시자라는 별칭이 훨씬 잘 어울린다고 말할 수 있다.

2. 사회현상을 설명하는 데 활용되는 틀로서의 진화

섬너가 말하는 진화는 보이지 않는 추진력을 갖춘 형이상학적 원리가 아닌, 상식적인 의미에서의 '습속'과 '모레스'의 흥망성쇠다. 그는 습속이 사회와 그 안에 사는 개인에게 미치는 힘, 습속의 변화 과정 등을 현실적인 관점에서 상세하게 설명하고자 할 뿐이며, 이를 관장하는 보이지 않는 힘을 상정하고 이를 설명하지는 않는다. 이는 스펜서와의 근본적인 차이점이다.

섬너가 말하는 사회는 자연계와 유사한 방식으로 진화가 이루어지지만 그렇다고 양자가 같은 것은 아니다. 습속이 자연계와 다른 방식의 진화를 거치는 이유는 습속이 유기적인 것이거나 물질적인 것이 아니며, 자연현상과는 별개 차원의 사회현상이기 때문이다. "이는 관계와 관례, 그리고 제도적 장치로 이루어진 초유기적 시스템에 속해"[21] 있다. 이에 따라 섬너는 양자를 관장하는 같은 진화의 힘을 상정하고 있지 않은데, 심지어 그는 진화론의 이론적 틀을 인간 사회의 변화를 설명하는 데 차용하고 있을 뿐 그 이상의 역할을 진화에 부과하고 있지 않다. 심지어 그는 양자 간의 유사성이 중요하지 않다고 지적을 하기도 한다. "모레스의 지속성 못지않게 주목해야 할 특징으로 들 수 있는 것은 모레스의 가변성과 변이성(variation)이다. 비록 **그 유사성이 중요한 것은 아**

---

[20] *Folkways*, 478.
[21] *Folkways*, V.

니지만(강조는 필자) 우리는 여기서 생명계의 유전과 변이와의 흥미로운 유사성을 발견할 수 있다."[22]

이러한 주장은 그의 진화 개념 활용이 사회 내에서의 다양한 변화나 현상 등을 설명하고자 편의적으로 차용한 데 머물고 있으며, 그 이상도 그 이하도 아니라는 점을 보여준다. 그는 형이상학자가 아닌 사회학자로서 진화 개념을 활용하고 있는 것이다. 이처럼 섬너는 진화론의 기본적인 이론 틀을 이용해 습속의 특징을 설명하는 데 머물고 있지, 그 범위를 확장하고 있지는 않다.

3. 최적자 생존이 아닌 자연선택을…

섬너가 스펜서와 다른 또 다른 점은 진화의 기작이 되는 원동력에 대한 견해에서도 찾아볼 수 있다. 스펜서는 경쟁에서 싸워 이기는 '최적자의 생존'(survival of the fittest)을 통해 진화가 이루어진다고 생각했고, 이를 정당한 것으로 파악했다. 반면 섬너는 '최적자 생존'을 이야기하지 않고 다윈 진화론의 핵심이라 할 수 있는 자연선택을 사회 변화를 설명하는 이론적 틀로 활용하고 있다. 이는 (1) 그가 '최적자의 생존'보다는 '선택'이라는 표현과 '변이' 등의 용어를 사용한다는 점, (2) 상황에 따라서, 우연적으로 사회선택이 이루어짐을 강조한다는 점, (3) 진화를 발전 과정이라고 생각하지 않는다는 점, 그리고 (4) 경쟁 외에 협동에 대해서도 관심을 가진다는 점 등을 통해 확인할 수 있다.

먼저 섬너가 스펜서의 최적자 생존보다는 다윈의 자연선택 개념에 충실하고 있음은 그가 책에서 사용하고 있는 진화와 관련된 개념들을

---

[22] *Folkways*, 85.

통해 확인된다. 예를 들어 그는 '생존을 위한 투쟁'을 이야기하지 '최적자의 생존'을 언급하고 있지 않다. 또한 그는 가변성과 변이(variation), 그리고 '선택'(selection)[23]을 말하며, 그리고 필연성이 아닌 우연성에 초점을 맞추기도 하는데, 이는 그가 스펜서보다는 다윈의 자연선택의 개념에 충실하고 있음을 시사한다. 그는 사회 진화를 이야기하면서 자연선택 개념을 활용하고 있는 것이다.

다음으로 섬너는 습속이 "인간의 의도나 지혜의 산물이 아니며",[24] "우연에 의해 형성"[25]된다고 주장한다. 이처럼 그는 다윈이 자연선택을 이야기할 때와 마찬가지로 상황에 우연적인 적응을 강조하고 있으며, 특정한 상황에서 사람들이 이루고자 하는 목적에 얼마만큼 부합되는지가 습속의 존속 여부를 결정한다고 생각한다. "습속의 성공 여부는 항상 소기의 목적에 얼마만큼 적절히 적응했는지에 좌우된다."[26] "생존을 위한 투쟁은 삶의 여러 조건에서, 그리고 살아가려고 치루는 경쟁과 연결되어 이루어짐이 분명하다. 삶의 조건은 가변적인 환경 요소에 좌우된다."[27] 습속은 이와 같은 상황을 적절히 반영하여 모양새를 갖추게 되는데, 여기에서 핵심은 그 과정과 결과의 우연성이다.

이와 같은 생각에 일관되게 섬너는 상황에 따르는 습속의 적응 방식이 항구적으로 유효한 것이 아니라고 생각한다. 왜냐하면 적절한 적응 방식은 상황에 따라 달라질 수 있기 때문이다. 그리고 이와 같은 이유로 상황에 대한 적응 방식으로서의 습속은 필연적으로 흥망성쇠의 과

---

[23] 예를 들어 *Folkways* 제5장의 제목은 사회선택이다. *Folkways*, 174.
[24] *Folkways*, 5.
[25] *Folkways*, 25.
[26] *Folkways*, 6.
[27] *Folkways*, 16~7.

정을 겪는다. 이는 자연선택에 의한 진화의 산물로서의 개체가 우호적인 상황에서 흥했다가 적대적인 상황을 맞으면서 사라지게 되는 경우와 다를 바 없는 것이다. 이러한 진화는 누군가의 의도와 무관하게, 우연히 이루어진다. 그리고 이러한 진화를 이야기하고 있다는 것은 섬너나 스펜서가 아닌, 다윈이 말하는 자연선택에 의한 진화에 충실하고 있음을 보여준다.

세 번째로 섬너가 최적자의 생존이 아닌 자연선택을 진화의 요체로 간주한다면 그는 진화가 곧 발전이라고 생각하지 않았을 것이다. 실제로 그는 이와 같은 입장을 견지하는데, 그리하여 시간이 흐름에 따라 습속이 오히려 퇴보할 수 있음을 이야기한다. "모레스가 시간이 흐르면서 점차 세련되어 간다는 견해(이러한 입장은 모레스가 스스로, 혹은 어떤 고유한 경향성에 의해 그러한 방향으로 진행되어 간다고 가정한다)는 전혀 근거가 없다."[28] 이러한 모레스는 시대적 요청에 따른 결과물일 뿐 최적자이기 때문에 살아남은 것이 아니며, 이것이 발전 또한 아니다.

이와 관련한 섬너의 구체적인 언급을 두 가지만 인용해보자. 섬너에 따르면 '인도주의'는 사람들이 새로운 땅을 획득함으로써, 또한 기술이 진보함으로써 자연을 통제하는 인간의 힘이 더욱 증진됨에 따라 탄생한 이념일 뿐, 인간이 이러한 힘을 갖출 수 없는 다른 상황이었다면 '인도주의'가 아닌 다른 이념이 지배적인 이념으로 자리 잡았을 것이다. 섬너의 생각에 따르면 인도주의는 하필이면 인류가 특정한 발달 과정을 거쳤기 때문에 요청되었을 뿐, 어떤 역사적인 과정을 거쳤다고 해도 그와 상관없이 인도주의가 시대의 지배 이데올로기가 되지는 않

---

[28] *Folkways*, 117.

앉을 것이다.[29]

이러한 생각은 민주주의에 마찬가지로 적용된다. 그는 민주주의가 절대적이면서 영원한 진리를 담는 것은 아니라고 생각한다. 이는 "지구의 인구가 과소하여 사람에 대한 경제적 목적의 수요가 있을 경우"[30]에 요청되는 이데올로기일 뿐 이러한 상황이 바뀔 경우 민주주의에 대한 평가도 달라질 수 있으며, 그러한 상황에 부합하는 이데올로기가 민주주의의 자리를 대신하게 될 것이다.

마지막으로 섬너는 진화가 이루어지려면 단지 경쟁만이 아니라 협동도 필요하다고 주장한다. "모든 자연이 투쟁과 경쟁의 무질서 상태에 놓여 있다고 생각하는 것은 잘못일 것이다. 제휴와 협력은 어떤 경우에도 필요하다."[31] 이와 같은 협동이 필요한 이유는 먼저 사람 간의 이익이 지나칠 정도로 충돌하면 모두가 실패하게 될 수 있기 때문이고, 둘째, 그들이 제휴하여 협력하면 자연에 대항하는 노력을 더욱 강력한 힘으로 승화시킬 수 있기 때문이다.[32] 섬너는 이러한 상황에서의 협력을 '적대적 협동'(antagonistic coöperation)이라고 불렀는데, 이러한 협동은 "더욱 큰 공동의 이익을 충족시키기 위해 결합하면서 이루어지며, 이렇게 하면서 세세한 이익 충돌이 억제된다."[33]

만약 지금까지 정리한 내용이 섬너의 입장을 적절히 반영하고 있다면 우리는 섬너가 '사회'의 진화를 이야기한다는 점에서 스펜서 쪽에 가까운 면도 있지만 사회의 진화를 자연선택을 통해 설명하고 있다는

---

[29] *Folkways*, 40.
[30] *Folkways*, 195.
[31] *Folkways*, 16.
[32] *Folkways*, 18.
[33] *Folkways*, 18~9.

점에서 오히려 다윈의 입장을 충실히 반영하고 있다고 봐야 할 것이다.

4. 차별의 논리?

이처럼 섬너가 다윈의 자연선택 개념을 채택하여 사회의 변화 추이 등을 설명한다면 그가 각종 차별과 약육강식 등의 논리를 정당화한다는 주장은 근거가 없다. 이는 자연선택을 받아들이는 데 따른 논리적 귀결로서의 그의 주장으로도 확인할 수 있다. 예를 들어 그는 "어떤 국가에 속하는 사람은 '그 국가'를 혹은 군국주의, 상업주의, 혹은 개인주의를 신봉한다. 그들이 생각하기에 다른 나라 사람은 감정적이고, 신경질적이며, 미사여구를 좋아하고, 집단적 자만심으로 가득하다."[34]라고 하면서 쇼비니즘을 비판하고, "1898년 미국의 대중은 미국이 필리핀 군도를 점령하고, 그곳에서 지배를 받는 것이 아니라 그곳의 지배자가 되길 원했다. … 권력의 정당성을 지탱하는 원천으로서의 위대한 주의(主義)가 순식간에 밟혀 뭉개졌다."[35]라고 주장하면서 제국주의적 침략을 비판하며, "주인 때문에 아기 엄마가 된 노예 여성에 대한 이슬람 율법은 대부분의 기독교인을 부끄럽게 하는 규정 중의 하나다."[36]라는 주장을 통해서는 기독교중심주의 내지 자문화중심주의의 잘못을, "어느 한 집단도 다른 집단을 자신의 모레스로 개종할 합리적 근거를 전혀 갖지 못한다는 말을 듣는 어떤 집단은 충격을 받을 것이다. (왜냐하면 이것은 그들의 습속이 다른 집단의 습속보다 좋은 것이 아니라는 것을 함축하는 듯이 보이기 때문이다. 그러나 사실은 그렇지 않다.) 그

---

[34] *Folkways*, 99.
[35] *Folkways*, 168.
[36] *Folkways*, 304.

러나 이 말을 하지 않을 수 없다. 왜냐하면 그것은 진실이기 때문이다."[37]라는 주장으로는 모레스나 습속의 우열을 가릴 수 없음을 이야기하고 있다. 이처럼 그는 약육강식과 차별 등에 부정적인 견해를 보이는데, 이는 그가 "우리는 선이고 타인은 악이라는 주장은 절대로 참이 아니다"[38]라고 밝히는 데서도 극명하게 드러난다.

『습속』에서 강자의 논리를 정당화하는 듯이 보이는 대목 중의 하나는 그가 노예제를 비윤리적이라고 비난하지 않는 듯한 주장을 하는 데에서 찾아볼 수 있다. 가령 그는 다음과 같이 말한다. "노예제로 여성의 지위가 상승했고, 짐수레 끄는 동물 사육으로 노예들의 지위가 상승했다."[39] "노예 자신의 바람과 무관하게 그를 무조건 내쫓아야 한다는 명령을 내리는 인도주의적 견해는 분명 합당하지 않다."[40]

하지만 노예제에 전반적인 입장을 통해 보았을 때 섬너는 노예제에 분명 비판적인 견해를 보인다. "노예제는 탐욕과 허식에서 탄생한 만큼 사람들의 기본 동기에 부합되었고, 곧바로 이기심과 다른 근본적인 악덕과 뒤얽히게 되었다."[41] "우리는 노예제가 서비스를 약속했지만 결국 주인이 되어버린 끔찍한 악마였음을 알게 될 것이다."[42] 등의 주장은 섬너가 노예제를 어떻게 파악하는지를 확인할 수 있는 대목이다. 그렇다면 오해의 여지가 있는 그의 주장은 어떻게 받아들여야 할까?

이에 대한 적절한 견해를 보이려면 그가 옹호하는 듯한 노예제에 관한 주장이 '특정 환경 속에서 나타난 현상에 인과적 설명과 그에 따른

---

[37] *Folkways*, 474~5.
[38] *Folkways*, 16.
[39] *Folkways*, 306.
[40] *Folkways*, 307~8.
[41] *Folkways*, 280.
[42] *Folkways*, 264.

결론'임을 인지할 필요가 있다. 다시 말해 그는 노예제가 발생하게 된 사회적, 역사적 맥락이 있으며, 이러한 맥락을 고려하여 그 적절성을 판단해야 함을 이야기하는 것이다. 예를 들어 섬너는 "노예제가 문명사에서 좋은 역할을 했다고 해서 노예제가 영원히 지속되어야 한다고 말할 수는 없다."[43]라고 주장하고 있는데, 이는 한편으로는 전후 상황을 고려해보았을 때 노예제가 어떤 특정한 상황에서 일정한 역할을 한 경우가 있음을 인정하면서도, 다른 한편으로는 노예제가 시대 상황과 무관하게 그러한 역할을 할 수 없음을 이야기하는 것이다. 이 상황에서 그는 노예제가 정당하다고 하기보다는 특정 상황에서 노예제가 그 시대의 상황을 타개해 나갈 방법으로 부득이하게 노예제가 활용되었음을 이야기하고 있을 뿐이다.

섬너는 습속을 통틀어 일관되게 이러한 견해를 보인다. 가령 그는 "일반적으로 낙태, 유아살해, 그리고 노인살해는 개인의 직접적인 이기심 때문에 시행된다. 그럼에도 여기에는 사회 복리가 무엇을 요구하는지에 대한 판단의 요소가 다수 포함되어 있다."[44]고 이야기하고 있는데, 이것이 곧 이들 관행이 정당하다는 주장은 아니다. 다만 그는 이러한 관행이 이루어질 수밖에 없는 불가피한 상황과 맥락을 고려해볼 필요가 있음을 말하고 있을 뿐이다. 섬너가 생각하기에 현상에 대한 심층적인 이해를 도모하면, 우리는 이들에 인간의 사악한 측면만이 포함되어 있는 것은 아니며, 더욱 커다란 재앙을 피하기 위한 고민의 흔적을 발견할 수 있을 것이다.

그렇다면 섬너가 스펜서 등의 사회진화론자와 마찬가지로 제국주의

---

[43] *Folkways*, 267.
[44] *Folkways*, 310.

적 침략 등을 정당화하는 이론가로 비판을 받는 이유는 무엇일까? 아마도 그 이유 중 하나는 습속이나 모레스가 그 자체로 정당하다고 주장하는 것처럼 보이는 구절이 그의 저서에서 눈에 띄기 때문일 것이다. "사회는 무엇보다 방해꾼들에게서 자유로울 필요가 있다. – 다시 말해 그냥 혼자 내버려 둘 필요가 있다."[45] 이러한 주장은 사회진화론에 대한 일반적인 비판이 섬너에게 적용할 수 있다는 생각을 갖게 할 수 있다. 다시 말해 섬너가 진화 과정에 놓여 있는 습속이나 모레스 자체가 선(善)이요 정당성을 가지기 때문에 우리가 여기에 개입해서는 안 된다는 생각을 갖게 할 수가 있다는 것이다.

5. 진화 = 선?

지금까지의 논의를 정리해보면 섬너는 습속의 흥망성쇠를 이야기하고 있으며, 이러한 추이는 우연의 산물이지 필연 법칙의 소산이 아니라고 생각하고 있다. 또한, 그는 이와 같은 흥망성쇠 자체가 습속의 발전을 함의하는 것도 아니라고 생각한다. 그럼에도 그가 진화 자체를 선이나 악이라고 생각하는 것은 아닌가? 이 질문에 답하려면 먼저 섬너에게서 '진화'가 말 그대로 '진화 자체'를 이야기하는지, '진화 과정의 산물'을 말하는지, 아니면 '진화를 이끄는 힘'을 말하는지부터 정리해볼 필요가 있다.

먼저 섬너가 진화 자체를 이야기하면서 이를 선하다고 생각하고 있지 않음은 분명하다. 만약 섬너가 사회의 진화 자체를 선이라고 생각했

---

[45] William Sumner, *The Challenge of facts and Other Essays*, Forgotten Books, 2012, 25쪽.

다면 그는 어떤 경우에도 사회현상을 비판하지 않았을 것이고, 이에 정당성을 부여했을 것이다. 사회의 진화는 어떤 경우에도 옳을 것이기 때문이다. 하지만 섬너는 습속에서 그와 같은 견해를 보이지는 않는다. 앞에서 언급된 여러 인용문에서 확인해볼 수 있는 바와 같이 그는 기존의 사회현상에 비판의 칼을 휘두르고 있다.

다음으로 '진화 자체'를 '진화의 산물', 다시 말해 이를 진화의 산물로서의 습속이나 모레스로 파악하고, 이들을 선하다고 생각했을 가능성을 고려해보자. 섬너가 습속 내지 모레스가 진화 과정을 거친다고 생각하고 있음은 분명하다. 하지만 그가 이들이 진화 과정의 산물이기 때문에 선하다고 생각했을 가능성은 거의 없다. 그 이유는 진화 과정을 거쳤다는 이유만으로 습속이나 모레스가 선하다고 이야기할 수는 없을 것이기 때문이다. 이는 진화를 매개로 탄생하게 되었다고 해서 진화의 산물로서의 특정 동물을 선하다고 할 수 없다는 점을 생각해보면 쉽게 이해할 수 있을 것이다. 도대체 진화 과정을 거쳤다는 사실이 그 결과로서의 산물을 선하게 만드는 이유가 무엇인가?[46]

남은 것은 섬너가 '진화를 이끄는 힘'을 진화 자체로 생각했을 가능성이다. 다시 말해 섬너가 진화를 이끄는 힘으로서의 습속이나 모레스를 선이라고 생각했다는 것이다. 하지만 이처럼 해석하면 이들은 적어도 우주의 변화를 관장하는 힘이 될 수는 없을 것이다. 심지어 이는 자연계의 진화를 관장하는 힘마저 될 수 없다. 왜냐하면 습속이나 모레스는 오직 인간 사회에서만 확인되는 사회현상이기 때문이다. 실제로 섬너는 습속이나 모레스가 우주를 변화시키는 역할을 한다고 생각하지

---

[46] 그럼에도 자연의 진화와는 달리, 습속 변화의 산물인 '현재의 습속'을 그 자체로 선이며, 더 이상의 정당화는 불가능하다고 생각할 수 있는 여지는 있다. 이는 소위 윤리적 상대주의자인 관례주의자들(conventionism)이 취하는 입장이다.

않는다. 이들은 오직 사회의 진화에만 관여한다.

이와 같은 문제가 있음에도 섬너가 '사회' 진화를 이끄는 힘인 습속 내지 모레스가 선하다고 생각했을 가능성을 고려해보자. 만약 섬너가 사회 진화를 추진하는 힘으로서의 습속이나 모레스를 그 자체로 선하다고 생각한다면 우리는 섬너가 사회 진화론에 대한 일반적인 비판, 다시 말해 진화 내지 진화를 이끄는 힘 자체를 선이나 악이라고 생각했다는 비판을 근본적으로 벗어나지 못했다고 보아야 할 것이다.

습속과 모레스 중에서 섬너가 그 자체로 선이라고 생각했을 것으로 예상되는 후보는 습속보다는 모레스다. 물론 언뜻 보기에 섬너가 습속이 선이라고 주장한다고 판단할 수 있는 구절이 있다. 예를 들어 섬너는 "습속은 옳다",[47] "습속은 참이다"[48]와 같은 주장을 하고 있는데, 이들은 섬너가 습속 자체를 선이라고 생각했다고 읽힐 수 있는 구절이다. 하지만 이는 오해인데, 그 이유는 그가 습속은 '옳다'라고 하면서 구체적으로 제시하고 있는 내용을 살펴보면 '상황에 적절하다고 여겨지는 일반적인 행동 방식들'을 언급하고 있음을 확인할 수 있기 때문이다. "사냥을 할 때, 아내를 구할 때, 자신의 모습을 나타낼 때, 질병을 치료할 때, 망령을 경외할 때, 동료나 모르는 사람을 대할 때, 아이가 태어났을 때, 출정 길에 오를 때, 회의를 할 때의 행동 등 있을 수 있는 모든 경우에 대한 올바른 방식이 있다."[49] 이와 같은 올바른 방식은 특정 상황에서 적절하다고 여겨지는 편의적인 것이지 결코 도덕적인 옳고 그름은 아니다. 이들은 습속이긴 하지만 그 자체를 '도덕적인' 선으로 판정할 수 없는 것이다.

---

[47] *Folkways*, 30.
[48] *Folkways*, 29.
[49] *Folkways*, 29.

섬녀가 습속을 선이라 생각하지 않았다고 말해야 하는 또 다른 이유는 그가 일부 습속을 나쁜 것으로 판정 내리기도 하기 때문이다. "전통적인 습속이 이성적 혹은 윤리적 검토의 대상이 되면, 이들은 더 이상 소박하고 무의식적인 것이 아니게 된다. 이때 우리는 이들이 조악하고, 터무니없으며, 적절치 못했던 것임을 발견할 수 있다."[50]

만약 습속이 선이 아니라면 모레스는 어떠한가? 섬너의 모레스에 대한 정의로 미루어 볼 때 그가 모레스를 선이라고 생각했을 가능성이 있다. "참됨과 옳음이라는 요소가 복리에 관한 교의로 발전하게 되면, 습속은 또 다른 국면으로 접어들게 된다. 이때 습속은 추론을 제시할 수 있게 되고, 새로운 형태로 발전을 이루며, 인간과 사회에 건설적인 영향력을 널리 발휘하게 된다. 우리는 이들을 모레스(mores)라고 부른다."[51] 또한 그는 "모든 사람은 습속을 강제로 따라야 하고, 습속은 사회생활을 지배한다. 이 경우 습속은 참되고 옳은 것으로 보이며, 복리를 지향하는 규범으로서의 모레스로 부상한다."[52]라고 주장하기도 하는데, 이는 섬너가 모레스가 곧 선이라고 생각했다고 볼 수 있는 대목이다. 그 밖에 섬너가 "한 시대와 장소에 있는 사람의 입장에서는 그들 자신의 모레스가 항상 좋은 것이며, 자신들이 받아들이는 모레스의 좋고 나쁨은 의심의 여지가 없는 것이다",[53] "어떤 시간과 장소에서 채택되고 있는 모레스 안의 모든 것은 그 시간과 장소에서는 정당한 것으로 간주해야 한다",[54] "모레스는 무엇이든 올바른 것으로 만들고 또 무엇

---

[50] *Folkways*, 69.
[51] *Folkways*, 31.
[52] *Folkways*, 39.
[53] *Folkways*, 59.
[54] *Folkways*, 59.

에 대한 비난이든 방지할 수 있다'[55]와 같이 주장하고 있음을 고려한다면 우리는 그가 모레스 자체를 선한 것으로 보았다고 생각해볼 수 있을 것이다.

하지만 습속에 제기한 의문과 마찬가지로, 섬너가 모레스를 곧 선이라고 생각했는지에 같은 의문이 제기될 수 있다. 예를 들어 그는 "마녀박해는 모레스의 극단적인 어리석음, 사악함, 그리고 터무니없음을 보여준다."[56]라고 주장하는데, 이는 그가 마녀 박해를 모레스라고 생각하지만, 그럼에도 이러한 박해를 잘못이라고 판단하고 있음을 보여준다. 그는 모레스가 어떤 경우에도 선임을 인정하고 있지 않은 것이다. 그런데 우리는 이러한 섬너의 태도를 모순적이라고 생각해볼 수 있다. 어떻게 모레스가 특정 시간과 장소에서 정당한 것으로 간주해야 한다고 하면서 마녀 박해를 비판할 수 있을까? 마녀 박해는 특정 시대의 모레스이고, 이에 따라 그 자체가 선으로 파악해야 하는데 말이다.

이와 같은 일관되지 못한 태도는 섬너가 모레스 자체를 '정당하다'고 생각한 것이 아니라 그러한 모레스를 수용하고 있는 사람이 이를 정당하거나 선하다고 '생각'할 따름이며, 이에 따라 당대에 받아들이는 모레스가 '실제로' 선한 것이라고 생각하지 않았다고 이해함으로써 해소할 수 있을 것이다. 바꾸어 말해 마치 과거의 사람들이 천동설을 믿었지만 그것이 옳지 않았듯이, 설령 특정 시대 사람들이 모레스 자체의 정당성을 의심하지 않았다 해도 그것 자체가 모레스의 '실질적인' 정당성을 보장하지는 않는다고 이해하는 것이다. 이 경우 우리는 섬너가 다음과 같이 생각하고 있는 것으로 판단해볼 수 있다. '설령 당대의

---

[55] *Folkways*, 521.
[56] *Folkways*, 60.

사람들이 모든 모레스가 선하다거나 정당성을 갖는다고 생각한다고 해도 모든 모레스가 '실제로' 정당한 것은 아니며, 모레스 중 일부만을 그렇게 파악할 수 있다.' 이와 같은 방식으로 우리는 섬너가 마녀 박해도 '설령 모든 사람이 당대의 모레스인 마녀 박해가 정당하다고 생각했어도 그러한 박해가 실제로 정당한 것은 아니며, 이는 비판적인 통찰을 통해 그 어리석음과 사악함 등이 드러날 것이다.'라고 생각했다고 이해할 수 있을 것이다. 이처럼 해석하면 우리는 섬너가 모레스가 곧 선이 아니라 모레스 일부를 선이라고 생각한다고 이해할 수 있게 되며, 섬너가 주장하는 바의 모순을 해소할 수 있게 된다.

실제로 섬너는 모든 모레스를 선하다고 생각하지 않았는데, 이와 같은 이유로 섬너는 진정으로 선한 모레스와 그렇지 않은 것을 선별해내야 하며, 이를 위해 치열한 노력을 해야 한다고 주장한다. "우리가 잘못되었다고 판단하는 현행 모레스의 특정 부분에 저항하려면 용기를 가지고 분투해야 한다."[57]

이를 위해 섬너가 초점을 맞추는 것은 우리의 비판 능력이다. 그는 이러한 능력을 통해 모레스를 객관적으로 검토할 수 있어야 한다고 강조한다. "우리는 전통적인 모레스에 대한 자유롭고 이성적인 비판이 사회 복리를 위해 필수불가결하다고 생각해볼 수 있을 것이다."[58] 그런데 섬너에게 이러한 비판 능력을 이용해 우리가 진정한 선이라고 생각해야 할 모레스가 무엇인지, 이러한 생각을 근거 짓는 기준은 무엇이며, 어디에서 유래했는지를 물으면, 그는 이 모든 것의 답을 당대의 습속이나 모레스 안에서 찾아야 한다고 말할지도 모른다. 하지만 그의 구체적

---

[57] *Folkways*, 119.
[58] *Folkways*, 96.

인 답변이 무엇인지를 떠나 적어도 우리가 말할 수 있는 것은 섬너가 사회 진화의 엔진인 습속이나 모레스 자체를 선이라고 생각하지 않았다는 점이다.

V. 나가며

지금까지 우리는 스펜서에 대한 비판에서 비롯된 사회진화론에 일반적인 비판을 섬너에게 적용하는 것은 재고의 여지가 있음을 확인해보았다. 섬너는 사회진화론자이기보다는 진화론의 일부 이론적 틀을 활용한 사회학자이며, 스펜서와 다윈 중에서 후자의 입장에 더욱 가까운 것처럼 보인다. 이렇게 생각하는 이유는 섬너가 진화보다는 습속을 이야기하고 있고, 최적자의 생존을 통해 진화가 이루어지지 않고 자연선택으로 이루어진다고 생각하고 있기 때문이며, 이와 더불어 진화를 선도 악도 아니며, 발전을 함축하고 있다고 생각하고 있지 않기 때문이다. 이렇게 보았을 때 섬너를 온갖 차별과 제국주의 침략 등을 정당화하는 '못된' 사상가로 판단하는 것은 재고의 여지가 있다. 섬너에 대한 일반적인 비판은 대체로 허수아비 논증에 해당한다고 해야 할 것이다. 적어도 섬너의 주저인 『습속』의 경우는 그러하다. 만약 그의 주저인 『습속』을 기준으로 판단하는 것이 잘못된 시각이 아니라면 섬너를 스펜서주의로 부르면서 일반적인 사회진화론에 대한 비판 도구를 잣대로 판단하는 것은 재고해 보아야 할 태도라 할 것이다.

지은이 윌리엄 그레이엄 섬너(William Graham Sumner, 1840~1910)

윌리엄 그레이엄 섬너는 1872~1909년에 예일(Yale)대학교 교수를 지낸 미국의 사회학자이자 경제학자이다. 미국 사회학의 창시자로 불리기도 하는 그는 집단이 공유하고, 사회의 유지·발전에 힘이 되는 '습속'(folkways)이라는 단어를 최초로 사용했으며, 다윈 진화론의 기본 틀을 개인뿐만 아니라 사회를 설명하는 데 적용한 것으로도 널리 알려져 있다. 대표적인 저술은 『Folkways(1906)』이며, 이외에도 『Andrew Jackson as a Public Man(1882)』, 『What social class owe to each other(1883)』 등이 있다.

옮긴이 김성한

전주교대 윤리교육과 교수. 관심 분야는 함께 살아가는 삶, 채식, 진화론 등이고, 저서로는『나누고 누리며 살아가는 세상 만들기』,『어느 철학자의 농활과 나누는 이야기』,『왜 당신은 동물이 아닌 인간과 연애를 하는가』, 역서로『채식의 철학』,『동물해방』,『사회생물학과 윤리』,『프로메테우스의 불』,『동물에서 유래된 인간』,『섹슈얼리티의 진화』등이 있다.

옮긴이 정창호

고려대학교 영어영문학과를 거쳐 고려대학교 대학원에서 서양철학을 공부하였고 독일 함부르크 대학에서 철학교육학 박사학위를 취득하였다. 고려대학교 교육문제연구소 연구교수를 역임하였고, 현재 경기대학교 교직학부 초빙교수로 재직 중이며 고려대, 중앙대, 경희대에 출강하고 있다. 역서로는 존 듀이의『공공성과 그 문제들』(이유선과 공역) 등 다수가 있고, 다문화교육, 인성교육 등의 분야에서 다수의 논문과 글들을 발표하였다.

한국연구재단 학술명저번역총서 서양편·785

습속
용례, 매너, 관습, 모레스, 그리고 도덕의 사회학적 중요성
제3권

1판 1쇄 발행 2019년 10월 10일
원　제 | Folkways: A Study of Mores, Manners, Customs and Morals
지은이 | 윌리엄 그레이엄 섬너(William Graham Sumner)
옮긴이 | 김성한·정창호
펴낸이 | 김진수
펴낸곳 | 한국문화사
등　록 | 1991년 11월 9일 제2-1276호
주　소 | 서울특별시 성동구 광나루로 130 서울숲 IT캐슬 1310호
전　화 | 02-464-7708
팩　스 | 02-499-0846
이메일 | hkm7708@hanmail.net
웹사이트 | www.hankookmunhwasa.co.kr

ISBN 978-89-6817-809-2　94380
　세트　978-89-6817-806-1　94380

· 이 책의 내용은 저작권법에 따라 보호받고 있습니다.
· 잘못된 책은 구매처에서 바꾸어 드립니다.
· 책값은 뒤표지에 있습니다.

· 이 도서의 국립중앙도서관 출판예정도서목록(CIP)은 서지정보유통지원시스템 홈페이지
　(http://seoji.nl.go.kr)와 국가자료종합목록 구축시스템(http://kolis-net.nl.go.kr)에서
　이용하실 수 있습니다.(CIP제어번호 : CIP2019035787)

· '한국연구재단 학술명저번역총서'는 우리 시대 기초학문의 부흥을 위해
　한국연구재단과 한국문화사가 공동으로 펼치는 서양고전 번역간행사업입니다.